Stock
Insurance
Property
Leverage
House Price
Credit
Inflation
Wage

Open
International Trade
Trade Surplus
Free Trade
Interest Rate
CPI
Financial Crisis
Tariff
Exchange-rate Appreciation

认识

（原书第3版）

ECONOMICS
3rd Edition

经济

Unemployment
Monetary Policy
Free-ride
Market Economics
Rent-seeking
Subsidy
GDP
Taxation

Decision Making
Opportunity Cost
Sunk Cost
Risk
Profit
Poverty
Market Mechanism
Social Resources
Technology

Economics of Scale
Monopoly
Too Big to Fail
Sharing Economics
Innovation
Loan
Entrepreneurship

[美] 迪恩·卡尔兰
（Dean Karlan）
◎ 著
[美] 乔纳森·默多克
（Jonathan Morduch）

贺京同 ◎ 译

Cost
Price
Efficiency
Specialization
Scarcity
Compete
Choice

机械工业出版社
CHINA MACHINE PRESS

Dean Karlan, Jonathan Morduch.

Economics: Improve Your World, 3rd Edition.

ISBN 978-1-260-22531-0

Copyright © 2021 by McGraw-Hill Education.

All Rights reserved. No part of this publication may be reproduced or transmitted in any form or by any means, electronic or mechanical, including without limitation photocopying, recording, taping, or any database, information or retrieval system, without the prior written permission of the publisher.

This authorized Chinese translation edition is published by China Machine Press in arrangement with McGraw-Hill Education (Singapore) Pte. Ltd. This edition is authorized for sale in the Chinese mainland (excluding Hong Kong SAR, Macao SAR and Taiwan).

Translation Copyright © 2024 by McGraw-Hill Education (Singapore) Pte. Ltd and China Machine Press.

版权所有。未经出版人事先书面许可，对本出版物的任何部分不得以任何方式或途径复制传播，包括但不限于复印、录制、录音，或通过任何数据库、信息或可检索的系统。

此中文简体翻译版本经授权仅限在中国大陆地区（不包括香港、澳门特别行政区及台湾地区）销售。

翻译版权 © 2024 由麦格劳－希尔教育（新加坡）有限公司与机械工业出版社所有。

本书封面贴有 McGraw Hill 公司防伪标签，无标签者不得销售。

北京市版权局著作权合同登记 图字：01-2024-2559 号。

图书在版编目（CIP）数据

认识经济：原书第 3 版／（美）迪恩·卡尔兰
（Dean Karlan），（美）乔纳森·默多克
（Jonathan Morduch）著；贺京同译. -- 北京：机械工
业出版社，2025. 1(2025. 7 重印). -- ISBN 978 - 7 - 111 - 77103 - 6

Ⅰ. F0

中国国家版本馆 CIP 数据核字第 2024F2H186 号

机械工业出版社（北京市百万庄大街22号　邮政编码100037）
策划编辑：朱　悦　　　　　　　责任编辑：朱　悦　王　芹
责任校对：王小童　李可意　景　飞　　责任印制：郜　敏
三河市宏达印刷有限公司印刷
2025 年 7 月第 1 版第 2 次印刷
170mm × 230mm · 33.25 印张 · 3 插页 · 497 千字
标准书号：ISBN 978-7-111-77103-6
定价：199.00 元

电话服务　　　　　　　　　网络服务
客服电话：010-88361066　　机　工　官　网：www.cmpbook.com
　　　　　010-88379833　　机　工　官　博：weibo.com/cmp1952
　　　　　010-68326294　　金　书　网：www.golden-book.com
封底无防伪标均为盗版　　机工教育服务网：www.cmpedu.com

迪恩·卡尔兰

迪恩·卡尔兰（Dean Karlan）是西北大学凯洛格管理学院经济学和金融学的弗雷德里克·埃瑟·内默斯杰出教授，扶贫创新行动（IPA）的主席和奠基人。迪恩于 2002 年创立 IPA，这一组织致力于寻求有效应对全球性的贫困和其他社会问题的措施，并将这些措施进行大规模推广。目前 IPA 在超过 50 个国家开展行动，在全球拥有超过 1000 名员工。迪恩的个人研究主要是利用现场实验研究小额信贷的运作，以及如何让它更有效地发挥作用。他的研究借鉴了行为经济学的理念，覆盖了慈善募捐、选举、健康以及教育等领域。迪恩还是 StickK. com 的联合创始人，这是一家帮助人们通过签订承诺合同来实现个人目标的初创公司。2015 年，他参与创立了 ImpactMatters，这个组织根据影响力评估对慈善机构进行评级。迪恩是斯隆基金会研究员、古根海姆基金会研究员，也是麻省理工学院贾米勒（Jameel）贫困行动实验室董事会执行委员会成员。2007 年，他获得了美国青年科学家与工程师总统奖。他是《发展经济学杂志》的联合编辑。他拥有弗吉尼亚大学的学士学位、芝加哥大学的公共政策硕士和工商管理硕士学位，以及麻省理工学院的经济学博士学位。他作为共同作者撰写了《金发女孩挑战》《现场失败》《不流于美好愿望：改进全球贫困群体借款、储蓄、耕耘、学习和健康生活的方式》。

乔纳森·默多克

乔纳森·默多克（Jonathan Morduch）是纽约大学瓦格纳公共事业研究生院的公共政策和经济学教授，致力于研究扩展金融前沿的创新活动，以及金融市场如何影响经济增长和不平等。乔纳森曾在亚洲生活和工作，但他的最新著作《金融日记：美国家庭如何应对不确定的世界》（与雷切尔·施耐德合著，普林斯顿大学出版社，2017）则跟踪观察美国加利福尼亚州、密西西比州、俄亥俄州、肯塔基州以及纽约州的家庭在一年中如何应对经济波动。这一研究的思路源自《穷人的投资组合：世界上的穷人如何一天只用2美元生活》（普林斯顿大学出版社，2009）一书，这本书介绍了孟加拉国、印度以及南非的家庭如何设法每天仅用2美元甚至更少的钱生活一年，乔纳森是此书的合著者。乔纳森对金融市场的研究被收录在《小额信贷经济学》和《在全世界推行银行服务》两本书中，这两本书均由麻省理工学院出版社出版。在纽约大学，乔纳森是金融服务行动中心的常务董事，这个中心为扩展低收入群体获得金融服务的渠道的相关研究提供支持。乔纳森的观点还通过他与联合国、世界银行和其他国际组织的合作得以对政策产生了影响。2009年，布鲁塞尔自由大学授予乔纳森名誉博士学位，以表彰他在小额信贷领域的成就。他在布朗大学获经济学学士学位，在哈佛大学获经济学博士学位。

卡尔兰和默多克相识于2001年，并自那时起成为朋友和同事。在写这本书之前，他们曾合作开展了关于金融机构的研究。他们共同确立了面向中产阶层和贫困群体的金融渠道的新方向。他们在秘鲁建立了一个实验室，研究金融贷款合约对妇女创办小企业的激励作用。2006年，他们与森德希尔·穆莱纳桑（Sendhil Mullainathan）一起创办了金融服务行动中心，这个中心致力于探索如何为全球近一半缺乏银行服务的成年人提供金融解决方案。这本书反映了他们运用经济学改善生活并在大千世界中推动更好的商业和公共政策。

贺京同

南开大学英才教授，副院长、博士生导师，明尼苏达大学、堪萨斯大学访问学者，布朗大学高级访问学者。国内较早从事行为经济学教学、研究的学者之一，主持翻译了经济学相关著作 30 多部。在《经济研究》《中国社会科学》《新华文摘》《光明日报》（理论版）等报刊发表文章多篇，主持国家社科基金重大项目、国家社科基金重点项目、国家自然科学基金面上项目、教育部人文社会科学重点研究基地项目等研究项目十多项。

改善你的世界

经济学的实践已经发生了很多变化，大多数经济学著作未随之更新。然而，本书却与众不同。

今天的经济学更加重视实证研究，即使与15年前相比也是如此。如今，庞大的数据和先进的计算机技术已经根本地改变了我们研究经济不平等、流动性、医疗保健、贸易、环境、媒体、金融和宏观经济机制等问题的方法。经济学的几乎每一个分支都在被新的证据重塑。现在，人们常常利用经济学理论框架来分析诸如爱情、幸福、体育和社交网络等传统上不被视为经济学研究范畴的话题。

我们发现，**将新的研究和证据与读者在日常生活中的事物结合起来，可以让学习变得更容易**。例如，新的不平等经济学向读者表明，该领域不仅关注经济的总体增长，还关注一些人是否以及为什么被排除在这种增长之外（以及如何应对）。同样，国际贸易领域的新研究显示，随着市场的扩大，经济学家们对谁是赢家、谁是输家表现出极大的关注。此外，**经济研究也越来越多地催生了新的、实用的思路，改善人们的生活**。

例如，我们的研究工作揭示了受行为经济学启发的金融创新是如何帮助人们更有效地储蓄和投资的，我们也在适当的地方将这些见解融入到了本书中。

随着经济学领域迎来**新的声音**，另一场变革正在悄然发生。新一代的经济学家们有着广阔的视野。与上一代学者相比，他们拥有更广泛的背景，而且女性的比例更高。本版更充分地引入了他们的观点。例如，在第4章中，我们探讨了杰西卡·科恩（Jessica Cohen）和帕斯卡利娜·迪帕（Pascaline Dupas）的一项实验，该实验揭示了弹性如何影响预防传染性疾病政策的制定。

这些经济学家的贡献启发了我们，我们期望他们的工作能够帮助读者在经济学领域发现新的联系，甚至发掘出一些新的典范。

在本书中，我们始终致力于**激发读者的学习热情**。读者对经济学的看法有时是准确的：这个学科可能显得枯燥无味、技术性较强，因此往往更难以掌握。但其实大可不必如此。

我们以轻松的语气，想象我们正在与读者对话，**用一些朴实的场景和亲身经历的事例引起读者的共鸣**。

我们都知道好故事的价值，它能将经济学原理与世界上的想法和问题联系起来。在本书中，**我们以真实的故事切入**——每章开头的引例、文中反复出现的例子，还有各章的专栏。例如，第 2 章用手机市场来说明供求关系，第 4 章用拿铁咖啡的价格来说明弹性。**我们运用经济工具来解释现实中的人及其决策。然后，我们在讨论经济学思想和原则时，对政策含义层层深入**。

在第 3 版中，我们的目标是帮助缩小课堂上的经济学与读者身边的经济世界之间的差距。**我们的目标不仅仅是让读者跟上时代的步伐，更是向他们展示"经济学可以改善你的世界"这一理念**。

我们是谁？ 我们为什么要写这本书？

本书凝聚了我们作为经济学家、教师和政策顾问的经验和智慧。我们在大型研究型大学工作，经常与非营利性组织、政府、国际机构、捐赠者和私营企业合作，并为其提供建议。我们的大部分研究都涉及**如何改善真实市场的运作方式**。我们与美国以及六大洲的合作伙伴合作，参与测试新的经济理念。本书吸纳了这些工作以及类似研究的精髓，引导读者使用分析工具设计解决方案，参与解决实际问题，并最终揭示哪些措施有效以及它们背后的原因。

在撰写和推广第 1 版以及修订第 2 版、第 3 版的过程中，最棒的事情之一就是有机会与全美各地的专家共度时光。我们从他们的创造力和激情中得到启发，并从他们的教学理念中汲取营养。我们经常会问其他专家的一个问题是，他们最初为什么会对经济学感兴趣。他们共同的回答是，被经济学作为一门社会科学的逻辑和力量所吸引（这一点与我们一致）。我们也经常听到专家们描述一些略微不同的情况：**经济学作为一种工具，吸引着他们去理解生活的复杂性**，无论是在商业、政治还是日常生活中。我们撰写和修订本书的目的，就是给专家提供一种方式，让他们与读者分享经济学在这两个方面的重要意义。

我们真心感谢所有使用过前两个版本的读者朋友，你们给出的建议对我们帮助巨大，让第 3 版变得更具可读性。我们一直在努力做到最好，以满足大家的期待。

我们希望本书能激发读者学习经济学的兴趣，我们保证，即使他们将来选择在其他领域深耕，本书也会给他们带来一些有用的东西。

最后，我们希望本书能够引导读者批判性地思考他们所处的环境，过上更好的生活，并对他们身处的环境产生影响。我们自始至终的根本动机都是通过故事、实例、研究和政策讨论，来展示经济学在"改善你的世界"方面所能发挥的作用。

01

第一部分

经济学的力量

ECONOMICS

第 1 章

经济学与生活

ECONOMICS

▎引例 由小额贷款带来的影响

2006 年 10 月 13 日的早晨，孟加拉国经济学家穆罕默德·尤努斯（Muhammad Yunus）意外地接到了一个来自挪威奥斯陆的电话。当天晚些时候，诺贝尔委员会宣布尤努斯及其于 1976 年创立的孟加拉乡村银行将共享 2006 年诺贝尔和平奖。往年诺贝尔和平奖的获得者包括特蕾莎修女（Mother Teresa，她用了超过 50 年的时间援助乞丐和麻风病人）、马丁·路德·金（Martin Luther King, Jr.，他通过和平抗议反对种族隔离）。而相比之下，这位经济学家和他的银行做了些什么呢？

孟加拉乡村银行不是一家平常的银行。是的，虽然它也像其他银行一样发放贷款、提供储蓄账户并向客户收取服务费，但是，它服务的是世界上最贫穷国家之一的最贫穷村庄中的最贫穷的人。它发放的贷款非常小额，以至于富裕国家的人很难想象它们可以带来什么好处：尤努斯发放的第一批贷款合计只有 27 美元。在孟加拉乡村银行成立以前，其他银行一直不愿在这些贫困社区开展工作。它们认为这样的小额贷款不值得大费周章，许多人认为不能指望穷人偿还他们的贷款。

尤努斯并不同意。他确信，即使是非常小额的贷款也能使贫苦的村民扩大他们的小型企业，也许是购买一台缝纫机，也许是买一头牛为当地市场供应牛奶，从而挣更多的钱。这样，村民的生活将会更舒适和有安全感，并且他们的孩子也会有更好的未来。尤努斯断言村民有能力偿还贷款，而他的新银行将获得利润。

尤努斯是一位经济学家。他在位于纳什维尔的范德比尔特大学获得博士学位，在成为孟加拉国的教授之前他在美国田纳西州教书。当一次毁灭性的饥荒袭击孟加拉国时，尤努斯对教学感到幻灭。面对这些发生在他身边的苦难，抽象的方程和程式化的图表又能做些什么呢？

最后，尤努斯意识到经济思想才是解决现实生活中难题的关键。孟加拉乡村银行的高明之处在于，它既不是传统的慈善机构，也不是传统的银行。相反，它是一个交易机构，它利用基本的经济学思想使世界变得更美好。

在这本书中，我们将向你介绍经济学家在解决一些经济学问题时用到的工具。当然，这些工具不仅可以使经济学家获得诺贝尔奖，也可以帮你成为一个更加精明的消费者，帮你成功地推出新的手机应用程序，或者只是帮你在规划时间和金钱时做出更明智的决定。在本书中，我们并不要求你背熟这些理论，而是希望你将这些经济学思想应用到自己日常生活的决策中去。

经济学的基本观点

当人们提起经济学时，通常想到的是股票市场、失业率以及媒体报道的"美联储上调联邦基金利率目标"。尽管经济学确实涵盖了这些主题，但它的研究范围更加广泛。

经济学（economics）是研究人们如何管理资源的学问，关乎个人以及群体（家庭、公司、政府和其他组织）决定如何分配资源。在经济学中，资源不仅仅包括像现金、金矿这类有形的东西，也包括无形的东西，比如时间、想法、技术、工作经验，乃至人际关系。

传统上，经济学被分为两大领域：微观经济学和宏观经济学。**微观经济学**（microeconomics）研究个人和企业如何管理资源。**宏观经济学**（macroeconomics）

研究区域、国家或国际范围内的经济。微观经济学和宏观经济学是高度相关且相互依赖的，我们需要在两大领域中充分理解经济学是如何运作的。

经济学的初始想法是，人们会比较他们可用的选择，并特意选择可以最好地实现他们目标的行为方式。作为人类，我们有理想，并且会制订计划去努力实现理想。我们还会为此制定战略并整理我们的资源。当人们做出选择，以最有效可行的方法去实现他们的目标时，经济学家就会说，他们展现出了**理性行为**（rational behavior）。这个假设并不完美。正如我们稍后将在本书中讲到的，人们有时是短视的或者并不完全了解他们的选择。尽管如此，理性行为的假设依然有助于解释现实世界中的许多行为。

人们每天都会用到经济学，从华尔街到沃尔玛，从美国国会大厦到孟加拉国的村庄。在每件事上，人们都会使用经济学思想，从买鞋到打棒球，从经营医院到竞选政治职位。将这些主题联系在一起的就是常见的解决问题的方法。

经济学家倾向于通过问四个小问题来解决问题：

（1）问题中涉及的主体的欲望和约束是什么？

（2）面临的权衡取舍是什么？

（3）其他人将会如何反应？

（4）为什么其他人尚未这样做呢？

这些问题背后隐藏了一些重要的经济学概念，我们将在本章中加以探讨。虽然这些问题和背后的概念是以几个关于人们行为的常识性假设为基础的，但是它们出乎意料地能为各类难题提供深刻的见解。它们对于解决经济问题非常重要，将反复出现在本书中。在这一章中，我们将介绍经济学的概要，着重关注基本概念，不做展开。在本书的后面，我们将更深入地探讨每个问题。

稀缺性

问题 1 问题中涉及的主体的欲望和约束是什么？

在大多数情况下，多数人做的决策是为了获得他们想要的东西。当然，你无法总是得到你想要的。人们想要获得很多东西，但他们受到有限资源的约束。经济学将稀缺性（scarcity）定义为我们想要的资源超过我们可以得到的。资源具有稀缺性是一个不争的事实。你只有这么多时间，也只有这么多金钱。你可以用很多种不同的方式来分配你的资源，如学习或看电视，买一辆汽车或去拉斯维加斯旅行，但是在任何给定的时间或预算内，你仅有一个固定的可能性集合。稀缺性也能从集体层面上描述这个世界：作为一个社会，我们只能生产这么多东西，我们必须决定如何在众多人之间分配这些东西。

在解决一个复杂的经济学问题时，要问的第一个问题是："问题中涉及的主体的欲望和约束是什么？"考虑到理性行为和稀缺性，我们可以预期人们会努力工作以获得他们想要的东西，但他们可用的资源是有限的，因此他们的选择也是有限的。假设你的欲望是在今年夏天花尽可能多的时间在全国各地自驾游，但你不仅受限于暑假三个月的时间，还受限于没有足够的钱去支付汽油、食物和酒店的费用。在理性行为下，你可以选择双班轮流工作两个月，挣到足够的钱，再去进行一个月的自驾游。由于你现在受限于只有一个月的旅行时间，你必须按先后顺序安排好时间、活动和费用。

现在设想回到 1976 年，穆罕默德·尤努斯看到了极度贫穷但富有创业精神的孟加拉国村民，他认为如果村民可以获得贷款，他们就可以改善自己的生活。那么，银行为什么不向这些人提供金融服务呢？我们可以应用经济学家的第一个问题来着手解开这个谜题：问题中涉及的主体的欲望和约束是什么？在这种情况下，涉及的主体是传统的孟加拉国的银行和贫穷的孟加拉国的村民。让我们看一下这两者：

- 银行的欲望是赚取利润（通过借钱给别人，借款者在还款时支付给银行利息）。银行的约束是可用于贷款的以及运营分行所需的资金有限。因此，我们可以预期银行会优先向其相信会还款的客户发放贷款。在 1976 年之前，银行相信会还款的客户主要指富有的客户、孟加拉国城市居民，而非偏远村庄中非常贫穷的村民。

- 村民的欲望是增加收入。他们的约束是虽然有精力和商业头脑，但受限于他们的借款能力，他们无法借到启动资金，因为大多数银行认为他们太过贫穷而无法偿还贷款。

在分析这些主体的欲望和约束时，我们获得了一些有价值的信息，从而理解了为什么贫穷的孟加拉人无法获得贷款。银行的欲望是赚取利润，并将它们有限的资金优先借给那些它们认为是有利可图的客户。孟加拉国村民的欲望是增加他们的收入，但受限于启动资金，他们无法及时抓住商业机会。这是非常有价值的信息，但我们还没有得到尤努斯博士找到的解决方案。现在进入解决难题的下一个步骤，转向经济学家常问的第二个问题。

机会成本和边际决策

问题 2　面临的权衡取舍是什么？

生活中的每个决策都涉及成本与收益之间的权衡取舍。我们经常面对多个选项，需要决定是否值得为了得到这一个而放弃另一个。只有当我们认为做一件事的收益大于成本时，我们才会选择做这件事。通常很容易看到采取一个行动所获得的潜在收益：自驾游可以让你愉快地度过一个月；借到贷款的银行客户有机会扩大自己的企业。然而，一个决策的成本并不总是明确的。

你可能认为成本是明确的，你自驾游的成本仅仅是你花在汽油、食物和酒店上的钱。但这个计算中少算了一样东西。这件事情的真实成本不仅仅是你必须为它支付的金额，还包括你失去了去做其他事情的机会。如果你没有去自驾游，你的次优选择是花同样的时间和金钱去买一台大屏电视，然后花一个月时间在家里和朋友们一起看电影。你自驾游的真实成本是拥有电视以及与朋友们一起玩一个月的幸福感。在理性行为下，只有当自驾游对于你的价值超过了其他要花费同等时间和金钱的选择方案时，你才会选择自驾游。这是一个个人偏好问题。因为人们有不同的选择，对每个选择（比如自驾游或买电视）也有不同的心理定价，所以他们会做出不同的决策。

经济学家将这种你所面对的选择的真正成本称为机会成本（opportunity cost）。机会成本等于你为了得到某物而必须放弃的其他物品的最大价值。换句话说，机会成本是你的次优选择（即为了获得你的第一选择，你必须放弃的那个

"机会")的价值。

让我们回到自驾游的例子。比如你要和一个朋友一起去,她的次优选择是买一台新电脑、报一个暑期班和访问她的表亲。她的假期的机会成本与你的不同。对她来说,机会成本是一台新电脑带来的快乐加上从暑期课程中得到的收获,再加上她与表亲在一起的乐趣。如果她是理性行为者,只有当她相信自驾游对她的价值超过了她所放弃的活动能带给她的乐趣时,她才会和你一起去自驾游。

机会成本可以帮助我们更清晰地思考权衡取舍问题。如果有人问你,你的旅行花费了多少钱,你的回答是把汽油、食物和酒店的成本相加,你就没有捕捉到权衡取舍时所应考虑到的一些最重要的和有趣的方面。机会成本帮助我们明白,例如,为什么当一家律师事务所的合伙人和律师助理在考虑相同的假期时,他们真正面临的却是不同的权衡取舍。合伙人薪水更高,因此当他无薪休假时,他放弃了更多的钱。所以,律师助理去度假的机会成本就比合伙人的机会成本更低,律师助理和合伙人面临的决策其实是不同的。

经济学家通常用货币来表示机会成本。假设你有一张某家餐馆价值15美元的礼品券。该餐馆有一个简短的菜单,上面有比萨和意大利面,二者的售价都是15美元。只有在这个特定的餐馆才能使用礼品券,所以你为了获得比萨,仅需要放弃意大利面,反之亦然。

如果你没有礼品券,你最高愿意为比萨支付15美元,为意大利面支付10美元。所以,选择比萨的机会成本是什么呢?即使菜单上的价格是15美元,但机会成本只有10美元,因为这是你最优的(也是唯一的)其他选择(即意大利面)的心理价值。选择意大利面的机会成本是多少呢?是15美元,这是你对比萨的心理定价。你会选择什么呢?一个选择的机会成本是10美元,另一个选择的机会成本是15美元。在理性行为下,你应该选择比萨,因为选择比萨的机会成本更低。

描述这个权衡取舍的一个更简单的方式是,直接说"相比于意大利面你更偏好比萨"。选择意大利面的机会成本更高,因为为了得到意大利面,你不得不放弃你更喜欢的东西。当有更多的选择或选择之间有更多的细微差别时,用机会成本的形式来表述将会更有帮助。

例如，假设礼品券只可以被用于购买意大利面。现在选择意大利面的机会成本是多少呢？是 0 美元，因为你不能用礼品券做其他任何事情——你的其他选择是什么都没有。现在选择比萨的机会成本是 15 美元，因为你不得不用现金支付，而你可以将这 15 美元花在该餐馆外的其他地方。所以即使你更喜欢比萨，你现在也可能选择意大利面，因为在这个特定情景下选择意大利面的机会成本更低。

一旦你开始思考机会成本，你会发现它无处不在。请阅读以下专栏，我们将机会成本应用到重大的道德问题上。

⦿ 生命的机会成本

哲学家彼得·辛格（Peter Singer）曾写道，机会成本是生死攸关的事。想象你是一个销售人员，在一个炎热的夏天，你在驱车去开会的路上，经过一个湖。突然，你发现一个在湖里游泳的孩子溺水了。此时周围没有其他人。

你面临一个选择。如果你停下车，跳到湖里去救那个孩子，你就会迟到，赶不上开会，并会因此损失一笔价值 1 500 美元的生意。救那个孩子的机会成本就是 1 500 美元。

或者，如果你继续驱车前往公司开会，你将赚到 1 500 美元，但你会失去跳到湖里救那个孩子的机会。去开会的机会成本就是那个孩子的生命。

你会怎么做呢？大部分人都不会犹豫。他们立刻说他们会停车，跳到湖里去救那个溺水的孩子。毕竟，一个孩子的生命价值超过了 1 500 美元。

现在假设你在考虑花 1 500 美元买一台新的 MacBook。这 1 500 美元也可以用于一些慈善活动，比如为另一个国家的儿童进行预防黄热病的疫苗接种。假设平均每捐赠 1 500 美元，有一个孩子会被救活。那么，购买 MacBook 的机会成本是什么？根据彼得·辛格的理论，这与他直接去开会的机会成本是一样的，都是那个孩子的生命。当然，这两种情况并不完全一样，但为什么对大部分人而言第一个选择（跳到湖里）都是显而易见的，而第二个选择（投入慈善）似乎不太明确呢？

　　理解权衡取舍的另一个重要原则是，理性人在边际上进行决策。**边际决策**
（marginal decision making）描述了理性人会比较一个选择带来的额外收益和额外
成本，而不考虑过去选择的相关收益和成本。

　　例如，假设一个游乐园的门票价格是 20 美元，每坐一次过山车都要额外收
费 2 美元。因为你必须要先购买游乐园门票再买过山车的票，所以如果你站在游
乐园外，第一次坐过山车的成本将是 22 美元。一旦你进入游乐园内，额外坐一
次过山车的边际成本就是 2 美元。然后，在决定是否玩第二次或第三次过山车
时，你应该只比较额外坐一次过山车的机会成本和收益（或乐趣）。

　　这听起来似乎是显而易见的，但实际上，许多人在做决策时并没有考虑边
际量。假设你进入游乐园后不久就开始感到不舒服。如果在你感到不舒服的时
候，用 2 美元和 20 分钟做其他事情比额外多坐一次过山车带给你的乐趣多，
那么理性的做法就是选择离开。相关的权衡取舍是，衡量坐一次过山车所带来
的额外收益与额外成本。你不能取回 20 美元门票费或者是你之前已经花在过
山车上的钱。

　　经济学家把这种已经发生的且无法收回的成本称为**沉没成本**（sunk cost）。
当你考虑下一步该做什么时，沉没成本不应该对你的边际决策产生任何影响。
但是很多人觉得有必要多坐几次过山车，以在心理上感觉到没有浪费 20 美元
的门票钱。

在企业决定生产什么商品和服务时，权衡取舍也发挥着至关重要的作用。让我们回到本章开篇的例子，将这个想法应用到孟加拉国的银行：在发放小额贷款时面临的权衡取舍是什么？

- 对于传统银行，向穷人发放小额贷款的机会成本是将这笔钱放贷给富人时能够赚取的利润。
- 对于贫穷的孟加拉国村民，借贷的机会成本不仅包括他们本可以用于做其他事情的去银行的时间，也包括他们用于支付贷款利息及其他费用的金钱。当然，借贷的收益是他们可以利用这笔贷款做他们之前无法做的任何事情，比如创立一个小生意，购买食物或牲畜。

基于权衡取舍的这种分析，我们可以看到为什么传统银行较少放贷给贫穷的孟加拉国村民。因为银行认为穷人是有风险的客户，给穷人发放小额贷款的机会成本似乎大于收益，除非银行收取非常高额的费用。从贫穷的孟加拉国村民的角度来看，高额费用意味着借贷的机会成本会高于收益，所以面对银行设置的这些条款，他们选择不进行借贷。

要注意到，这个问题的答案建立在第一个问题的答案之上，即在评估每个人面临的权衡取舍之前，我们必须知道他们的欲望和约束。现在我们明白了导致尤努斯博士观察到的情况发生的动机和权衡取舍，我们可以转向当他创立孟加拉乡村银行时他可能问过自己的第三个问题。

激励

问题 3　其他人将会如何反应？

你想吃比萨，所以你决定去附近那个有简短菜单的餐馆。当你到达餐馆时，你发现比萨的价格变了。现在比萨的价格是 50 美元，而不是 15 美元。你将怎么做呢？记住，你只有 15 美元的礼品券。除非你可以轻松地接受花 50 美元去买比萨这件事，或者真的是非常讨厌意大利面，否则你可能不会买比萨。虽然相比于意大利面，你更偏好比萨，但我确信你能想到更好的方式去花这 35 美元。但是如果价格变化幅度没有那么大，比如说，比萨价格变为18美元。这可能是一个更困难的选择。

随着权衡取舍的变化，人们做出的选择也会变化。当餐馆老板思考每道菜的定价为多少时，他必须考虑别人会对变化后的价格做何反应。如果他知道比萨很受欢迎，他可能想试试通过提高价格来提高自己的利润。但是当他提高了价格，购买比萨的食客可能会越来越少。

如果很多人面临的权衡取舍都发生了变化，即使只是小幅的变动，涉及的每个人的行为都会有所变化，这些变化合并加总后就会导致一个很大的转变。当面临那些会影响很多人的权衡取舍时，询问"其他人将会如何反应？"这个问题，会让我们明白一个特定的决策将如何影响世界。当价格改变时会发生什么呢？当政府实施一项新政策时会发生什么呢？当公司引入一个新产品时会发生什么呢？要回答这些问题，需要我们考虑大规模的反应，而不只是一个人、一家公司或一位决策者的行为。

在回答这个关于权衡取舍的问题时，经济学家会做两个假设。第一个假设是人们会对激励做出反应。**激励**（incentive）通过改变人们面临的权衡取舍，使人们按特定的方式行动。正面激励（有时直接称为激励）使人们更有可能去做某事。负面激励（有时也称为**抑制**（disincentive））使人们更不可能去做某事。例如，降低意大利面的价格就是一个鼓励人们购买的正面激励，因为它降低了机会成本，当你为意大利面支付的钱更少时，你所放弃的那些你本可以用这些钱去购买的其他东西也会更少。提高比萨价格对购买比萨而言是一种负面激励，因为人们现在为了支付比萨的费用不得不放弃更多的其他购买选择。

经济学家关于权衡取舍的第二个假设是，只有在真空环境中才不会产生影响。也就是说，在这个世界中，你不能只改变一件事而不引起别人的反应。如果你改变了你的行为，即使只是非常小的改变，这个行为也将改变你周围的人所面临的激励，使得他们相应地改变他们的行为。如果你发明了一个新产品，竞争对手将复制它。如果你提高价格，消费者的购买量将会减少。如果你对一件商品征税，该商品的产量就会减少。

询问"其他人将会如何反应？"，能够预测价格变化或政策变化的不良副作用，从而有助于阻止我们做出错误的决策。如此思考也有助于我们设计出能引起积极反应的变化。当穆罕默德·尤努斯建立孟加拉乡村银行时，他不得不仔细思考村民和传统银行所面临的激励，并考虑如何改变这些激励才不会产生不良的副作用。

银行将村民视为高风险客户，一个原因是他们太穷了，以至于他们没有什么东西可以提供给银行作为抵押品。抵押品是借款人抵押给贷款人的财产，比如一栋房子或一辆车。如果借款人无法偿还贷款，贷款人将拥有抵押品的所有权。失去抵押品的风险增加了不偿还贷款的成本，给予借款人正面激励去进行偿还。当传统银行评估贷款给贫穷的孟加拉国村民时，它们得出的结论是，没有失去抵押品的威胁，村民不太可能会偿还贷款。

尤努斯需要想出一个不同的方法以产生正面激励，激励贫穷的村民偿还贷款。他最著名的解决方案是要求借款人以五人一组来申请贷款。小组中的每个人都与其他成员的成功利害攸关。如果有一个人没有偿还贷款，那么小组中的其他人都不可以再次从银行借钱。

尤努斯的想法被称为**分组责任制**（group responsibility），这个想法虽然很简单，但是非常重要。尤努斯认为借款人会有强烈的动机去偿还贷款：他们不想破坏与组中其他成员（他们的同乡）的关系，他们每天生活在一起，在困难时期相互支持。这也反过来改变了银行面临的权衡取舍，作为回应，银行更愿意以较低的利率贷款给穷人。通过思考村民对新型贷款将如何反应，以及银行将如何应对村民的反应，尤努斯预测，他的想法将成为开拓针对穷人的银行服务的关键。

尤努斯博士的预测被证明是正确的。贫穷的村民几乎总是会偿还他们在孟加拉乡村银行系统的贷款，其他银行也开始相信小额借款人可能是可信赖的客户。为穷人提供小额贷款、储蓄账户和其他服务的银行已经遍布世界各地。由于尤努斯的创造力和对激励的思考，穷人可以更容易地获得金融服务，银行也可以通过向穷人提供服务来赚钱。现在，已经有一些其他想法被证实可以更有效地为小额借款人提供正确的激励，它们继承了尤努斯和孟加拉乡村银行开创的实验性和创新性传统。

在本书中，你会看到许多例子，这些例子说明了如何利用激励的力量来达成目标，从增加公司利润到保护环境。但是，在我们为绝妙的经济学创新而得意忘形之前，我们必须再问自己一个问题：如何最终检验我们在解决问题的过程中想出来的解决方案？

效率

问题4　为什么其他人尚未这样做呢？

人们倾向于做出理性行为。我们会剪下优惠券留存，会在买车之前比较车型，会认真思考在大学里选择哪个专业。尽管人们不是计算机器，我们通常也会权衡取舍，会对激励做出反应，并寻求机会以最有效的可行方式得到我们想要的东西。

对企业而言，也是一样。世界上有成千上万的企业，每个企业都试图赚取利润。当消费者想要获得一种商品或服务时，一些企业就会通过提供该商品或服务来抓住赚钱的机会。这一事实引出了我们最后的假设：通常情况下，个人和企业都将采取行动以提供人们想要的东西。如果存在一个真正的盈利机会，肯定有人会利用它，而且通常宜早不宜迟。

最后的这个假设来源于**效率**（efficiency）的概念。效率描述了这样一个情况：以最有效的可行方式利用资源去生产社会经济价值最大的商品或服务。提高效率意味着找到一种方法以更好地利用资源去生产人们想要的东西。

关于效率的这个定义，可能会存在一些疑问。例如，我们如何确定价值？资源对我们到底意味着什么？在本书中，我们将深入研究这些问题。现在，我们从一个广泛的视角来分析：如果一件东西有人想要，那么这件东西就是有价值的；如果一件东西可以被用来制造一些有价值的东西，那么这件东西就是一项资源，无论是自然资源（比如水和树木）还是人力资源（比如人才和知识）。从这个广泛的视角进行分析，我们可以引出一个重要的观点：当经济有效率地运行时，资源就已经被分配到了有价值的用途上。

所以，当你看到一个未被利用的大好机会（一个新产品、新政策、新技术或是可以改变世界或赚取数百万美元的新商业模式）时，问问自己：如果它真是一个如此伟大的机会，为什么其他人尚未这样做呢？一个可能的答案是，之前没有人看到这个机会。这是可能的。但是，如果你已经看到了机会，难道其他数十亿聪明且理性的人中没有一个人能看到它吗？

不要误会，我们不是说在这个世界上绝对没有机会去做一些新鲜的事情。伟大的新想法一直都在产生，正是这些新想法推动着社会进步。然而，非常有可能别人已经想到了这个想法，但他们没有实施这个想法，这就暗示着你可能忽略了某事。在这种情况下，首先应该做的就是回到经济学家的前三个问题上：你是否错误判断了人们的欲望和约束？你是否误判了他们面临的权衡取舍？你是否误解了人们会如何应对激励？

如果你回想了这些问题后，仍然认为你的新想法很重要，这里还有一些其他的可能性供你考虑。我们说过，在通常情况下，经济会有效率地运行，个人或企业会供应人们想要的商品。那么，哪些方面可能会使情况变得不正常呢？

- **创新**（innovation）：创新是你所希望的正确解释。也许你的想法尚未被采用，只是因为这个想法太新颖了。如果你已经想出了一个真正新颖的想法，无论是新技术还是新商业模式，因为它之前不存在，所以人们尚未采用它。

- **市场失灵**（market failure）：市场失灵是造成经济效率低下的一个重要原因。有时个人和企业未能抓住机会，也许是因为有什么阻止他们获得抓住这个机会带来的收益，或是因为要对他们征收额外的费用。例如，也许因为我们不能阻止其他人迅速复制我们的想法，或者少数大公司已经占据了市场，所以我们伟大的新想法行不通。经济学家把这种情况称为市场失灵，我们将在本书中对此进行更深入的探讨。

- **干预**（intervention）：如果有一股强大的力量（通常是政府）干预经济，交易就无法按正常的方式进行。我们将在本书后面的章节中看到，许多政府推行的经济政策都有意或无意地影响了人们抓住盈利机会的能力。

- **除利润以外的目标**（goals other than profit）：也许你的想法无法创造利润。个人和政府都有除利润以外的目标，例如，创造伟大的艺术品或是促进社会公正。但是，如果你的想法不会产生利润，那么也就不奇怪为何没有人实施这个想法了。

当穆罕默德·尤努斯问自己"为什么其他人尚未这样做（借钱给穷人）呢？"这个问题时，他第一次发现了缺乏抵押品导致的市场失灵，并且想到了用分组责任制来修复这种市场失灵。但后来他不得不问自己："为什么所有的银行都没有采用分组责任制呢？"

也许还存在另一种尤努斯没有发现的市场失灵。也许是一些政府政策阻止了这个想法的实施。也许传统银行曾考虑过该想法，但觉得它不会创造利润。尤努斯的主要兴趣点并不在于赚取利润，无疑，让他真正感兴趣的是帮助穷人。但如果即使使用了分组责任制，小额贷款也无法为银行赚取利润，那么这就能解释为什么之前没有人这样做了。

幸运的是，这些猜测都是错的。在这个案例中，"为什么其他人尚未这样做呢？"这一问题的答案是，这个想法是完全新颖的。事后证明，孟加拉乡村银行能够通过给穷人发放贷款来帮助孟加拉国的穷人，同时又能赚到足够的利润来进行扩张并服务更多的客户。今天，超过 2 000 万的孟加拉人可以从孟加拉乡村银行和其他组织借到小额贷款。而在世界各地有超过 2 亿的低收入客户拥有了同样的机会。有时候，一个看似伟大的新想法确实就是那么伟大。

经济学家解决问题的工具箱

我们刚刚讨论的四个问题是一些基本的经济学见解。利用它们来理解世界可能是如何运行的，只成功了一半而已。在本节中，我们将描述经济学家将这些经济学见解应用于现实时所借助的工具。

在现实世界中准确定义这些基本的经济学概念，并不如你想象中的那样简单，它们有时并不是显而易见的。纵观历史，人们观察周围的世界，并得出过一些被证明是滑稽的（或者有时是错误的）结论。我们现在知道，太阳不是围绕地球旋转的，干旱并不是向人们投去邪恶目光的女巫造成的。然而，聪明的人也曾经相信过这些事情。出于人类的本性，我们会观察并思考我们周围事物的意义，但我们的结论并不总是正确的。

经济学分析要求我们把理论知识与观察到的事实相结合，并在得出结论之前对这两个方面进行详细检查。接下来，我们将看到如何将理论和事实结合到一起，以确定因果关系（是什么引起了什么）。我们还将区分事物的实际状态与我们所认为的事物应有的状态。你可以将这些工具应用到各种各样的情境中，从个人生活选择到企业决策和政策分析。

相关性和因果关系

一个铁杆体育迷可能会在他支持的球队赢得 NBA 总决赛或超级碗时穿着一件特定的球衣，然后坚持认为这件球衣是幸运的。这种迷信是对一般人类倾向的夸大：当我们看到两个事件同时发生时，我们倾向于假定是一个事件引起了另一个事件。但是，经济学家努力地谨慎对待因果关系（是什么引起了什么）。

为了区分两个同时变动的变量和两个具有因果关系的变量，我们使用两个不同的术语。当我们看到两个变量之间的一致关系时，我们会说它们之间存在一种**相关性**（correlation）。如果两件事常常发生在同一时间或沿着同一方向变化，我们就说它们是**正相关的**（positively correlated）。穿雨衣和下雨是正相关的。如果当一个事件或变量减少时，相关的事件或变量会同时增加，我们就说它们是**负相关的**（negatively correlated）。它们沿着相反的方向变化。较高的温度与人们穿羽绒服是负相关的。如果两个变量之间没有一致关系，我们就说它们是**不相关的**（uncorrelated）。

相关性与因果关系不同。**因果关系**（causation）意味着一个变量引起了另一个变量的变化。正如上述例子所示，相关性和因果关系经常一起出现。天气和服装通常是相关的，因为天气会引起人们做出关于如何穿衣的选择。

然而，相关性和因果关系并不总是以直接的方式一起出现。相关性和因果关系常常存在三种原因造成的混淆：巧合、遗漏变量和反向因果关系。

巧合。超级碗的比赛结果能用于预测股市的表现吗？几年前，一些人认为它是可能的。在超级碗比赛中，美国橄榄球联合会（AFC）的顶级球队对阵国家橄榄球联合会（NFC）的顶级球队。在很长一段时间内，当来自 AFC 的球队赢了比赛时，这一年股市的表现会很糟糕；而当来自 NFC 的球队赢了比赛时，这一年股市的表现会很棒。事实上，在 1967～1997 年的 85％ 的时间里，这种相关性都是存在的。

基于超级碗的比赛结果来决定你的投资策略，这会是一个好主意吗？我们认为不是。这里并没有合理的因果关系。多年来，股票市场的结果恰好与超级碗的比赛结果相关，但这并不表明股票市场的结果就是由超级碗的比赛结果引起的。如果你花足够长的时间去寻找奇怪的巧合，总会找到一些的。

遗漏变量。考虑以下情况：消防员的存在和严重烧伤人员之间是正相关的。这句话是否意味着消防员的存在引起了烧伤？当然不是。我们知道消防员不会烧伤他人，而是会努力救他们。相反，在这两种观察到的结果背后必定有一些共同的潜在因素或变量，在这个例子中即是火灾。

有时，两个相关的事件一起发生是因为两者都是由某个相同的潜在因素引起的。两者都分别与第三个因素之间存在因果关系，但两者之间不存在因果关系。这个潜在因素被称为遗漏变量，因为尽管它是一个因果关系链上的重要组成部分，但在之前的分析中却被忽略了。以下专栏讲述了一个关于遗漏变量的例子，遗漏变量使医生误会并错误地打击了大家在夏天的主要乐趣：吃冰激凌。

◎ 吃冰激凌会导致小儿麻痹症吗

有一种疾病叫小儿麻痹症，在美国曾经每年都有成千上万的孩子因为此病残疾甚至死亡。在知道是什么导致了小儿麻痹症之前，医生发现小儿麻痹症在吃很多冰激凌的孩子中似乎更为常见。这一相关性的发现让一些人认为两者之间存在因果关系。一些医生在提出预防小儿麻痹症的规定饮食建议时，表示应该避免吃冰激凌。许多担心的父母都非常理解，并且接受了他们的建议。

现在我们知道，小儿麻痹症是由病毒引起的，这种病毒从一个人传播给另一个人，通过受污染的食物和水传播，比如肮脏的游泳池或饮水机。小儿麻痹症与孩子吃多少冰激凌完全没有关系。1952 年，小儿麻痹症疫苗被正式研发出来了。

之所以会错误地认为罪魁祸首是冰激凌，是由于遗漏了一个变量：炎热的天气。在炎热的天气中，孩子更有可能使用游泳池和饮水机，也更有可能吃冰激凌。因此小儿麻痹症与吃冰激凌相关，但小儿麻痹症肯定不是由吃冰激凌引起的。

资料来源：Steve Lohr，"For Today's Graduate，Just One Word：Statistics"，*New York Times*，August 5，2009.

反向因果关系。在分析相关性和因果关系的混淆问题时，第三种常见的引起混淆的原因被称为反向因果关系：是 A 引起了 B，还是 B 引起了 A？当两个事件总是一起发生时，很难说是哪一个引起了另一个。

让我们看看下雨和带雨衣之间的相关性。如果我们完全不了解下雨，我们可能会观察到下雨的出现经常伴随着带雨衣，进而得出这样的结论：带雨衣（A 事件）引起了下雨（B 事件）。在这种情况下，我们都知道因果关系其实是相反的，但是观察结果本身并不能告诉我们真正的因果关系。

有时，观察两个相关事件的发生时间会为我们提供一些线索。通常情况下，如果 A 发生在 B 之前，就暗示着 A 引起了 B，而不是 B 引起了 A。但这不是绝对的。在日常生活中，你会在早晨离开家时带走一件雨衣，这发生在下午下雨之前。尽管你是在早上带走了雨衣，但这显然不会引起当天晚些时候下的雨。换句话说，在这种情况下，其实是你对 B 的预期引起了 A。

经济学家和非经济学家都得到的一个重要教训是，绝不能从表面上解读观察结果。要总是确保你可以解释为什么两个事件是相关的。为此，你需要经济学家工具箱中的另一个工具：模型。

模型

模型（model）是对复杂情况的一种简化表示。在经济学中，模型显示了个人、公司和政府如何做出关于管理资源的决策，以及他们的决策是如何相互影响的。经济模型可以描绘出诸如"人们如何决定买什么车"这样基本的情境，也可以描绘出诸如"什么引起了全球经济衰退"这样复杂的情境。

由于模型简化了复杂问题，所以我们能够将注意力集中在最重要的部分。模型很少会涵盖给定情境中的每一个细节，但这是一件好事。如果我们必须在解决问题之前，准确无误地描述整个世界，我们将会被细节所淹没，而永远无法得到答案。通过仔细地将情境简化到必要的核心部分，我们可以得到有用的近乎正确的答案。

经济学的一个最基本的模型是**循环流量模型**（circular flow model）。经济系统每天都涉及数十亿美元的交易，循环流量模型有助于展示出所有的交易是如何一起发生的。模型通过削减复杂的细节以显示出核心的模式。图 1-1 用图的形式展示了经济交易的循环流动，被称为循环流量图。

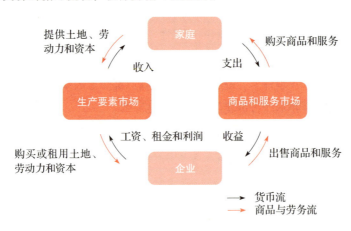

图 1-1　循环流量图

循环流量模型的一个简化之处是，把焦点缩小到经济学中两类最重要的经济主体：家庭和企业。

- 家庭在两个方面是至关重要的。第一，家庭为企业提供土地、劳动力，并向企业投资资本（土地、劳动力和资本被称为生产要素）。第二，家庭购买企业出售的商品和服务。

- 企业也是至关重要的，但与家庭恰恰相反的是：它们购买或租用土地、劳动力和家庭提供的资本，用于生产和出售商品和服务。模型表明，企业和家庭通过生产和消费而紧密相连。

另一个很有用的简化之处是，循环流量模型将焦点缩小到联结家庭和企业的两个市场：

- 商品和服务市场。正如它的名称：它反映了所有涉及商品和服务买卖的活动。在这个市场中，家庭用它们通过提供劳动力而获得的工资以及通过提供土地和资本而获得的收入来消费，企业通过出售商品和服务来获得收益。
- 生产要素市场。在这里，家庭提供土地、劳动力和资本，企业购买或租用这些投入。

该模型把所有这些联系在一起。我们所描述的交易包含两种循环。一种是贯穿经济的投入和产出的循环。投入的是土地、劳动力和企业用于生产商品的资本。产出的是企业使用生产要素生产的商品和服务。

另一种循环表示货币的流动。企业使用家庭提供的生产要素进行生产并支付给家庭货币，家庭使用这些货币购买商品和服务。企业通过出售这些商品和服务获得收益，反过来又可以使用这笔钱购买或租用生产要素。

在这一点上你可能会有点晕，尤其是多个要素同时在循环中流通。为了帮助你厘清思路，我们以追踪你钱包中的 5 美元为例，看它如何在经济体系中流通。你可以用很多种方式来花这 5 美元。比如你走在街上，看到当地面包店的窗口有一盒甜甜圈，你走进店里，支付给面包师 5 美元，这就是商品市场的一次交易。这 5 美元代表面包师的收入和你的支出。甜甜圈是面包店的产出。

可是你这 5 美元的故事还没有结束。为了生产更多的甜甜圈，面包师用 5 美元购买生产要素，即市场上的投入。这可能包括支付面包店的租金或支付助理的工资。面包师的支出也就是出租场地的家庭或为面包店提供劳动力的收入。一旦面包师用这 5 美元支付了租金或工资，这 5 美元就完成了一个周期的循环流动。

正如循环流量模型所示，经济模型近似地模拟了发生在实体经济中的经济活动。在本书后面的章节中，我们将讨论其他旨在说明特定问题（比如当政府增加税收时，汽油价格将上涨多少；或是未来十年经济的增长速度可能是多少）的模型。最好的模型能让我们更清楚地回答复杂的问题。什么是一个好的经济模型？我们已经说过，好的模型会省去不重要的细节，着重关注经济环境的核心方面。为了使模型能够发挥作用，还应该做到以下三点。

（1）**一个好的模型能预测原因与结果**。循环流量模型对经济基础进行了有效的描述。但是通常情况下，我们想要的不止于此。很多时候，我们想要一个模型不仅能够描述经济联系，而且能够预测将来会发生什么事情。要做到这一点，我们必须弄清楚正确的原因与结果。如果你的模型显示 A 引起了 B，你应该能够解释为什么。在第 3 章中，我们将学习经济学中的一个核心模型，该模型表明，对大多数商品和服务而言，当它们的价格上涨时，人们想要购买的数量会随之下降。为什么呢？当一个商品的成本上升，但拥有该商品的收益不变时，更多的人在权衡取舍下会觉得持有该商品是不值得的。

（2）**一个好的模型会清楚地说明其假设**。尽管模型通常过于简单而不能完美地拟合现实世界，但清楚地说明简化的假设是非常重要的。这样做有助于我们知道模型何时能准确地预测出现实事件以及何时不能。例如，我们早些时候说过，经济学家通常假设人们的行为是理性的。我们知道这并不总是正确的，但我们接受它作为一个假设，是因为在多数情况下它都近似正确。只要我们清楚我们做了这样的假设，我们就知道当人们的行为不理性时，该模型就是不准确的。

（3）**一个好的模型能准确描述现实世界**。如果一个模型不能描述现实世界中实际发生的事，这个模型就是有问题的。我们承认，模型并不完全准确，因为我们故意将模型设计得比现实世界更简单。但是，如果一个模型预测的事情通常都是不准确的，或者也不是近似准确的，该模型就是没有用的。我们如何判断一个模型是否符合现实？经济学家通过观察现实世界中发生的事件并收集可以证实或反驳该模型的数据来检验他们的模型。

实证分析和规范分析

在经济学研究中，人们经常将事实与基于信念的判断相混淆。考虑下面的例子：

表述 1：所得税会减少人们想要工作的时间。

表述 2：应该减少或取消所得税。

许多人很难区分这两个表述。有些人认为第二个表述顺着第一个表述的逻辑，也有些人不同意第二个表述，并因此认为第一个表述不可能是真的。

然而，如果仔细阅读，你会看到，第一句话是关于原因与结果的表述。因此，通过数据和证据，可以证明第一句话是真的还是假的。关于世界实际上是如何运作的这种事实表述，被称为实证表述（positive statement）。

另外，第二句话无法被证明是真的还是假的。但是，它指出了什么是应该做的，但只有在我们共享某一相同的目标、认识和道德信仰的时候才成立。如果一个表述是在断言世界应该是什么样的，我们就称之为规范表述（normative statement）。

为了说明区分实证表述和规范表述有多么重要，考虑物理学家可能会提出的两个主张。

实证表述：一枚 1 万吨 TNT 当量的核武器在爆炸后，其放射性尘埃的影响半径可达 6 英里[⊖]。

规范表述：美国在第二次世界大战中使用核武器是正确的。

尽管人们可能不同意这两个表述，但第一个表述是科学事实，第二个表述在很大程度上取决于一个人的道德和政治信仰。虽然第一个表述也许会影响你对第二个表述的看法，但你仍然可以同意其中一个表述而不同意另一个表述。

请记住，使用经济学工具，并不需要你有某一特定的道德信仰或政治观点。我们的目标是为你提供一个满载经济学概念的工具箱，你可以使用这个工具箱中的经济学概念进行实证分析。我们还将强调一些你可能会面对的重要决定，这些决定也许需要你使用经济分析中的规范思考。无论你的目标和信念是什么，经济学都可以帮助你做出更好的决策，并设计出更有效率的政策。

⊖　1 英里≈1.609 千米。

第 2 章

专业化与交换

ECONOMICS

引例　一件 T 恤的来历

"如何最有效地运用现有资源？"这是经济学领域最基本的问题之一。（还记得我们在第 1 章讨论的效率问题吗？）工厂经理在寻求提升产量的方法时会问这个问题，国家领导者在制定经济政策时会深入探讨这个问题，那些积极参与社会、环保或其他公益事业的个人和群体在探索减少贫困或保护环境的策略时也会思考这个问题。此外，当我们在思考人生方向以及如何充分发挥个人潜能时，也会问自己这个问题。

为了找到这个问题的答案，我们从最宏观的资源利用出发，即探讨国际贸易的逻辑和国家间生产的专业化。在本章结束时，我们希望你能了解如何以同样的方式思考各种类型的决策，甚至包括是自己修理电脑还是请专业人士修理这样的决策。

让我们从一个看似简单的问题开始：你的 T 恤来自哪里？看看衣服上的标签。我们猜它来自一个你从未去过，甚至你从未想过要去的地方。可能是孟加拉国？洪都拉斯？马来西亚？斯里兰卡？

"made in"标签（原产地标签）只揭示了部分事实。很有可能你的 T 恤在制造的过程中，走遍了世界各地。想象一下，一件 T 恤常见的制作过程：棉花可能是在马里种植的，然后被运到巴基斯坦纺成纱线。接着，这些纱线可能被运往孟加拉国，在那里被织成布并裁剪成布片，进而才能缝制成一件 T 恤。接下来，这件 T 恤可能被运往美国，送到你附近的商店。多年以后，当你清理衣橱时，你可能会把这件 T 恤捐给慈善机构，接着慈善机构又可能将它运送给马里的二手服装商——而这里恰恰就是这件 T 恤旅行开始的地方。

当然，这不是一个只属于 T 恤的故事。鞋子、电脑、手机、汽车以及其他许多制成品都有着与之极为相似的故事。如今，我们大多数人习以为常的商品和服务都是通过极为复杂的全球网络供给的，这个网络由农场、矿山、工厂、贸易商和商店组成。为什么连一件简单的 T 恤的生产也要遍布世界各地？为什么在马里种植棉花，在孟加拉国进行缝纫，而不是相反？为什么整件 T 恤不在美国生产，这样不必长途跋涉就能到达消费者手中？

本章将解决基本的经济学问题：由谁生产哪种商品以及为什么。这就像是魔法一样，世界各地数以百万计的个人和公司通过协调他们的生产活动，为消费者提供正确的商品和服务组合。这一协调的壮举并不是偶然发生的，也没有伟大的规划师告诉每个人应该去哪里以及该做些什么。相反，世界各地的人都以改善自己的生活为目标，事事从自身利益出发，全球生产线就是由此产生的一个自然结果。经济学家将此协调机制称为"看不见的手"（invisible hand），这一概念最初由 18 世纪的经济思想家亚当·斯密（Adam Smith）提出。

为了深入了解由谁生产以及为什么，我们可以思考在过去几个世纪中 T 恤的故事是如何发生变化的。在 19 世纪的大部分时间里，美国人穿的 T 恤都是由美国制造的。然而今天，大多数 T 恤是由孟加拉国、中国和其他国家制造的。在过去的两个世纪里，美国工人制造 T 恤的水平变差了吗？绝对不是。事实上，正如我们将在本章中看到的，它甚至并不意味着孟加拉国工人制造的 T 恤比美国工人制造的更好。相反，任何商品往往都是由在该商品的生产上机会成本最低的国家、企业或个人来生产的。

国家和企业专业化生产机会成本最低的商品，然后再进行相互贸易以获得它们想要消费的商品组合。尽管每个人都可以获得贸易收益（即从交易中获利，

gains from trade），最终过得更好，但在实践中找到正确的政策来帮助受到贸易影响的工人和行业，可能是困难的。

本章的思想不仅适用于国民财富和国际贸易。在大多数人面对的日常选择上，这些思想也会给你一些启示。在感恩节的晚上，应该由谁来煮哪一道菜呢？你应该雇一个管道工还是应该自己修管道呢？你应该成为一个摇滚明星还是成为一位经济学家呢？这些问题中的思想是很微妙的，有时也会被误解。我们希望本章会让你有更深入的思考，并帮助你在生活的方方面面更好地管理你的资源。

生产可能性

正如你所想的那样，为什么两百年前美国人自己生产 T 恤而现在孟加拉国人为美国人生产 T 恤，这确实是一个复杂的问题。但是通过把它简化成一个模型，我们可以得到一些有用的见解。

让我们假设美国和孟加拉国只生产两种商品：T 恤和小麦（小麦的单位为蒲式耳[⊖]）。（当然，在现实中它们生产很多东西，但我们现在不想陷入繁复的细节之中。）模型使用小麦代表 T 恤以外的商品，让我们专注于我们真正感兴趣的 T 恤问题。

在这个模型下，我们将运用一个称为**生产可能性边界**（production possibilities frontier）的工具来进行一个关于生产的思维实验。这个工具也可以应用于其他许多情况，包括与国际贸易无关的情况。在这里，我们用它来说明在过去的几个世纪中到底发生了什么变化，进而解释为什么现在美国人要从孟加拉国购买 T 恤。

生产可能性边界

让我们回到 19 世纪的美国。在我们的简单模型中，有 200 万个美国工人，他们在选择去哪里工作时有两个选项：T 恤工厂或小麦农场。在 T 恤工厂，每个

　　⊖　（英）1 蒲式耳≈36. 369 升，（美）1 蒲式耳≈35. 238 升。

工人每天生产 1 件 T 恤。在小麦农场，每个工人每天生产 2 蒲式耳小麦。

生产可能性边界（PPF）是一条直线或曲线，它显示在使用了所有可用的资源时所有可能的产出组合。在这个例子中，边界表示使用了所有可用的美国工人时 T 恤和小麦的所有产出组合。边界以内的点（如 T 点）是可以达到的，但是此时没有充分利用所有的可用资源，如图 2-1 所示。

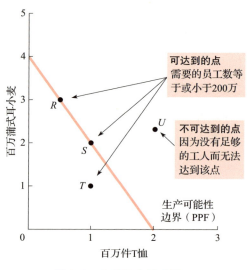

图 2-1　生产可能性边界

生产可能性边界能帮助我们回答我们在第 1 章中讨论的经济学家的第一个问题：问题中涉及的主体的欲望和约束是什么？美国人的欲望是消费 T 恤和小麦（当然，他们的欲望也包括消费其他商品；请记住，我们现在进行了简化）。生产可能性边界让我们得以表示出生产面临的约束。美国不能生产出边界线之外的 T 恤和小麦的组合（如图 2-1 中的 U 点）。无论工人在 T 恤和小麦之间如何分配，都不可能生产出 U 点的产出组合。

生产可能性边界也能解决经济学家的第二个问题：面临的权衡取舍是什么？每个工人每天只能生产 1 件 T 恤或 2 蒲式耳小麦。换句话说，生产的小麦数量和生产的 T 恤数量之间存在权衡取舍。如果我们想多要 1 件 T 恤，一个工人就必须停止种植小麦 1 天。因此，1 件 T 恤的机会成本是 2 蒲式耳小麦。种植额外的 1 蒲式耳小麦需要 1 名工人花费半天时间，所以 1 蒲式耳小麦的机会成本是半件 T 恤。

在多个生产可能性中进行选择

关于经济体会选择什么样的商品组合进行生产这个问题，生产可能性边界能给我们什么启示呢？我们在前面提到过，经济体能够在边界线上和边界线以内的点上进行生产。然而，选择边界线内的一个点进行生产，意味着一个国家可以仅通过利用所有可用的工人而获得更多的小麦，或更多的 T 恤，或两者兼得。例如，在图 2-2 中，从 B_1 点移到 B_2 点，意味着美国可以不放弃任何一件 T 恤就能得到更多的小麦。同理，从 B_2 点移到 B_3 点也是如此。但是一旦到达边界线，它就必须放弃一些商品才能获得更多的另一种商品。边界线上的点（如 B_3 点）被称为**有效率的点**（efficient points），因为它们已经使用了全部可用资源，生产出最大的可能产出。边界线内的点（内部）是无效率的，因为它们没有使用所有的可用资源。

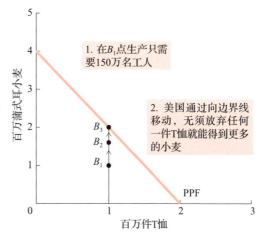

图 2-2　选择一个有效率的生产组合

在现实世界中，经济体并不总是有效率的。很多问题都可能导致工人失业或其他资源被闲置。我们将在以后的章节中深入探讨一些具体问题。现在，我们假设生产总是有效率的。个人和企业通常会利用所有的可用资源以获得尽可能多的价值，所以有效率的点是一个合理的假设起点。

基于有效率的这个假设，我们可以预测，一个经济体会选择在边界线上而不是边界线内的点上进行生产。但生产可能性边界不能告诉我们在边界线上的哪个点上进行生产。如果美国经济是完全自给自足的，这个决定就取决于美国人想要消费的 T 恤和小麦的具体组合。如果可以与其他国家进行贸易，这也取决于那些国家的消费者和生产可能性，正如我们将在本章的后面看到的。

绝对优势和比较优势

在 19 世纪，由于机动织布机的出现和人口的不断增长，美国成了一个高效率的 T 恤生产商，甚至成为世界上最大的服装制造商。自那以后，美国人口大幅增长，制造技术也得到了进一步提升。那么，为什么现在全球只有不到 5% 的服装出自美国呢？

到目前为止，我们已经用一个非常简单的生产模型突出说明了个体生产商面对的关键权衡取舍。如果国与国之间没有贸易，那么美国人只能消费他们自己生产的这些商品。然而，在现实世界中，世界各地都在生产商品。如果美国人想买的 T 恤数量超过了美国人自己生产的 T 恤数量，他们可以从别的地方购买到额外需要的 T 恤。在这种情况下，我们如何预测哪个国家会生产哪种商品呢？

理解了资源如何在多个生产商之间分配后，我们就可以理解为什么大企业会与专业供应商合作，以及为什么一个富有且高生产力的国家（如美国）会与相对贫穷且低生产力的国家进行交易。在本节中我们将看到，贸易能增加总产量，从而让贸易的每个参与者都从中受益。为了分析其中的原因，我们转向以下问题，为什么如今在美国销售的大多数 T 恤都是由孟加拉国制造的。

绝对优势

如果在给定的资源条件下，一个生产商可以生产出比其他生产商更多的商品，那么这个生产商就具有**绝对优势**（absolute advantage）。因为美国的每个工人都能比孟加拉国工人生产出更多的 T 恤与小麦，所以在我们的简化模型中，在生产 T 恤和小麦这两件事上，相比于孟加拉国，美国都有绝对优势。

比较优势

然而，绝对优势并不是故事的结尾。如果它是的话，那么美国仍将是世界上 T 恤的主要生产国。问题是，对于美国生产的每件 T 恤，它都使用了本可以用于种植小麦的资源。当然，孟加拉国也是如此。但在我们生产 T 恤和小麦的模型中，在美国生产 1 件 T 恤的机会成本是 4 蒲式耳小麦（200 蒲式耳 ÷ 50 件 ＝ 4 蒲式耳/件）；在孟加拉国生产 1 件 T 恤的机会成本只有 2 蒲式耳小麦（50 蒲式耳 ÷ 25 件 ＝ 2 蒲式耳/件）。为了生产 1 件 T 恤，美国必须放弃的小麦数量比孟加拉国更多。

相比其他生产商，当一个生产商能以较低的机会成本去生产 1 件商品时，我们就说他在这件商品的生产上具有**比较优势**（comparative advantage）。在我们的模型中，在生产 T 恤这件事上，孟加拉国相对于美国有比较优势，因为孟加拉国生产 1 件 T 恤的机会成本只有 2 蒲式耳小麦，而美国的机会成本则是 4 蒲式耳小麦。换一个角度，在生产小麦这件事上，美国相对于孟加拉国有比较优势。

一个国家可以在拥有比较优势的同时没有任何绝对优势。在我们的例子中，在生产 T 恤和小麦这两件事上，美国都相对于孟加拉国有绝对优势。但是美国在生产小麦上的优势要大于在生产 T 恤上的优势。孟加拉国虽然没有绝对优势，但在生产 T 恤上"相对不那么差"（less worse），因而其有比较优势。

我们可以用一个更贴近生活的例子来认识这种国际贸易的情境。当你的家人在准备感恩节晚餐时，你会让最好的厨师来做每一道菜吗？如果你的家庭规模很小，也许一个人就可以完成整个晚餐的准备工作。但是如果你的家庭像我的家庭一样庞大，你就需要几个厨师来准备晚餐。奶奶是家里最有经验的厨师，然而，削土豆皮这项任务总是被外包给孩子们。这是因为孩子们在削土豆皮这件事上比奶奶做得更好吗？我们认为可能不是这样的。奶奶在感恩节晚餐的每一项准备工作上都有绝对优势。尽管如此，孩子们可能在削土豆皮这项任务上有比较优势，这样就能让奶奶有时间去做那些棘手的工作——做馅饼了。

我们会发现比较优势的应用在生活中无处不在。运动也不例外，请阅读以下专栏。

🌐 巴比·鲁斯，明星投手

棒球队经理该如何决定比赛时谁打哪个位置呢？一种方法是在每个位置上都分配最好的球员。但许多位置所需的技能是相似的。当一个球员在多个位置上都有绝对优势时，该怎么做呢？答案是，看比较优势。

看看纽约扬基队经理米勒·哈金斯（Miller Huggins）在 1920 年招进一个名叫巴比·鲁斯（Babe Ruth）的球员时面临的选择。鲁斯是一个优秀的投手。

1918 年，他在世界职业棒球大赛上创下了连续最多无得分局的投球纪录，直到 1961 年这个纪录才被打破。鲁斯可以很容易地成为他这一代人中的最佳投手之一，但他最终甚至没有成为一个投手。因为他既是团队中最好的投手，也是团队中最好的击球员。而从实际出发，他无法既做投手又做击球员（投球需要耗费太多能量），所以米勒·哈金斯不得不做出选择。

尽管鲁斯在两个位置上都有绝对优势，但他在击球员位置上有比较优势。鲁斯做投手的机会成本是如果让他击球的话扬基队将赢得的比赛数量。哈金斯认为鲁斯投球的机会成本高于他击球的机会成本。于是，鲁斯成了最伟大的击球员之一。1920 年，他打出了 54 个本垒打。那一年，只有另一个团队集体打出的本垒打数和鲁斯一人打出的本垒打数一样。

一个好的管理者应该像米勒·哈金斯一样，根据球员的比较优势去分配球员的位置。问题不是在一个特定的位置上哪个球员最好，而是该队更能承受得起在其他哪个位置上失去该球员。当为一个球员在球场上寻找一个特定的位置时，正确的建议也许不是他在这个位置上是最好的，而是他在其他任何位置上的价值都比在这个位置上的更小！

为什么要进行贸易

美国完全有能力生产自己所需的 T 恤和小麦。事实上，在我们的简单模型中，它在这两种产品的生产上都有绝对优势。那么，为什么要从孟加拉国购买 T 恤呢？我们要看到，当两个国家专业化生产它们各自有比较优势的商品然后进行相互贸易时，这两个国家实际上都能消费更多的商品。

专业化

如果你生活在两百年前，你的日常生活中将充满今天的你可能从来没有做过的事情。你可能会给一头牛挤奶、从井里打水、劈柴、腌肉、缝补袜子上的洞以及修房顶。这与今天的生活形成了鲜明的对比，我们使用的几乎所有东西都来自专业化提供一种特定商品或服务的人。我们打赌你不会搅拌要抹到吐司上的黄油，你甚至根本不打算了解你计算机内的部件是如何组装的。我们打赌你通常不会自己缝制衣服，或者种植小麦。在当今世界，我们所有人彼此依赖以获取我们每天需要的东西。

如果每个国家都集中生产其有比较优势的商品，那么总产量将增加。这种集中生产方式被称为**专业化**（specialization），即将所有的资源都用于生产某一种商品。相比于每个国家仅生产该国消费者想要的产品组合，当每个国家都根据其比较优势来专业化生产某种商品时，总的生产可能性会变大。

我们已经看到，如果美国和孟加拉国自给自足（每个国家都生产本国人想消费的东西），那么这两个国家一共可以生产 150 亿件 T 恤和 300 亿蒲式耳小麦，如表 2-1 上半部分（无专业化分工）所示。

美国

人均 200 蒲式耳 × 1.5 亿名工人 = 300 亿蒲式耳

孟加拉国

人均 25 件 T 恤 × 8 亿名工人 = 200 亿件 T 恤

如果孟加拉国把所有资源都用于制作 T 恤，美国把所有资源都用于种植小麦，会发生什么呢？表 2-1 的下半部分（专业化分工）向我们展示了以下结果。

表 2-1　有专业化分工的生产与无专业化分工的生产

	国家	小麦 （亿蒲式耳）	T 恤 （亿件）
无专业化分工	美国	100	50
	孟加拉国	200	100
	合计	**300**	**150**
专业化分工	美国	300	0
	孟加拉国	0	200
	合计	**300**	**200**

当孟加拉国和美国进行专业化分工，每个国家仅生产一种商品时，两国可以使用同等数量的工人和同样的技术多生产 50 亿件 T 恤。

通过专业化分工，这两个国家不仅可以一起生产出和之前一样多的小麦，而且生产的 T 恤数量还比之前多 50 亿件。在相同数量的工人和同样的技术条件下，专业化分工使总产量增加了。

这个规则适用于各种各样的商品和服务。它解释了为什么牙医会雇用屋顶修理工去修理屋顶的漏洞，为什么屋顶修理工会雇用牙医来治牙痛。阅读以下专栏，它使用一个你可能很熟悉的情境（麦当劳）向你展示了专业化的力量。

专业化分工调配

正如我们所知，快餐产生于 1948 年，麦当劳创始人麦当劳兄弟决定实施一种全新的准备食物的方法。该灵感来自工厂的生产线，他们将福特的专业化理念应用于餐饮业。他们并没有分配几个员工负责全部的食物准备环节，而是将每个订单分割成几部分，把准备一份食物所需的几个步骤分拆开：一名员工负责烤汉堡包，一名员工负责添加调味品（芥末酱和番茄酱），一名员工负责炸薯条，还有一名员工负责搅拌奶昔。

几乎任何一名员工都能学会烤汉堡包、添加调味品、炸薯条和搅拌奶昔。尽管在每个餐厅都一定有一个特别熟练的员工，他在准备饭菜的每个步骤上都比别人更快，但是专业化分工仍更有效率。通过只给每个员工分配一个特定的任务，麦当劳创始人革新了食物的准备速度和数量。利用专业化的力量，他们可以烤出更多的汉堡包，炸出更多的薯条，并为更多饥饿的顾客服务。

资料来源：Eric Schlosser, *Fast Food Nation* (Boston：Houghton Mifflin, 2002), pp. 19-20.

贸易收益

当各个国家专业化生产它们有比较优势的商品时，总产量会增加。在专业化分工下，每个生产商最终都只生产一种商品，在我们的模型中，美国生产小麦，孟加拉国生产 T 恤。如果美国人不想没衣服穿，孟加拉国人不想饿死，它们之间就必须进行贸易。

假设孟加拉国和美国同意用 200 亿蒲式耳小麦交换 75 亿件 T 恤。结果，最终每个国家不仅拥有像之前一样多的小麦，而且 T 恤的数量还比之前多 25 亿件。专业生产商在交换商品和服务后发生的这种结果的改善，就被称为**贸易收益**（gains from trade）。

在进行贸易之前，美国和孟加拉国都不可能消费生产可能性边界之外的任何商品组合。在两个专业化生产商进行交易之后，每个国家的消费水平都提高到一个以前无法达到的水平。在开放贸易后，如果美国和孟加拉国消费的小麦数量都和之前一样，那么它们消费的 T 恤数量就能增加 50 亿件。

在模型中，贸易收益是平均分布的，美国多获得了 25 亿件 T 恤，孟加拉国多获得了 25 亿件 T 恤。但在现实中，收益不一定是平均分布的，也没有必要在每一方之间平均分布。如果孟加拉国额外获得了 40 亿件 T 恤，美国额外获得了 10 亿件（反之亦然），这两个国家的福利仍将比各自单独生产时更好。

总体来说，只要两国在生产一种商品时的机会成本不同，就存在贸易的空间，它们的交易价格介于两国的机会成本之间。在我们的例子中，孟加拉国和美国愿意交易 T 恤的价格必须介于孟加拉国生产 T 恤的机会成本和美国生产 T 恤的机会成本之间。如果孟加拉国是专业化生产 T 恤的国家，它收取的价格就不能大于美国的机会成本，否则美国就只会自己生产 T 恤。相反，孟加拉国收取的价格必须大于其生产 T 恤的机会成本，否则它将不愿意进行贸易。

想一想，驱使人们进行交易的欲望是什么。相比于自给自足，当人们采用专业化分工并进行贸易时，每个人都能获得更多他们想要的东西。因此，贸易可以完全由自利驱动。正如美国受益于与孟加拉国的贸易（尽管美国可能在生产小麦和 T 恤上都有绝对优势），一个有经验的工人或一个大公司也能受益于与一个缺乏经验的工人或一个小的专业公司进行的贸易。

例如，当比尔·盖茨（Bill Gates）是微软 CEO 时，他可能会雇用一位 IT 助手为他的电脑修复漏洞，即使他自己可以修得更快。比方说，盖茨可以在 1 小时内修复好漏洞，但是他每在微软公司的运营上分心 1 小时，公司的利润就会减少 1 000 美元。IT 助手 1 小时只赚 50 美元，所以即使助手需要 2 ~ 3 倍的时间来修复漏洞，盖茨雇用他仍然是值得的，这样盖茨就能将自己的时间用于提升微软的生产力。盖茨在修复电脑漏洞上有绝对优势，但他的机会成本是损失的利润，这就意味着 IT 助手拥有比较优势（盖茨的比较优势是运营微软公司）。通过专业化分工，最终每个人的情况都会变得更好。

尽管能从专业化分工和贸易中受益，但并非每个人都认为在任何情形下这都是一个显而易见的选择，这让我们回到了第 1 章中的第四个问题：为什么其他人尚未这样做呢？一些人认为，有一些理由值得为其放弃贸易收益。

随时间变化的比较优势

生产可能性和贸易的简化模型有助于我们理解为什么美国人现在从孟加拉国购买 T 恤。但我们在本章开始指出，情况并非一向如此，200 年前，美国向世界其他国家销售 T 恤。为了理解为什么会发生改变，我们可以将我们的模型应用于比较优势随时间变化的情况。这些变化引起了不同国家经济和贸易模式的重大变化。

工业革命开始时，英国引领着世界服装制造业。在 19 世纪，美国通过新技术（生产率提高）和廉价劳动力（生产成本降低）抢占了比较优势。渐渐地，服装制造业的比较优势从美国转移到了其他国家或地区。到 20 世纪 30 年代，世界上 40% 的棉制品是在日本生产的，来自农村的日本工人愿意在很低的工资水平下长时间工作。在 20 世纪 70 年代中期，服装制造业转移到了中国香港地区、中国台湾地区和韩国，那里的工资水平比日本的工资水平更低。然后在 20 世纪 90 年代早期，纺织行业转移到了中国内地，当时数以百万计的年轻女性离开农田，进入工厂，她们的工资水平比中国香港地区的工资水平低 90%。孟加拉国也经历了类似的变化。服装制造业及其提供的工作岗位的渐进式重新布局的有利的一面是：最终高薪工作岗位取代了低薪工作岗位，同时这些国家或地区也经历了大幅度的经济增长。

在服装生产上失去比较优势，听起来像是一件坏事。但是从我们的模型中可以知道，你不可能在失去一件事的比较优势的同时，而没有获得另一件事的比较优势。随着每个国家的工人都越来越擅长从事那些比服装生产工资更高的工作（比如汽车制造、电脑编程或提供金融服务），服装制造业发生了变化。

这意味着制造服装的机会成本增加了，服装生产的比较优势转移到了另一些国家，这些国家的工人不善于从事更高工资的行业，因此他们愿意在纺织厂工作且仅赚取较低的工资。

大多数历史学家都同意，当一个国家在服装生产上失去比较优势时，这并不是失败的表现，而是成功的标志。过去的纺织品主要生产国，像英国、美国、日本和韩国，与它们过去作为服装制造业中心的时候相比，现在都更加富裕。

然而，这些变化在当时可能看起来或感觉上不那么成功，特别是对那些紧张地看着本属于他们的工作机会流失海外的纺织厂工人而言。如今，其他行业也出现了同样的紧张氛围，因为公司将那些在其他国家能更廉价地完成的工作"外包"出去了。

市场供给与需求

ECONOMICS

第3章

市　场

ECONOMICS

ECONOMICS

▍引例 手机的全球化

对许多人来说，与钱包和钥匙一样，手机是出门时必须要带的东西之一。不管怎样，手机已经成为日常生活中必不可少的物品。

很难相信，20 世纪 90 年代末手机还是奢侈品，只有 1/3 的美国人能用上手机。在此之前，在 20 世纪 80 年代，手机是很大很重的设备，几乎没有人会买手机以供私人使用。在不到 1/4 世纪的时间内，这项昂贵的科幻技术就变得相对便宜且非常普遍。现在，在美国，大约每 100 人就拥有 95 部手机。事实上，全世界 74 亿人中有 2/3 的人都购买了手机。例如，在非洲，12 亿公民中有 44% 的人拥有手机。这个显著增长使人们更容易和朋友、家人保持联系。它还将小镇里的商人与遥远城市中的企业联结起来，提供了新的经济可能性。

一种产品是如何如此迅速地从昂贵变得廉价，从稀少变得司空见惯的呢？答案部分在于供给和需求间的关系。这一章展示了供给和需求间的相互作用如何决定竞争市场上买卖商品的数量和价格。

人们经常听到新产品如何占领市场、站稳脚跟的故事。在开始的时候，新产品手机非常昂贵和稀有。随着时间的推移，技术有所改进，价格也下降了，该产品变得流行起来，销量大幅增长。在这个变化的过程中，通过将价格作为信号，市场中的消费者和生产商之间进行着持续的沟通。价格的上下波动能确保生产供给的产品数量与消费者想要购买的数量保持均衡。

为了解释近年来手机使用量的飞涨，除了看价格信号，我们还需要做更进一步的分析。影响供给和需求的外部力量，如技术变化、时尚潮流和经济的波动，都推动了这一转变。市场有非凡的能力去适应这些变化，因而不会失衡。

在这一章中，我们将从消费者和生产商的角度来分析他们面临的权衡取舍。我们会发现，推动手机行业供给和需求变化的因素并不是独一无二的。事实上，市场的功能（正如供给和需求理论总结的那样）是本书中几乎所有分析的基石。掌握这一理论将帮助你解决各种各样的问题，从作为一个商人该以什么价格出售产品，到如何寻找最便宜的汽油，再到混合动力汽车短缺的原因。

市场

在第 2 章中，我们讨论了"看不见的手"如何协调复杂的经济互动。由看不见的手组织起来的经济的关键特征是由个人做出决策，而不是由集权的规划当局做出决策。这样的经济通常被称为**市场经济**（market economy）。

什么是市场

市场（market）是什么意思？这个词可能会让你想到一个能让买者和卖者面对面在一起的实际位置，就像农贸市场或商场。但实际上人们无须彼此靠近来进行商品交换。例如，类似亚马逊网站的网上零售商，或生长在南美洲但销往世界各地的水果。市场这个术语实际上是指交易特定商品或服务的买者和卖者，而不是一个实际位置。

市场中包含哪些买者和卖者取决于具体情境。当地商场的服装店经理可能会考虑本地居民的 T 恤市场和本地居民能买到 T 恤的其他地方（如竞争商店、车库甩卖或网上零售商）。另外，大型服装品牌的 CEO 心中的市场就可能包括孟加拉国的服装工厂和世界各地消费者的时尚偏好。市场的确切边界取决于交易发生的范围。

什么是完全竞争市场

简化假设可以帮助我们将注意力集中到核心想法上。在这一章中，我们将做出一个很重要的简化假设：市场是完全竞争的。在**完全竞争市场**（perfect competitive market）中，拥有完全信息的、作为价格接受者的买者和卖者可以很容易地交易标准化的商品或服务。让我们分解这个复杂的定义：想象你开车到一个十字路口，在十字路口的每个角上都有一个加油站。这个场景就展示了完全竞争市场的四个重要特征。

第一，每个加油站销售的汽油都是相同的。这意味着加油站销售的汽油是**标准化的商品**（standardized good），标准化的商品是指任意两个单位的该商品都具有相同的特征并且是可以互换的。在完全竞争市场中，买卖的商品是标准化的。

第二，每个加油站的价格都清楚地显示在了大指示牌上。当你开车经过时，立刻可以看到每个加油站每加仑[⊖]汽油的价格。在完全竞争市场中，对于买卖的商品的价格和特征，你都拥有**完全信息**（complete information）。

第三，从十字路口的四个加油站中任意选择一个是很容易的。加油站彼此离得非常近，同时，你不需要借助特殊的设备来加满你的油箱，也不用在进入加油站时支付入场费。在竞争市场中没有**交易成本**（transaction cost），交易成本是指买者和卖者在商讨和进行商品或服务的买卖时引起的费用。因此在完全竞争市场中，你不需要支付任何费用来获取在市场上进行买卖的权利。你很容易在这有四个加油站的市场上进行汽油买卖。

第四，我们打赌你会发现，在十字路口的四个加油站中的汽油价格都相同。为什么呢？回想第 1 章中经济学家的第三个问题：如果一个加油站试图抬高其汽油价格，"其他人将会如何反应"呢？假设四个加油站提供的都是合乎标准的以加仑为单位的汽油，在给定的价格水平下，无论顾客从哪个加油站购买汽油都应该是无差异的。如果一个加油站提高了价格，所有司机肯定都会去更便宜的加油

⊖　1 加仑≈3.785 升。

站，那么提高价格的加油站最终将失去顾客。因此，任何个人卖者都没有能力改变市场价格。用经济学术语表达就是，不能影响市场价格的买者或卖者被称为价格接受者（price taker）。

　　经过的司机也是价格接受者。如果在给油箱加油之前，你试图在一个加油站跟老板协商优惠折扣，那么你不可能成功，加油站老板宁愿继续等待并卖给其他愿意接受定价的司机。指示牌上的价格就是最终交易成交的价格，你只可以选择接受这个价格或者离开这个加油站。在完全竞争市场中，买卖双方都是价格的接受者。

　　通过了解十字路口的加油站，你已经掌握了完全竞争市场的四个特征。表3-1总结了完全竞争市场的四个特征：标准化的商品、完全信息、没有交易成本、作为价格接受者的参与者。

表 3-1　完全竞争市场的四个特征

标准化的商品	任意两个单位的该商品都具有相同的特征并且是可互换的
完全信息	市场参与者完全清楚商品的价格和特征
没有交易成本	无须支付费用以参与市场中的交易
作为价格接受者的参与者	买方和卖方都不能影响市场价格

　　在现实中，很少有市场是完全竞争的，甚至在同一个十字路口的几个加油站都可能不是：也许某个加油站使用的汽油中含有较少的乙醇，所以每加仑汽油的价格比其他加油站高几美分，或者它为常客提供有吸引力的忠实顾客奖励计划，或者它提供邓肯甜甜圈（Dunkin' Donuts）以吸引饥饿的司机。在后面的章节中，我们会深入探讨现实世界中不同的市场组织结构，以及为什么市场在达不到完全竞争时会产生重要的影响。

　　手机市场也不是完全竞争的。手机并不是标准化的商品，某些型号看起来更酷，或者有更好的摄像头，或者可以使用不同的应用程序或电话套餐。即使在同一价格水平下，两个不同的手机对你而言也不可能是完全无差异的。

　　此外，服务供应商的数量是有限的，这个事实意味着卖者不总是价格接受者。如果只有某种网络能很好地覆盖你所在的区域，或者它与某一款畅销手机有独家协议，该网络就可以侥幸收取溢价。

如果现实世界中很少有完全竞争市场，那为什么要假设市场是完全竞争的呢？答案是，完全竞争市场的简单模型将给予我们非常有用的启发，即使在应用于不完全竞争的市场时也是很有用的。现在，先用一点时间来确保你已经彻底理解了完全竞争，这将帮助你更好地理解为什么当市场不是完全竞争时会产生重要的影响。在学完本章后，我们会了解现实生活中的手机市场以哪几种方式偏离了完全竞争。到本章结尾处时，我们希望你也会认同，完全竞争市场的简单模型能帮助我们了解真正的手机市场是如何运作的。

需求

需求描述了在某些情况下人们愿意并且能够购买的商品数量。假如有人走近你，问你是否想要一部新手机。你会怎么回答？你可能会说："当然。"但作为一个精明的人，你可能会先问："要花多少钱呢？"你是否想要某件商品（或你想要多少件）取决于你必须为它付的钱数。

如今在美国，大多数人都有手机，但这种情况出现的时间并不长。为了利于我们进行模型分析，我们假设手机是标准化的商品，并具有给定的特征和电话套餐。现在，我们站在 20 世纪 90 年代中期的消费者角度进行分析。也许你已经看到了手机广告上的手机价格为 499 美元，你认为这是不值得的。价格随时间下降至 399 美元和 299 美元时，你还是不想买手机。当价格降到 199 美元时，你开始考虑买手机。然后，当你第一次看到手机广告上的价格低于 125 美元时，你决定购买手机。

不同的人以不同的价格购买了他们的第一部手机：在任何给定的时间和给定的价格水平上，人群中有些人愿意购买手机，也有些人不愿意购买手机。如果我们把所有这些个人选择都加总起来，我们就得到了总体的市场需求。在给定的时间以及给定的价格水平上，市场中买者愿意购买的特定商品的数量被称为**需求数量**（quantity demanded）。对几乎所有的商品而言，价格越低，需求数量就越高。

价格和需求数量间的这种反向关系非常重要，经济学家称它为**需求定理**

（law of demand）。需求定理的第一个必要条件就是其他条件不变（ceteris paribus，是拉丁语）。换句话说，需求定理指出，当其他所有条件都保持不变时，需求数量会随着价格的下降而上升。经济学家经常依赖"其他条件不变"这个假设来单独分析经济体中单一变动的影响。如果其他所有条件不是保持不变的，就难以看出某事件（如价格变动）的真实影响，因为可能会有其他变动伴随着它，而这些其他变动也会影响需求数量。例如，研究表明，随着收入的增加，人们对手机的需求数量也会增加。所以当我们看到收入和价格同时上升时，我们不能马上预测出手机销量会发生什么变化。因此，当我们谈论需求定理时，重要的是要记住我们隐含的假设是除了价格以外其他条件都不变。

需求定理不是经济学家强加于市场的一个虚构定理。相反，它是真实准确的，因为它描述了个人做决策时的基本现实。关键在于思考人们在做购买决策时所面临的权衡取舍。

当商品的价格下降时，会发生什么呢？首先，你通过购买该商品得到的收益保持不变，因为该商品本身是不变的。但是机会成本下降了，因为当价格下降时你不必为了获得该商品而放弃原来那么多的其他商品。当收益保持不变且机会成本下降时，这种权衡取舍突然看起来对你更加有利了。当成本和收益之间的权衡取舍向收益一方倾斜时，更多的人会想要购买该商品。

当然，在人们决定购买他们的第一部手机时，价格下降绝不是唯一的考虑因素。有些人可能在工作中获得加薪的时候就已经决定买一部手机。其他人可能在身边大部分朋友都买了手机的时候才决定购买一部手机。收入、预期和偏好都会产生影响，经济学家将这些影响因素称为需求的**非价格决定因素**（nonprice determinants，以下简称**非价格因素**）。我们将在本章的后面讨论它们的潜在影响。现在，让我们关注价格和需求数量之间的关系。

需求曲线

需求定理认为，在每个价格水平上，手机的需求数量都是不同的。因此，通常可以使用表格来表示需求数量的变化，我们称之为**需求表**（demand schedule），它展示了在不同的价格水平上消费者愿意购买（需求）的特定商品或服务的数量。图 3-1a 展示了一个假设的美国年度手机需求表（记住，我们假设手机是标准化的商品。这并不是完全正确的，但符合基本原则：当手机价格下降时，你更有可能去购买一部新手机）。需求表假定价格之外的其他因素都保持不变。

图 3-1b 展示了另一种表示需求的方式。把需求表中的价格 – 需求数量组合都绘制为图中的点，并将这些点连成线，这幅图就称为 **需 求 曲 线** （demand curve）。它直观地展示了需求表，也就是说，需求曲线显示了在不同的价格水平上消费者需求的特定商品或服务的数量。需求曲线也代表了消费者的**购买意愿**（willingness to buy）：它显示了在任何给定数量下，消费者愿意支付的最高金额。

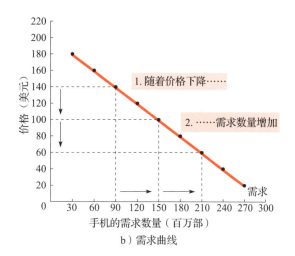

手机的需求数量（百万部）	价格（美元）
30	180
60	160
90	140
120	120
150	100
180	80
210	60
240	40
270	20

a）需求表　　　　　　　　　b）需求曲线

图 3-1　需求表和需求曲线

以需求数量为 x 轴（水平轴），以价格为 y 轴（垂直轴），可以得到一条向下倾斜的需求曲线，该曲线反映了价格和需求数量之间的反向关系。图 3-1 中的需求曲线和需求表所反映的信息是完全相同的。

需求的决定因素

需求曲线表示当其他条件保持不变时价格和需求数量之间的关系。如果其他条件不是保持不变的（也就是说，如果决定需求的非价格因素之一发生变动），那么需求曲线会发生移动。

向下倾斜的需求曲线反映了人们在以下两件事情之间的权衡取舍：①他们希望通过该商品获得的收益；②他们为了购买该商品所要付出的机会成本。因此，在给定的价格水平上，任何改变该均衡的因素都会改变人们的购买意愿，从而改变他们的购买决策。

需求的非价格因素可以分为五大类：消费者偏好、相关商品的价格、收入、预期和买者数量。表3-2总结了每个因素对需求的影响。即使在商品价格不变的情况下，每个非价格因素都能影响购买该商品的收益或机会成本。

表3-2   需求的非价格因素

非价格因素	需求增加的例子	需求减少的例子
消费者偏好	"购买美国货"的广告活动激起了美国人的民族自豪感，导致对美国制造的运动鞋的需求增加	大肠杆菌疾病的暴发，导致对菠菜的需求减少
相关商品的价格	热狗的价格下降，导致对开胃小菜（一种互补品）的需求增加	出租车费降低，导致对地铁（一种替代品）的需求减少
收入	经济衰退造成收入降低，导致对牛肉酱（一种低档商品）的需求增加	经济衰退造成收入降低，导致对牛排（一种正常商品）的需求减少
预期	一场飓风摧毁了世界上一部分木瓜作物，使得人们预期木瓜价格将上涨，导致木瓜的当前需求增加	企业宣布近期将发布一款新的智能手机，导致人们对当前机型的需求减少
买者数量	预期寿命的延长，导致对疗养院和医疗保健的需求增加	出生率下降，导致对尿布的需求减少

消费者偏好。消费者偏好是个人的好恶，它驱使买者更倾向于或更不倾向于购买某商品。我们不需要知道人们为什么喜欢该商品，也不需要认同他们的偏好，我们只需要知道这些好恶会影响他们的购买决策。在任何给定的价格水平上，一些消费者能从手机中获得比其他人更多的幸福感（即收益），这仅仅取决于他们有多么喜欢和朋友说话，或者他们是否将手机用于工作，或者任何其他个人偏好。

一些消费者偏好不会随着时间的推移而改变，比如那些源自个性特征、文化态度或信念的偏好。例如，隐居者可能不会渴望拥有手机，而忙碌的总经理可能会发现一部手机（或两部手机）是必需的。而一些偏好则可能会随着时间的推移而改变，以应对外部事件或顺应一时的潮流。例如，当你所有的朋友都已经拥有手机时，对你而言拥有一部手机就更有用了。在一场全国性的灾难发生后，对手机的需求将会猛增，因为人们想要确保在紧急情况下能联系到自己的家人。

相关商品的价格。影响特定商品需求的另一个因素是相关商品的价格。相关商品有两种：替代品和互补品。

当两种商品的用途十分相似，消费者可以购买其中一种去代替另一种时，我们就说这两种商品是替代品（substitutes），如大米和意大利面。如果大米的价格翻番，而意大利面的价格保持不变，对意大利面的需求将会增加。这是因为买意大利面的机会成本下降了——用同样数量的钱买到的大米更少了，所以当你买意大利面时，你放弃的潜在大米更少了。如果这两种产品非常相似，我们称之为相近的替代品（close substitutes）。相似的鱼类（如鲑鱼和鳟鱼）就可能被认为是相近的替代品。

对许多美国人来说，在决定是否购买第一种手机时，与手机最接近的替代品应该是固定电话。手机和固定电话其实不是非常相近的替代品：在家里或办公室时它们的用途是相同的，但只有手机可以和你一起去散步。但是，如果美国的固话服务价格突然暴涨，我们可以肯定这会导致对手机的需求增加。

事实上，许多发展中国家固话服务成本高昂是手机在其国内迅速蔓延的原因之一。在美国，在人们拥有手机之前，几乎每个家庭都有一部固定电话。在许多贫穷国家，固话服务非常昂贵，所以很少有人买得起。这就是为什么手机通常被称为一项跃进式技术（leapfrog technology）：人们直接从没有电话变为拥有手机，跃过了老技术的整个阶段。

一起被消费的相关商品被称为互补品（complements），也就是说，在购买了某种商品后，消费者会更倾向于购买另一种商品。花生酱和果冻、麦片和牛奶、汽车和汽油都是互补品。如果其中一种商品的价格增加，对与之互补的另一种商品的需求可能会减少。为什么呢？随着其中一种商品的购买减少，消费者也会相应地减少另一种商品的购买。

相反，如果其中一种商品的价格下降，另一种商品的需求就可能会增加。例如，当新手机价格下降时，消费者将更有可能在购买新手机的同时购买新的手机配件。

收入。毫不奇怪，人们的收入水平会影响他们对商品和服务的需求：你的薪水越高，你就有越多的钱可以花在你想要的东西上。你的薪水越低，你就必须越多地削减开支。

大多数商品是**正常商品**（normal goods），这意味着收入的增加将导致需求增加。同样，对于正常商品，收入的减少会导致需求减少。对大多数人来说，手机是一个正常商品。如果一个人买不起手机，那么当他的收入增加时，他更有可能买一部手机。如果他已经有了一部手机，当他的收入增加时，他更有可能将手机升级为一部更新的、更漂亮的手机。

对于某些商品，我们称之为**低档商品**（inferior goods），它们的需求与收入之间呈反向关系：随着收入增加，需求会减少。通常，当人们的收入增加时，他们会用更昂贵的且更有吸引力的替代品来取代低档商品。对许多人来说，类似方便面和罐头食品之类的便宜的杂货店商品以及一般牌子的商品都可能是低档商品。当人们的收入增加时，他们会用更新鲜且更昂贵的商品来取代这些商品。在经济衰退期间，许多人的收入减少了，对低档商品的需求却增加了，因此，对低档商品的需求反映出了整体经济的健康状况。请阅读专栏，了解相关例子。

方便面的销量可以用于预测经济衰退吗

如果你打开一个典型的大学生的橱柜，你会发现什么呢？很多学生依赖于非常单调的食物：方便面。这种美味的快餐食品以廉价而广受欢迎，充满了廉价的卡路里。

方便面是低档商品的一个例子。当人们的预算很紧张时（正如大多数学生那样），这些方便面会很畅销。当人们的收入增加时，方便面的销量会下降，人们会用更昂贵的食物来替代方便面。

在泰国，方便面甚至被用作衡量整体经济健康状况的指标。妈妈面指数

（Mama Noodles Index）追踪了一个名牌方便面的销量。因为当收入减少时，人们对低档商品的需求会增加，方便面销量的增加可能预示着收入的减少和即将到来的衰退。事实上，泰国经济观察家认为，妈妈面指数能很好地反映经济状况的变化。

然而，在严重的经济衰退期，甚至对低档商品的需求也可能会减少。尽管在泰国经济不稳定时，妈妈面指数像预期的一样有所上涨，但是在 2009 年年初经济严重衰退时，该指数意外地下跌了 15%。

那么，方便面是低档商品还是正常商品呢？在泰国，答案可能取决于你是谁，或者你的收入水平下降得有多严重。对于中产阶层，他们面对的选择是方便面或更贵的食物，方便面可能的确是低档商品。对于穷人，他们面对的选择更有可能是有或没有足够的食物，方便面就可能是一个正常商品；当收入增加时，他们可能会购买更多的方便面；当收入减少时，方便面甚至可能成为奢侈品。

资料来源："Using their noodles"，*Associated Press*，September 5，2005；Kwanchai Rungfapaisarn，"Downturn bites into instant-noodle market as Customers tighten belts"，*The Nation*，March 20，2009.

预期。消费者对未来（特别是未来价格）的预期的变化也会影响需求。如果消费者预期未来价格会下降，他们就可能会推迟购买行为，导致目前的需求减少。这类似于人们会等到特价优惠时才买新手机，或因希望下一代机型比之前的机型速度更快且更便宜，而推迟购买新手机。当预期未来价格会下降时，需求将减少。

相反，如果消费者预期未来价格会上涨，他们可能会立即购买该商品，以避免未来支付更多钱。这种情况通常发生在投机市场上（如股市），或者有时发生在房地产市场上。买者在购买股票或房子时预期它的价格会上涨，他们可以通过出售该商品而获利。那么，在这些市场中，当商品价格很低且预期价格将上涨时，需求就会增加。

买者数量。需求曲线代表了特定数量的潜在买者的需求。一般来说，当市场上潜在买者的数量增加时，需求将会增加，而当潜在买者数量减少时，需求将减少。主要人口的变化，如移民的增加或出生率的下降，都可以导致全国范围内的需求变动。随着青少年和大学生数量的增加，市场对手机的需求也会增加。

需求曲线的移动

当需求的五个非价格因素中有一个因素发生变化时，需求曲线将会如何变化？答案是整条需求曲线会向右或向左移动。这种移动是水平的而不是垂直的，因为非价格因素影响的是每个价格水平上的需求数量。如果给定价格水平上的需求数量变得更高（或更低）了，那么对应于该价格水平的曲线上的点会进一步向右移动（或向左移动）。

设想一下，比如，当经济快速发展，人们的收入逐步增加时，会发生什么？假设手机的价格不会改变，随着收入的增加，在任何给定的价格水平上都会有更多的人选择购买新手机，这将导致在每个可能的价格水平上的需求数量都更高。图 3-2a 展示了需求曲线向右移动的结果，从 D_A 移动到 D_B。相反，如果经济陷入衰退，人们开始省吃俭用，在每个价格水平上的需求数量都将减少，曲线将向左移动，从 D_A 移动到 D_C。

区分需求的移动（整条曲线的移动）和沿着给定需求曲线的变动非常重要。记住以下关键点：需求曲线的移动是由需求的非价格因素变动所引起的。例如，经济衰退会导致收入降低，使得整条需求曲线向左移动。当我们说"需求减少"时，我们通常谈论的是需求曲线的移动。

相反，假设手机价格上涨，其他所有条件保持不变，也就是说需求的非价格因素没有变化，由于需求曲线描述了在任何可能的价格水平上（不仅仅是当前的市场价格水平）消费者的需求数量，因此我们不需要移动需求曲线去找出当价格上涨时会发生什么。相反，我们只需要观察曲线上不同的点，就能描绘出现在市场上到底发生了什么。

为了找出消费者在新的价格水平上的需求数量，我们只需沿着现有的需求曲线从原来的价格移动到新的价格上。例如，如果手机价格上涨，我们沿着需求曲线向上移动到新的价格水平，就可以找到新的需求数量，如图 3-2b 所示。价格

变动不会使需求曲线本身发生移动，因为曲线已经描述了消费者在每个价格水平
上的需求数量。

　　简而言之，图 3-2a 展示了由非价格因素变动引起的需求曲线的移动，图 3-2b
展示了由价格变动引起的沿着需求曲线的变动。

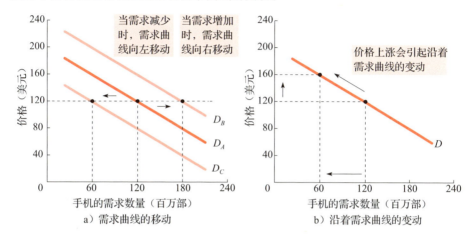

图 3-2　需求曲线的移动和沿着需求曲线的变动

　　经济学家使用非常明确的术语来区分需求曲线的移动和沿着需求曲线的变
动。当我们说需求的非价格因素变化导致**需求增加**（increase in demand）或**需求
减少**（decrease in demand）时，我们指的是整条需求曲线的移动。为了区分沿着
需求曲线的变动，我们说价格变化会导致**需求数量增加**（increase in quantity
demanded）或**需求数量减少**（decrease in the quantity demanded）。你只需要记住，
需求变化不同于需求数量的变化。通过观察术语上这一看似微小的差异，就可以
在很多情况下避免混淆。

　　对商人和决策者而言，理解价格变化的影响和需求的非价格因素变化的影响
是非常重要的。假设你是手机制造商协会（Cell Phone Manufacturers' Association）
的主管，协会成员想要刺激消费者对手机的需求。他们可能会想到举办一场广告
宣传活动。如果你理解了需求的决定因素，你就会知道广告活动的目的是改变消
费者的偏好，增加消费者拥有手机的实际收益或感知收益。换句话说，一个成功
的广告活动将使手机的需求曲线向右移动。同样，如果你是国会代表，你正在考

虑用减税的方法来刺激经济，你知道减税会增加消费者的可支配收入，增加消费者对所有正常商品的需求。换句话说，你希望由此带来的收入增加可以驱使手机的需求曲线向右移动。

供给

我们已经讨论了关于消费者在给定价格水平上想买多少部手机的决定因素。但是手机生产商就一定愿意卖出这么多数量的手机吗？供给的概念描述了在给定情况下生产商愿意提供多少商品或服务用于出售。**供给数量**（quantity supplied）是在指定期间内生产商在给定价格水平上愿意出售的特定商品或服务的数量。

与分析需求时一样，我们发现通过将每个生产商的个人决策相加就可以得到整体市场的供给。假设你拥有自己的工厂，可以生产手机或其他家用电子产品。如果手机的价格是110美元，你可能会认为这是有利可图的，并且会利用整个工厂的资源去生产手机。如果手机的价格只有80美元，你可能仍会生产一些手机，同时认为利用一部分工厂资源去生产笔记本电脑才是更加有利可图的。如果手机的价格下降到55美元，你可能认为只生产笔记本电脑才会赚更多的钱。每个生产商都有一个不同的价格点，在该点他认为生产手机是值得的。在所有其他条件相同的情况下，随着价格上涨，供给数量会增加，反之亦然，这个规则被称为**供给定理**（law of supply）。

（在现实中，一个工厂从生产手机转换到生产笔记本电脑或其他商品，这是有成本的。然而，这个简化版本是为了说明一个基本定理：某商品价格越高，生产商就想要出售越多的该商品。）

与分析需求时一样，供给会随着价格的变化而变化，因为生产一种商品的决策是生产商在从销售该商品中获得的收益和生产该商品所需投入的时间和资源等机会成本之间的权衡取舍。当市场价格上涨，且其他所有因素保持不变时，生产该商品的收益相对于其机会成本有所增加，生产决策中涉及的权衡取舍会倾向于生产更多的商品。例如，如果手机价格上涨，生产中的原材料价格保持不变，现有的手机生产商可能会开办新工厂，新的公司也可能会开始进入手机市场。其他行业的情况同样如此。如果航空旅客愿意支付更高的价格，航空公司就会增加航班频率，增加新的航线，并购买新飞机，这样就可以运送更多的乘客。当价格下降时，它们会缩减航班安排并取消新飞机订单。

供给曲线

与需求一样，供给也可以用表或图来表示。**供给表**（supply schedule）是用一张表来展示在不同的价格水平上生产商愿意供给的特定商品或服务的数量。**供给曲线**（supply curve）是用图形来展示供给表中的信息。正如需求曲线展示了消费者的购买意愿，供给曲线展示了生产商的销售意愿，即显示了生产商在供给任意给定数量的商品时愿意接受的最低价格。图 3-3 显示了美国手机生产商的手机供给表和供给曲线。

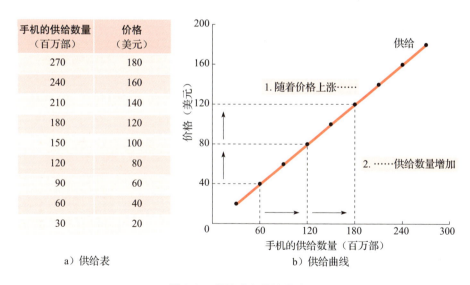

手机的供给数量（百万部）	价格（美元）
270	180
240	160
210	140
180	120
150	100
120	80
90	60
60	40
30	20

a）供给表

b）供给曲线

图 3-3　供给表和供给曲线

供给的决定因素

供给定理描述了随着价格变化，生产商愿意供给的数量会如何变化。但是，是什么决定了在任何给定价格水平上的供给数量呢？与需求一样，许多非价格因素决定了生产的机会成本，由此决定了生产商供给商品或服务的意愿。**当供给的非价格因素发生变化时，整条供给曲线会移动。**这种移动反映了在每个价格水平上的商品供给数量都发生了变化。

供给的非价格因素可以分为五大类：相关商品的价格、技术、投入品的价格、预期和卖者数量。这五个因素都可以决定给定收益（比如价格）时生产的机会成本，进而可以决定生产商面临的权衡取舍。表 3-3 显示了当每个非价格决定因素变化时，商品的供给会如何变化。

表 3-3   供给的非价格因素

非价格因素	供给增加的例子	供给减少的例子
相关商品的价格	汽油价格上涨，所以汽车制造商更多地生产更小型、更节油的汽车	清洁能源的价格下降，因此电力公司减少使用煤炭发电厂进行电力供应
技术	机器人的应用提高了生产力，并且降低了成本，商品供给增加	新技术使得玉米可以制成乙醇，所以农民种植更多的玉米和更少的大豆，大豆的供给减少
投入品的价格	西红柿的价格下降，因此萨尔萨辣酱的生产成本降低，萨尔萨辣酱的供给增加	最低工资的增加使得食品工厂的劳动力成本增加，加工食品的供给减少
预期	新研究指出吃木瓜对健康有好处，导致人们预期木瓜的需求会上升，更多的农民种植木瓜，供给增加	人们预期房价将在未来上涨，所以建筑商推迟开展建设项目，当下房屋的供给减少
卖者数量	补贴使玉米的生产更加有利可图，所以更多的农民种植玉米，玉米的供给增加	新的执照费使得运营餐厅更贵了，一些小餐馆关门了，餐厅的供给减少

相关商品的价格。回到前面工厂的例子，你的工厂可以生产手机和笔记本电脑。正如当手机的价格下降而笔记本电脑价格保持不变时，你会选择生产更多的笔记本电脑和更少的手机，当笔记本电脑的价格上涨而手机的价格保持不变时，你也会做出同样的选择。

相关商品的价格决定了供给，因为它会影响生产的机会成本。当你选择生产手机时，你放弃了你本可以从生产其他商品中获得的利润。如果你放弃的那个商品价格上升，你放弃的利润也会增加。例如，想象一个农民可以在他的土地上种植小麦或玉米（或其他作物）。如果玉米价格上升，他愿意种植的小麦（替代作物）数量就会减少，因为他每种植 1 英亩[○]小麦就意味着他要少种植 1 英亩玉米。

技术。技术进步使得企业生产更加高效，能使用更少的资源来生产给定的商品。这样做可以降低生产成本，增加生产商在每个价格水平上愿意供给的数量。

在手机的普及过程中，技术进步发挥了巨大的作用。随着屏幕、电池和移动网络建设上的技术创新，以及数据处理技术的巨大飞跃，生产一部消费者喜欢的手机的成本大幅下降。因此，生产商现在愿意以更低的价格供给更多的手机。

投入品的价格。用于生产商品的投入品的价格是生产成本的重要组成部分。当投入品的价格上升时，生产成本上升，生产商在任何给定的价格水平上愿意供给的商品数量减少。

例如，手机内部要使用少量的金银。当这些贵金属的价格上升时，每部手机的生产成本都会增加，在任何给定的价格水平上，生产商愿意供给的总数都会下降。相反，当投入品的价格下降时，供给会增加。

预期。生产商对未来价格的预期也会影响供给数量。例如，当人们预期房地产价格在未来会上涨时，更多的房地产开发商将推迟开展建设项目，减少当下的房屋供给。当人们预期房地产价格在未来会下降时，许多建设项目会赶工建成，造成房屋供给增加。

卖者数量。市场供给曲线代表在给定市场中的不同价格水平上，特定数量的生产商愿意供给的商品数量。这意味着市场上的卖者数量被认为是供给曲线的固定部分之一。我们可以看到，如果商品的价格上涨，市场上的卖者将决定供给更多的商品。但这并不意味着在短期内卖者数量会随着价格而改变。

还有一些非价格因素也会引起市场上的卖者数量改变和供给曲线移动。例如，假设手机生产商必须符合严格的执照要求。如果这些执照要求降低，更多的

○ 1 英亩 ≈ 4 046.856 平方米。

公司能够进入手机市场，愿意在任意给定的价格水平上供给一定数量的手机。这些额外的手机数量会加到现有手机生产商在任意给定的价格水平上已经愿意供给的数量上。

供给曲线的移动

正如需求一样，价格的变化会引起生产商沿着同一条供给曲线变动到一个不同的点，而供给的非价格因素变化会引起供给曲线移动。非价格因素的变化会使供给增加或减少，而价格的变化会使供给数量增加或减少。

非价格因素的变化会使任意给定价格水平上的供给增加或减少。这种影响如图 3-4a 所示。供给增加使得曲线向右移动，供给减少使得曲线向左移动。例如，电池技术的改善使生产手机的成本降低，这将使整条供给曲线向右移动，从 S_A 移动到 S_B，所以在任意给定的价格水平上手机的供给数量都比以前更高。相反，当黄金（生产手机所必需的投入品）的价格上升时，生产成本增加，这将使供给曲线向左移动，从 S_A 移动到 S_C。

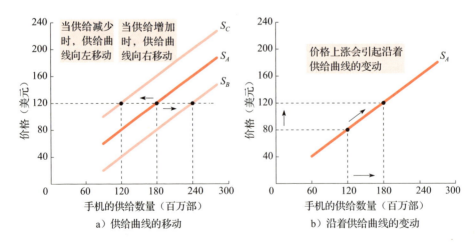

图 3-4   供给曲线的移动和沿着供给曲线的变动

与对需求的分析一样，我们要区分供给曲线的移动和沿着供给曲线的变动，如图 3-4b 所示。如果手机的价格变化而供给的非价格因素保持不变，我们只需沿着供给曲线找到新的价格水平，进而找到新的供给数量。

市场均衡

我们已经讨论了影响生产商供给数量和消费者需求数量的因素。然而，要研究市场上究竟发生了什么，我们需要将这些概念结合起来。在现实世界中，进行交易的商品的价格和数量取决于供给与需求的相互作用。

稍后我们会明确指出：没有消费者来购买，就不可能达成交易。除非有人要购买你的东西，否则你无法卖出任何商品。尽管这一点可能是显而易见的，但它对于市场的意义却是深远的。当市场运行顺利时，供给数量完全等于需求数量。

从图形上来看，供给与需求交汇于需求曲线和供给曲线的交点处，这个点被称为市场均衡（equilibrium）。在这一点上的价格被称为均衡价格（equilibrium price），这一点上的数量被称为均衡数量（equilibrium quantity）。在这一交点处，供给数量等于需求数量，我们将这个交点看作在给定的价格水平上买者和卖者对愿意交换的商品数量"达成一致意见"。在更高的价格水平上，卖者想卖的数量会超过买者想买的数量。在更低的价格水平上，买者想买的数量会超过卖者想卖的数量。因为每一个卖者都可以在均衡价格和均衡数量上找到一个买者，没有留下任何一个持有额外商品的卖者或是拥有空购物车的买者，所以有时均衡价格也被称为市场出清价格。

在现实中，事情不会总是如此顺利：即使在运行良好的市场中，短期"摩擦"有时也会放缓达到均衡的过程。因此，聪明的商人可能会持有部分存货以供未来销售，消费者可能会为特定的商品货比三家。不过，总的来说，均衡的概念非常准确地描述了市场如何运作。

图 3-5 展示了美国的手机市场均衡。结合图 3-1 和图 3-3 的市场需求与供给曲线，我们可以绘制出图 3-5。在这个市场中，手机的均衡价格是 100 美元，均衡数量是 1.5 亿部。

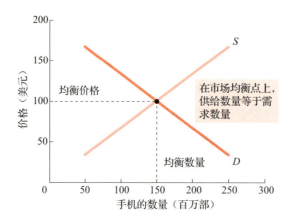

图3-5　美国手机市场上的市场均衡

达到均衡

　　市场如何达到均衡呢？卖者能凭直觉知道该收取什么价格吗？不能。相反，他们倾向于通过反复试错来定价，或根据过去与客户接触的经验来定价。随着卖者根据消费者的行为提高或降低价格，买者和卖者面对的激励会自然地推动市场趋于均衡。

　　图3-6展示了两幅图，一幅图的起始价格高于均衡价格，另一幅图的起始价格低于均衡价格。在图3-6a中，我们假设手机生产商认为他们可以将手机的价格定为160美元，所以他们生产了2.4亿部手机，但他们发现，消费者只愿意购买6 000万部手机（在需求曲线和供给曲线上，我们可以找到160美元价格对应的需求数量和供给数量）。当供给数量高于需求数量时，我们将此称为过剩（surplus），或者超额供给（excess supply）。生产商的仓库中仍然存有多余的手机，他们想要卖掉存货，就必须降低价格来吸引更多的顾客。他们有动机继续降低价格，直到需求数量增加到与供给数量相等。

　　在图3-6b中，我们假设手机生产商做出了相反的错误决定，他们认为每部手机只能设定40美元的价格。因此他们只生产了6 000万部手机，但发现在这个价格水平上消费者实际愿意购买2.4亿部手机。当需求数量高于供给数量时，我们将此称为**短缺**（shortage），或者**超额需求**（excess demand）。生产商将会看到人们排着长队来购买这些仅有的手机，并很快会意识到他们可以通过提高价格来赚更多的利润。他们就有动机去提高价格，直到需求数量减少到与供给数量相等，此时将没有人排队等待购买。

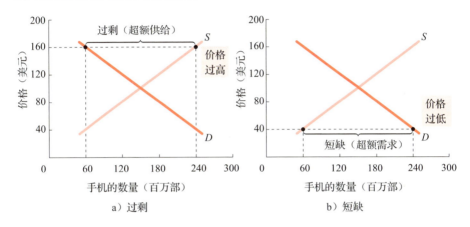

图 3-6　手机市场达到均衡

因此，在高于或低于均衡价格的任何价格水平上，卖者都有动机去降低或提高价格。市场均衡不需要由某个人来策划或是通过分享关于如何定价的秘诀来实现。相反，赚钱的激励会驱动市场趋向均衡，在该点处既不存在过剩也不存在短缺。

均衡的变化

我们已经了解了当非价格因素变化时需求曲线与供给曲线会如何变动。因为均衡价格和均衡数量取决于需求曲线和供给曲线的交点，所以任何一条曲线的移动都会改变市场均衡。一些变化只会引起需求曲线移动，一些变化只会引起供给曲线移动，还有一些变化会同时影响需求曲线与供给曲线。

为了确定非价格因素的变动会如何影响市场均衡，首先问自己几个问题：

（1）该变动影响需求吗？如果影响，需求是增加还是减少呢？

（2）该变动影响供给吗？如果影响，供给是增加还是减少呢？

（3）将需求变动与供给变动相结合，会如何共同影响均衡价格和均衡数量呢？

需求曲线的移动。我们在前面提到过，固话是手机的替代品，如果固话服务的价格暴涨，那么手机的需求会增加。换句话说，需求曲线会向右移动。固话服务的价格可能不会影响手机的供给，因为它并没有改变手机生产商的成本或预期。因此，供给曲线保持不变。图 3-7 展示了固话服务价格上涨对手机市场均衡的影响。因为新需求曲线与供给曲线相交于一个不同的点，均衡价格和均衡数量发生了变化。新的均衡价格是 120 美元，新的均衡数量是 1.8 亿部。

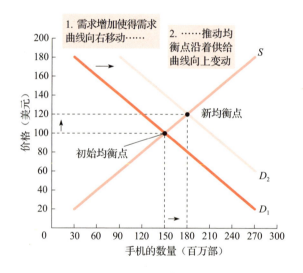

图 3-7　手机需求曲线的移动

在非价格因素发生变化后，我们可以问自己以下三个问题来总结这一变化的影响：

- **需求会增加或减少吗**？是的，需求会变化，固话服务价格的上涨会使任意给定价格水平上的手机需求增加。

- **供给会增加或减少吗**？供给不会变化，固话服务价格的变化不会影响供给的任何非价格因素。供给曲线保持不变。

- **需求变动与供给变动将如何共同影响均衡价格和均衡数量**？需求的增加

会使得需求曲线向右移动，沿着不变的供给曲线将均衡点推动到一个更高的点上。在供给和需求"达成一致"的新交点上，均衡价格为 120 美元，均衡数量为 1.8 亿部。

供给曲线的移动。如果电池技术的突破使得手机生产商能以更低的成本生产出电池寿命相同的手机，会发生什么呢？再一次，我们用"其他人将会如何反应？"这个问题来帮助我们预测市场的反应。我们可以看到，新技术不会对需求产生太大影响：消费者大概并不清楚也不会关心手机电池的生产成本是多少，只要电池的寿命保持不变。然而，更便宜的电池肯定会降低生产成本，增加手机生产商在任意给定价格水平上愿意供给的数量。所以需求曲线保持不变，供给曲线向右移动。图 3-8 展示了供给的移动和新的均衡点。新的供给曲线与需求曲线相交于一个新的均衡点，均衡价格为 80 美元，均衡数量为 1.8 亿部。

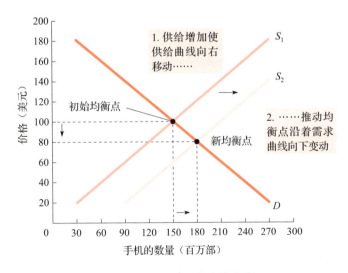

图 3-8　手机供给曲线的移动

我们再次用以下三个问题来分析电池技术变化对手机市场的影响：

- **需求会增加或减少吗**？需求不变，电池技术是不会影响需求的非价格因素。

- **供给会增加或减少吗**？供给会增加，因为新的电池技术使生产成本降低了。
- **需求变动与供给变动将如何共同影响均衡价格和均衡数量**？供给的增加会使供给曲线向右移动，推动均衡点沿着不变的需求曲线向下变动。新的均衡价格是80美元，新的均衡数量是1.8亿部。

表3-4总结了需求或供给的一些变化对均衡价格和均衡数量的影响。

表3-4　需求或供给的变化对均衡价格和均衡数量的影响

需求或供给变化的例子	对均衡价格和均衡数量的影响	曲线的移动
一个成功的"购买美国货"的广告活动使得对福特汽车的需求增加	需求曲线向右移动。均衡价格上升，均衡数量增加	
大肠杆菌疾病的暴发导致对菠菜的需求减少	需求曲线向左移动。均衡价格下降，均衡数量减少	
机器人的使用可以减少生产成本	供给曲线向右移动。均衡价格下降，均衡数量增加	
最低工资的上涨导致劳动力成本提高	供给曲线向左移动。均衡价格上升，均衡数量减少	

需求和供给同时变化。到目前为止，我们讨论了只有需求变化或只有供给变化的例子。然而在手机市场上，使需求变化的因素（如固话成本上升）和使供给变化的因素（如电池技术的改善）很有可能同时存在。某个变化也有可能会同时

影响供给和需求。

例如，假设新的电池技术除了可以使生产成本降低，还可以使手机电池寿命更长。我们知道，电池的生产成本降低会使供给增加。正如我们之前看到的，当需求不变时，随着供给的增加，均衡价格会下降，且均衡数量会增加。思考"消费者将会如何反应"，我们会发现，电池的寿命延长也会使需求增加，因为在任意给定价格水平上，寿命更长的电池都会使得手机对消费者而言更有价值。因此，需求曲线和供给曲线都会向右移动。图 3-9 展示了需求曲线和供给曲线同时移动时的影响，在新的均衡点处，均衡价格和均衡数量都增加了。

即使不看图，我们也可以预测在这种情况下均衡数量会增加。增加的需求和增加的供给分别能提高均衡数量，当两者结合在一起时肯定也能提高均衡数量。然而在没有更多信息时，我们无法预测均衡价格的变化。当其他所有条件不变时，需求的增加会导致均衡价格上升，但供给的增加会导致均衡价格下降。为了确定对均衡价格影响的净效应，我们必须知道需求的变化是否大于供给的变化，如图 3-9a 所示；或者反之，如图 3-9b 所示。

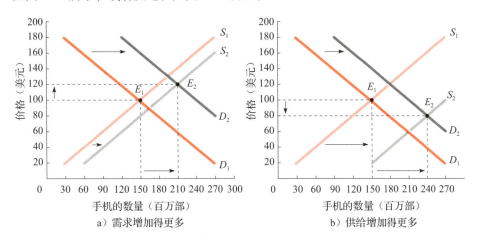

a）需求增加得更多　　　　　　　b）供给增加得更多

图 3-9　需求和供给同时变化

我们可以采用更一般的陈述：当需求和供给同时变化时，如果不知道曲线移动的幅度大小，那么只能预测出价格变化的方向，或者数量变化的方向。表 3-5 展示了一些规则，你可以使用它们来预测需求和供给同时变化的结果。当需求与供给同方向变化时，我们可以预测数量变化的方向，但不能预测价格变化的方向。当需求与供给反方向变化时，我们可以预测价格变化的方向，但不能预测数量变化的方向。

表 3-5　当需求和供给同时变化时，预测价格和数量的变化

需求变化	供给变化	价格变化	数量变化
减少	减少	?	↓
增加	减少	↑	?
增加	增加	?	↑
减少	增加	↓	?

　　思考这些规则背后的直觉可以帮你记住它们。当你在思考需求与供给同时变化的情况时，问问自己："买者和卖者会对什么达成一致呢？"例如，当需求与供给都增加时，若买者和卖者可以在任何给定的价格水平上"达成一致"，他们愿意交易的数量将增加。反之亦然，当需求与供给都减少时，若买者和卖者可以在任何给定的价格水平上"达成一致"，他们愿意交易的数量将减少。

　　如果运用这种思路来分析供给与需求反方向变化（当一个增加，另一个减少）的情况，这会很复杂。为了找出买者和卖者对什么"达成一致"，要换一种方式来表述"需求增加意味着什么"。一种表达方式是，消费者愿意在相同的价格水平上购买更多数量的商品。另一种表达方式是，消费者愿意支付更高的价格来购买相同数量的商品。所以，当需求增加且供给减少时，买者愿意为相同数量的商品支付更多；同时对卖者而言，只要商品价格变得更高，他们仍然愿意出售相同数量的商品。换句话说，在任何给定的数量水平上，买者和卖者会对更高的价格"达成一致"。因此我们可以预测，均衡价格将会增加。

　　反之亦然，当需求减少且供给增加时，只要商品价格变得更低，并且卖者愿意在更低的价格水平上供给相同数量的商品，买者愿意购买的商品数量就会和以前一样。因为在任何给定的数量水平上，买者和卖者能对更低的价格"达成一致"。因此我们可以预测，均衡价格将会下降。

　　在阅读完第 3 章之前，请看专栏，了解手机如何影响发展中国家的供给和需求。

⊙ 授人以渔

手机能做很多事情，它可以帮你找到理想的餐厅，为你指路，助你结交新朋友，甚至帮你理财。如果手机还能帮助市场更高效地运作，会是一番怎样的景象呢？

经济学家罗伯特·詹森（Robert Jensen）在研究喀拉拉邦（印度西南部的一个州）的鱼类市场时，就发现了手机的这一潜在作用。在这个地方，许多人依靠捕鱼获得日常收入。渔民往往只在当地的一个市场出售他们的鱼，在特定的一天中，他们以市场上盛行的价格来定价。如果在那一天这个市场上只有少数几个买者，渔民就会剩下许多鱼。同时，如果邻村的渔民在那一天捕到的鱼非常少，那个市场的一些买者就可能会空手而归（即使他们愿意支付较高的价格）。人们没有办法知道附近的市场上鱼是否短缺或过剩，渔民无法调整鱼的价格来匹配买者的需求，以达到市场均衡。

詹森发现，渔民使用手机后就可以解决这个问题。渔民通过彼此沟通以及外出捕鱼时与陆地上的人沟通，就能够发现在哪一天去哪里卖鱼能赚到更多钱。利用这些信息，他们就可以选择去"正确"的村庄出售他们的鱼。这样一来，在每个村庄，供给都可以更好地满足需求，不同村庄的鱼的价格也变得更加一致了。获取正确的信息能使鱼类市场达到有效的均衡。卖者获得的利润平均增加了8%，买者买鱼的支出平均减少了4%。渔民的收入增加了，而买者进一步节约了他们的支出。

俗话说，"授人以鱼，不如授人以渔"。借用这句话，我们也可以说，"授人以鱼，不如给他一部手机"。

资料来源：R. Jensen,"Give a Man a Fish", *The Quarterly Journal of Economics* 122, no. 3（2007）.

第4章

弾　性

ECONOMICS

▍引例 咖啡成为时尚之选

在 20 世纪 90 年代，一股咖啡馆热潮席卷了美国的中产阶层社区，他们作为一股强劲的经济力量支持着高价咖啡饮料的销售。很快，美国人天天光顾一个叫星巴克的地方，在星巴克，喝咖啡变成了"星巴克式的体验"，包括配乐、薄荷糖和以慈善为主题的水杯。15 年来，星巴克的商业模式是非常成功的。1992 ~ 2007 年，该公司扩张到超过15 000 家门店。

然而，在 2008 年美国经济衰退时，星巴克的增长率跌至有史以来的最低点。竞争对手和消费者开始问："一杯咖啡定价为多少时，人们会觉得它太贵了呢？"也许在发生经济衰退的 10 年前星巴克高管就已经问过自己这个问题了。考虑到近年来星巴克公司惊人的扩张速度，他们肯定已经有了正确回答（至少在经济开始出现问题之前）。

像星巴克这样的公司该如何做出定价决策呢？它如何预测并应对不断变化的环境呢？我们在之前的章节中学习了，如果星巴克上调拿铁咖啡的价格（也许是由于埃塞俄比亚的恶劣天气造成了咖啡供给短缺），消费者的需求数量将减少。本章将介绍弹性的概念，弹性描述了价格变动会在多大程度上影响消费者。

和手机市场一样，精制咖啡市场也是不完全竞争的。像星巴克这样的大公司的经理是有定价能力的，他们会尽力选择能赚取最大利润的价格，也会尽力应对不断变化的市场环境：如果咖啡豆的价格推高了拿铁咖啡的成本，销量将下降多少呢？在经济衰退期间，人们会减少多少咖啡消费呢？如果像邓肯甜甜圈和麦当劳这样的竞争对手提供更便宜的咖啡，星巴克这样的大公司会流失多少消费者呢？即使在完全竞争市场上，生产商也需要预测在应对经济状况和市场价格的变化时他们的收入将如何变化。

非营利性服务提供者通常也需要考虑价格弹性。例如，一个非营利性医院想设定一个合适的护理价格，能够在弥补成本的同时又不会流失太多的患者。同样，非营利性院校想在弥补成本的同时，让学生负担得起教育费用。对于任何公共或私人组织，解决这类问题的能力都是很重要的。理解如何给星巴克拿铁咖啡定价，正如弄清楚是否应该提高国家公园的门票价格以支付维护野生环境的成本一样，它们需要同样的思维方式。解决这些问题需要依赖于一个称为弹性的工具，用来衡量当价格和收入变化时，供给和需求的变化大小。

在本章中，你将了解如何计算价格变化对供给数量或需求数量的影响，也将了解当企业和政策制定者在不能精确度量弹性时，他们遵循的一般规则。根据已经学习到的供给和需求的知识，你将能够根据商品的弹性是正的或负的来对不同类型的商品进行分类。你还将学习如何使用价格弹性的近似值来告诉我们提高价格是会提高还是会降低企业的总收益。

什么是弹性

如果星巴克提高拿铁咖啡的价格，我们可以预期拿铁咖啡的需求数量会减少。但减少多少呢？尽管我们在第3章中看到，在竞争市场中价格上涨会导致需求数量减少，但我们并不能说出需求数量会变动多少。这个问题就是本章的研究主题。

弹性（elasticity）是度量消费者和生产商对市场条件变化反应程度的指标。这个概念可以应用于供给或需求，用来度量对商品价格变化的反应程度、对相关商品价格变化的反应程度或对收入变化的反应程度。

　　弹性的概念使经济决策者能够预期其他人会如何应对市场条件的变化。无论你是试图销售汽车的企业经理还是试图设置销售税的政府官员，都需要知道价格变化对消费者购买意愿的影响程度。

　　最常用的弹性度量指标是需求价格弹性和供给价格弹性。这两个概念描述了当商品价格变化时，需求数量和供给数量会变化多少。需求交叉弹性描述了当另一种商品价格变化时，一种商品的需求数量会如何变化。需求收入弹性也是很有用的，它度量了当消费者的收入变化时，需求数量变化多少。我们首先介绍需求价格弹性。

需求价格弹性

　　需求价格弹性（price elasticity of demand）描述了当价格变化时，商品或服务需求数量的变化大小。我们在第 3 章中学习了当价格上涨时，需求数量一般会减少，但到目前为止，我们还无法说出减少的幅度。需求价格弹性填补了这一空白，它有助于我们更好地理解供给和需求。

　　需求价格弹性也可以看作是度量消费者对价格变动的敏感性。当消费者的购买决策受价格影响较大时，我们会说他们的需求曲线是**弹性较大的**（more elastic），这意味着一个小的价格变化就能导致很大的需求数量变化。当消费者对价格变化并不是很敏感时，也就是说，不管价格是多少，他们都会购买大约相同数量的商品，此时我们会说他们的需求曲线是**弹性较小的**（less elastic）。

　　在数学上，价格弹性是指商品需求数量变动的百分比除以相应的价格变动的百分比。如式（4-1）所示。

$$需求价格弹性 = \frac{需求数量\ Q\ 变动的百分比}{价格\ P\ 变动的百分比} \tag{4-1}$$

需求价格弹性的决定因素

　　如果拿铁咖啡（或你选择的其他饮料）的价格从每杯 3 美元降至每杯 1.50

美元，它的需求数量会如何变化呢？如果袜子的价格从每包 10 美元降至每包 5 美元，袜子的需求数量会如何变化呢？尽管两者都降价了 50%，但我们怀疑咖啡价格的变化可能会更大地改变你的购买习惯（相比于袜子价格的变化）。毕竟只是袜子而已，价格下降 5 美元可能不会让你冲出去买两倍数量的袜子。

这里潜在的想法是，相比较而言，消费者对一些商品和服务的价格变化更敏感。为什么不是所有商品和服务的需求价格弹性都相同呢？许多因素决定了消费者对价格变化的反应。替代品的可获得性、需要的程度、花费占收入的比例、（适应价格变化所需的）调整时间、市场的范围，这些都会影响需求价格弹性。

替代品的可获得性（availability of substitutes）。回忆第 3 章的内容，替代品是不相同的但有类似作用的商品。当有近似替代品的商品的价格上涨时，消费者会转而购买替代品。如果某特定商品的近似替代品是可获得的，那么相比那些只有较差替代品的商品，有近似替代品的商品的需求价格弹性较大。例如，蔓越莓汁的需求价格弹性可能较大；如果它的价格太高了，很多消费者会转而购买葡萄汁。

需要的程度（degree of necessity）。当商品是基本的必需品时，即使它的价格上涨，人们仍然会买该商品。袜子的需求弹性较小，在冬季室内取暖的需求弹性也较小。当这些商品的价格上涨时，尽管人们可能不高兴，但他们仍然会购买该商品以维持基本的舒适水平。当价格下跌时，他们可能不会买太多的袜子或使室内更热。

相反，对奢侈品（如假期、昂贵的汽车和珠宝）的需求可能弹性较大。当奢侈品的价格上涨时，大多数人完全可以不去购买这些商品。但是请注意，必需品的定义取决于你的生活标准和环境。在佛罗里达州，空调可能是必需品，取暖设施可能是奢侈品，而在阿拉斯加则正好相反。

花费占收入的比例（cost relative to income）。在其他条件不变的情况下，如果消费者在某商品上的花费只占其收入的很小一部分，他们对该商品的需求弹性就较小。例如，大多数人可以仅用几美元就得到足够食用一年的食盐供给。即使食盐价格翻了一番，一年的食盐花费仍低于 10 美元，因此消费者可能不会费心去调整他们的食盐摄入量。

反过来，如果消费者在某商品上的花费占其个人收入的比例非常大，比如去海滩奢侈地度假三周，那么他们对该商品的需求就更有弹性。如果海滩上的高端酒店的房间价格翻一番，那么很多人将决定利用他们的假期做其他事情。

调整时间（adjustment time）。商品在长期内的需求往往比短期内更富有弹性。通常情况下，对价格变化做出调整是需要花费一段时间的。当汽油的价格上涨时，你会如何做出反应呢？从短期来看，你可能会取消周末的汽车旅行，但你仍然要像往常一样行驶相同的距离去上学、工作或购物。但是，在一年多的时间中，你会考虑用其他的选择来进一步减少汽油消费，比如购买公交卡或自行车、开更省油的汽车，或搬到学校或工作地附近居住。

市场的范围（scope of the market）。对刚刚描述的每个决定因素而言，还有很重要的一点就是你如何定义商品或服务市场。香蕉的需求价格弹性可能很大，但水果的需求价格弹性可能较小，因为相比于广义的水果范畴，香蕉有更多的替代品。同样，水作为基本的必需品，其需求价格弹性可能很小，但瓶装水的需求价格弹性可能非常大。

需求价格弹性的应用

当我们在现实世界中做决策时，我们常常不知道确切的需求价格弹性。但我们并不总是需要对弹性进行准确估值，才能知道消费者对袜子和拿铁咖啡的价格变化反应不同。相反，企业和其他决策者通常大致了解他们所面临的需求曲线的形状。按弹性把商品划分成几大类，将有助于在不完全信息情况下做出实际的定价决策。

在极端情况下，需求可以是完全有弹性的或是完全无弹性的。当需求完全有弹性（perfectly elastic demand）时，需求曲线是水平的。它表明，消费者对价格非常敏感，即使价格只是小幅上涨，需求数量也会跌至零。当需求完全无弹性（perfectly inelastic demand）时，需求曲线是垂直的。在这种情况下，不管在什么价格水平上，需求数量都是一样的。在现实生活中这两种极端情况很少发生。

在这两种极端情况之间，弹性通常被分为三种可量化的类别：富有弹性、缺乏弹性和单位弹性。当需求价格弹性的绝对值大于 1 时，我们称该需求是富有弹性的（elastic）。对于富有弹性的需求，给定比例的商品价格变动会使需求数量产生更大比例的变动。例如，40% 的价格变化可能会导致需求数量变化 60%。图 4-1a 展示了富有弹性的需求。

当需求价格弹性的绝对值小于 1 时，我们说该需求是缺乏弹性的（inelastic）。对于缺乏弹性的需求，给定比例的商品价格变动会使需求数量产生更小比例的变动。例如，40% 的价格变化可能会导致需求数量变化 20%。图 4-1b 展示了缺乏弹性的需求。

如果需求价格弹性的绝对值恰好是 1，也就是，如果给定比例的商品价格变动会引起等比例的需求数量的变动，那么我们说该需求是单位弹性的（unit-elastic）。在这种情况下，价格变化 40% 会导致需求数量变化 40%。图 4-1c 展示了单位弹性的需求。

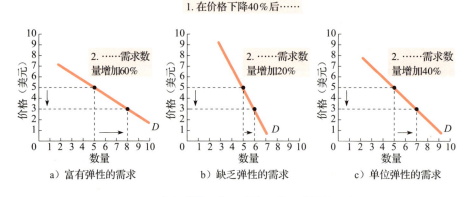

图 4-1   富有弹性、缺乏弹性和单位弹性的需求

正如我们将在本章后面看到的，这些术语（富有弹性、缺乏弹性和单位弹性）可以用来描述任何类型的弹性，而不仅仅是需求价格弹性。尽管这些分类听起来很学术，但它们对现实世界的商业和政策决定有着重要影响。阅读以下专栏，在这个案例中，"知道需求价格弹性是富有弹性的还是缺乏弹性的"是一个生死攸关的问题。

📍 对蚊帐收费能减少疟疾吗

在世界各地，每年有数以百万计的年轻人死于疟疾。然而，有一种方法可以大大降低患这种疾病的风险：睡在经杀虫剂处理过的蚊帐中。蚊帐能屏蔽携带疾病的蚊子，让它们无法接触人类，从而减少疟疾。

想要推广蚊帐的使用以抗击疟疾的组织面临一个实际问题：对蚊帐收费能比免费分发蚊帐更有效地减少疟疾吗？

那些主张收费的人认为，相比那些免费获得蚊帐的人，为蚊帐付费的人会更看重蚊帐，可能会更多地使用蚊帐。此外，如果人们为蚊帐付费，提供蚊帐的组织就能负担得起更多的蚊帐。但是，需求定理指出，价格越高，需求数量可能越低。即使收取费用将使付费者更有可能使用蚊帐，但也可能妨碍更多人获得蚊帐，从而破坏抗击疟疾的目的。

为了解决这个问题，卫生组织需要知道蚊帐的需求价格弹性。在肯尼亚工作的哈佛大学公共卫生学院的经济学家杰西卡·科恩和斯坦福大学的帕斯卡利娜·迪帕设置了一个实验来实践这两种方法，并度量蚊帐的需求价格弹性。事实证明，对蚊帐收取费用大大减少了蚊帐的需求数量。在这个实验中，当蚊帐价格从 0 增加到 0.75 美元时，使用蚊帐的人数下降了 75%。此外，那些购买蚊帐的人也没有比那些免费获得蚊帐的人更有效地使用蚊帐。

如果这项活动的目标是盈利，以 0.75 美元的价格售卖一些蚊帐将带来更多的收益（相比免费发放大量的蚊帐）。但是这项活动的目标是保护人们不受疟疾的伤害，而不是盈利。对于肩负社会使命的组织，免费分发蚊帐似乎比收取费用更能有效地达到目的。

资料来源：J. Cohen and P. Dupas, "Free distribution or cost sharing? Evidence from a randomized malaria prevention experiment", *Quarterly Journal of Economics* 125, no. 1 (February 2010), pp. 1-45; T. Ogden, *Experimental Conversations*: *Perspectives on Randomized Trials in Development Economics* (Cambridge, MA: MIT Press, 2017).

在商业中，知道商品需求是富有弹性的还是缺乏弹性的非常有用，因为经理可以通过这一信息确定价格上涨会导致总收益是增加还是减少。**总收益**（total revenue）是企业通过出售商品而赚得的金额数，用销售数量乘以每单位商品的价格来计算。这个指标是非常重要的，原因很明显：它告诉我们卖者卖出东西后，能获得多少钱。

价格上涨将从两个方面影响总收益：

- 它会产生数量效应，由于商品的销售数量减少而使总收益减少。
- 它会产生价格效应，由于每单位商品的价格更高而使总收益增加。

当数量效应大于价格效应时，价格上涨会导致总收益减少。当价格效应大于数量效应时，价格上涨会导致总收益增加。

当需求富有弹性时，价格上涨会导致总收益减少。我们已经知道，当需求富有弹性时，价格变动将导致更大比例的需求数量变动，即数量效应大于价格效应。所以当需求富有弹性时，价格上涨会引起更大比例的需求数量减少且总收益减少。

相反，当需求缺乏弹性时，价格的变动比例大于需求数量的变动比例。价格效应大于数量效应，总收益增加。那么，对于缺乏弹性的需求，当价格上涨时，消费者将更少购买该商品，但需求数量的变动比例会小于价格的变动比例。图 4-2 显示了价格效应与数量效应之间的权衡取舍。正如你所看到的，图 4-2a 显示了富有弹性的需求，价格下降 1 美元导致需求数量增加 4 000。图 4-2b 显示了缺乏弹性的需求，价格上涨 2 美元，需求数量只减少了 1 000。

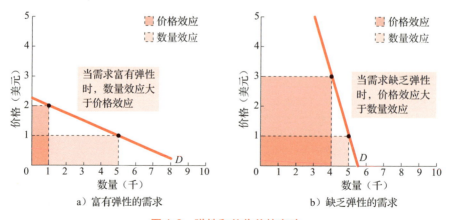

a）富有弹性的需求   b）缺乏弹性的需求

图 4-2   弹性和总收益的变动

　　还有最后一点需要指出。到目前为止，我们所讲的都是在描述需求曲线特定位置上的弹性。然而，对于大多数商品，它们的弹性是沿着曲线变化的。比如，当我们说咖啡的需求价格弹性是 1.38 时，我们指的是当价格从每杯 1.50 美元变到每杯 2 美元时，弹性是 1.38。如果价格从每杯 2 美元变到每杯 2.50 美元，弹性会有所不同。

　　这背后的原因是很容易理解的。想象一下，拿铁咖啡的价格大幅下跌至每杯 10 美分，而你渐渐习惯了每天早上买一杯拿铁咖啡。如果你在一天早上发现拿铁咖啡的价格在一夜之间翻了一番，变为每杯 20 美分，你会怎么做？我们打赌你会耸耸肩，仍然买一杯。

　　现在，想象拿铁咖啡的价格是每杯 10 美元，你只是偶尔购买拿铁咖啡。如果你到达咖啡厅后发现价格翻了一番，变为每杯 20 美元，你会怎么办？你可能会非常仔细地考虑你是否真的需要拿铁咖啡。在这两种情况下，尽管面对的都是同一商品的价格增长了 100%，但你的反应是完全不同的。这是很有道理的：在一个例子中，一杯拿铁咖啡只需多花费 10 美分，但在另一个例子中，一杯拿铁咖啡要多花费 10 美元。

　　你对拿铁咖啡的反应说明了一个一般规则：当价格较高时，需求往往更富有弹性；当价格很低时，需求更缺乏弹性。这给了我们一个重要提示，让我们再次审视图 4-1 所示的三个图。虽然图 4-1a 中富有弹性的需求曲线的斜率比图 4-1b 中缺乏弹性的需求曲线的斜率更平缓，但我们现在知道，斜率与弹性不一样。

　　事实上，一条线性需求曲线上的不同点的需求弹性都是不同的。这种推理不是很直观，但当你用图形构想它时就很直观了。图 4-3b 中的直线有不变的斜率，但在直线两端的价格和数量变动百分比有很大的不同。例如，从 45 美元变到 40 美元时的变化幅度（用百分比形式）要小于从 10 美元变到 5 美元，但两组点之间的曲线斜率是相同的。

　　结果就是，当我们沿着线性需求曲线移动时，随着价格越来越高，收益先增加再下降。图 4-3c 使用图 4-3a 中收益表计算出的数值，描绘出了与图 4-3b 中需求曲线相对应的总收益曲线。请注意，当价格很高时，降低价格会增加收益。例如，当价格从 45 美元降低到 40 美元（见收益表）时，总收益几乎翻番，从 45 美元上升到 80 美元。然而，当价格很低时，降低价格只会进一步减少总收益。例如，当价格从 10 美元降低到 5 美元，总收益从 80 美元减少到 45 美元。

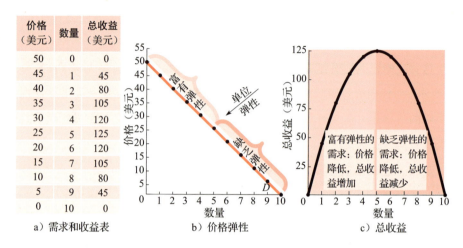

价格（美元）	数量	总收益（美元）
50	0	0
45	1	45
40	2	80
35	3	105
30	4	120
25	5	125
20	6	120
15	7	105
10	8	80
5	9	45
0	10	0

a）需求和收益表   b）价格弹性   c）总收益

图 4-3 沿着需求曲线的弹性变动

需求价格弹性在现实中有着各种各样的应用。阅读以下专栏，了解相关案例。

🔶 国家公园的门票应该涨价吗

美国拥有 58 个国家公园，占地 8 400 万英亩，是美国最著名的自然空间，其中包括黄石公园、美国大峡谷和佛罗里达大沼泽地。2017 年，共有 8 400 万人游览了这些公园——创下历史最高纪录。这些公园正感受到压力——道路、小径、码头和特许经营区都需要进行大修。美国内政部估计，这些修缮工程将耗资 120 亿美元。

2017 年 10 月，内政部长瑞安·津凯（Ryan Zinke）提议，对最受欢迎的 17 个国家公园（包括锡安国家公园、约书亚树国家公园和大峡谷国家公园）提高门票价格。在旺季，这些公园的门票价格将翻一番，达到每辆汽车收费 70 美元，每辆摩托车收费 50 美元，每人收费 30 美元（相比之下，奥兰多魔法王国在"旺季"时的门票价格为 129 美元）。美国内政部估计，这些增加的收入可能会使这些公园的收入增加 7 000 万美元，增幅为 34%。

在为期 30 天的公众意见征询期间，该计划的支持者和反对者纷纷就此问题发表了意见。其中，许多评论直指要点："这价格涨得太离谱了。光是入园，我们就必须支付 70 美元，这肯定会让我考虑家庭度假的其他选择。"还有人指出，价格上涨可能会使低收入家庭和个人难以负担。

对周边的企业主来说，游客总数可能大幅下降尤其令人担忧。2015 年，国家公园的游客在公园边界 60 英里范围内消费了近 170 亿美元，支持了 29.5 万个就业岗位。

另外，一些评论者指出，如果游客减少，设施和生态系统将得到急需的喘息机会。例如，2016 年接待了 430 万游客的锡安国家公园，在夏天经常挤满旅游大巴，护林员发现有人在环境敏感区域开辟了小径。面对这个问题，公园不得不考虑建立预约制度来分配游客人数。

在审阅了这些评论之后，美国内政部放弃了原有的计划，转而考虑针对外国游客的小幅提价和收费。问题在于公园需要更多的收入，而不在于是否会提高收费标准。换言之，美国内政部正试图在增加收入的需求与保护野生动物栖息地和维持当地经济健康的愿望之间寻求平衡。

你的想法是什么？

1. 国家公园管理局（隶属于美国内政部）是否有责任让那些无力支付更高费用的家庭能够游览国家公园？

2. 公园管理局是否应该关注游客需求减少对周边社区经济的影响？

3. 你的回答取决于对游览国家公园的需求价格弹性（即更高的费用会对游览公园需求产生较大或较小的影响）的假设。考虑一下影响价格弹性的因素，如替代品的可获得性和价格。

资料来源：Darryl Fears, "Americans tell Interior to take a hike over proposed rate increases", *The Washington Post*, April 2, 2018; Julie Turkewitz, "National Parks struggle with a mounting crisis：too many visitors", *New York Times*, September 27, 2017.

供给价格弹性

当咖啡消费量的增加抬高了咖啡豆的价格时，会发生什么呢？咖啡市场将如何应对价格变化呢？我们可以基于供给定理预测，由于价格上涨，咖啡种植者将相应地提高产量，但提高多少呢？

供给价格弹性（price elasticity of supply）是指，当商品或服务的价格发生变化时，它的供给数量的变化程度。供给价格弹性度量的是生产商对价格变化的反应程度，如同需求价格弹性度量的是消费者对价格变化的反应程度。

我们在第 3 章中学习到，当价格上涨时，生产商会供给更多的商品；当价格下跌时，他们会供给更少的商品。商品的需求价格弹性告诉我们，当沿着需求曲线变动时需求数量会变化多少；商品的供给价格弹性则告诉我们，当沿着供给曲线变动时供给数量会变化多少。

供给价格弹性的度量方法与需求价格弹性一样：用数量变动的百分比除以价格变动的百分比，如式（4-2）所示。

$$供给价格弹性 = \frac{供给数量\, S\, 变动的百分比}{价格\, P\, 变动的百分比} \tag{4-2}$$

供给弹性和需求弹性之间有一个重要的区别：需求价格弹性总是负的，供给价格弹性总是正的。原因很简单：需求数量与价格总是沿着相反的方向变化，但供给数量与价格沿着相同的方向变化。

与需求价格弹性一样，我们可以将供给价格弹性分为三种类型：

- 如果供给价格弹性的绝对值大于 1，则供给是富有弹性的。
- 如果供给价格弹性的绝对值小于 1，则供给是缺乏弹性的。
- 如果供给价格弹性的绝对值恰好等于 1，则供给是单位弹性的。

在极端情况下，我们也可以说供给是**完全弹性的**（perfectly elastic，在给定的价格水平上供给数量可以是任意值，并且在任何其他价格水平上供给数量为零），或**完全无弹性的**（perfectly inelastic，在任何价格水平上供给数量都是相同的）。

供给价格弹性的决定因素

供给是富有弹性的还是缺乏弹性的，这取决于生产商在应对价格变化时改变生产数量的能力。有三个因素影响生产商扩大生产的能力：投入品的可获得性、生产过程的灵活性、（应对价格变化所需的）调整时间。最后这个因素（调整时间）也是需求弹性的决定因素。正如消费者需要时间来改变他们的消费习惯，生产商也需要时间来提高产量。

投入品的可获得性（availability of inputs）。某些商品的生产是可以很容易地扩张的，只需添加额外的投入品。例如，一家面包店可以很容易地买到额外的面粉和酵母以生产更多的面包，每个面包的成本也可能是相同的。然而，增加其他商品的供给可能就比较困难，有时甚至是不可能的——即使毕加索画作的价格上涨，人们也无法生产更多，因为我们不能让艺术家复活。

换言之，供给弹性取决于投入品的供给弹性。如果由于额外的投入品很难找到，生产更多商品的成本远远超过初始商品量所需的成本，那么生产商将不愿增加供给数量。这就需要以越来越高的价格来说服生产商接受由增加供给带来的额外成本。

生产过程的灵活性（flexibility of the production process）。生产商调整某一商品的供给数量的最简单方法是，当该商品价格上涨时把生产其他商品的生产力转移至该商品的生产上，或是当该商品价格下跌时重新把生产力分配到其他商品的生产上。农民们会发现这种替代是相对简单的：当玉米价格上涨时，他们会用更多的田地去种植玉米；当玉米价格下跌时，他们会将田地重新分配到更有利可图的农作物上。其他生产商就没有这么灵活了。如果你拥有一个专门生产丰田汽车配件的工厂，你可能需要购买新的机器才能开始生产福特汽车的配件，更不必说完全切换到另一种类型的产品生产上了。

调整时间。与需求一样，长期供给比短期供给更富有弹性。也就是说，相比短期，生产商在长期内可以做出更多的调整。在短期内，迪士尼乐园的酒店客房数量是固定的；从中长期看，可以翻新老旧房屋，也可以建立新的酒店。随着时间的推移，生产能力也会因新公司的成立或旧工厂的倒闭而提升或下降。

其他弹性

商品的需求数量不仅仅对商品价格敏感。因为买者聪明、灵活，总是在寻找充分利用机会的方法，需求数量也会因不断变化的环境而改变，如其他商品的价格、消费者的收入。现在，让我们考虑两个其他类型的需求弹性：需求交叉弹性和需求收入弹性。

需求交叉弹性

我们注意到，商品的可替代性会影响价格弹性。也就是说，消费者是否愿意购买某商品，取决于服务于同一目的其他商品的可获得性。例如，当星巴克拿铁咖啡价格上涨时，有些人会买邓肯甜甜圈的普通咖啡，那么我们就可以预期星巴克拿铁咖啡有较高的需求价格弹性。再次回顾我们在第1章中提出的四个经济学问题，其中"其他人将会如何反应"这个问题是理解这种情况的关键。

如果邓肯甜甜圈的普通咖啡价格下降，而星巴克拿铁咖啡价格不变，会发生什么呢？**需求交叉弹性**（cross-price elasticity of demand）描述了当一种商品价格变化时，另一种商品的需求数量如何变化。由于拿铁咖啡和普通咖啡互为替代品，我们预测当普通咖啡价格下降时，拿铁咖啡需求量会下降，因为一些人会从购买拿铁咖啡转变为购买普通咖啡。反之也成立，如果邓肯甜甜圈的普通咖啡价格上涨，而星巴克拿铁咖啡的价格不变，我们预测拿铁咖啡的需求量将上升，因为一些人将从购买普通咖啡转变为购买相对便宜的拿铁咖啡。式（4-3）给出了需求交叉弹性的公式。

$$商品\,A\,和\,B\,间的需求交叉弹性 = \frac{商品\,A\,的需求数量变动的百分比}{商品\,B\,的价格变动的百分比} \quad (4\text{-}3)$$

当两种商品互为替代品时，我们预期它们的需求交叉弹性是正的。也就是说，一种商品的价格上涨将导致另一种商品的需求数量增加。相反，一种商品的价格下降将导致另一种商品的需求数量减少。弹性的大小取决于两个替代品的相近程度。如果它们是非常相近的替代品，那么一种商品的价格变化会导致另一种商品需求数量的大幅变化，需求交叉弹性较高。如果不是非常相近的替代品，需求交叉弹性则较低。

需求交叉弹性也可以是负的。与需求价格弹性不一样，需求价格弹性可以表示为一个绝对值，因为它总是负的，但是需求交叉弹性的符号能告诉我们两种商品之间的关系。我们已经看到，当两种商品互为替代品时，它们的需求交叉弹性是正的。然而，当两种商品互为互补品（也就是说，它们总是被同时消费）时，需求交叉弹性将是负的。

例如，当人们喝更多的咖啡时，他们会想要更多的奶。咖啡和奶互为互补品，而不是替代品。所以当其他条件不变时，如果对咖啡的需求增加，对奶的需求也会增加。当两种商品以这种方式相关联时，它们的需求交叉弹性将是负的，因为一种商品的价格上涨将使这两种商品的需求数量减少。弹性的相对大小同样取决于两种商品的相关度。如果两种商品互为强互补品，它们的需求交叉弹性将是一个绝对值很大的负数。如果两个商品相关度较低，它们的需求交叉弹性将是负数，但并不是远低于零的。

需求收入弹性

有这样一些商品，无论人们多么富有（或贫穷），他们购买的数量都大致相同。盐、牙膏和厕纸就是三个典型的例子，它们不是那种"人们在工作中得到加薪后就会立刻冲出去买"的商品。不过，有些商品对收入的变化就非常敏感。比如，如果你得到加薪，你可能会买新衣服或者在餐馆里享用一顿美食。

商品的**需求收入弹性**（income elasticity of demand）描述了当消费者的收入变化时，需求数量会相应地变化多少。如式（4-4）所示，它表示为：

$$需求收入弹性 = \frac{需求数量变动的百分比}{收入变动的百分比} \tag{4-4}$$

回顾第 3 章，收入提高会使人们增加对正常商品的需求，减少对低档商品的需求。需求收入弹性告诉我们，收入提高后，人们对这些商品的需求变化了多少。

例如，星巴克星冰乐是一个正常商品，它可能会对收入的变化相当敏感。当人们变得更加富裕时，他们将购买更多像这样的小奢侈品。因此，我们猜花式冰咖啡饮料的需求收入弹性是正的（因为饮料是正常商品）且数值相对较大（因为饮料是非必需品，它有很多更便宜的替代品）。

普通咖啡通常也是正常商品，所以其收入弹性应该也是正的。但是，我们可以猜测它的需求收入弹性要小于星冰乐。许多人觉得他们每天上班前都必须喝一杯咖啡，咖啡就更像是必需品而不是奢侈品，无论自己的收入多少，都会去买咖啡。还有一种说法是，对星冰乐的需求相对于收入是富有弹性的，而对普通咖啡的需求相对于收入是缺乏弹性的。对于这样的正常商品，其收入弹性是正的，因为随着收入的增加，需求数量也会增加。必需品和奢侈品都是正常商品。必需品的需求收入弹性是正的，但小于1；奢侈品的需求收入弹性也是正的，但大于1。

与需求交叉弹性一样，需求收入弹性可以是负的。对于低档商品，其需求收入弹性是负的，因为需求数量会随着收入的增加而减少。

在2009年，星巴克推出了一种新的零售产品——VIA速溶咖啡。尽管有一些咖啡爱好者对其嗤之以鼻，但也有人认为在经济困难时期这是一个精明的举措。速溶咖啡组合也许在一些地方是低档商品：随着收入的增加，人们会喝更多昂贵饮料并减少对速溶咖啡的消费。然而，在经济衰退期间，预算紧缩，人们会减少对昂贵饮料的消费，可能会增加对速溶咖啡的消费。至少，这是星巴克所希望的。在这个案例中，速溶咖啡的需求收入弹性是负的，而且较小。当人们越来越富裕时，他们会很快放弃一些不太吸引人的低档商品，这类低档商品的需求收入弹性较大且为负值。

商品弹性的符号和大小再次告诉我们很多关于商品的信息。表4-1总结了我们学到的弹性的四种度量及其相关特点。

表4-1　弹性的四种度量及相关特点

度量	算式	负的	正的	更富有弹性	更缺乏弹性
需求价格弹性	需求数量变动的百分比 / 价格变动的百分比	总是	从不	随着时间的推移，对于可替代的商品和奢侈品	在短期内，对于唯一的且必需的商品

（续）

度量	算式	负的	正的	更富有弹性	更缺乏弹性
供给价格弹性	供给数量变动的百分比 / 价格变动的百分比	从不	总是	随着时间的推移，对于灵活的生产	在短期内，存在生产约束
需求交叉弹性	商品 A 的需求数量变动的百分比 / 商品 B 的价格变动的百分比	对于互补品	对于替代品	对于近似完全替代品和强互补品	对于相关度较低的商品
需求收入弹性	需求数量变动的百分比 / 收入变动的百分比	对于低档商品	对于正常商品	对于有相近替代品的奢侈品	对于唯一的且必需的商品

如果你觉得这个讨论很有意思，你可能会考虑成为一个定价分析师。

第5章

效　率

ECONOMICS

引例 从一支坏掉的激光笔开始的互联网革命

1995年，一个叫皮埃尔·奥米迪亚（Pierre Omidyar）的年轻的软件开发工程师利用劳动节休息日建立了一个叫 AuctionWeb 的网站，目的是为大家提供一个以拍卖形式出售旧物的场所。不久之后，他在这个网站上以 14.83 美元的价格卖出了第一件物品：一支坏掉的激光笔。他的本意是把这支激光笔作为一个试验品放在网站上，并不期望有人为它出价。在皮埃尔指出这个激光笔是坏掉的之后，中标者解释道他是个"专门收藏坏掉的激光笔的爱好者"。

正如你们猜到的，AuctionWeb 就是后来我们所熟知的著名公司 eBay 的雏形。2017年，在 eBay 上出售的商品总价值为 884 亿美元，eBay 在全球拥有 1.7 亿活跃用户。

和许多创业故事一样，eBay 第一笔交易的故事使我们洞察到是什么使得 eBay 脱颖而出。人们都喜欢一些旧的精美的物品（如坏掉的激光笔），一旦聚集足够多的用户，想卖东西的人总能找到想买东西的人。一旦买者与卖者配对成功达成交易，双方都将受益。买者得到了他想要的物品，卖者得到了钱。因为双方都可以从这样的交易中受益，他们也就都愿意向 eBay 支付费用。

eBay 的成功建立在一个最基本的经济学理念的基础上，它的重要性远远大于公司本身：自主交换创造价值并可以使参与其中的每个人都受益。这一理念驱动着一系列的商业活动，如从百货商店到投资银行再到线上零售商，它们自己并不生产或制造任何物品，而是在促进生产者和消费者之间的交易。

但这一原则也提出了一些问题：我们怎么知道人们会通过买卖物品受益？我们能否得出一个他们受益多少的指标？

为了回答这些问题，我们需要一个工具来度量交易过程中产生的收益的大小，并区分这些收益由谁获得。在本章中我们将介绍剩余的概念，它用于度量消费者的购买价格低于自己愿意支付的最高价格时，或者生产者的销售价格高于自己愿意出售的最低价格时，他们所获得的收益。剩余是看待人们从成功交易中获得收益的最佳方式。

剩余同样为我们展示了为什么在一个竞争市场中均衡价格和均衡产量如此特殊：它们能够使总福利最大化，即使我们关注更多的是产出而非福利（比如收益分配时的不公平）。剩余为我们在比较不同想法与政策时提供了一个尺度。比如，对剩余的测算能够清楚地告诉我们，在诸如税收和最低工资制度这类政策中谁会获得收益，谁又会蒙受损失。从剩余最大化的意义上讲，我们将会看到，效率是市场制度最为强大的功能之一。值得一提的是，这并不需要通过集中协调便可实现。

剩余还告诉我们，人们之间的互相交易可以提高生活品质。通常情况下，创造一个商品或服务的新市场（如第 1 章的例子中孟加拉乡村银行在孟加拉国所做的）或者改善现有的市场（如 eBay 在互联网上所做的）可能是帮助人们的好办法。知道何时以及如何利用经济交换的力量来增加人们的福利，对商业人士以及公共问题解决者来说同样重要。

支付意愿与销售意愿

eBay 是一个允许人们刊登销售广告的在线拍卖平台。想要购买商品的人通过给出一个特定的支付价格进行投标。这个开放的市场支持几乎所有种类商品的交易：从房地产、二手车、珍藏版图书到（在一个特别案例中）一个看起来很像是被圣母玛利亚吃了一半的芝士三明治（售价 28 000 美元）。

谁在使用 eBay？他们想要什么？从最基本的层面上来看，他们是那些想要买卖特定商品的人。我们不清楚那些想要坏掉的激光笔或者发霉的芝士三明治的人在想什么，让我们来看一些更典型的案例。数码相机如何？（如同我们在第 3 章所做的那样，我们假设市场上只有一种数码相机而非多种不同种类的相机。）

想象你在 eBay 上看到了一台等待出售的数码相机，谁将会参与竞价？这些人的欲望和约束又是什么？显而易见，参与竞价的人就是那些想要得到数码相机的人，他们同样会关注价格：如果能够花费 100 美元得到相机，人们又何必为得到相机支付 200 美元呢？用另外的 100 美元买点其他商品不好吗。潜在买者想要支付尽可能少的钱，但在这个一般偏好之外，每个买者都有一个他愿意接受的最高价格。

经济学家称这一最高价格为买者的支付意愿（willingness to pay）或者保留价格（reservation price），这两个概念经常被交替使用，本书中我们统一使用"支付意愿"这一说法。这一价格刚好位于消费者扬手放弃"算了，我更愿意用这笔钱购买别的东西"的临界点上。每一个潜在买者都希望以一个尽可能低并且不高于支付意愿的价格去购买一台相机。在 eBay 上，我们可以从拍卖过程中了解人们的支付意愿。当一个商品的价格低于竞拍者的支付意愿时，他就会继续竞拍这件商品，直到价格高于他的支付意愿，他才会退出。

当然，买者只是故事的一半。最开始是谁把这台相机放到网上销售的？为了给数码相机创造一个功能市场，首先必须得有人愿意出售它们。然而，买者希望以一个尽可能低的价格购买相机，卖者希望以一个尽可能高的价格出售相机。如果能收更多的钱，谁会愿意卖低价呢？正如每个潜在买者都有支付意愿一样，每个潜在卖者也有销售意愿。销售意愿（willingness to sell）是卖者出售一件商品或服务可以接受的最低价格。每个卖者都希望能以尽可能高的价格出售商品，而且这一价格绝不能低于他心里的最低价格。我们可以通过卖者在 eBay 上贴出商品时设置的"保留价"洞察他们的销售意愿。保留价为卖者设置了一道屏障，卖者不会接受低于这一价格的出价，如果一直没有高于这一价格的出价，卖者会一直保留他的商品。

由此我们可以看出，买者想以尽可能低的价格买入商品，卖者想以尽可能高的价格卖出商品。那么这一现象与市场有什么关系呢？我们即将看到支付意愿和销售意愿实际上是促进需求曲线和供给曲线形成的推动力。

支付意愿和需求曲线

我们将目光拉回到潜在的相机买者身上，并且进一步仔细探究他们在 eBay 上购买相机是如何出价的。为了简化这一过程，我们假设共有 5 位潜在买者在考虑购买这台相机。

- 第一位潜在买者是个鸟类观察家，她热切地希望能有一台好相机来记录她发现的稀有鸟类。她最高愿意支付 500 美元来购买这台相机。
- 第二位潜在买者是个业余摄影师，他有一台过时的相机，最高愿意为这台新相机支付 250 美元。
- 第三位潜在买者是个房地产经纪人，她愿意以不高于 200 美元的价格来购买这台相机，从而拍出更好的房产照片。
- 第四位潜在买者是个记者，他不介意拥有一台除报社配备相机之外的新相机，但他不会接受高于 150 美元的价格。
- 第五位潜在买者是个教师，他最高愿意支付 100 美元——学生家长在他生日时送给他的 eBay 礼品券的金额。

我们可以在图中标出每一位潜在买者的支付意愿。在图 5-1a 中，我们画出了可能报价以及每一价格下有意愿出价的潜在买者数量。请记住，每一位潜在买者的支付意愿都是最大值，他们自然愿意以更低的价格购买这台相机。因此，在 100 美元的价格下，5 位潜在买者都会出价；而在 350 美元的价格下，只有一位买者会出价。

如果你换个角度看一下，也许会注意到图 5-1a 中的图像看起来像一条需求曲线，y 轴为价格，x 轴为数量，而且需求数量随着价格的上升而下降。实际上，这就是一条需求曲线，虽然只有 5 位潜在买者，但是如果我们在更大的市场中进行同样的实验，同时绘制出成千上万人而不仅仅是 5 个人的支付意愿，我们将会得到如图 5-1b 中所示的平滑的需求曲线。

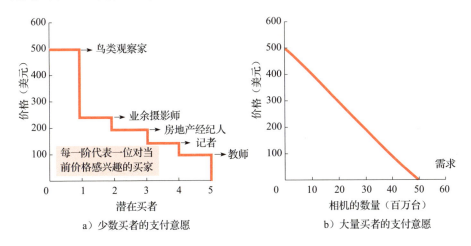

a）少数买者的支付意愿　　　　　　　　b）大量买者的支付意愿

图 5-1　支付意愿和需求曲线

尽管我们注意到每位潜在买者的支付意愿都受不同因素的影响，但是我们可以通过"面临的权衡取舍是什么"来解释所有决定背后的动机。在 eBay 上购买相机的钱不能花费在其他商品上。支付意愿是一个节点，在这一节点上，潜在买者购买相机所获得的收益等于他将这笔钱用于购买其他商品所获得的收益，即机会成本。

当价格高于最大的支付意愿时，机会成本大于收益；当价格较低时，收益将会超过机会成本。比如，业余摄影师花费 250 美元购买相机所获得的乐趣等同于他为自己购买等值邮票所获得的乐趣。每个人除了相机之外，都有其他想要的东西，这样的逻辑适用于需求曲线上的每一位潜在买者。

为了搞清楚这 5 位潜在买者中到底谁最后会购买相机，我们必须要知道市场价格。而想要知道市场价格，我们必须要知道数码相机的供给情况。因此，我们接下来需要研究供给曲线。

销售意愿和供给曲线

如你所料，正如需求曲线的形状是由潜在买者的支付意愿所决定的，供给曲线的形状是由潜在卖者的销售意愿所决定的。为了便于分析，我们假设共有 5 位潜在卖者在 eBay 上出售相机。

- 第一位潜在卖者是名大学生，他获得了一台数码相机作为生日礼物，但是他真正在意的只有他最喜欢的乐队，因此他愿意出售这台相机，哪怕是以 50 美元的低价。
- 第二位潜在卖者是来自大型数码相机公司的销售代表，她被授权以不低于 100 美元的价格出售相机。
- 第三位潜在卖者是拥有多台相机的专业自然摄影师，他想要以不低于 200 美元的价格出售相机，低于这个价格的话，他宁愿把相机当成礼物送给侄子。
- 第四位潜在卖者是一家小型公司的销售代表，这家公司的相机业务刚刚起步，生产费用要高于大型公司，只有相机定价高于 300 美元时，他们才有利可图。
- 第五位潜在卖者是美术老师，她对朋友赠送的这台相机有着很深的感情，如果低于 400 美元的价格，她决不考虑出售。

我们可以在图中标出这 5 位潜在卖者的销售意愿。在图 5-2a 中，我们画出了可能的报价以及每一价格下有可能出售的相机数量。这幅图代表了仅仅 5 位潜在卖者的供给曲线。如果我们像描绘需求曲线一样，考虑现实世界中数以百万计销量的数码相机市场，就可以得出我们已熟悉的平滑的供给曲线，如图 5-2b 所示。

潜在卖者的销售意愿取决于他们面临的权衡取舍，尤其是这笔交易的机会成本。出售一台相机的机会成本就是潜在卖者保留这台相机所带来的乐趣，或者是用生产这台相机的成本来生产其他产品所带来的收益。每一位潜在卖者的机会成本都取决于不同的因素，并不是所有人都是金钱至上的，比如那位美术老师就是在情感上依恋着她的相机。

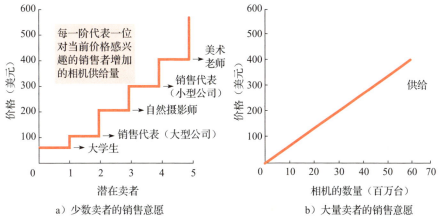

图 5-2　销售意愿和供给曲线

至于那些潜在卖者想处理掉的商品，它们的初始价格可能只有 1 美分。如果机会成本为零的话，1 美分就要比没钱好得多！

另外，在一个生产者不断制造和销售新产品的市场中，产品的最低价格必须足够高，才能使生产者有利可图从而愿意继续生产。如果某产品的销售价格不能覆盖其生产成本，生产者就会停止继续生产该产品，否则生产者实际上每笔销售都会亏损（有时我们确实会看到有些生产者在以低于生产成本的价格销售产品，但是这只会发生在生产者判断失误并急于倾销已生产的产品时）。

在对 5 位潜在买者和 5 位潜在卖者有了一定的了解后，我们马上就会看到这两组人在市场上进行交易时会发生什么。

计算剩余

剩余（surplus）是一种度量谁在交易中受益以及受益多少的方法。经济学家用这个词来描述一个相当简单的概念：如果你以低于自身支付意愿的价格得到了一件商品，或者以高于自身销售意愿的价格卖出一件商品，这就是件好事。想象一下，一件商品你原本准备付全价，最后以打折价购入时，感觉是多么美好。这部分你原本要支付但最后没有支付的"红利"价值，就是剩余。不论是买者还是卖者，不论是个人还是群体，都可以有剩余。

剩余就是买者（卖者）愿意交易的价格与实际价格之间的差异。对于某买者来说，存在这样一个价格点，使得购买一件商品或是保留这笔钱对他来说是无差异的。当价格较高时，他更倾向于保留这笔钱；当价格较低时，他更倾向于购买这件商品。通过观察他的"无差异点"与实际价格之间的差距，我们可以了解他（买者或者卖者）在这笔交易中获得了多少额外收益。

剩余是一个简单的概念，但同时也是一个有强大解释力的概念。它是一种比价格更好的衡量方式，用于计算买者和卖者通过市场交易获得的价值。为了明白这是为什么，请阅读以下专栏。

你愿意支付多少钱来使互联网不消失

在计算我们通过购买一件商品获得多少收益时，为什么剩余是一种更好的衡量方式？思考我们购买网络服务和购买特定型号的电脑之间的差别。大多数人可以以非常低的成本甚至零成本上网。你可能在家里支付月租费来获得高速的网络连接服务，而几乎所有人都可以在学校、图书馆、咖啡屋免费上网。同时，网络上还有着数以百万计的提供新闻资讯、娱乐和服务的免费网页。

而拥有电脑的人，他们为了一台特定型号的电脑要支付很多钱。例如，消费者可能为一台苹果笔记本电脑支付 999 美元。那这是否意味着我们通过网络获取的收益要少于通过一台苹果笔记本电脑获取的呢？答案应该是否定的。

为了了解为什么无法用价格简单地衡量真实收益，可以想象一下你愿意支付多少钱来防止你拥有的这台特定型号的电脑从市场上消失。你可能会愿意支付一些钱，毕竟你当初选定这台电脑是有原因的，并且你可能会愿意再额外支付一些钱来获得你喜欢的技术规格，以及显示器等配件组合。但如果价格高到一定程度，你可能会更倾向于换一台类似型号的电脑，而不是在这台旧电脑上花更多的钱。当为了保持电脑性能而购买一些东西时，你愿意支付的最高价格与当前价格之间的差异就是你的消费者剩余。这是支付意愿和实际价格之间的差异。

现在考虑同样的问题，只不过商品换成网络服务。想象网络明天就要消失了，或者至少你无法连接上网络了。你愿意支付多少钱来防止这种情况发生？请记住，这意味着没有邮箱，没有互联网搜索引擎和地图，没有微博，没有视频通话，也没有在线购物。我们猜你会愿意为此支付一大笔钱。尽管你现在在网络服务上的花费可能很少，但你愿意为防止网络消失而支付的实际金额代表着网络对你而言的重要性。这就是剩余的奇妙之处。

消费者剩余

我们回到上述 eBay 案例中的 5 位潜在买者身上，计算他们在一个给定价格下购买相机时的剩余。假设 eBay 上相机的现行价格是 160 美元。鸟类观察家最高愿意出价 500 美元，因此她购买这台相机的**消费者剩余**（consumer surplus）是 340 美元，即她的支付意愿与实际支付的 160 美元之间的差值。如果价格是 160 美元，另外两位潜在买者也会购买相机：业余摄影师（愿意支付 250 美元）和房地产经纪人（愿意支付 200 美元），他们的消费者剩余分别是 90 美元和 40 美元。最后两位潜在买者分别会在价格高于 150 美元和 100 美元的时候放弃出价，所以他们没有买，也没有支付钱，他们的消费者剩余为零。

我们可以把每个人的消费者剩余加总，来描述买者在市场中的总收益（经济学家用同一词语来表示个人剩余与集体剩余，这很容易产生混淆。但是通过上下文，你应该能够区分我们讲的是个人的消费者剩余，还是集体的消费者剩余）。如果数码相机市场只有这 5 位潜在买者，那么总的消费者剩余是：

$$340 + 90 + 40 + 0 + 0 = 470 （美元）$$

图 5-3a 画出了当价格为 160 美元时这 5 位潜在买者的消费者剩余。以图形的方式来表示，消费者剩余即图中需求曲线下方和价格均衡水平线上方构成的区域。

那么，价格变化会如何影响买者呢？买者永远都希望价格可以更低，因为价格的降低使他们获益，而价格的上涨对他们不利。当价格上涨时，一些人会选择不去购买商品，这意味着他们的消费者剩余变为零。而那些继续选择购买的消费者，他们此时的消费者剩余要小于价格较低时。当价格下降时，情况则相反。计

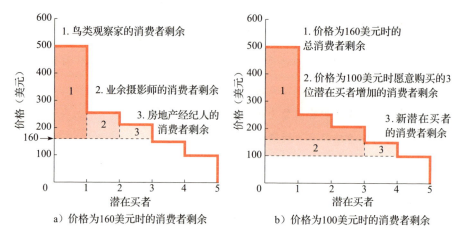

图 5-3   消费者剩余

算消费者剩余可以告诉我们，当价格变化时买者的利益增加或者损失了多少。

图 5-3b 显示了当 eBay 上相机的价格降至 100 美元时，总的消费者剩余会如何变化。通过对比图 5-3a 和图 5-3b 可以看出，当价格下降时，代表消费者剩余的区域面积增大了。前三位在价格为 160 美元时就愿意购买相机的潜在买者，他们的消费者剩余每人增加了 60 美元，并且另外两位潜在买者也参与到了交易中。记者的消费者剩余是 50 美元，因为他的支付意愿是 150 美元。教师购买了相机，但他的消费者剩余为零，因为相机的现价恰好等于他的支付意愿。当相机价格为 160 美元时，总消费者剩余为 470 美元。当相机价格降至 100 美元时，总消费者剩余为 700 美元，增加了 230 美元：

$$470 + 60 + 60 + 60 + 50 + 0 = 700 （美元）$$

生产者剩余

与买者一样，卖者也希望扩大他们愿意交易的价格与实际价格之间的差距。当市场价格高于他们愿意销售的最低价格时，卖者获益。**生产者剩余**（producer surplus）是生产者通过商品或服务销售获得的收益，用生产者愿意销售的最低价格与实际价格之间的差值来衡量。不管卖者是真的实际生产这些产品还是在 eBay 上卖二手货，他们的剩余都统称为生产者剩余。

如果上述 5 位潜在卖者注意到 eBay 上相机的现行价格是 160 美元，他们中有两位潜在卖者会选择出售相机，并且会因此感到喜悦，因为这一价格高于他们愿意接受的最低价格。大学生（愿意以 50 美元销售）的生产者剩余为 110 美元，大型公司销售代表（愿意以 100 美元销售）的生产者剩余为 60 美元，如图 5-4a 所示。另外 3 位潜在卖者不会在当前价格下交易，所以他们的生产者剩余为零。如果市场上只有这 5 位潜在卖者，那么当前价格下的总生产者剩余为：

$$110 + 60 + 0 + 0 + 0 = 170 （美元）$$

市场价格变动对卖者的影响方式与买者相反。卖者总是希望价格可以上涨，所以价格下降对他们不利。当价格下降时，一些卖者会选择不销售，这时他们的生产者剩余为零。而那些仍旧销售的卖者，此时他们的生产者剩余要小于价格较高时。当价格上涨时，情况则相反。计算生产者剩余可以告诉我们，当价格变化时卖者的利益增加或者损失了多少。

图 5-4b 展示了当 eBay 上相机的价格从 160 美元降至 100 美元时，生产者剩余会如何变化。两位潜在卖者会继续出售，但他们的生产者剩余减少了，总的生产者剩余减少至 50 美元。生产者剩余表现在图中供给曲线上方和价格均衡水平线下方构成的区域。市场价格越高，这片区域的面积就越大，生产者剩余就越多。

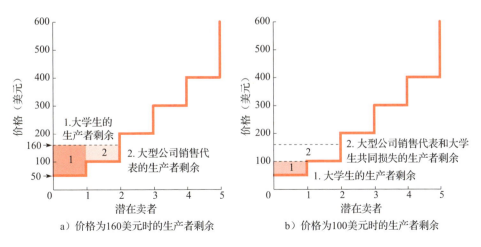

a）价格为160美元时的生产者剩余　　b）价格为100美元时的生产者剩余

图 5-4　生产者剩余

总剩余

现在我们已经学会了在任何价格下计算消费者剩余和生产者剩余。但是真实的市场价格如何确定？为了找到答案，我们需要把需求曲线和供给曲线放在一张图中去找它们的交点。

我们将视野扩展到 eBay 整个数码相机市场，不再局限于 5 位潜在买者和 5 位潜在卖者。我们用图 5-1 和图 5-2 中的平滑需求曲线和平滑供给曲线来呈现这个大市场。把这两条曲线同时放在图 5-5 中，我们可以发现均衡价格为 200 美元，并且相机的均衡数量为 3 000 万台（我们设定一个数码相机市场的标准模型，这个模型满足我们在第 3 章中所提到的完全竞争市场所具备的特征）。

我们以图形的方式来表示，总消费者剩余表现为图中需求曲线下方和价格均衡水平线上方构成的区域，如图 5-5 中深色阴影所示；总生产者剩余表现为图中供给曲线上方和价格均衡水平线下方构成的区域，以浅色阴影表示。

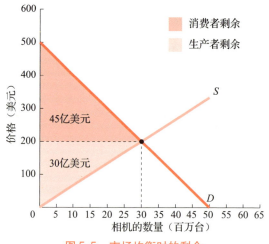

图 5-5   市场均衡时的剩余

将两个区域加总（消费者剩余加生产者剩余）就得到了由 3 000 万台相机交易带来的总剩余。**总剩余**（total surplus）是参与交易的所有人在商品或服务交易中获得的收益。

我们也可以把总剩余看作市场创造的价值。总剩余是所有市场交易的参与者所得利益的加总（鸟类观察家获得的 300 美元消费者剩余，加上大学生获得的 150 美元生产者剩余，等等）。但是这些利益只有当他们参与市场交易时才能获得。

这一点非常重要，因为人们常常会错误地认为经济就是固定数量的货币、商品和福利，唯一的问题就在于如何分配它们。这一观点被称为**零和博弈**（zero-sum game）。零和博弈指的是一种情景，无论一个人获得多少收益，另外一个人就会遭受相等的损失，所以任何交易的净收益都为零。打扑克就是一个零和博弈的例子：无论哪一个玩家赢了，其他玩家从逻辑上讲都输了。

剩余的概念告诉我们经济的运作普遍不同于扑克游戏。就像 eBay 上的自主交易，并不存在赢家和输家。相反，无论是买者还是卖者，他们在交易中都收获了剩余，所以都是赢家。每一方都比交易之前过得更好了。总剩余不会小于零，因为当剩余为零时，人们会直接停止交易。

市场创造价值已成定论，但价值如何分配就是一个更为复杂的问题了。在接下来的小节中，我们将会通过剩余这一概念看到市场交易如何产生福利，以及偏离市场均衡可能带来哪些福利损失。然后在下一章中，我们将会学到如何使用工具来评估一些常见的政府政策在竞争激烈的市场中实施的效果。在本书后面的章节中，我们会回顾一些有关竞争市场运作的假设，并讨论当现实世界中这些假设不成立时，剩余是如何变化的。

利用剩余比较其他选择

在一个完全竞争市场中，买者和卖者会自然地找到均衡价格。在 eBay 案例中，我们预期数码相机的买者和卖者可以不受约束地讨价还价，提出不同价格，直到想要购买相机的人数等于想要出售相机的人数。这就是市场看不见的手的驱动作用，它不需要任何一位 eBay 经理去协调或者设定价格。但是正如我们即将看到的，市场看不见的手的魔力不仅限于此。

市场均衡和效率

剩余的概念让我们知道了市场均衡的重要性：市场均衡点不仅仅是买者和卖者恰好完美匹配的一点，也是总剩余达到最大值的一点。换言之，市场均衡使市场所有参与者的总福利水平实现了最大化。

为了弄懂其中的原理，我们首先要看看当市场因为一些原因偏离均衡点时，剩余会如何变化。假设 eBay 经理为了避免参与者出价麻烦，决定为相机设定价格。他认为 300 美元是一个合理价格，那么潜在买者和卖者对此情况会做何反应呢？如图 5-6 所示。

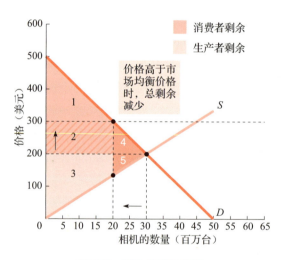

图 5-6　剩余分配的变化

当价格为 200 美元时想要购买 1 000 万台相机的买者，在价格上涨至 300 美元后，他们不再愿意购买相机，他们的消费者剩余变为零。这意味着原本售出 1 000 万台相机的卖者也错失了交易机会，他们的生产者剩余也变为零。至于另外 2 000 万台仍然被销售出去的相机，消费者支付了更高的价格，损失了部分剩余。售出 2 000 万台相机的卖者因为高价而获益，多赚取了消费者损失的剩余。但总体而言，相比均衡价格时，市场中的总剩余减少了，因为少了 1 000 万台相机的交易量。

如果介入的 eBay 经理把价格定为 100 美元，情况会有什么变化？如图 5-7 所示，买者想购买 4 000 万台相机，但是卖者只愿意以 100 ~ 200 美元的价格销售 1 500 万台相机。由于少了 1 500 万台相机的销售量（相比均衡时），买者和卖者都失去了他们本可以通过交易获得的剩余。至于仍然达成交易的 1 500 万台相机，消费者通过低价买入相机获得 15 亿美元（100 美元 × 1 500 万）的剩余（图 5-7 中的区域 2），恰好等于留下的卖者因为低价销售而损失的剩余。在均衡价格上能进行交易但此时不再交易的买者和卖者，共损失了 18.75 亿美元的剩余。具体分析这 18.75 亿美元的剩余，我们可以计算出它包含买者 11.25 亿美元的消费者剩余损失（区域 4）和卖者 7.5 亿美元的生产者剩余损失（区域 5）。18.75 亿美元的剩余损失（区域4 + 区域5）将从实行价格上限之前的总剩余中扣除。总之，总剩余由之前的 75 亿美元降至 56.25 亿美元。

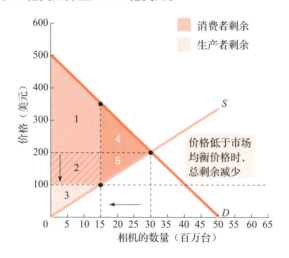

图 5-7　价格低于均衡价格时的剩余

　　无论是哪种情况，价格是 300 美元（高于均衡价格）还是 100 美元（低于均衡价格），它们与市场均衡时相比，总剩余都减少了。事实上，我们发现任何非均衡价格时的结果都一样。关键是稍高或者稍低的价格都会减少交易的发生，因为总有一些人不愿意继续购买或者销售。在自主交易时获得的价值不复存在了。所以我们得出结论，在完全竞争市场中，在均衡点上可以最大限度地发挥市场功能，使剩余最大化。

另一种说法是，当在均衡点上时，市场就是**有效市场**（efficient market）：任何一个人想要获得利益改善，都会以损害其他人的利益为代价的市场状态。效率是市场最强大的特征之一，更为重要的是效率不需要通过中央管控便可实现。

改变总剩余的分配

当瞎掺和的 eBay 经理将数码相机的价格调离均衡点时，不仅仅会导致总剩余减少，还会带来其他值得探讨的后果。

这个后果就是由那些未发生的交易导致的剩余的重新分配，可能由消费者转移给生产者，或者方向相反。当价格被调高时，卖者赚取了一些买者损失的利益。当价格被调低时，买者赚取了一些卖者损失的利益。在这两种情况下实现的利益从一个群体到另一个群体的转移，都是以总剩余的减少为代价的。

当在市场中人为设定一个高价时，这对消费者而言是个坏消息。由于交易量减少了，以及那些高价买者的实际交易价格提高，因此消费者剩余减少。尽管价格提高了，但此时的情况对生产者而言是复杂的。他们失去了在均衡点时本应该达成的交易量。但同时，他们又在保留的交易中赚取了更大剩余。这两方面的影响会相互竞争。哪方面的影响"赢了"，就决定了生产者剩余从总体上讲是增加了还是减少了。

为了搞清楚这其中的道理，我们回到图5-6，区域2是从消费者转移到生产者的剩余。区域4和区域5分别代表了由于一部分交易没有达成，消费者剩余的减少量和生产者剩余的减少量。区域2和区域5的大小关系决定了生产者剩余是增加还是减少，它取决于需求曲线和供给曲线的形状。在这个案例中，我们可以看到区域2大于区域5。人为抬高价格最终使卖者的利益增加了（以买者的利益损失为代价）。

当价格低于市场均衡价格时，情况正好相反，如图5-7所示。市场中的交易量减少（因为愿意销售的卖者少了），所以生产者和消费者的剩余都减少了。对于那些保留的交易，消费者支付了更少的货币，获得了更大的剩余，代价是生产者的收入减少，剩余减少。因此，低于市场均衡价格通常会使生产者剩余减少，而消费者剩余可能增加，也可能减少。结果取决于那些以低价买入的买者增加的消费者剩余与那些因交易量减少而无法再购买的买者损失的消费者剩余之间的大小关系。

我们并不希望某一天 eBay 经理会开始设定统一价格,这与 eBay 自由化的宗旨相违背。但是政府或者其他机构有时候会设定市场最高价或者最低价。总之,效率不是我们唯一考虑的东西;许多基础的公共政策引发了介于经济有效性和公平公正之间的权衡问题。我们在下一章会具体讨论这个问题。

无谓损失

一个使市场偏离均衡的干预行为可能会有益于生产者或者消费者,但它通常都会导致总剩余减少。那么损失的那部分剩余去哪儿了?它消失了,并被称作无谓损失(deadweight loss)。无谓损失就是实际交易量小于市场均衡数量而产生的损失。图 5-8 描绘了 eBay 上相机销售的无谓损失。任何使市场偏离均衡的干预行为都会导致无谓损失。交易量少了,所以产生剩余的机会也少了。

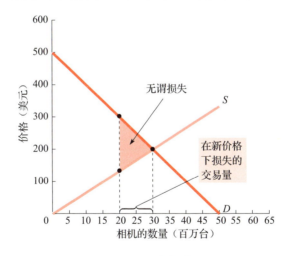

图 5-8　无谓损失

我们可以通过计算非均衡时与均衡时的剩余减少量来计算无谓损失,或者也可以在图中直接计算代表无谓损失的三角形区域面积。

我们在下一章会认识到,对于理解政府通过税收和控制商品价格等手段对市场干预造成的损失,无谓损失是异常重要的。

市场缺失

在我们看到的例子中，价格变化并非造成无谓损失的直接原因。直接原因实际上是相机交易量的减少。非均衡价格导致市场中达成的交易减少，且这些在均衡时可以达成的交易本可以产生的剩余也损失了。换言之，更多的自主交易意味着更多的剩余。这个例子更深一层的含义是：eBay 的出现，前所未有地使更多的交易得以达成，从而创造了剩余。

当市场上有人想要交易但由于种种原因而不能达成交易时，双方就错失了可以获益的机会。在这种情况下，我们称市场是缺失的。我们可以把市场缺失看作交易量低于均衡时的一种特殊情况。这意味着此时的总剩余低于市场功能健全时的总剩余。

有很多原因会导致市场缺失。一些公共政策不允许市场存在，比如说有些商品的生产或者销售是被法律禁止的。还有其他一些制约因素导致了市场缺失或萎缩：潜在的买卖双方无法实现有效沟通，或者缺乏使交易成为可能的关键技术。eBay 就是利用新技术创造新市场或者扩张原有市场从而产生新价值的一个例子。在互联网和类似 eBay 这样的公司出现之前，人们交易的范围非常有限。你可以开一个车库拍卖会来处理掉你多余的物品，也可以去当地商店或者在报纸上刊登广告来寻找一个不常见的物品，但是你很难知道在另一个国家有人出售罕见的物品并且价格更合理。eBay 使得更多买者找到卖者，更多卖者找到买者，鼓励了更多的互利交易。

我们可以通过创造新市场或者扩张原有市场来增加总剩余，这一观点对于公共政策有着重要含义。促进信息传递、使商业更高效的政策和科技可以改善人们的福利。举例来说，孟加拉乡村银行提供小额贷款以及印度渔村中移动电话的普及，这些举措不是通过把苹果派的一角切下来重新分配来帮助穷人，而是把苹果派做得更大。

世界上很多种情况都是通过新技术、新政策以及新客户的开发来创造市场并为参与者带来价值的。

ECONOMICS

第 6 章

政府干预

ECONOMICS
ECONOMICS

引例 养活世界：一次价格管制

2008 年春天，一次世界范围内的食物短缺导致了食物价格飙升。在短短几个月内，小麦、大米和玉米的价格上涨幅度高达 140%。在美国，靠食物券维生的人数上升至自 20 世纪 60 年代以来的最高水平。到了 6 月，随着鸡蛋和奶制品等基本品的价格上涨，低收入的美国人面临着艰难的选择。很多人宣称放弃了肉和新鲜水果；另一些人则说，他们开始购买过期的廉价食品。

食物价格的上涨在全世界范围内造成麻烦。《经济学人》杂志报道了其政治影响：

> （来自科特迪瓦的报道）两天的暴乱迫使政府推迟了计划中的选举。在海地，抗议者高喊"我们饿了"迫使总理辞职；24 人死于在喀麦隆的暴乱；埃及总统命令军队开始烤面包；（以及）菲律宾对囤积大米的行为处以无期徒刑的刑罚。

面对饥饿、苦难和愤怒的爆发，许多政府感到有必要去应对危机。但是该怎么办呢？各国的反应大相径庭。许多国家将哄抬物价定为违法行为。一些国家对基本必需品的价格进行补贴。在美国，决策者试图通过补贴低收入家庭来缓解食物短缺。这些应对是适当的吗？如果可能的话，政府在这种情况下应该做什么呢？

关于食物的问题对决策者来说很棘手，因为它是一个基本必需品。如果价格涨得太高，人们将会挨饿；如果价格降得太低，农民就会不再从事农业生产，这将在未来引发粮食短缺的风险。因此，决策者可能不太担心如数码相机、拿铁咖啡等商品的价格波动，但他们往往非常关心食物价格。然而，试图降低、提高，或只是稳定物价的行为可能适得其反，或者带来意想不到的副作用。有时，解决效果最终比问题本身更糟糕。

在本章中，我们将关注政府市场干预政策背后的逻辑，以及这些政策有意和无意带来的后果。我们将从价格控制开始，即规定以比一定的价格更高或更低的价格来出售商品是非法的。然后我们将关注税收和补贴，它们将抑制或鼓励特定商品的生产。这些工具广泛应用于很多方面，从失业到住房，从空气污染到教育。无论是好是坏，这些都会对我们作为工人、消费者、商人、选民的生活产生巨大的影响。

为何干预

在第 3 章中，我们看到市场倾向于收敛至均衡。当市场运行良好时，价格会一直调整，直到消费者需求的数量等于生产商想要生产的数量。在均衡时，每个人都能获得其愿意为之付钱的商品。在第 5 章中，我们看到，在均衡价格和均衡数量下总剩余最大。因此，在市场均衡时，没有办法在不损害其他人利益的情况下，让一些人的状况变得更好。

所以，为什么要干预？为何不让市场的"看不见的手"来决定价格和分配资源？一些人认为无须干预，而另一些人则认为政府有时需要干预。事实上，世界上每一个政府都在以某种方式干预市场。

干预的三个理由

干预的理由分为三个：纠正市场失灵、改变剩余的分配、鼓励或抑制消费。

在本章中我们将讨论政府干预市场的不同政策工具，以及推动干预的是这些理由中的哪一个。

纠正市场失灵。迄今为止，我们关于需求和供给的模型都假定市场是有效率的，但在现实世界中，这并不总是真的。例如，有时经济中只有一个生产者生产某种商品，他无须面对竞争并能设定一个无效率的高价。在其他一些情况下，一个人使用产品或服务可能会把成本强加在其他人身上，如你的汽车造成的污染。有效率的、竞争性的市场假设不成立的情况被称为**市场失灵**（market failures）。当市场失灵时，干预可以增加总剩余。我们在后面的章节中会有更多关于市场失灵的内容。在这一章中，我们将继续分析政府干预在有效率的完全竞争市场中的影响。

改变剩余的分配。有效率的市场使总剩余最大化，但一个有效率的结果可能被视为不公平的（当然，公平的定义是有待商榷的）。因此，干预市场的另一个理由是改变剩余的分配。

例如，即使劳动力市场是有效率的，工资依然可以降得非常低，以至于一些工人的收入处于贫困线以下，而他们的雇主则获得丰厚的利润。政府可能会干预劳动力市场，实行最低工资政策。这一政策将改变剩余的分配，减少雇主的利润并提高工人的收入。理性人会（并且经常如此）争论有益于某些群体（例如拿最低工资的工人）的政策是否合理。我们的关注点在于准确地描述这些政策的收益和成本。经济学可以帮助我们预测谁的福利将会增加，谁的福利会减少，以及谁将会以不可预知的方式受到影响。

鼓励或抑制消费。在世界各地，很多人基于文化、健康、宗教或其他价值来判断某些产品"好"或"坏"。在最极端的情况下，某些"坏"的产品是被完全禁止的，如成瘾性药物。更常见的情况是，政府利用税收来抑制人们消费"坏"的产品，但并非完全禁止。常见的例子是香烟和酒精。在某些情况下，将强加于他人的成本（比如污染或二手烟）最小化也是抑制消费的一个动因。

另外，政府也会通过补贴来鼓励人们消费"好"的产品或服务。例如，许多国家的政府向学校提供公共基金来鼓励教育，以及提供疫苗接种来鼓励父母保护他们的孩子免受疾病之苦。

四个真实的干预措施

在这一章里，我们将着眼于四个真实的例子，它们说明政府已经干预或能够干预食品市场。对于每一个例子，我们都将考虑干预的理由及其直接和间接的后果是什么。以下是这四个干预措施：

- 对于许多墨西哥家庭，玉米饼是重要的食物。当墨西哥政府为了让民众负担得起而设定玉米饼价格上限时，会发生什么？
- 为确保新鲜牛奶的供应，美国政府想保护奶农。当政府为牛奶设定价格下限时，会发生什么？
- 许多美国人备受饮食过量和营养不良造成的健康问题的困扰。对此，一些州禁止在食品中使用某些种类的脂肪，另一些州则要求餐厅列出其所提供的食物的营养信息。如果政府对高脂肪或高热量的食品征税，会发生什么？
- 如果墨西哥政府补贴玉米饼，而不是为玉米饼设定价格上限，会发生什么？

在阅读和分析这些真实的政策案例时，我们希望你运用实证分析和规范分析两种方法。注意二者之间的区别：

- 实证分析关注事实：政策真正实现了最初的目标吗？
- 规范分析关乎价值观和观点：你认为这项政策是一个好主意吗？
- 几乎没有政策是完全好或完全坏的。关键问题在于，干预措施涉及哪些平衡？收益大于成本吗？

价格管制

假设你是一个经济政策顾问，面对食物价格上涨，你应该做什么？如果你所生活的地区有许多低收入消费者，你可能想要采取行动来确保每个人都得到足够的食物。你可能会考虑使用政策工具**价格管制**（price control），即对一种特定的商品设定最高或者最低的法定价格。价格管制的直接影响是在市场波动时稳住商品的价格（向上或向下），从而阻止市场达到一个新均衡。

价格管制可分为两种相对立的策略：价格上限和价格下限。在关于"剩余"的章节中，我们在设想一个 eBay 经理设定数码相机价格时，已经提到过这个想法。在现实中，eBay 绝不会做这样的事，但政府经常做，特别是在食物市场上。使用价格管制来干预完全竞争市场的影响是什么？

价格上限

价格上限（price ceiling）是商品可以出售的最高合法价格。许多国家对主要食物、汽油和电力设有价格上限，因为政策制定者试图确保每个人都负担得起基本必需品。

历史上，墨西哥政府对玉米饼设定过一个价格上限，力图保证人们负担得起这种食物。图 6-1a 展示了一个假想的没有价格上限的玉米饼市场。均衡价格是每磅[⊖]0.50 美元，均衡数量是 5 000 万磅。

比如说，墨西哥政府设定价格上限为每磅 0.25 美元来应对玉米饼价格的上涨，如图 6-1b 所示。我们期望生产者和消费者对这种干预如何反应？当价格下跌时，消费者想要购买更多的玉米饼。在这个例子中，价格从 0.50 美元降至 0.25 美元，需求数量从 5 000 万磅增加到 7 500 万磅。

然而，可以预见的是，一个更低的价格意味着更少的生产者愿意出售玉米饼。价格跌至 0.25 美元时，供给数量从 5 000 万磅减少到 2 500 万磅。更低的价格意味着更高的需求数量和更低的供给数量。供给和需求不再均衡。价格上限造成了玉米饼的短缺，短缺值等于 5 000 万磅，即需求数量和供给数量之间的差额。

⊖　1 磅≈0.454 千克。

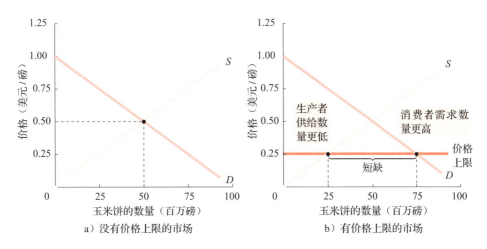

图 6-1　有价格上限的市场和没有价格上限的市场

　　价格上限达成了为消费者提供低价玉米饼的目标吗？没有。虽然消费者能够以 0.25 美元每磅的低价购买一定数量的玉米饼，但是他们希望购买到的玉米饼数量是生产者愿意供应的 3 倍。我们可以通过观察消费者剩余和生产者剩余来评估价格上限的全面影响。不用看图，我们就已经知道，价格上限会导致生产者剩余减少：生产者以一个更低的价格出售了更少的玉米饼。我们也知道总剩余（生产者剩余和消费者剩余的总和）将减少，因为市场已经远离均衡。一些本应该在均衡价格下发生的交易没有发生，而本应由这些互利交易产生的剩余也完全损失了。这些损失被称为无谓损失，如图 6-2 中的区域 1 所示。正如我们在第 5 章中讨论的，无谓损失代表总剩余的损失，因为实际交易量小于市场均衡数量。

　　我们不看图是无法得知消费者剩余是增加还是减少的，它取决于供给曲线和需求曲线的形状。消费者因那些不再发生的交易而损失了一部分剩余，但对于那些仍然发生的交易，消费者因支付 0.25 美元而不是 0.5 美元，又获得了部分剩余（同时，生产者因接受更低价格而失去了同样多的剩余）。

　　这种剩余从生产者到消费者的直接转移如图 6-2 中的区域 2 所示。事实上，区域 2 大于区域 1 的上半部分（在均衡时消费者本应得到的无谓损失部分），这代表了价格上限政策想要实现的目标：消费者福利净增加。这种政策值得吗？一

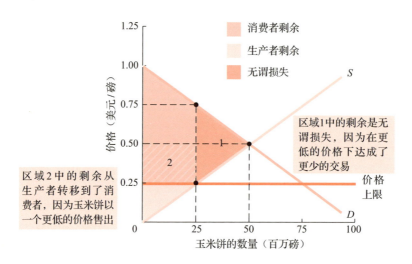

图 6-2   价格上限的福利影响

方面，消费者获得剩余；另一方面，生产者失去的剩余多于消费者得到的剩余，这意味着总剩余减少。这是值得付出的代价吗？这是一个规范分析，理性人可能认为不值得。

在总体分析价格上限时，我们可能需要考虑另一个因素，即如何分配稀缺的玉米饼。由于价格上限会造成短缺，所以商品必须定量配给。这可以通过多种方式完成。

第一种是对货物平等分配，每个家庭每周有权购买相同数量的玉米饼。这是第二次世界大战期间美国采取的措施。第二种是按先到先得的方式分配商品。这迫使人们花费时间排队。第三种是定量配给的货物可能会被分给那些政府优先考虑的人，或者卖者的朋友和家人。最后一种是，短缺开始让人们去贿赂负责分配稀缺商品的人，这意味着会产生比图 6-2 所示的更大的无谓损失。经济学家将这称为寻租行为，它通常被视为实施价格上限的争议点。

价格上限并不总是会影响市场结果。如果设定的价格上限高于市场均衡价格，它就不具约束力。也就是说，这一价格上限并不"约束"或限制买者和卖者的行为，因为当前的均衡是在这一价格上限所允许的范围内的。在这种情况下，均衡价格和均衡数量会保持不变。

虽然价格上限在第一次施行时通常是有约束力的（否则，为什么费心去设定呢），但随着时间的推移，市场的变化可以让价格上限不具约束力。假设玉米价格的下降降低了玉米饼的成本，由于这一市场的变化，玉米饼的供给曲线会向右移动，这导致均衡价格低于价格上限，同时价格上限变得不具约束力。

价格下限

价格下限（price floor）是商品可以出售的最低合法价格。美国为农产品设定价格下限有着悠久的历史。其理由是农业是一个高风险的产业（容易受制于恶劣的天气、作物歉收和靠不住的价格），但也是最基本的产业，可以为人们提供足够的食物。价格下限被视为面对上述风险时对农民最低收入的一种保证，以使他们保持生产并确保可靠的食物供给。

美国多年来一直保持乳制品的价格下限，牛奶价格支持计划始于《1949 年农业法》。这个计划对牛奶市场有什么影响？在图 6-3a 中，我们展示了一个假想的不受监管的美国牛奶市场，有着每年 150 亿加仑的均衡数量和每加仑 2.50 美元的均衡价格。

现在假设美国政府设定了一个价格下限，牛奶的价格不能低于每加仑 3 美元，如图 6-3b 所示。生产者和消费者将如何应对？在每加仑 3 美元的价格下，奶农将使牛奶产量从 150 亿加仑增加至 200 亿加仑，沿着供给曲线向上移动。然而在这个价格下，消费者希望减少牛奶消费，从 150 亿加仑减至 100 亿加仑，沿着需求曲线向上移动。因此，牛奶的价格下限造成了供给过剩，过剩额度等于供给数量和需求数量的差值，在这个例子中，即 100 亿加仑。

政府实现了支持奶农并为他们提供稳定收入的目标了吗？和价格上限一样，答案是没有。可以售出所有牛奶的生产者会很高兴，因为他们能够以更高的价格售出更多牛奶。然而，还有一些不能售出所有牛奶的生产者会不开心，因为需求不足以吸纳供应。消费者也会不高兴，因为他们以更高的价格获得更少的牛奶。

同样，我们可以将剩余的概念引入分析，了解消费者和生产者之间的总剩余分配发生了什么变化。在价格下限施行之前，150 亿加仑的牛奶被销售和购买；

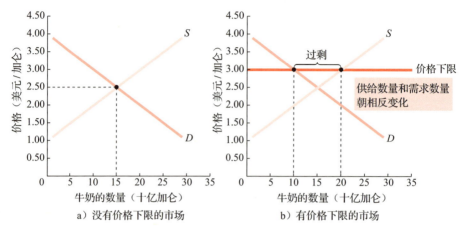

图6-3   没有价格下限的市场和有价格下限的市场

后来，减至100亿加仑。本可以被交易的50亿加仑牛奶没有发生交易，这使总剩余减少了。这些无谓损失如图6-4中的区域1所示。

如同价格上限一样，价格下限改变了剩余的分配，但在这种情况下，生产者的获益是以消费者的损失为代价的。当价格下限起作用时，只有那些支付意愿超过3美元的消费者才会购买。他们的消费者剩余减少了，因为他们用更高的价格购买了同样多的牛奶，同时他们损失的消费者剩余直接转移给了把牛奶卖给他们的生产者。转移的剩余如图6-4的区域2所示。总体来看，生产者是获益还是损失，取决于这个区域比他们对在无谓损失的中分担的部分更大还是更小。事实上，区域2大于区域1下半部分生产者的福利损失，这表明在这种情况下，价格下限政策增加了生产者福利。

以减少总剩余和消费者剩余的代价来增加生产者剩余是值得的吗？要回答这个问题，还需要考虑的一个因素是额外的剩余在生产者之间的分配。能够以更高的价格出售所有牛奶的生产者会开心。但那些没能成功卖出所有牛奶的生产者将持有超额供给，他们的状况可能比实施价格下限之前更糟糕。在超额供给时，消费者会基于熟悉度、政治倾向，或任何其他决策过程来选择从他们喜欢的公司购买商品。

为防止一些生产者陷入困境，政府可能会决定买下所有超额供给的牛奶来确保所有生产者获益。事实上，这就是美国开展的牛奶价格支持计划。美国农业部

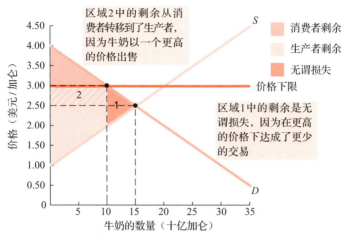

图 6-4　价格下限的福利影响

向生产者保证，将会以一定的价格购买牛奶，无论市场价格如何。当然，购买牛奶的钱将来自纳税人，这常常被视为实施价格下限的一个争论点。政府将不得不买多少牛奶？答案是价格下限造成的所有超额供给数量。在这个例子中，政府将不得不以每加仑 3 美元的价格购买 100 亿加仑的牛奶，纳税人维护价格下限的成本是每年 300 亿美元。

　　价格下限并不总是具有约束力。事实上，近年来，美国乳制品的市场价格通常高于价格下限。然而，随着市场的变化，价格下限可能会变得没有约束力。考虑 2007 年乙醇需求的增加对牛奶市场的影响。乙醇是一种由玉米制成的燃料添加剂。乙醇需求的突然增加推高了玉米的价格，进而推高了奶农的牲畜饲料成本。因此，牛奶的供给曲线向左移动，使得牛奶的均衡价格高于 3 美元的价格下限，达到 3.50 美元。

税收和补贴

　　税收是政府筹集收入来支付公共项目的主要方式。税收和补贴可以用来纠正市场失灵，以及鼓励或抑制特定商品的生产和消费。然而，正如价格上限和价格下限，它们可能会产生意想不到的结果。

税收

我们将以讨论饥饿来开始这一节，饥饿在富裕国家通常是一个小问题。事实上，美国存在相反的问题：与过度饮食和营养不良相关的疾病多发，如肥胖、心脏病和糖尿病。政策制定者应当如何应对这种新型的食品危机？

2008 年，为了降低心脏病等疾病的风险，加州禁止餐厅使用反式脂肪。反式脂肪是人为制造的不饱和脂肪（"部分氢化"）。它们被用在许多油炸食品和包装食品中，因为它们延长了产品的保质期。人们认为如果过量食用是不健康的。几十年来，反式脂肪是商业化生产香脆薯条和薄片糕点的关键。

如果加州只是对反式脂肪征税而不是禁止使用，将会发生什么呢？当一种商品被征税，买方或卖方必须在售价之外向政府支付额外的金额。我们应当预期人们会对反式脂肪税做何反应呢？税收有两个主要影响：首先，它将抑制被征税的商品的生产和消费；其次，它将通过那些继续购买和销售商品的人支付的费用为政府提供收入来源。因此，我们预期征税将减少反式脂肪的消费，并且会提供一种新的公共收入来源。

让我们看看反式脂肪税在巧克力弹（chocolate whizbangs）市场上的一系列影响。作为一种美味的糖果，巧克力弹含有大量反式脂肪。假设目前每年有 3 000 万颗巧克力弹被销售，每颗 0.50 美元。

向卖者征税。假设加州政府制定了反式脂肪税，卖方必须为每一颗售出的巧克力弹支付 0.20 美元的税费。买者和卖者将如何应对？税收的影响比价格管制的影响更加复杂，所以我们要一步一步来看，如图 6-5 所示。

1. 向卖者征税会影响供给吗？是的，供给会减少

当向卖者征税时，他们必须为每颗售出的巧克力弹向政府支付 0.20 美元。在任何市场价格下，卖者都会表现得好像他们实际收到的价格已经低了 0.20 美元。换句话说，对于卖者愿意提供的任何给定数量，市场价格必须比征税前高 0.20 美元。

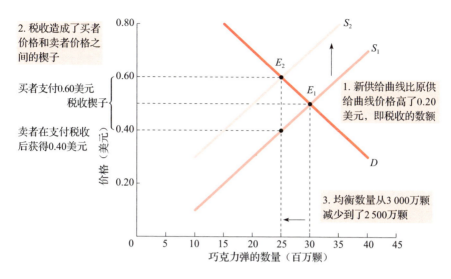

图6-5 向卖者征税的影响

图6-5用图形展示了这种供给的变化，新的供给曲线为S_2。（从技术上来说，这种"移动"并不是曲线本身的移动，而是一种显示新的均衡价格的方式）注意，新的供给曲线价格高了0.20美元，正好是税收的数额。在任何给定的市场价格下，卖者生产的数量与征税前低0.20美元时生产的数量相同。在曲线S_2的0.60美元处，供给数量将和在曲线S_1的0.40美元处一样。在曲线S_2的0.50美元处，供给数量将和在曲线S_1的0.30美元处一样……

2. 向卖者征税会影响需求吗？不会，需求保持不变

需求保持不变，因为税收不会改变需求的非价格因素。在任何给定的价格下，买者想要购买巧克力弹的意愿是不变的。但是请记住，需求数量仍可能变化，事实上确实改变了，虽然需求曲线本身并没有改变。

3. 向卖者征税如何影响市场均衡？均衡价格上升，均衡数量减少

新的供给曲线会引起均衡点沿着需求曲线向上移动。在新的均衡点上，买者支付的价格为0.60美元。由于买者现在面临着更高的价格，他们对巧克力弹的需求数量更少了，从3000万颗减少到了2500万颗。注意，在新的均衡点上，需求数量更低，价格更高。税收通常会减少商品或服务的销售数量，使得市场

萎缩。

看一看新的均衡价格，如图6-5所示。买者的支付价格是新的市场价格0.60美元，然而，卖者并不能得到所有的钱。因为他们必须向政府缴纳每颗0.20美元的税。卖者缴税后实际收到的价格仅仅是0.40美元。最终，卖者不能获得买者支付的金额，因为税收在买者和卖者之间创造了所谓的税收楔子。**税收楔子**（tax wedge）是由税收导致的买者支付的价格和卖者实际收到的价格之间的差异。在图6-5中，税收楔子的计算如式（6-1）所示。

$$税收楔子（T）= P_{买者} - P_{卖者} \tag{6-1}$$

对在新均衡点上售出的每一颗巧克力弹，政府收取的税收收入以式（6-2）来计算。具体来说，政府对2 500万颗售出的巧克力弹每颗收取0.20美元，总共500万美元。从图形上来看，政府收入等于图6-6中浅色阴影的区域。

$$政府税收收入 = T \times Q_{税后} \tag{6-2}$$

就像价格管制，税收会引起无谓损失和剩余的重新分配。我们可以看到交易数量减少造成的无谓损失，如图6-6所示。它是本来愿意以税前的均衡价格进行交易的买者和卖者的剩余损失。

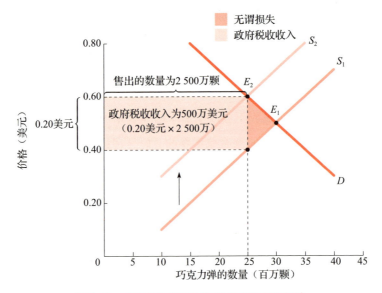

图6-6 政府税收收入和税收造成的无谓损失

然而，剩余的再分配比较复杂。在征税时，生产者和消费者都损失了剩余。对于相同数量的巧克力弹，依然会购买的消费者比在均衡时购买花费更多的钱，而仍然在出售的生产者的收入会更少。这种剩余的损失和无谓损失之间的区别在于，前者没有"消失"，而是变成了政府收入。事实上，在图6-6中，代表政府收入的区域与代表在征税后依然在市场上交易的买卖双方所损失的剩余的区域，是完全相同的。这些收入可以用于购买一些服务，将剩余转移回到生产者或消费者，或两者，或市场以外的人身上。

向买者征税。如果税收是向买者征收而不是向卖者征收的，会发生什么呢？令人惊奇的是，结果是完全相同的。假设加州制定了销售税，买者必须为每颗购买的巧克力弹支付0.20美元的税费。在这种情况下，需求曲线（而不是供给曲线）整体向下移动了0.20美元，但是得到的新的均衡价格和均衡数量与向卖者征税时是相同的（见图6-7）。

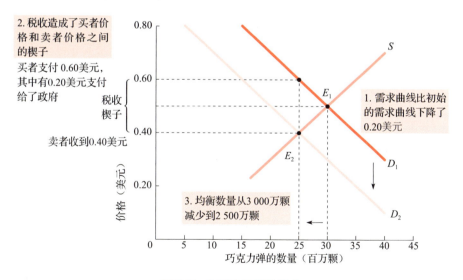

图6-7　向买者征税的影响

为了再次确认这个结果，让我们一步一步地分析向买者征税的影响。

1. 向买者征税会影响供给吗？不会，供给保持不变

供给保持不变，因为税收不改变生产者所面临的激励。所有供给的非价格因素都没有受到影响。

2. 向买者征税会影响需求吗？是的，需求会减少

需求减少是因为买者必须支付的每单位价格包含税收，现在比初始价格高了0.20 美元。如图 6-7 所示，我们在原来的需求曲线 D_1 的基础上考虑税收的因素，得到新需求曲线 D_2，它反映了向买者征税时所支付的价格。在任意给定的价格下，买者现在都会像价格真的高了 0.20 美元一样来行事。例如，在曲线 D_2 的 0.40 美元处，需求数量将和在曲线 D_1 的 0.60 美元处一样。在曲线 D_2 的 0.30 美元处，需求数量将和在曲线 D_1 的 0.50 美元处一样。

3. 向买者征税如何影响市场均衡？均衡价格下降，均衡数量减少

从结果来看，新需求曲线的均衡点是沿着供给曲线进一步地下降了。均衡价格从 0.50 美元下降到了 0.40 美元，同时供求数量从 3 000 万颗减少到了 2 500 万颗。虽然市场均衡价格是下降而不是上升了，但是就如同向卖者征税一样，不管向谁征税，买者支付和卖者收到的实际金额是一样的。向买者征税时，买者向卖者支付 0.40 美元，向政府支付 0.20 美元，共 0.60 美元。向卖者征税时，买者向卖者支付 0.60 美元，然后卖者向政府支付 0.20 美元。无论哪种方式，都是买者支付 0.60 美元，卖者收到 0.40 美元。

如图 6-7 所示，如同向卖者征税一样，向买者征税创造了一个税收楔子。在新的均衡点上，卖者获得的是 0.40 美元。买者支付 0.40 美元给卖者，同时支付0.20 美元的税给政府，这样总的有效价格是 0.60 美元。同样，税收楔子是 0.20美元，与税收的数额完全相等。如式（6-3）所示。

$$税收楔子 = 0.60 - 0.40 = 0.20(美元) \tag{6-3}$$

此外，政府仍然对出售的每颗巧克力弹收取 0.20 美元，就像对卖者征税时一样。同样，税后均衡数量是 2 500 万颗，政府获得了 500 万美元的税收收入。如式（6-4）所示。

$$政府税收收入 = 0.20 \ 美元 \times 2 \ 500 \ 万 = 500 \ 万(美元) \tag{6-4}$$

对巧克力弹征税的总体影响是什么？无论是向买者征税还是向卖者征税，这些税收都有四点影响：

- 均衡数量减少。税收的目标因此实现了，对巧克力弹的消费被抑制了。
- 买者为每一颗巧克力弹支付了更多，而卖者却收入更少。这创造了一个税收楔子，等于买者支付的价格和卖者收到的价格之间的差额。
- 政府获得的税收收入等于税收的数额乘以新的均衡数量。在这种情况下，加州政府通过对巧克力弹征税获得了额外的 500 万美元收入，这可以用来抵消与肥胖相关的疾病造成的公共卫生费用。
- 税收会引起无谓损失。这意味着政府获得的收入的价值总是小于由税收造成的总剩余的减少。

在评估一项税收政策时，我们必须权衡其目标，在这个例子中即减少反式脂肪的消费与市场上剩余的损失。

谁在承担税收负担？我们已经知道，征税的结果并不取决于谁来支付税费。无论向买者还是卖者征税，成本都是被分摊的。但谁承担得更多呢？

在示例中，负担被平均分担。买者在税前为每颗巧克力弹支付 0.50 美元，税后则支付 0.60 美元。因此，买者承担了 0.20 美元的税收负担的一半。卖者在税前卖出每颗巧克力弹收到 0.50 美元，税后则收到 0.40 美元。因此，卖者也承担了 0.20 美元的税收负担的一半。

然而，税收负担的分配通常并不是平等的。有时一方比另一方承担得更多。这种买者和卖者之间的相对税收负担被称为**税收归宿**（tax incidence）。

是什么决定了税收归宿？从本质上来说，弹性越强的市场组成部分对价格变动的适应力越好，因而它们就会承担较少的税收负担。

需求弹性较强的市场情况：许多消费者会改变购买巧克力弹的习惯，转而购买更为健康的零食作为替代。在这种情况下，巧克力弹销售者就会承担更多税收负担。需求弹性较弱的市场情况：消费者执着地购买巧克力弹，所以他们就会支付更高的价格。在这种情况下，买者承担更多税收负担。

回顾税收造成的市场结果，即新均衡时的价格与数量，我们发现：无论税收更多地施加于买者还是卖者，其市场结果都是相同的。因而，无论市场中的哪一方被征税，税收负担都是相同的。值得注意的是，尽管是向卖者征税，买者还是承担了很大一部分税收负担。税收的真实经济归宿与其"法定归宿"无关，法定归宿是指谁在法律上需要支付税费。

在针对税收的公共讨论中，这正是一个非常重要的点。政治家宣称造成环境污染的企业应该通过上缴污染税的方式为它们造成的损害买单。无论你对污染税持有何种观点，你都要牢记，向这些企业征税并不意味着它们承担了全部税收负担。以更高的价格购买这些企业的产品的消费者也会承担一部分税收负担。对于税收如何在买者和卖者之间分配，政策制定者几乎是束手无策的。

补贴

补贴（subsidy）与税收相反：它是指由政府向某种商品的生产者和消费者支付额外费用。政府可以通过补贴来鼓励生产和消费某种特定的商品或服务，还可以使用补贴作为价格管制的替代手段，在不产生短缺或过剩的前提下使某些群体受益。

让我们回到墨西哥困境：当饥饿的人买不起足够的玉米饼时，应该怎么办？如果政府补贴玉米饼而不是实施价格上限，会发生什么呢？

图6-8展示了我们在本章前面所讨论的玉米饼市场。在补贴之前，市场均衡价格为每磅0.70美元，均衡数量为5 000万镑。现在假设政府为玉米饼的生产者提供每磅0.35美元的补贴。买者和卖者将对补贴做出什么反应？他们会做出与应对税收相反的反应：在征税时，供给数量与需求数量同时减少，政府获得收入；在补贴时，供给数量与需求数量同时增加，政府进行支出。

我们可以通过和分析税收影响相同的三个步骤来评估对每磅玉米饼补贴0.35美元的影响。

1. 向卖者补贴会影响供给吗？是的，供给会增加

当生产者获得补贴时，他们售出的每单位产品的实际价格是高于市场价格的。因此，对于任何市场价格，都会表现得好像价格真的高了0.35美元。换句话说，对卖者而言，提供一个给定的数量，市场价格可以比没有补贴时低0.35美元。因此，新的供给曲线被绘制在比初始曲线低0.35美元的地方。在图6-8

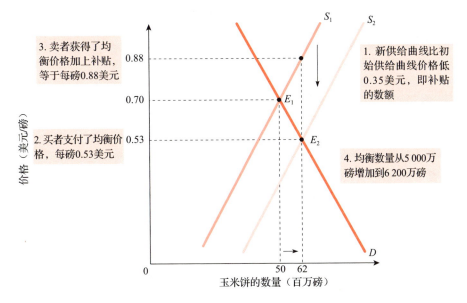

图 6-8　对卖者进行补贴的影响

中，S_2 为新的补贴后的供给曲线。

2. 向卖者补贴会影响需求吗？不会，需求保持不变

需求曲线保持原位，因为消费者没有直接受到补贴的影响。

3. 向卖者补贴如何影响市场均衡？均衡价格下降，均衡数量增加

当市场均衡沿需求曲线向下移动到新的均衡点时，我们发现新的供给曲线对应的均衡数量增加了。在补贴后的新均衡点上，玉米饼的供给数量从 5 000 万磅增加到 6 200 万磅。就如同税收一样，买者为玉米饼支付的价格在补贴后不同于卖者收到的价格，因为补贴在两个价格之间创造了一个楔子。但这一次，卖者收到的价格比补贴前的均衡价格 0.70 美元更高，同时买者支付的价格更低。买者支付了每磅 0.53 美元，卖者收到每磅 0.88 美元。政府支付了每磅 0.35 美元的差额。

补贴使买者和卖者都受益，也增加了市场中的总剩余。然而，补贴的成本施加给了政府，并最终由纳税人来承担。在这个例子中，政府必须为 6 200 万磅的玉米饼支付每磅 0.35 美元的补贴，共支出 2 170 万美元。补贴值得吗？这取决于我们在玉米饼增加的产量和消费者降低的成本与补贴的机会成本（即政府或纳税人利用2 170万美元所能获得的其他受益）之间的权衡取舍。就像专栏中所显示的，补贴带来的好处有时被意想不到的成本淹没。

生物燃料补贴的意料之外的结果

美国补贴生物燃料的生产，如乙醇，一种比汽油更清洁的燃料。补贴所宣称的目标是减少污染，并且希望补贴能增加乙醇的生产。不幸的是，它也有一些意想不到的效果。科学家们发现，生物燃料实际上会间接地增加污染。

这个问题很简单，但是政策制定者未曾预料到的。为了种植生产生物燃料所需的作物，农民需要土地，而这可能会导致森林、湿地和草原遭到破坏。在玉米种植、发酵以及乙醇蒸馏的过程中也有可能产生污染。这些活动可能会产生与减少污染这一目标相反的效果。

此外，一些组织（包括联合国机构、国际货币基金组织和世界银行）警告称，生物燃料可能会在未来推高粮食价格（尽管目前尚不清楚推高多少，以及何时推高）。

不幸的是，意料之外的结果并不总是市场干预的"补充说明"。有时，它们可以改变整个故事。

资料来源：Christopher W. Tessuma, Jason D. Hill, and Julian D. Marshall，"Life cycle air quality impacts of conventional and alternative light-duty transportation in the United States"，*Proceedings of the National Academy of Sciences* 111，no. 52（December 30，2014）.《纽约时报》环保博客上的讨论：http://green. blogs. nytimes .com/2008/11/03/the-biofuel-debate-good-bad-or-too-soon-to-tell/。

不管是支付给生产者还是消费者，补贴的效果是一样的。这一点与税收一样，如果消费者为他们所购买的玉米饼得到了每磅0.35美元的补贴，虽然需求曲线将会比原来高出0.35美元，但是供给曲线将保持不变，均衡结果将和生产者得到补贴时是相同的：均衡数量从5 000万磅增加到6 200万磅，买者支付每磅0.53美元，卖者收到每磅0.88美元。

与税收一样，补贴的收益在买者和卖者之间的分担方式取决于供给曲线和需求曲线的相对弹性。市场中价格弹性更高的一方将得到更多的好处。在示例中，两者的好处几乎相同：买者的收益是每磅玉米饼 0.17 美元，卖者的收益是每磅 0.18 美元。与税收一样，重要的是要注意到，谁真正受益于补贴并不取决于谁直接获得补贴。关于补贴，你有时会听到争论称补贴应该给买者或卖者，因为某一方应当得到更多。在竞争性市场中，这个观点是没有多大意义的（尽管在非竞争性市场中它可能成立）。

总之，无论支付给买者还是卖者，补贴都具有以下效果：

- 均衡数量增加，实现了鼓励生产和消费某种商品的目标。
- 为每单位售出的商品，买者支付更少而卖者获得更多。补贴的数额在买者和卖者的价格之间形成了一个楔子。
- 政府必须支付补贴，其成本等于补贴的数额乘以新的均衡数量。

评价政府干预

在这一章中，我们讨论了政策制定者干预市场的三个理由：纠正市场失灵、改变剩余的分配、鼓励或抑制消费。为了分析政策制定者为达到其目的会选择价格管制、税收和补贴中的哪一种，我们需要明确每一种干预措施的效应，包括意料之外的结果。

对于期望的市场干预结果，我们首先建立一些原则。表 6-1 总结了价格管制、税收和补贴的主要经济效应。总体而言，我们可以发现：

- 价格管制对供给数量与需求数量产生相反的影响，它会导致短缺或过剩。相反，税收与补贴使需求数量与供给数量同向改变，并最终使市场在供求相等处达到新的均衡。
- 税收抑制人们购买或销售某种特定的商品，它能够提高政府收入，并同时造成买者与卖者的损失。

- 补贴鼓励人们购买或销售某种特定的商品，它增加了政府的支出，并同时惠及买者与卖者。

表6-1　政府干预：总结

干预	使用原因	价格影响	数量影响	谁获益，谁损失
价格下限	为保证生产者收入	价格不能低于设定的最小值	需求数量减少，供给数量增加，造成过剩	能卖出所有产品的生产者获得更多收入；其他生产者受困于过剩
价格上限	为保证消费者花费较低	价格不能高于设定的最大值	需求数量增加，供给数量减少，造成短缺	能买到所有他们想要商品的消费者获益；其他消费者因短缺而蒙受损害
税收	为抑制一项活动或为应对其后果筹集资金；为增加政府收入	价格上升	均衡数量减少	政府获得更多收入；如果税收减少了对社会有害的行为，社会可能获益。被征税商品的买者和卖者分担成本。哪一方承担更多的税收负担取决于供给和需求的价格弹性
补贴	为鼓励一项活动；为某一群体提供好处	价格下降	均衡数量增加	买者以更低的价格购买更多的商品。如果补贴鼓励更多对社会有益的行为，社会可能会受益。最终政府和纳税人承担成本

接下来，我们将探讨市场干预的更多细节。这些细节十分重要，它们也是决定干预政策能否成功的关键。

税收或补贴的影响有多大

不管市场干预的理由是什么，重要的是知道它将使均衡数量和均衡价格如何改变。税收或补贴对均衡数量的影响可以被提前预测吗？答案是肯定的，前提是我们知道供给和需求的价格弹性。供给或需求的价格弹性越大，均衡数量的变化就越大。这条规则直接来源于价格弹性的定义，即价格弹性是衡量买者和卖者对价格变动的反应大小的指标，税收或补贴实际上就是价格的变动。

为预测税收或补贴的影响大小，政策制定者需要知道供给和需求的价格弹性。正如我们所看到的，他们也可以使用这些信息来判断谁将承担更多的负担或获得更多的好处。

长期影响与短期影响

我们已经看到，除了改变商品或服务的价格，价格管制也会导致短缺或过剩。因为买者和卖者需要时间来应对价格的变化，有时价格管制的所有影响只有在长期内才会变得明显。

假设美国政府对汽油设定价格下限，旨在通过抑制人们开车来减少空气污染。图 6-9a 显示了设定价格下限对汽油市场的短期影响。注意，在短期内，汽油的需求数量很可能不会改变多少。对买者而言，虽然人们会减少不必要的驾驶，但大部分的需求仍将来自难以改变的驾驶习惯，比如上下班或去杂货店。对卖者而言，除非汽油生产者有很多闲置的油井，否则卖者可能难以迅速扩大生产。在短期内，供给和需求都不是很有弹性，设定价格下限只会导致小规模的超额供给。

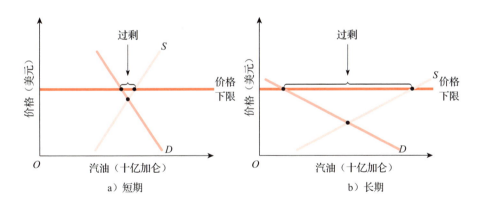

图 6-9　短期和长期内的政府干预

回想一下，对供给和需求而言，价格弹性的决定因素之一是时间。对于市场双方，长期内的弹性通常大于短期内的。在需求方面，消费者在短期内可能会小小地改变一下生活方式，比如购买公交卡或去离家更近的地方购物。从长期来看，他们可能会做出更大的改变。比如当他们需要购买一辆新车时，他们会倾向于购买一种更省油的车型。如果他们要搬到新家或新的工作环境，他们可能会比过去更重视通勤距离。

供给在长期内也更有弹性。因为更高的价格激励生产者生产更多的商品，它们可能会投资于石油勘探、挖掘新井，或者采取措施来提高现有油井的开采能力。图6-9b显示了设定价格下限对汽油市场的长期影响。因为供给和需求在长期内都更有弹性，过剩在长期内也就比短期内更加严重。

如果设定价格下限的目标是通过抑制消费者开车来减少空气污染，那么其影响在短期内看起来是令人失望的：燃烧的汽油数量将减少得很少。然而，从长期来看，燃烧的汽油数量将进一步减少，这一政策将更成功。如果设定价格下限的目标是支持汽油生产者，那么短期内的影响看起来将会很好，因为生产者将以更高的价格出售几乎相同数量的汽油。然而，随着交易数量在长期内慢慢下降，更多的生产者将会受困于过剩，那么政策将看起来不那么成功。

个人决策

ECONOMICS

ECONOMICS

第 7 章

消费者行为

ECONOMICS

▎引例 赠送礼物的季节

每逢假期，数百万美国人都会投身到疯狂的赠送礼物活动中。商场挤满了为朋友或家人挑选礼物的兴奋的消费者。

然而，关于这个欢乐假期的故事还有另外一种描述：每个假期都有数百万美国人投身到疯狂的无效支出当中。根据这种描述，赠送礼物是一件十分浪费的事情。因为接受者可能喜欢也可能不喜欢赠送者花钱买到的礼物。最好的情况是，礼物正好是接受者想要花钱给自己买的东西。相反，如果赠送者特别不擅长挑选礼物的话，礼物可能会被接受者塞到柜子的角落里，再也不会出现，或者被转送给他人。

尽管人们不愿意承认，但是第二种描述可能比第一种描述更接近现实。经济学家乔尔·沃德弗格（Joel Waldfogel）通过对他班上的学生进行调查发现，学生对所收到礼物的估值普遍是原价的 65%～90%。换言之，如果一个人买了一份价值 20 美元的礼物，还不如将 18 美元的现金直接送给对方，然后自己留下 2 美元。沃德弗格在《小气鬼经济学》（Scroogenomics）一书中讨论了赠送礼物的无效性，无疑，节日期间该书肯定也极具讽刺意味地被裹上精美的包装赠送给了数千人。

哪一种节日故事的描述更确切呢？答案需要我们十分谨慎地探讨一个概

念——效用，这一概念是所有微观经济学思维的核心。效用描述了一个人对某个事物的评价，比如收到一份礼物、吃一顿饭，或者经历一件有趣的事情。赠送礼物时最难办的事情是无法准确得知别人对某个事物的评价。有些人想要 iPod，有些人想要一双跑鞋（也许还有人十分想要米尔德里德阿姨送的毛衣）。如果你打算花 20 美元（10 美元、50 美元或者其他金额）买一份礼物，然而，接受者可能比你更了解如何用同样的钱为自己带来最大的满足感。

实际上，同样的观念在重大决策上也适用。数十亿美元的国外援助和政府的社会福利项目资金是应该用来补贴那些我们认为"好"的食物和医疗保健服务，还是应该直接简单地分发给相应的家庭，相信他们可以自己做出决策？

为何不直接给人们现金，并且让接受者自己决定如何使用呢？如果我们从一个更广阔的视角来看，现金也许并不比礼物更好。在政府的社会福利项目中，如果直接分发现金，有人担心现金可能会流向错误的人群或者被用来购买纳税人认为不必要的物品。

你在赠送礼物时会怎么做呢？接受者可能会从你的礼物中得到情绪价值，也许是因为感受到你挑选礼物的用心，也许是因为礼物作为一个你与接受者关系的重要象征，反映了你十分了解他的喜恶。最好的情况是，你也许买到了一件比现金更好的礼物送给接受者，而他自己并不知道或者从未想过要买给自己。当你送给朋友一部他从未听说过但立马让他爱上的影片时，很明显，赠送礼物能够提高效用。

效用的基本概念

赠送礼物的挑战提出了一个对经济学分析至关重要的问题：20 美元本身并没有价值。它代表了你用 20 美元能够买到的东西——食物、音乐、理发服务、房租的一部分，或者用作储蓄，等到未来再购买这些东西。如果某人给你 20 美元，你可能会毫不费力地就知道该如何花掉这些钱来获得满足感。当这个问题变成日常事务时，相信我们大多数人都很擅长了解自己的喜恶。

弄明白其他人会用这 20 美元做什么更为困难。如果你直接给他们买你自己想要的东西，事情会简单很多。但是，那些让你感到最幸福的东西与让别人感到最幸福的东西很可能不同。每个人都有不同的喜恶、生活环境以及收入水平等，这些差别让我们对不同的物品和活动进行权衡和排序。

效用与决策

现在，让我们继续沿着简单的场景探讨：忘记别人可能喜欢的东西，只考虑自己的喜好。假设在周末，你有完全空闲的一天，没有任何任务，你会做什么？

记住经济学家首先会提到的问题：你的欲望和约束是什么？在这里，你的约束很明确，你一天中的小时数是有限的，你银行账户中可以使用的钱数也是有限的。然而，关于你的欲望我们知道什么？在本章，我们将更接近"欲望"的内涵。

在空闲的一天中，你可以选择做的事情几乎是无穷无尽的。你可以用一整天看电视，可以阅读一本厚厚的俄罗斯小说，可以去商场买新款跑鞋，可以学习，可以为你支持的候选人就即将到来的选举进行电话拉票，也可以买 300 罐番茄浓汤并在里面泡澡。在上面这些以及几百万种其他的可能性中，你利用有限的时间和金钱，会如何决定自己最想要做什么？

这是一个复杂得出人意料的问题。度过一天的每一种可能的方式都可能带来诸多迥异的良好或不适的感受。如果你用一整天看电视，你可能会感到十分放松。如果你用这一天阅读一本俄罗斯小说，你也许会为自己思想的进步而感到骄傲，并且在偶然与充满魅力的文学专业学生讨论《卡拉马佐夫兄弟》时感到兴奋和激动。

无论如何，你需要决定更喜欢哪些活动以及它们带来的情绪和感受。总而言之，看电视、读俄罗斯小说或者在番茄浓汤里泡澡非常不同，然而，既然我们每天都会对如何利用我们的时间和金钱进行各种比较，那么我们一定有某种尺度可用于对不同选择进行评估和对比。有时，这种评估是潜意识的，你也许不会每天都苦苦思索是否要在番茄浓汤里泡澡，即使你能够做到。有时，这种评估是有意识的，需要深入思考和广泛研究，比如决定是否要买一辆车，如果买的话应该选择哪个型号。

我们需要的是一个一般性的衡量指标，让我们对诸多选择进行比较，比如是阅读还是看电视，是看电视还是兼职赚钱。显然，类似的衡量指标一定有意或无意地存在于你的思维里，否则你将无法进行此类决策。经济学家将这种衡量指标叫作效用（utility）。效用是对一个人从某些事物中获得了多少满足感的衡量。

人们从消费的商品和服务以及自己的经历中获得效用。你能够从一块美味的点心中获得效用，也可以形象地说——从"消费"一次愉悦的感受或经历中获得效用，比如在足球比赛中进了一个球或者与一个朋友闲聊。你可以从能够买到的东西中获得效用，比如食物、衣服、手机和按摩服务，也可以从不需要任何花费的事情中获得效用，比如听音乐、学习新知识或者做善举。简而言之，你喜欢的东西可以增加你的效用。你厌恶的东西即使免费你也不会消费，我们称它会减少你的效用。

效用的概念是经济学的基础。回顾前面讨论的一些例子，比如购买手机或者星巴克的拿铁咖啡。人们会做出这样的决定，是因为他们认为在所有可能的选择中，这些选择能够为自己带来最大的效用。具体地，如果你买了一杯拿铁咖啡，一定是因为你认为，相比同样价格能买到的加倍特浓咖啡、苏打水或其他饮品，拿铁咖啡会给你带来更大的效用。

经济学家将这种决策方法称为实现效用最大化。人们能够理性地实现效用最大化是经济学家分析世界的基本假设。在本书后面的章节中，我们将看到经济学家有时也会放松这个假设，认为人们进行决策时会存在收集信息或者自我控制上的不足。无论如何，效用最大化始终是经济学分析个人行为的出发点。

通过本章的阅读，我们希望大家看到效用是一个很深奥的概念。它甚至还包含了我们生命中最难以做出的决策，以及其他人如何影响这些决策。举例来说，人们时常做一些不喜欢的事情，这是因为没有使自己的效用最大化吗？当然不是，如果从一个足够广阔的视角来看，我们通常会发现人们正在做那些他们相信会带给自己最大幸福感的事情。这常常需要在短期内看起来甜蜜美好的事情与长期内富有成效、有道义或令人愉悦的事情之间进行权衡取舍。人们在冰激凌与健康，个人安全与参军卫国，当前消费还是为未来储蓄等选择之间进行着权衡取舍。效用这一概念能够让我们了解人们做决策时是如何进行丰富且复杂的心理估算的。

显示性偏好

效用很难衡量。如果你想知道自己有多少钱，你可以查看银行账户并得到一个确切的数字。但效用是主观的、难以解释的。我们有时无法解释为何自己从某件事中获得的效用大于从另一件事中获得的效用。然而，研究人员试图深入探究效用这个棘手的概念，以了解什么能让人们感到幸福。更多相关内容，请阅读以下专栏。

📍 金钱真的能买到幸福吗

什么能带给你幸福感？为了探寻这个答案，你可以查阅无数的书籍和自学课程。这并不令人惊讶，因为经济学界长期以来对这个问题保持着浓厚的兴趣：金钱真的能买到幸福吗？

一次又一次的研究似乎给出了明确的答案：在一定程度上，金钱确实能买到幸福。然而，一旦基本需求得到满足，更多的金钱似乎并不会显著提升幸福感。在美国，这个临界点大约是年收入 75 000 美元。（值得注意的是，心理学家对"基本需求"的定义相当宽泛，它甚至包括在好的社区找到住房等，这也是为什么这个数字看起来很高。）

那么，哪种类型的支出能带来最大的幸福感呢？有证据显示，投资于体验而非物品，更能提升幸福感。心理学家发现，相较于购买衣物、手机或汽车，将钱花在度假、音乐会门票和课程体验上，人们感受到的幸福感更强烈。其中一个原因是，新购买的物品带来的新鲜感很快就会消退。一两年后，即便是曾经最炫酷的新设备也会开始过时，这会促使消费者去追求更新的产品。

然而，匈牙利科学院的两位教授塔马斯·哈伊杜和加博尔·哈伊杜从不同的视角审视了这个问题，他们挑战了"体验胜过物品"的传统支出观念。大多数研究都是通过比较人们在回忆最近购买"体验"和"物品"时获得的幸福感来进行的。不同的是，这两位教授仔细研究了一项调查的数据，该调查追踪了匈牙利1万人的总体生活满意度和消费习惯。他们在比较上述两种不同的消费类型时发现，这两种消费类型与幸福水平的相关性都不高。在体验上的消费和在物品上的消费带来的满意度是相似的。

结论是什么？金钱可以带来幸福，但试图归纳出关于消费和幸福的普遍规律是很难的——因为人和人不一样，他们从不同的来源获得效用。在达到一定程度之后，就看你如何把钱花在能给你的生活带来最大幸福感的体验和物品上了。

资料来源：Jay Cassano，"The science of why you should spend your money on experiences, not things"，*Fast Company*，March 30，2015；Hajdu Gabor and Tamas Gabor，"The association between experiential and material expenditures and subjective well-being: New evidence from Hungarian survey data"，lEHAS Discussion Papers（2015），1555，Institute of Economics，Centre for Economic and Regional Studies，Hungarian Academy of Sciences.

对于别人感受到的效用，我们能得出什么有意义的看法？答案出人意料地简单：我们观察人们的实际行动，然后假设作为理性人，人们在做的事情一定能够为自己带来最大的效用。如果你观察到某人在冰激凌橱窗前停下来点了一个巧克力味冰激凌，你就能够得出结论：他从巧克力口味中得到的效用一定大于草莓口味或者巧克力曲奇口味。如果你观察到某人买了一张动作电影票，你就能够得出结论：他从动作电影中得到的效用大于其他可选的浪漫喜剧电影。

经济学家把这些观点称为**显示性偏好**（revealed preference）。我们可以通过观察别人的行为判断效用最大化的选择有哪些。一个人选定了做某件事情这一事实"显示"了相比其他选择他更喜欢做选定的事情。当然，这一推论只适用于特定的人和情境。不同的人偏好不同的冰激凌口味。同一个人可能今天想看动作电影、明天想看浪漫喜剧。

显示性偏好可能听起来平淡无奇，但是对经济学而言，它十分独特并且有些争议。如果你对经济学如何与其他学科（比如心理学、人类学或者政治学）相交又感兴趣，那么理解这个概念以及它的局限性十分重要。

我们继续看之前的例子，假设你用一整天看电视而不是读俄罗斯小说。后来你告诉一位朋友："我真的很想看完《卡拉马佐夫兄弟》，但是不知怎么回事我就把一整天都用来看电视了。"作为经济学家，我们怀疑你对自己是否足够坦诚。我们观察到你一整天都坐在电视机前面，而《卡拉马佐夫兄弟》却一直在旁边的桌子上没有被翻开过，显示性偏好表明你真正想做的是看电视。如果不是的话，你为什么看了一整天呢？

这是一个平常的例子，但是它可以用来探讨更重要的情况。假设某人告诉你："我真的想要戒烟，但是不知怎么回事我还是会不自觉地去买烟。"显示性偏好表明，他从继续吸烟中得到的效用大于戒烟的效用。如果你是一个政策制定者，你是会针对香烟征以重税呢，还是会将禁止吸烟的禁令广而告之呢？你必须认真考虑是否应该重视，人们声称自己想做的事情与实际做出的事情存在差别。在吸烟的例子中，有一个合理的观点认为，使身体上瘾的行为让人们很难在当前做出他们长期想要做的事情。这时朋友或政策制定者也许可以通过采取某些强制措施予以帮助，这也许正是朋友或政策制定者的作用所在。

尽管在对诸如吸烟等一些疑难情况进行的有趣讨论中，显示性偏好的概念能够引导我们理解人们需要的是什么，然而我们仅仅看到了某个人的偏好，无法对不同的人加以比较。换句话说，我们能够判断某两个人相比草莓口味都更喜欢巧克力口味的冰激凌，但是无法得知其中一个人是否比另一个人更喜欢巧克力口味。

效用函数

显示性偏好为我们提供了一个很好的对人们的效用进行估值的框架。但是我们无法整天跟在人们身后观察他们所有的行为（这样做不仅不现实而且让人毛骨悚然）。因此，我们需要一个更规范的方法让显示性偏好在经济分析中更有用。为了系统地考察人们如何进行决策，经济学家构建了**效用函数**（utility function）。效用函数可以计算某人在消费一组商品和服务时所得到总效用。人们可以消费的独特的商品组合称为消费束（Consumption bundle）。效用函数是一个映射，它将每个可能的消费束与人们消费时的效用水平联系起来。

前面我们提到，效用是一个主观的衡量指标，无法轻易地量化。然而，效用函数是对偏好的量化描述。理解这一矛盾的关键在于，效用函数对效用的度量是进行相对排序，而非对绝对值的度量。如果我们说一项特定的活动为某人带来 3 单位的效用，这只意味着对某人而言，这项活动相比一个 2 单位效用的活动更有价值，而相比 4 单位效用的活动则略逊一筹。数值的大小除了用来对人们喜好程度的高低进行排序外，并没有其他意义。

接下来，我们利用这一思路对效用的产生过程进行简化：享用晚餐。萨拉正在享用的晚餐包括奶酪通心粉、花椰菜以及冰激凌。我们请她对晚餐中每个部分带来的效用进行评价。她从每份奶酪通心粉中获得 3 单位效用，从每份花椰菜中获得 2 单位效用，从每勺冰激凌中获得 8 单位效用（注意：我们使用的特定数字都是随意的，真正重要的是效用函数中与每种物品相关的相对数值，它们让我们能够理解萨拉在选择一种东西时，相比另外一种会额外获得多少效用）。晚餐时，她吃了一份奶酪通心粉、两份花椰菜以及两勺冰激凌，因此她的晚餐效用函数是：

总效用 =（3 × 1 份奶酪通心粉）+（2 × 2 份花椰菜）+（8 × 2 勺冰激凌）

$$= 3 + 4 + 16 = 23$$

上述分析带来以下问题：食物越多，效用越大，基于这种想法，是否意味着萨拉应该持续进食？既然奶酪通心粉、花椰菜以及冰激凌都能带来正效用，为什么要停下来？另外，既然冰激凌能够带来更大的效用，为什么不放弃奶酪通心粉和花椰菜，只吃冰激凌来获得更大的效用？现实中，你肯定也同意只吃冰激凌并不是一个好主意，这样也不可能使一个人的效用最大化。那么，上述分析中遗漏了什么呢？

边际效用递减

为了理解什么时候以及为什么萨拉应该停止吃冰激凌，我们需要引入边际效用这一概念。在第 1 章中，我们介绍了人们根据边际量进行决策的观点。消费额外一单位某商品或服务所引起的总效用变化称为边际效用（marginal utility）。

让我们回到冰激凌的例子，想象你会从一勺你最喜欢的口味的冰激凌中获得多少愉悦。现在想象又吃了第二勺，是否也很好吃？也许不如第一勺那么美味。换句话说，你从第二勺中获得的边际效用略低于第一勺。现在吃第三勺，我们打赌你一定不如前两勺那么享受。第四勺？你几乎感受不到额外的愉悦感了。第五勺，然后第六勺？愉悦感会越来越少。实际上，从第六勺冰激凌开始，你会感觉自己像吃了太多糖果。

从消费一单位某商品或服务中获得的边际效用小于之前一单位的边际效用，这一原理被称为边际效用递减（diminishing marginal utility）。食物的边际效用递减显而易见，因为我们的身体对额外的消费量会产生生理反应。胃会告诉我们已经吃饱了，同时，随着新口味带来的新奇感逐渐消失，品尝起来也会感到乏味。经济学家认为，边际效用递减规律适用于大多数商品和服务。想象你最近搬到一个气候寒冷的地方，但是一件毛衣也没有，这时，买第一件毛衣，你的舒适感会有极大的提升，然而买第十件毛衣就显得不怎么必要了。

有时，边际效用递减幅度非常大，以至于它可能表现为负值。当我们建议你享用第七勺冰激凌时，你感到吃或不吃已经没有任何差别，对总效用没有影响，因此它的边际效用为零。然而你并不愿意吃第八勺，因为它会让你感到有点恶心。第八勺会削减你的总效用，换句话说，它的边际效用是负值。

尽管你做的很多事情或者买的很多东西的边际效用都会递减，但是并不是所有的边际效用都有负值。比如大多数人从来不会从更多的储蓄中得到负效用。如果你没有储蓄，你从储蓄的第一个 1 000 美元中获得的效用会很高。如果你已经有了 1 000 000 美元，此时存 1 000 美元的边际效用可能会很小。拥有 1 000 000 美元和 1 001 000 美元的两种生活几乎没有任何差别。然而我们无法想象，当你的储蓄账户奇迹般地多出一些钱时，你的总效用会下降。如果你实在想不出来该用这些钱买什么东西，你至少可以把它送给别人，然后享受做慈善家的感觉。

在大多数购买决策中，你不会达到边际效用接近负值的点。毕竟，并不是每天都有人向你提供无限多的免费冰激凌、毛衣或者现金：通常你需要付钱或辛苦工作才能得到这些。往往在决定买第七勺冰激凌之前，你就会考虑是否把钱花在其他东西上以得到更大的效用。这将引出本章最重要的知识点：当我们将边际效用递减与欲望和约束这两组概念结合起来时会发生什么？

受到约束的效用最大化

让我们回到前面所述的空闲一天的例子。实际上，你并不会用一整天只做一件事。相反，你可能会做许多不同的事情：开车去商场买跑鞋，吃午餐，穿上新鞋子去跑步，看一会儿电视放松一下，通过阅读《卡拉马佐夫兄弟》取得一点进步，晚上跟朋友出去玩。如果你不喜欢上面这些安排，还有上百万种可能的活动组合供你选择。你会将可用的时间和金钱花在哪种活动组合上呢？

边际效用通过提醒我们注意其中涉及的权衡取舍来帮助我们理解这些决策。为什么你不在商场中多待一个小时？因为一旦你在商场中待够四个小时，再待一个小时的边际效用小于一次能够激发活力的跑步的效用。为什么你不多跑一个小时呢？因为你会变得很疲惫，多跑一个小时的边际效用小于看电视的效用。你在这一天剩余的时间里会做的事情可以以此类推。

当然，你不必等到厌烦了前一项活动再进行下一个决策，即你可以连续地进行上述决策。人们能够就哪些商品或活动能给自己带来最大的组合效用进行长远考虑，能够预见过多地消费一种商品不如其他选择好。如何度过空闲一天的决策实际上就是利用有限的时间和金钱，以效用最大化为目的，选择商品和活动的组合。如果你明智地度过了这一天，就意味着没有其他商品和活动的组合能够带来更大的总效用。

有许多可以给你带来正效用的事情，但是你可能不会选择去做。它们也许能够给人们带来好处和愉悦感，但是机会成本（错过更愉悦的事情）比得到的收益更大。人们有很多欲望，然而受到可利用的时间和金钱的约束。如果人们能够理性地实现效用最大化，他们会在这些约束下努力实现最优组合，也就是将拥有的资源用在能够给自己带来最大效用的商品和活动组合上。

我们可以利用一个量化模型来说明受到约束的效用最大化理论。正如所有的模型一样，我们必须进行一些简化。科迪每个月在支付完所有账单后还剩 120 美元。假设他只想把钱花在两件事情上：花费 15 美元买一张电影票，或者花费 30 美元买一张音乐会门票。科迪在他的预算内可以买到的电影票和音乐会门票有几种可能的组合。他可以不听音乐会而是将 120 美元全部用来看电影，或者看四场电影（60 美元）和两场音乐会（60 美元）等。我们能够用一条称作预算约束或预算线的曲线来表示这些可能的组合，如图 7-1 所示。**预算约束**（budget constraint）是由消费者用他的收入能够购买的商品和服务的所有可能组合所组成的直线（这一曲线看起来与第 2 章中的生产可能性边界十分类似，这并非巧合，因为它们表达了相似的观点——在有限资源的约束下，在不同的组合中进行选择）。

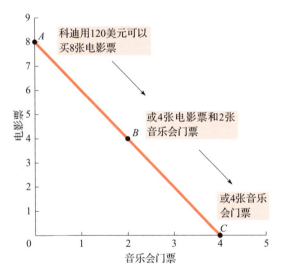

科迪用120美元可以买8张电影票

或4张电影票和2张音乐会门票

或4张音乐会门票

图 7-1 预算约束

如果科迪是一个理性的消费者，能够通过最有效的可能路径进行决策，他会把预算花在效用最大化的电影票和音乐会门票组合上。科迪认为一个月看三次电影十分重要，他对前三场电影每一场的效用评 95 分。之后，再看第四场电影会带来 80 分的效用，第五场的效用只有 65 分（记住，这些数字并不代表我们可以对科迪的想法进行实际测量，它们只是让我们能够对他的相对偏好进行深入了解）。最终，当看到第八场电影时，他会感到厌烦并且不愿意再看了：第八场电影的边际效用为负值，即 –10。上述数字已列入表7-1a。

音乐会又如何呢？科迪认为一整个月里一场音乐会都不听的话会不幸福，因此第一场音乐会的效用是100分。如果能听第二场的话也很好，他会给第二场的效用评85分。但是，再听第三场音乐会就没有那么有趣了。因此科迪从每场音乐会中获得的边际效用不断递减。当他买第四张票的时候，感到已经足够了，音乐会门票已经不能增加他的总效用了。表7-1b列出了科迪从每张音乐会门票中得到的边际效用。

表 7-1   总效用最大化

a）电影票的效用

票数	边际效用	总效用
1	95	95
2	95	190
3	95	285
4	80	365
5	65	430
6	35	465
7	10	475
8	–10	465

b）音乐会门票的效用

票数	边际效用	总效用
1	100	100
2	85	185
3	25	210
4	0	210

通过比较总效用，你能够发现对科迪而言，最优的组合是听两场音乐会和看四场电影，如图7-2所示。这是所有可能的选择中能给他带来最大总效用的组合。如果科迪是追求效用最大化的理性消费者，我们可以预期他一定会这样做。

通常，经济学家不会让人们对他们可以购买的东西进行效用评分，但是，他们会利用不同的效用函数对人们的行为进行预测。他们会研究现实世界中不同人群的实际行为数据，并进行两两比较，从而在一定程度上了解激励人们决策的欲望和约束。

一如既往地，现实生活比任何模型都复杂得多。在现实中，人们并非只在两个而是在数千个不同的支出选择中进行决策，它们交错产生了数百万种可能的组合。然而原理都是相同的，理性消费者会选择将预算花费在能够带来最大总效用

消费束	音乐会门票	音乐会门票的效用	电影票	电影票的效用	总效用
A	0	0	8	465	465
B	1	100	6	465	565
C	2	185	4	385	570
D	3	210	2	190	400
E	4	210	0	0	210

a）总效用最大化

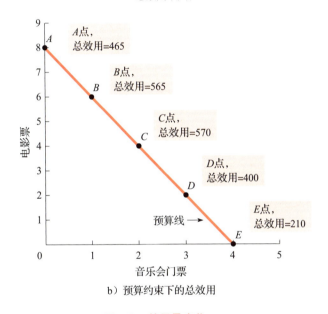

b）预算约束下的总效用

图 7-2　效用最大化

的商品和服务的组合上。

　　在本章中，我们还未考虑现实存在的另一种复杂情况。预算并非从天而降，而是通常受制于人们从事何种工作以及工作的努力程度等早先进行的决策。在现实中，我们关于效用最大化的决策也会面临在工作和可用预算二者之间的权衡取舍：你是选择辛勤工作并且赚得更多钱，还是选择更多的休闲时间但是钱少一些。哪一种可以获得更大的效用呢？我们将在本书后面的章节中再次讨论这个问题。

收入变化和价格变化的影响

收入时刻都在变化。你可能因为辛勤工作而涨工资，也可能因为生意冷清被老板缩短了工作时长，导致赚到的钱变少。上述两种收入变化都会影响你决定到底花多少钱来买东西。价格变化的影响亦是如此。如果某天拿铁咖啡的价格下降了 0.5 美元，你可能会决定多买一些。正如前述例子所示，追求效用最大化的理性人会根据收入和价格等环境的变化改变他们的行为。

收入变化

当收入增加时，消费者能够负担更多的商品和服务消费束。当收入减少时，消费者能负担的消费束变少，并且很可能不得不放弃某些东西的消费。我们将利用整条预算线的移动，说明收入变化如何改变消费者可能的选择范围。

这是怎么发生的？让我们来看一下当科迪从祖父母那里得到 60 美元作为生日礼物时，会发生什么。假设他决定在这个月把所有的钱花光（包括作为生日礼物的 60 美元在内，共计 180 美元），用来买音乐会门票。利用额外的钱他能够买6 张票而不是原来的 4 张。如果他决定只买电影票，他能够比之前多买 4 张。有了更多的钱，他在每个点上能够购买的两种票都变多了，即相当于整条预算线向外移动了 60 美元，并且保持斜率不变。因此，相比收到礼物之前，科迪能够买到更多的电影票或更多的音乐会门票（或更多的两种票）。

斜率为什么不变呢？即使科迪有了更多的钱，两种物品的价格比率并没有变化，电影票仍是 15 美元，音乐会门票仍是 30 美元。唯一改变的是科迪现在无论选择哪种组合都能够购买更多的门票。图 7-3 说明了收入增加的影响。

价格变化

当收入不变但是商品价格变化时又会如何？一般而言，商品价格变化具有两种重要的效应，称为收入效应和替代效应。

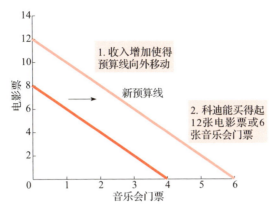

图 7-3　收入增加的影响

在考虑这两种效应的不同点之前，我们可以快速复习一下正常商品和低档商品的相关内容。正常商品是指当收入增加时需求量也增加的商品。当科迪收入增加时，他会同时增加对电影票和音乐会门票的需求量，这意味着二者都是正常商品。相反，低档商品是指当收入增加时需求量反而减少的商品，如大学食堂里随处可见的方便面就是一种典型的低档商品。

收入效应（income effect）。收入效应描述的是由于价格下降使人们的实际财富增加，由此带来的消费量变化。换句话说，如果科迪平时买一张电影票需要花15 美元，但是现在只需要 10 美元，那么他每买一张票，就会比平时"富余"5美元。如果他像平时一样买 4 张电影票，那么相比上个月他会有 20 美元的剩余。

如图 7-4 所示，一种商品的价格下降会引起预算线向外旋转。为什么预算线是向外旋转而非平行移动？让我们回到科迪在收到生日礼物之前的 120 美元预算约束。如果他把所有的钱都用来买电影票，在新的较低价格下，他能够买到 12张票，比原来多了 4 张。但是，如果他用全部钱买音乐会门票，因为门票价格没变，仍然只能买 6 张。

一般而言，当消费者经常购买的某种商品降价时，他们能够买到更多的商品。当商品变得便宜时，消费者的钱更值钱，这就是收入效应。

替代效应（substitution effect）。替代效应描述的是商品间相对价格的变化所

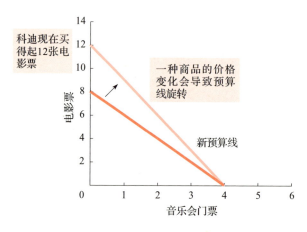

科迪现在买得起12张电影票

一种商品的价格变化会导致预算线旋转

新预算线

图 7-4   价格变化的影响

引起的消费量变化。在我们的例子中，正如预算线的斜率变化所表示的，电影相对于音乐会变得更便宜。这种相对变化使得科迪选择更多的电影和更少的音乐会。他会用变得相对便宜的商品替代变得相对昂贵的商品，这也是我们称之为"替代"效应的原因。

另一个分析的视角是音乐会和电影的机会成本发生了改变。当电影票是15美元而音乐会门票是30美元时，一场音乐会的机会成本是两场电影。当电影票价格下降至10美元时，一场音乐会的机会成本上升为三场电影。反过来，用音乐会来衡量的一场电影的机会成本下降了（从1/2场音乐会下降为1/3场音乐会）。

为什么会这样？思考科迪花在每种商品上的每1美元的边际效用变化。当电影票降价时，花在电影票上的每1美元的边际效用会上升，但花在音乐会门票上的每1美元的边际效用不变。现在科迪从电影上能够得到更多的效用，因此他会将更多的预算花在电影上。

偶尔地，人们在某种商品涨价时仍会选择更多地消费这种商品。这种情况发生在凡勃伦商品上，凡勃伦商品是一种需求量会随着价格上升而不断增加的商品。人们往往因为它们十分昂贵奢华而选择购买。买者选择通过这种商品向别人炫耀自己浮华奢侈的生活。

凡勃伦商品的情况与本章前文中提出的观点相冲突，之前我们假设不管你是不是一个人时都会做出相同的决策。当只有你一个人能看见自己的手表时，如果买一只能够准确报时的普通手表就够用了，你是否还会买一只奢华的名表？当没有别人能够看到你提什么包时，如果买一个 50 美元的包就能够装下你所有的东西，你是否还会买一个 200 美元的手袋？尽管你可能十分欣赏奢侈品优质、耐用的特点以及不凡的设计，但是人们对此类商品的购买或多或少是因为，自己能够从别人对奢侈品的反应中得到一定的效用。凡勃伦商品说明，效用比我们到目前为止所讨论的要复杂得多。

这个例子是表明你的效用会受到其他人影响的诸多例子之一。其他人的看法有助于解释为什么人们会购买奢侈品。其他人也会影响我们如何进行慈善捐赠，我们赠予别人什么礼物，甚至我们每天如何与他人相处。这些例子表明效用这一概念具有十分丰富的内涵，我们将在接下来的部分中继续讨论。

效用与社会

人们对于经济学存在一个普遍的认识误区，即效用最大化假设人们是只关注自身利益的消费机器。实际上，效用的内涵比这更广泛、更灵活。效用能够帮助我们理解嫉妒、威望、善行以及一系列其他的人类情感。

举一个例子，节日期间为了避免小气鬼经济学式的挥霍，为什么不送给你的姑妈、叔叔或者其他人一只山羊呢？我们并不是说真的要送给你的亲戚一只山羊，让他们能够以环保的方式打理自家的草坪。相反，比如国际小母牛组织等慈善机构将以你姑妈或者叔叔的名义，给非洲或者南美洲的一个贫困家庭送一只山羊。对他们而言，一只山羊会产生很大的帮助。山羊能够为家庭提供羊奶，为庄稼提供肥料，山羊甚至是一种储蓄方式，当生活特别艰难时可以卖掉来补贴家用。

许多组织提供此类赠送"慈善礼物"的机会，将一只山羊或其他有用的东西送给困境中的陌生人，同时把这一捐赠作为礼物送给某个人。在这个三方参与的交易中，我们能得到有关效用的哪些信息呢？你的姑妈或叔叔知道自己在捐赠中贡献了一分力量会感到很暖心；你会因为做好事而感觉良好，也会在别人发现自己既有社会责任感又慷慨时感到愉悦；当然对接受捐赠的家庭而言，山羊无疑是他们十分需要的东西。

正如国际小母牛组织的例子所表明的，人们的效用往往源于多种心理学和经济学相互交织的感受。某些人只有在受到关注时才会做好事，因为他们只在乎自己的好名声。当然，许多人是因为善心而做好事——每年，人们都会向居住在同一个小镇或者数千英里以外的陌生人进行捐赠。在接下来的部分中，我们将探究这些行为的动机。

效用与地位

我们消费某些东西时获得的效用往往不限于直接获益，否则那些著名设计师设计的手袋将会很难出售。巧克力冰激凌是一个十分少见的，无论别人是否知道我们正在享用，我们的愉悦程度都一样的例子。在大多数情况下，效用源于两个方面：一个是产品给我们带来的直接影响，另一个是他人的反应对我们的影响。最终，总效用是内心喜好和外界感知的结合，这两种感受会促成我们的决策。你决定用哪款手机，穿哪个牌子的衣服，或者开哪种汽车都或多或少地受到你想要彰显的个性、审美以及社会地位的影响。

以买一辆新车的决策为例，越野车和普锐斯之间存在许多明显的差别，越野车能够轻松驾驭崎岖的地形，而普锐斯对险象环生的野外环境则难以招架。虽然对你的野外探险而言，普锐斯并非理想的车型，但是它非常省油——每加仑汽油能够行驶 50 英里，相比之下，生猛的越野车每加仑汽油的行驶里程低于 20 英里。如果你的内心喜好是唯一重要的因素，那么你可能会基于这些特性，以及它们如何满足你的交通需求和适应你的生活方式，做出最终决策。

然而，对效用的估算远不止于此。当然，油耗是重要的考虑因素，然而人们买车还有很多其他原因。当你驾驶普锐斯无声地穿过小镇时，远远地，看到你的人将会把你与某些（你可能有也可能没有的）特质联系起来：驾驶普锐斯的人更为注重生活健康和环保，尽管个别人不是这样，但这样认为并不离谱。我们推断每个拥有普锐斯的人至少会有一次，因得知自己被认为拥有这些特质而感到十分愉悦。

相比于陌生人的看法，那些与你十分亲近的人的看法更为重要。如果你是一个环保组织的长期会员，参加聚会时开着一辆全新的普锐斯，相比于开着一辆大型的越野车，会给你带来更大的效用。同理，参加户外俱乐部活动时开着越野车则会让你得到更多加分。

认为他人的看法能影响效用的观点并不新鲜。由于效用能与地位相联系，某些人通过炫富会得到非常大的效用，他们会购买那些最能彰显财富的商品。

有时候效用受到的影响不仅与其他人持有的看法有关，还与其他人拥有多少有关。假设从事的工作完全相同，你更愿意接受平均工资为 40 000 美元的公司给你提供的工资为 36 000 美元的工作，还是平均工资为 30 000 美元的公司给你提供的工资为 34 000 美元的工作？这看起来是一个简单的问题。你也许会认为只有自己的工资水平会影响你的效用，其他人的不会，所以当你能赚更多钱时会有更大的效用。然而，当研究者向人们提出这两种方案时，80% 的人认为在第二种工作环境下人们会更愉悦。

这是由什么引起的？如果我们的效用仅仅源于类似冰激凌所带来的愉悦，那么较高的工资水平能够带来更大的效用：因为我们用 36 000 美元比用 34 000 美元能够购买更多的冰激凌。但是，或许我们从别人对自己的看法中也能获得效用，这就可以解释我们为什么比朝夕相处的同事多赚 4 000 美元时会感到更愉悦。也许每天上班时开着比同事稍新一点的车，接电话时用着稍高级一点的手机，聊天时能够谈论稍精彩一点的假期计划，这些都会给我们带来效用。

效用也可能取决于你拿自己与谁比较。当你赚 34 000 美元时，相比于参照系是在其他公司赚 40 000 美元的陌生人，参照系是赚 30 000 美元的同事时你会得到更大的效用。如果你将自己与《财富》500 强公司的 CEO 相比，那么，赚 34 000 美元肯定会让你觉得十分悲惨。这一思路有一个令人不安的言外之意：简单地改变我们的参照系，我们就可以得到或者损失效用。请阅读以下专栏来了解有关这一争论的更多信息。

📍 选择一个社交圈

你愿意成为职业联盟中的最差球员还是小联盟中的最好球员？你愿意在当地的合唱团当中当一位明星独唱者，还是在一个有名望的大城市合唱团中做一个低于平均水平的歌者？

在现代传播技术出现之前，这些问题并不那么重要。每个人的参照系都相当狭隘和有局限性。技术改变了这一切：由于可下载的 MP3 以及潘多拉和 Spotify 提供的流媒体广播的出现，我们判断好音乐的参照系更加宽泛。当地教堂合唱团中的女主唱在无法与麦当娜比较的时代里，也许会更为出众，令人兴奋，而对女主唱本人而言，未将自己与麦当娜比较时，她也许更为幸福。

对优秀的本地运动员、演员、厨师、喜剧演员、政治家以及许多其他专业人士而言，都是如此。从某种意义上来说，这些职业的效用来自与之相关的地位，当我们的参照系变得越来越宽泛时，赢家就越来越少。通常物质财富也是如此：有些人认为向偏远地区引入电视信号，会让他们将自己与更为富有的人进行比较，从而感到不幸福。

不过，我们所有人都拥有选择自己的参照系的权力。对当地的女主唱而言，是选择享受在教堂里为规模较小但是十分欣赏她的听众表演，还是躲在家里为参加美国偶像大赛落选而郁郁寡欢，这一切都取决于她自己的选择。

当然，效用最大化还取决于我们自己是自私还是慷慨。过节期间，当你往食品杂货店前面的铁皮罐子里扔下几个硬币，看到教堂摇铃人温暖的微笑时，你仿佛也会从中得到效用。这是一个双赢的交易。你从施舍中获得令人眩晕的愉悦，而慈善机构获得了想要的捐赠。效用源自我们对自己最慷慨或者最自私的爱好的坚持，效用也能够解释一些十分高尚的行为。

最后，当经济学家说"我们假设人是理性且自利的"时，并不意味着他们假设人是自私的，而仅仅是指他们认为人会使自己的效用最大化。显示性偏好表明，人们会从那些一点儿都不自私的事情中获得效用。

效用与互惠

显示性偏好也表明人们会从惩恶扬善中获得效用。想象一下，一名研究者邀请你与一名搭档一起参与一场实验，你对他没有任何了解，并且永远不会再见面。接下来，研究者给你 10 美元，并且告诉你可以给你的搭档任何数额的钱，或者也可以选择自己全部保留。研究者告诉你，他会将你愿意赠予搭档的钱数变为 3 倍——比如你决定赠予 3 美元，你的搭档将得到 9 美元，并且你的搭档也会有机会将你赠予的钱回赠给你。如果你能够与你的搭档商量，你也许会同意将你的 10 美元全部赠予对方，他将收到 30 美元，并且将其中的 15 美元回赠给你。然而，你不能与对方商量，那么你会怎么做呢？

在实验中，当研究者邀请人们进行这场游戏时，他们发现，平均来看，一个人愿意与搭档分享的越多，作为回报，搭档回赠的也越多。这表明人们在以善报善中能够获得效用，即使没有实际利益，也是如此。

我们将这种倾向称为**互惠**（reciprocity）。互惠意味对他人的行为采取相似的行为。互惠是当他人对我们施以善行时，我们也会以善待之。

互惠也会在我们遭遇不良对待时的反应中有所体现。当人们因为受到他人的伤害而使他人的效用减少时，他们就被卷入了消极互惠。你偷了走廊另一头的那个家伙的牙膏，因为他的音乐声让你整周晚上都无法入眠，此时你的行为就是消极互惠。

即使会损失一些利益，人们往往也会参与到互惠行为中。为了弄明白这是如何发生的，让我们回到之前那场实验的博弈中。和之前的规则一样，你可以决定赠予你的搭档多少钱，但是现在研究者允许你的搭档接受或者拒绝你的赠予。如果他拒绝了，那么你们两个都得不到任何金钱。

理论上，你也许会预期你的搭档接受任何金额的赠予：即使你只赠予对方 1 美分，对他而言也好过拒绝。然而，实际上，这个实验的结果并非如此。如果搭档认为对方赠予的金额“太少”，他往往会拒绝接受。搭档十分乐意损失被赠予的金钱，来惩罚做出“不公平”行为的对方。尽管这一惩罚没有更进一步的意义——两名参与者并不知道对方是谁，并且这个实验也不会再来一轮，但是惩罚还是会发生。正如实验所表明的，人们往往愿意为了追求公平的理想状态而牺牲部分利益，尽管这样做并不理性。

互惠影响人们的日常合作。当你为了报答别人帮助你准备考试而送给他一张比萨，或者你在商店里因为食物的免费试吃而进行购买时，你都做出了互惠行为。与地位一样，互惠加深了我们对效用概念在新奇事物和人性等诸多方面的理解。

第 8 章

行为经济学：进一步了解决策

ECONOMICS

ECONOMICS

引例 什么时候 20 美元不太像是 20 美元

想象自己面临以下情形：今天早些时候，你买了一张晚上的音乐会门票，门票价格是 20 美元。当你到了会场，从口袋里拿门票时，发现……它竟然不见了。你一定是在路上把它弄丢了。多么恼人的一件事！现在你仍然可以在门口用 20 美元买到门票。你会做出什么反应呢？

（1）"好吧，没关系，这种事经常发生。我再买一张门票就行了。"

（2）"我决不会为这场音乐会花 40 美元！我宁愿用 20 美元做点别的事情。"

如果你的反应是第 2 种，那么你跟许多人一样：研究人员就相似问题进行调查时发现，46% 的人的反应是晚上做别的事情；而另外 54% 的人则会忍受这个烦恼，再买一张门票。

现在想象一个替代情形。这一次，你到了会场后打算在门口现买一张门票。你从口袋里拿钱来买票，发现……等一下，这是怎么了？你十分确定今天早上你有 5 张 20 美元在口袋里，但是现在只剩下 4 张了。你一定是在什么地方把它弄丢了。多么恼人的一件事！你会做出以下哪种反应呢？

（1）"好吧，没关系，这种事经常发生。我再买一张门票就行了。"

（2）"你知道吗？我看这音乐会就算了吧。"

这一次，只有 12% 的人选择第 2 种反应，放弃了原来的计划，88% 的人选择再买一张门票。

　　你可能注意到了，这两种情形实质上完全一样。两种情形都是你到了会场后打算看一场原来计划好的、对你而言价值 20 美元的音乐会，只是令人失望地发现自己比原来预想的结余少了 20 美元。

　　如果你十分缺钱，那么在任何一种情形下，放弃音乐会都能说得通。而如果你并不缺钱，那么并不是任何情形都有道理。你弄丢了 20 美元，这发生在你把它换成音乐会门票之前还是之后又有什么不同呢？理性地看，这并没有任何不同。然而感性地看，这还是有不同的（即使你在两种情形下都选择了再买一张票，但你会不会感到弄丢门票更为恼人？）。明显地，对一部分人而言，两种情形在感性上的差别实在太大，因此，他们会在弄丢门票的时候放弃原来的计划，而在弄丢 20 美元时则不会。

　　这种行为并不理性。下面这些都是明显的非理性行为的常见例子：

- 你说想减肥，但是你却点了甜点。
- 买东西时，相比用现金支付，用信用卡支付时愿意花更多的钱。
- 坚持看完一场你并不喜欢看的电影。

　　理性人（经济学中所定义的）并不会这般行事，但是许多人会。然而，我们之前不是说过，整本书中经济学家都假设人们会做出理性的行为来使自己的效用最大化吗？是的，我们说过。那这是怎么回事？

　　假设人们会理性地追求效用最大化，这让我们能够分析许多情形。这一假设已经足够正确、足够普适，因此十分有用。但是它并不是所有时候都是对的，那些例外情况的重要性在当前经济学界是一个热议的问题。在过去的几十年里，经济学家从心理学家和生物学家那里了解到人们进行日常决策的实际过程，即人如何将经济学观念转变为实际行动。由此产生的理论已经发展为经济学的一个分支，极大地扩展了我们的决策模型。这一领域被称为行为经济学，即本章的主题。

行为经济学不仅能够推进我们对人们如何决策所进行的学术研究，还提供了一些实用便捷的工具来帮助人们落实他们声称想要做出的决策，比如储蓄更多、变得更健康、多参与慈善活动等。你也许曾经用过这些工具，但自己并未意识到。

从形式上看，**行为经济学**（behavioral economics）是利用心理学的深刻见解拓展个体决策模型的经济学领域。行为经济学涵盖的范围十分广泛，在本章中，我们仅介绍行为经济学中关于个人的三个常见的有趣应用：时间不一致性、对成本的非理性思考以及决策时忽略货币的可替代性。

如何应对诱惑和拖延

我们已经（在第 7 章讨论效用时）接触过类似的例子，这也是行为经济学家感兴趣的话题：周六早晨你醒来的时候，信誓旦旦地决定要度过积极且有效率的一天——锻炼、打扫公寓、学习，然而，晚些时候你却发现，不知怎么回事，时间已经来到周六的晚上，自己还在穿着睡衣看《权力的游戏》的回放。啊？这一切是怎么发生的？

正如我们所观察到的，解释这个常见经历的一个视角是利用显示性偏好的观点，即不管你曾经打算想做什么，你的行为显示了你真正想做的只是把这一天用来看电视，而另一个视角则是你根本没有理性行事。

然而，上面任何一种解释看起来都不尽如人意。我们中的许多人都经历过这种冲突，我们明确知道自己想要做一件事情，但是发现自己却一直在做另外一件事情。我们想要学习，却沉溺于游戏；我们想要节食，却难以抗拒甜点；我们想要储蓄，却总是大手大脚。在解释这些冲突时，如果认为我们的行为一定显示了我们真实的想法，这与我们对自己的理解并不相符；如果认为我们是非理性的，这感觉又像是放弃了解释，并且也暗示我们无法预测人们会做出什么决策。

还有第三种方法。为了明确应对诱惑和拖延，应该采取哪些行动，我们可以对模型进行些许改进。这可以通过利用时间不一致性、自我斗争和承诺来实现。

时间不一致性、自我斗争和承诺

关于我们为什么有时会难以抗拒诱惑，一种理论观点是人们可能持有两套不一致的偏好。

- 一套包括我们在考虑将来时，认为自己可能想要的东西——为考试努力学习、减肥、建立一个储蓄账户。
- 一套包括当将来真的到来时，我们届时想要的东西——玩游戏、吃甜点、购物。

经济学家用**时间不一致性**（time inconsistency）这一术语来描述这一情形，即仅仅由于决策的时机不同，我们就会做出不同的选择。

思考接下来的有关时间不一致性的经典例子：为了感谢大家参加我们正在进行的研究项目，我们想要赠送大家一份零食。"在下周结束之后，你想要一个苹果还是一块巧克力蛋糕？"当研究人员提出这个问题时，大部分人选择了苹果。然而，等到下周真的结束时，研究人员问参与者是否还坚持要苹果，大多数参与者却转而选择了巧克力蛋糕。无论决策是在之前还是当下做出的，一个具有时间一致性偏好的人应该选择同样的零食。当我们说自己在下周更想要苹果，而在下周真的到来，马上可以消费时，我们却转向巧克力蛋糕，这就是时间不一致性的表现。

时间不一致性能够帮助我们解释诸如拖延和缺乏自我控制等行为。就好像我们的思维里存在两个自我：一个"面向未来的自我"，能够专注于要完成的事情并进行精明的计划，如健康饮食等；一个"面向现在的自我"，面临当前的诱惑时会节节败退。无论你面向未来的自我会做出多么明智的决定，一旦未来变成现在，你面向现在的自我就会再次占据主导地位。如果在下周的活动之后，研究人员说："我们给你带来了一个苹果，但是如果你愿意，你也可以吃一块巧克力蛋糕。"面向现在的自我就会指挥我们转向蛋糕。

认为时间不一致性是两种自我之间的一场战争是合情合理的。换句话说，一个具有时间不一致性偏好的个人既不是非理性的也不是理性的。相反，一个人内心面向未来的自我和面向现在的自我都是在理性地追求自己的目标。

知道自己具有时间不一致性偏好的人往往会寻求一些方法来抵制诱惑。如果你总是会在晚上忍不住吃太多薯片，你可以决定去商店时不买薯片。如果你浪费了太多时间上网，你可以安装一个类似 Leechblock 的浏览器插件，限定你登录某个特定网站的时间。当然，这些策略没有一个是万无一失的。你总是可以在晚上冲到商店，或者卸载 Leechblock，但是这些举动至少在你意志薄弱的面向现在的自我面前设置了障碍。实际上，也存在其他简单的方法，就是让一个人的坏习惯变得更昂贵。如此一来，我们就是在利用经济学中的需求定理（价格上涨时，需求量会减少）来劝导自己不要太过纵容自己的坏习惯。

自我斗争的问题可以利用所谓的**承诺机制（commitment device）**来缓解。承诺机制是指个人为了有效执行未来的计划而做的一种安排，否则计划的执行就会十分困难。承诺机制的一个经典例子发生在古希腊史诗《奥德赛》中。奥德修斯和船员们知道他们的船将会经过海妖居住的水域，海妖会用她们悠扬魔幻的歌声迷惑人们，让他们跳入水中并且葬身海底。奥德修斯想要聆听海妖的歌声，但他面向未来的自我十分机智，他明白到时候无法确信面向现在的自我能够拒绝海妖的召唤。于是，奥德修斯要求船员在进入海妖的水域之前把他绑在桅杆上。他创造了一种承诺机制，能够有效地约束面向现在的自我服从只倾听而不跳海的决策。

承诺机制的一个更为常见的例子是最后期限。在一项实验中，教授告诉商学院某个班级的学生在本学期内需要完成 3 份作业，并且他们可以自己设置作业完成期限。不能如约完成的学生将会得到较低的分数。尽管选择学期的最后一天作为 3 份作业的最后期限并不会受到任何惩罚，但是大多数人都没有这样选择。他们认识到面向现在的自我很可能会拖延，把所有工作都留到最后一刻，甚至根本完成不了。大多数人都选择将 3 份作业的最后期限平均地分布在整个学期。通过承诺自己一定会遵照设置的最后期限，他们给自己高效地度过整个学期提供了强大的激励。

想要了解关于承诺机制的其他例子，请阅读以下专栏。

跟自己签订一份契约

在面向现在的自我与面向未来的自我之间的斗争中，承诺机制要奏效并不容易。当你禁不住甜点的诱惑时，你可能会"承诺"，比如做 100 个俯卧撑来惩罚自己。然而这并不奏效，是吧？当你从餐厅回到家里，你面向现在的自我又会做主，并且认为那些俯卧撑其实一点都没必要。此时的你就像奥德修斯一样，需要某些能够约束自己的方法。

stickK. com 网站（由本书的作者迪恩·卡尔兰参与创建）就提供了这样的方法。它是这样运作的：你制定一个自己想要实现的可衡量的目标，例如，到 12 月 1 日那天你的体重不能超过某个数值。同时，指定一位值得信任的朋友（你可以信赖的某个人）当裁判，在你没达到这个目标时能够对你施以严厉的惩罚，而不是放过你。然后，你确定一个如果没达到目标，你愿意被罚没的钱数，同时输入你的信用卡号码，这样你就没有退路了。

还有一个额外的惩罚：你需要提名一个你不愿意捐钱的慈善组织。如果你未达到目标，stickK. com 网站将会把从你的信用卡中罚没的钱捐献给你"反感的慈善组织"。

戒烟和减肥是两种最常见的个人目标，除此之外，stickK. com 网站也激发了一些有创意的承诺：

- 在纽约市和外国游客说话慢一些。
- 不要再和失败者约会（你最好的朋友被指派来判定"失败者"）。
- 少学习。
- 两个月不理发。

为了做出最有效的承诺，你在制定目标时应该遵循两个重要原则：明确具体和切合实际。模糊不清的目标往往不如提供具体行动计划的明确具体的目标有效。不切实际的目标很容易被遗忘、忽视或放弃。

截至撰写本文时，通过 stickK.com 网站签署的合同已达 395 140 份，涉及金额高达 3 500 万美元；签署 stickK 合同的人已经完成了 100 万次锻炼，少抽了 2 400 万支香烟，在纽约市对迷路的外国游客也更加耐心了。

对成本的非理性思考

在第 1 章中，我们讨论了人们如何通过在成本和收益之间进行权衡取舍来做出决策。如果做一件事情的收益大于机会成本，我们认为理性人会做这件事，否则就不会做。现实中，人们往往不能理性地权衡成本和收益。在这一部分中，我们将探讨人们在考虑成本时常犯的两种错误：沉没成本谬误，以及低估机会成本。

我们将通过心理学家称之为认知偏见的诸多例子来总结说明这两种错误。它们是导致我们连续做出错误决策的行为模式。认知偏见在行为经济学中经常出现。如果你发现自己陷入以下所描述的困境中，不要对自己太过苛责——因为在某些情形下，人类的大脑似乎不容易进行理性思考。

沉没成本谬误

你是否曾经坐在电影院里将一部糟糕的电影看完，仅仅因为你不想"浪费"电影票钱？这个逻辑是诱人的，但是有缺陷。这是经济学家称之为沉没成本谬误的一个例子。沉没成本是指已经发生的无法收回或退还的成本，例如你开始看电影时的电影票钱。在权衡机会成本与收益时，考虑沉没成本是没有意义的，但是人们却总是这样做，因为我们很难接受自己的损失。

为了理解为何在你做决策时考虑沉没成本是一种谬误，设想下面的选择：你是愿意在接下来的 90 分钟里观看一场免费的糟糕电影，还是做点别的什么？你很可能愿意做点别的事情，对吗？品尝一杯咖啡，跟朋友闲逛，甚至可能花钱看另一场精彩的电影。看一场糟糕的电影，即使是免费的，也不是一个吸引人的选择。然而，当你花钱看一场你立马意识到十分糟糕的电影时，你所面临的处境就是：电影票钱已经花掉了，你不可能再拿回来。

但是为什么在这种处境下，还是有许多人坚持看完整部电影呢？这是因为他们在计算成本时，并没有理性地将沉没成本排除出去。他们感觉只要走出电影院，花在电影票上的钱就被浪费了，而不是理性地接受当他们感觉无法从观影中获得愉悦感时，这钱就已经被浪费了。

类似的谬误解释了本章开篇的例子。明显地，很多人认为只要他们买了一张替代的门票，丢失的门票的费用就被浪费了。理性的思维是接受丢失的门票的费用已经被浪费了，并且在进行接下来的决策时不要再考虑它，那么此时唯一要考虑的问题就是，未来的成本（买一张门票 20 美元）是否超过未来的收益（音乐会带来的愉悦）。无论你丢失的是门票还是 20 美元，你所面临的权衡取舍都是如此。

沉没成本谬误的另一个常见例子是坚持在旧车上花费高额的修理费。你花了 1 000 美元来修理你的汽车，而紧接着下个月它又坏掉了，需要 2 000 美元来修理。它看起来需要不断地进行更多的维修，费用加起来远超过它的价值。如果你只考虑未来成本和未来收益，你可能会决定报废这辆旧车再买一辆。然而，许多人觉得报废这辆车会"浪费"他们上个月花掉的 1 000 美元修理费。

其实，沉没成本谬误不仅仅适用于金钱。你是否曾经努力地维持一段糟糕的感情，仅仅因为觉得"浪费"已经投入的时间和努力很不甘心？

低估机会成本

选择了一个机会就意味着无法利用另外的机会。做任何事情都有机会成本。有时，其中的权衡取舍十分清晰。当你在餐馆菜单上两种价格相近的食物间进行选择时，选择其中一种食物的机会成本就十分明显：它就是你享用另外一种食物所获得的愉悦感。

然而，在许多其他情况下，权衡取舍并不清晰。通常，权衡取舍中的收益部分十分明显，因为它就在你面前，比如你正在商店里试穿的一件 100 美元的夹克。然而，权衡取舍中的机会成本却难以设想：你会在其他什么东西上花 100 美元？如果你努力地设想自己会把这 100 美元花在其他什么东西上，也许你会想到自己想要的。但是那些东西似乎都太过抽象和遥远，而这件夹克却十分具体地摆在眼前。结果是，你也许会高估自己从夹克中获得的收益，同时低估它的机会成本。

当机会成本是非货币性的，比如时间时，人们往往倾向于低估它。如果选择坚持看完一场糟糕的电影，人们不仅陷入了沉没成本谬误，而且没有认识到自己时间的机会成本。他们不仅错误地重视了不可挽回的货币性成本（电影票费用），而且忽视了非货币性机会成本（时间）的价值。坚持看完糟糕的电影意味着你将无法从其他事情中获得效用。

拥有的隐性成本是另外一种经常被忽视的非货币性机会成本。它是由行为经济学家观察到的一种认知偏差，指人们会额外重视他们已经拥有的东西。由于你总是可以选择出售你所拥有的东西，你所拥有的一切都有机会成本。你继续拥有一样东西的机会成本就是其他人为了买走它愿意付的价钱。

例如，你有一辆再也不会骑的自行车，如果在 Craigslist 网站上卖掉的话可以得到 200 美元。然而，当你没有自行车时，你肯定不愿意花 200 美元买它。那么，为什么你还要继续留着它呢？你实际上是"花了"200 美元才留下了这辆自行车。如果你认清了这一机会成本，那么你一定会卖掉它。

另外一个例子，假设你抽奖赢得了一场篮球赛的靠近赛场的门票，如果卖掉的话可以得到 400 美元。你很可能会选择自己用掉门票，即使如果没有中奖，你永远不会考虑花 400 美元买它。当钱从你的钱包里花出去时，你很容易就能感受到这种支出，但是你却很难意识到，保留一件本可以出售的物品跟没有把与其等值的钱放到钱包里本质上是一回事。

即使是经验丰富的投资者往往也会忽视拥有的隐性成本，这表现在他们会固执地持有那些表现糟糕的股票，而如果原本没有持有的话，他们绝不会考虑购买这些股票。

忽略可替代性

如果某个东西是可替代的（fungible），它就可以被轻易交换或取代。许多日常交易的商品都是可替代的。任意一吨铜都能够换成另一吨铜，一桶汽油也可以换成另一桶汽油。可替代物品的最完美的例子就是货币。1 美元永远是 1 美元，无论是作为礼物收到的，还是在地板上发现的，又或者是通过工作赚得的。1 美元仍然是 1 美元，无论是你钱包里的一张纸币，还是零钱包里的 20 个 5 美分硬币，又或者是你在网上查看银行账户时屏幕上显示的数字。它们都具有相同的价值。

货币是可替代的，这听起来显而易见，但实际却并非如此。行为经济学家发现人们常常忘记货币是可替代的，因此产生了许多奇特的非理性决策。

构建金钱的心理分类

有时，构建金钱的心理分类有助于实现自律。比如，你正在为度假存钱。你可以为这笔钱开设一个单独的银行账户，通过告诉自己这个账户是"度假费用"，就可以尽量打消自己为了日常开销而动用这个账户的念头。某些人甚至通过将钱放入标有"房租"或者"食物"的信封或罐子对钱进行分类。当然，你放进"房租"信封的钱也可能在交房租之前就很轻易地被花在彻夜狂欢的聚会上。但是，如果你能够"忘记"那个信封，它就可以帮你避免无家可归。通过这个方法，将钱分别放入不同的心理账户，能够帮助你管理支出并且不超出预算。

然而，在一些例子中，将金钱在心理上划入某一账户或者其他账户并不那么有效。假设一个大学生通过周末打工每个月能赚 5 000 美元，通常每个月会有 2 000 美元信用卡欠款。这名学生可能在心理上将信用卡欠款利息标记为定期"支出"，他宁愿用每个月的工资支付欠款利息，也不愿意用自己的储蓄账户余额还清欠款。然而，如果信用卡欠款所收取的利率高于储蓄利率（这是一定的），那么这名学生最好还是还清他的信用卡。还清欠款后，他的储蓄账户里会有 3 000 美元，他就省下了一笔本来要支付的信用卡欠款利息。这一部分钱可以用来储蓄，也可以用来买更多想要的食物、书。然而，很多人却十分抗拒用储蓄来支付信用卡账单——尽管从长期来看这种抗拒会让他们变得相对穷困。

不止一家信用卡公司强化消费者对账单的心理分类，这也许是件好事，但也可能是件坏事。参见以下专栏。

⊙ 信用卡分类：是更现实还是更迷惑

2009 年，美国大通银行在行为金融领域一位经济学家的帮助下，设计并推出了一款名为"蓝图"的新型信用卡产品。蓝图卡能够帮助消费者对信用卡账单进行分类，这样消费者就可以选择哪些类别的账单立即还清，哪些推迟还款。消费者还可以针对没有立即还清的账单制订偿还计划。

一系列推行蓝图卡的电视广告向我们展示了，人们可以选择立即还清食物、燃气或租金等日常支出，同时为如订婚戒指此类一次性的大额支出制订特别的偿还计划。这些广告迎合了人们的直觉：许多人不介意为大额开销支付利息，但并不愿意因为日常开支负债。

大通蓝图卡实际上顺应了人们对金钱的思维方式，旨在帮助消费者厘清自己的财务状况，所利用的方法类似于帮助人们将付房租的现金放进单独的"信封"。

然而，换一个角度来看，蓝图卡忽视了货币是可替代的这一现实。货币的可替代性意味着人们对自己的财务项目进行分类是毫无意义的。经济学逻辑告诉我们，如果你有 500 美元的信用卡账单，并且只还了其中的 300 美元，那么无论你告诉自己所偿还的是每个月的食物账单，还是订婚戒指的一部分，对剩下的 200 美元来说利息并没有任何不同。这种信用卡产品的风险在于，鼓励人们对不同类别的账单进行区分，会造成人们对自己财务状况的思维混乱。消费者可能会受到错误的诱导，认为能够延期支付的大额开销是可以接受的，并由此增加这些开销，造成更多的信用卡债务，而他们本来是可以将这些大额支出存起来从而生活得更好的。

你怎么认为？

1. 银行应该围绕人们看待财务的思维方式设计产品吗？即使结果看起来并不理性。

2. 银行在设计产品时，应该力图让消费者做出理性的经济决策吗？

3. 总的来说，你认为使用类似蓝图卡产品的消费者最终会有更多还是更少的负债？

将钱放入心理上的分类账户会让人们更勇于冒险。行为经济学家通过观察发现，赢得一笔钱的人更倾向于挥霍。比如，在一个赌场里，你也许会听到一个刚刚赢了赌局的人说自己是在"用赌场的钱玩"，相比于用自己带来的钱，用刚赢的钱赌博时人们会更愿意冒险。这是一种非理性的分类，因为一旦他赢了赌局，他赢的钱就不再是"赌场"的，而是他自己的。

这种非理性行为同样存在于利用他人的储蓄进行委托投资的基金经理身上。他们也倾向于对初始投资基金和在市场上刚赚到的钱二者进行错误的心理分类。因此，当他们刚做成一笔赚钱的交易时，就会做出风险更大的投资决策。

第 9 章

博弈论与策略思维

▎引例 请勿乱扔垃圾

无论是散落在人行道上的糖纸，还是公路围栏上飘扬的塑料袋，随手乱扔的垃圾都十分有碍观瞻。相比于脏乱的环境，大多数人更喜欢干净的街道、公园和海洋，那为什么还会存在乱扔垃圾的现象？

想象在阳光明媚的一天，你在家门外的桌边享用午餐。你刚刚吃完，一阵轻风就把你的三明治包装纸吹落到地上。你本可以把它捡起来，但是风却把它吹得更远。你有点赶时间，而且好像并不会因为没有把包装纸扔到垃圾桶里而被抓或受到惩罚。此外，地上也有其他垃圾，你的包装纸不会让整个环境有太明显的不同。因此，你心里怀着一点点内疚，选择对它置之不理。

问题在于，在其他人看到被风吹走的包装纸后，他们更有可能像你一样乱扔垃圾，而这会带来更多的乱扔垃圾的行为，最终导致整个社区越来越脏乱，垃圾遍地。

这是一个悖论。所有人都想要一个干净的环境，但有时某些因素会导致我们让环境变得有一点儿糟糕。随着时间的流逝，如果每个人都让环境变得有一点儿糟糕，累积的结果就是环境会变得十分糟糕。一旦所有人都乱扔垃圾，你难免也会乱扔。这并非最好的结局，但不知怎的，事情就这样发生了。由于无法让所有人都自觉地不乱扔垃圾，环境问题就逐步升级，最后一发不可收拾。

这个问题该如何加以修正？一种观点是针对乱扔垃圾的行为建立严格的规范。其中一种方法是鼓励家庭、学校、教堂以及其他社会组织强化公众保持社区整洁的共同理念。为了针对在路边乱扔垃圾的现象建立社会规范，得克萨斯州的交通运输部率先提出了标志性的"不要毁掉得克萨斯"的标语。

位于东南亚的新加坡政府则采取了一套截然不同的严厉的惩罚措施。这是一种防患于未然的手段，即在新加坡如果被发现随手乱扔垃圾，你将会面临1 400美元的罚款。除此之外，依据新加坡当局通常实施的所谓的"劳改法令"，你还会被强制穿上显眼的绿色马甲在户外捡拾垃圾，接受公众的谴责和监督。如果你试图随手扔掉更多的垃圾，比如从车里扔出来一整袋垃圾，那么除了被没收汽车之外，你还将面临35 000美元的罚款或者一年监禁。

由于有这些严厉的惩罚机制，新加坡比美国的大多数大城市都要干净也就不奇怪了。比如，在纽约，你有时需要走过好几个街区才能找到一个垃圾桶，乱扔垃圾的罚款力度（50～250美元）也不如新加坡大。由于新加坡政府让乱扔垃圾的行为变得十分昂贵，市民除了将垃圾扔进垃圾桶之外别无选择，这有效地解决了乱扔垃圾的问题。虽然新加坡的政策有些强硬，但当局认为高额罚款确实能够帮助人们拥有整洁的环境，而这很难通过自愿实现，因为人们在克制乱扔垃圾行为时会出现集体失败。此外，在预先设置的高额罚款的有效惩罚下，几乎没有人会乱扔垃圾，因此新加坡当局实际上也很少实施罚款。

尽管新加坡已经找到了减少乱扔垃圾行为的方法，但是许多地方的垃圾问题仅通过简单的高额罚款和法令无法得到解决。当垃圾跨越国境转移或者漂浮在开阔的海域时，建立一套有效的国际解决方案十分困难。在州或国家公园的深处以及野外，很难逮到乱扔垃圾的人。即便如此，新加坡的例子已经表明，充分重视人们的动机和激励是探求解决方案的有效途径。

在本章中，我们将看到乱扔垃圾问题是囚徒困境的例子之一——囚徒困境是指双方都进行理性的决策，但对双方而言结果却并不理想的一种博弈。将决策当作是一场"博弈"也许看起来有些轻率，然而经济学家使用博弈这一术语时采用了相比于日常更广泛的含义：对经济学家而言，博弈不是仅发生在象棋、大富翁或者扑克等娱乐项目中，而是指参与者通过策略达到目标的所有情形。正如我们在本章中将会看到的，不同类型的博弈将会出现在环境保护、商业运作以及战争等真实世界的诸多情境之中。

博弈与策略行为

经济学家用**博弈**（game）这一术语表示至少两人参加的且需要每位参与者都进行策略性思考的情形。研究在不同的情况下参与者如何采取策略行为的理论称为**博弈论**（game theory）。

我们已经了解到，人们在审视自己所面临的权衡取舍时，能够理性地通过最有效的方式追求自己的目标。当你所面临的权衡取舍受到他人决策的影响时，理性的做法就是采取**策略行为**（behaving strategically）。策略行为意味着先预测自己的决策与他人的决策之间相互作用，再采取行动以达到目标。当你的结果受制于他人的决策时，询问自己：其他人将会如何反应？正如第 1 章中介绍的，这是经济学家考虑的四个关键问题之一，也是进行明智决策的关键。

规则、 策略和收益

所有的博弈都具有三个特征：规则、策略和收益。规则定义了一场博弈中允许的行动。比如在象棋游戏中，每一种棋子只能朝一个特定方向移动。在实际生活中，人们的行为受到法律和自然法则的双重限制。比如，当两个企业竞争时，可以认为每个企业的成本构成是一种规则。在总统选举中，规则包括总统选举团的运作方式和投票系统要求。在环境博弈中，可以认为自然法则是限制和引导人类进行决策的规则。

策略是参与者为实现目标而采取行动时所遵循的计划。在大富翁游戏中，你会尽可能多地购买廉价的不动产，在海滨木板路或者公园广场建设酒店，或者努力成为铁路和公共设施巨头。所有的这些策略都是为了实现同一个目标：让其他玩家破产的同时赚得更多的游戏币。两个企业竞争的策略可能包括生产特定数量的商品。竞选的策略之一就是候选人通过充满希望的语言和设想吸引人们投票。

收益是特定行为带来的回报。它可能是货币形式的，如从事特定工作获得的工资，或有远见的商业决策带来的利润，也可能是非货币形式的，如象棋比赛中的赢得棋局、竞选中的当选。

一次性博弈与囚徒困境

经典的囚徒困境（prisoners' dilemma）是指双方都进行理性的决策，但对双方而言结果并不理想的一种博弈。这也适用于超过两个人的情形，并且不限于个人，组织也适用。

"囚徒困境"这一名称源于电视剧《法律与秩序》或者其他警匪片中能看到的情形：你和一名同伙由于被怀疑犯下两桩罪行而遭到逮捕，其中一桩非常严重，而另一桩则轻微得多。警察将你们分别关押在不同的房间，一名警察坦白地告诉你，他们掌握了你们犯下轻微罪行的足够证据，但是另一桩严重罪行则证据不足。他想要至少有一个人为严重的罪行负责，因此他提出了一个交易：如果你认罪，但你的同伙拒绝认罪的话，你将会获刑 1 年，而你的同伙将会由于犯下严重罪行，面临最长 20 年的牢狱之灾。

如果你认罪，你的同伙也认罪，会怎么样？警察不再需要你的证词就能够定罪，因此获刑 1 年的交易就取消了。但警察告诉你，作为合作的回报，你将获得减刑，只需服刑 10 年。如果你们两个都不认罪又会如何呢？警察叹气道："那么你们两个都只会因为轻微的罪行被定罪，每人服刑 2 年。"这时，你的脑海里冒出了一个想法：警察是否也向你的同伙提出了相同的交易？"当然。"警察笑道。

你暗自思忖，"如果我的同伙认罪了，我选择认罪将会获刑 10 年，选择不认罪将会获刑 20 年。而如果我的同伙没有认罪，我选择认罪将会获刑 1 年，而不认罪将会获刑 2 年。因此，无论我的同伙做什么，对我来说认罪都是更好的选择。"你马上意识到同伙也会有相同的逻辑。这意味着你们都将选择认罪，并且都面临 10 年监禁。只要你们两个能够设法合作，都拒绝认罪，那么你们就能够避免这个结局，每人只需服刑 2 年。

图 9-1 利用决策矩阵对这一困境进行了描述。横向观察第一行可以发现，如果你的同伙认罪了，你将在自己的第三选择（10 年监禁）和第四选择（20 年监禁）之间进行选择。观察第二行可以发现，如果你的同伙拒绝认罪，你将在自己的第一选择（1 年监禁）和第二选择（2 年监禁）之间进行选择。纵向观察每一列可以发现，对你的同伙而言，他也面临了同样的选择。你们两个所面临的激励意味着你们都将认罪，最终处于左上角的框内，即实现你们的第三选择。然而如果你们能够相互合作，最终可以处于右下角的框内，即两人都实现第二选择。

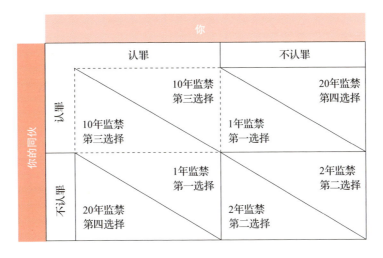

图 9-1　囚徒困境

我们来看一下这种想法如何体现在总统竞选活动中。如果你负责运作 A 党候选人的竞选，你的思路也许是这样的："如果 B 党候选人采取负面竞选策略[⊖]，我们就应该有力地回击，不然就会让自己看起来很软弱。但是，如果他不会采取

　⊖　负面竞选策略是指候选人通过散发对对手不利的负面新闻和广告，来降低对手的可信度。——译者注

负面策略，又会怎样呢？如果我们攻击他，我们将会摧毁他赢得选举的机会。因此，无论对方做出什么选择，我们都最好采取负面策略。"恰巧 B 党候选人的竞选团队也有同样的想法。结果就是：两方的竞选活动都采取了负面策略，两位候选人的声望都受到了损害，选民对政治程序越来越失望。

我们可以通过一个决策矩阵（见图 9-2）对这一情形进行分析。首先，我们必须确定收益。对每一个候选人而言，首要的是轻松赢得竞选，而非面临激烈竞争（轻松获胜是他们的首选）。接下来，相比于落选，他们宁愿面临激烈竞争（落选是他们的最后选择）。在每一种情形下，肮脏选举 ⊖ 是值得付出的代价。但是，如果让候选人在负面损害声望（左上角的选择）和正面提高声望的激烈竞争（右下角的选择）两者之间进行选择的话，两位候选人必然更倾向于后者。

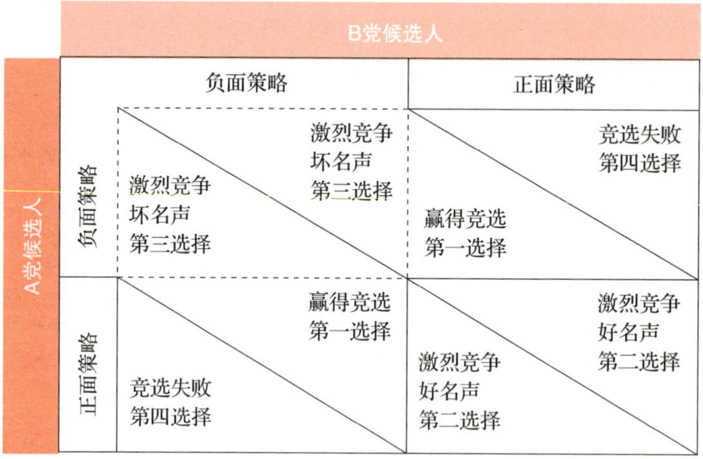

图 9-2　总统竞选中的囚徒困境

正如先前的囚徒困境，两位候选人都十分清楚自己的选择，并且意识到无论对手做什么，他们最好的选择都是采取负面策略。结果，他们都落入了自己的第三选择框内，而如果能够寻求合作的话，他们本来能够实现自己的第二选择。

本章开头描述的乱扔垃圾"博弈"也可以通过一个决策矩阵来进行分析。我

⊖　肮脏选举是指用贿赂或暴力等舞弊手段影响选举。——译者注

们已经用数字标明了不同结果的正反两面。确切的数字大小并不重要，真正重要的是它们的相对大小，以及这些数字是正数、负数还是零。决策者想要得到最大的数值（或者尽可能避免得到较小的数值）。图 9-3 表明了在决定是否让你的垃圾随风远去时，你和你的邻居所面临的决策收益情况（你可以把"你的邻居"看作是社区中所有可能乱扔垃圾的其他人）。正如你所看到的，无论你的邻居是否乱扔垃圾，对你而言，乱扔垃圾都会带来较大的收益，最终的结果是双方都落入了第三选择的框内，尽管如果你和邻居们合作的话，你们本来都能够实现自己的第二选择。

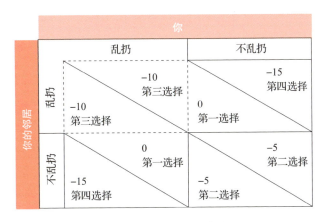

图 9-3　乱扔垃圾的收益

发现占优策略

在之前的囚徒困境中，无论你的同伙做出什么选择，你都最好选择认罪。这种无论其他参与者选择什么策略，对于你都是最佳选择的策略，被称为**占优策略**（dominant strategy）。在总统竞选中，负面竞选是两位候选人的占优策略，当然，结果是两位候选人都名誉扫地。

当然，并非所有的博弈中，每位参与者都有占优策略。以大家熟知的游戏"石头 – 剪刀 – 布"为例（见图 9-4）。如你所知，石头能打败剪刀，剪刀能打败布，而布能打败石头。由于每个参与者同时行动，预测对手的选择十分困难。无论从决策矩阵的纵向还是横向来看，都不存在一个策略，无论对手选择什么，你都一定能赢。

	参与者B		
	石头	剪刀	布
参与者A　石头	平局	A赢	B赢
参与者A　剪刀	B赢	平局	A赢
参与者A　布	A赢	B赢	平局

图9-4　没有占优策略的博弈

实现均衡

回顾第3章中提出的均衡概念：当一个市场实现均衡价格和数量时，意味着当其他买者和卖者的行为一定时，没有任何一个买者有动力付更多的钱，也没有任何一个卖者有动力接受更低的价格。均衡的概念在博弈论中也很常见：特别地，一种特殊类型的均衡被称为**纳什均衡**（Nash equilibrium），是指当其他参与者的选择既定，每位参与者都选择了最佳策略时所达到的均衡。换句话说，就是得知其他参与者的选择后，所有参与者都没有动力再改变自己策略的状态。这一概念是以著名的博弈论学者约翰·纳什的名字命名的。

在类似石头 – 剪刀 – 布的博弈中，纳什均衡并不存在。比如你正在与朋友玩石头 – 剪刀 – 布时，如果朋友选择剪刀，你选择了石头，那么你并没有改变选择的动力（石头能打败剪刀），但对方却有转向选择布的动力（布能打败石头）。而如果你的朋友转向选择布，这会让你转向选择剪刀（剪刀能打败布），如此往复。此时，博弈并不存在一个确定的结果，也就是说，一旦得知对方的选择，你们两个都可能改变自己的策略。

而在囚徒困境中，则存在一个稳定的结果：两方都选择认罪。正如我们在囚徒困境中看到的，对参与者而言，一个博弈的均衡结果并不一定是好的结果。这种负 – 负的结果被称为非合作均衡，因为参与者的行为都是孤立的，只考虑自己的个人利益。

尽管每个人都只考虑自己的个人利益，某些博弈中也存在稳定的正 – 正的结果。思考汽车驾驶的"博弈"：假定某个岛上只有两个汽车驾驶员，你是其中之一，你们两个朝向对方行驶。如果你决定靠右侧行驶，而另一个人决定靠左侧行驶，你们将会迎面相撞（这是你们的最差结果），这并非均衡。如果你的决定让对方有动力也选择靠右侧行驶，那么当你们都靠右侧行驶时，你们将会避免事故的出现（这是你们的最好结果），并且你们没有人有动力再改变。此时，靠右侧行驶就是一个正 – 正的结果。

正如你或许已经注意到的那样，博弈可能存在不止一个均衡结果。你们两个都靠左侧行驶也是一个均衡。的确，除美国之外的一些国家，例如英国、日本和澳大利亚，人们在汽车驾驶的博弈中已经达成了靠左行驶的均衡结果。这个例子也告诉我们：一场博弈在达到均衡时，并不一定存在占优策略。无论是靠右侧行驶还是靠左侧行驶都不是占优策略，最好的决策取决于另一个参与者怎么做。

通过承诺避免竞争

在对囚徒困境的讨论中，我们已经多次强调，如果博弈的参与者之间能够合作的话，他们的情况将会有所好转。那么他们为什么不合作呢？这并不仅仅是因为他们被关在不同的房间里而无法交谈（实际上，两位总统候选人本来可以互通电话，就正面竞选达成一致），也不是简单的信任问题，而是即使你事先和同伙就不认罪达成一致，你也难免担心同伙会先行认罪而违背你们的承诺。

实际上，问题比这还要复杂得多。即使你完全确定你的同伙值得信任，不会认罪，你仍然应该认罪（记住，无论你的同伙做什么，你都最好认罪，这是一个占优策略）。在囚徒困境式的博弈中，预先商量好的合作协议很难得到执行，因为两个参与者都有很强的动机背叛对方。

解决这个问题的方法之一是建立背叛的惩罚机制，降低参与者的收益。为了保证合作协议得以履行，惩罚必须足够严厉，其威慑力必须超越不合作行为带来的任何诱惑。这可行吗？可行性取决于特定博弈的具体情形。在经典的囚徒困境中，想象你和同伙是同一个犯罪团伙的成员，你们达成一致协议——不为其他人有罪作证，否则将会被处死。这戏剧性地将认罪的收益变为：较短的刑期，但刑满释放后被处死。在这种情况下，"不认罪"变成了一个更具吸引力的选择。

这是**承诺策略**（commitment strategy）的典型例子，协议规定如果有人背叛了给定的策略，在未来可以对其施加惩罚。通过就未来的惩罚达成一致，改变收益，能够让参与者实现原本难以维系的互利均衡。

负面竞选的例子又能如何呢？很可惜，竞选中承诺策略难以奏效。参与竞选的政客们经常旗帜鲜明地当众承诺要进行正面竞选。理想状态下，当候选人采取负面手段时，选民会对违背承诺的候选人心生愤怒而转投他人。然而，这一承诺策略要切实奏效，选民们必须足够愤怒，才能超过负面手段带来的选举优势。鉴于诸多类似承诺做出后就立马遭到背弃，其约束力实际上微乎其微。

基于公共利益促进竞争

通过承诺策略达成正–正结果对每个人都有好处。比如，在竞选博弈中，如果候选人能够就正面竞选达成一致，公众就能够获益。选民可以避免负面竞选带来的不愉快，选民投票率和政治活动的公共利益都会得到提升。

然而，在某些囚徒困境式的博弈中，阻止参与者合作有利于公共利益。我们之前针对典型的囚徒困境设想的承诺机制，与真实世界中的现实情况相差无几。著名的沉默法则能够阻止黑帮成员与官方当局进行交谈，这让检察官几乎无法说服黑帮成员认罪，并且出面指认黑帮组织的领袖。这就是建立证人保护计划的原因所在，即试图增加认罪的收益，同时推动参与者回到追求自身利益的博弈状态。

考虑一个在商业领域内更为常见的例子：假设一个小镇上有两个加油站，分别由康菲石油公司和埃克森美孚公司开设，每个加油站都可以在高油价和低油价之间进行选择。这让我们可以得到四种可能的结果和收益，如图 9-5 的决策矩阵所示。

- 如果两个加油站都采取低油价策略，它们都将获得低利润。

- 如果两个加油站都采取高油价策略，它们都将获得中间利润。
- 如果埃克森美孚公司油价高而康菲石油公司油价低，小镇的每个人都会去康菲石油公司的加油站加油。康菲石油公司的加油站将获得高利润，而埃克森美孚公司的加油站将无利润。
- 如果埃克森美孚公司油价低而康菲石油公司油价高，相反的情况就发生了：每个人都会去埃克森美孚公司的加油站加油，这会让埃克森美孚公司的加油站获得高利润，而康菲石油公司由于没有顾客光顾，将无利润。

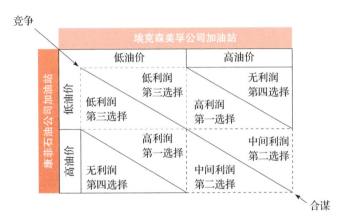

图 9-5　两个石油公司加油站竞争中的囚徒困境

这一分析过程看起来似曾相识：这一博弈是囚徒困境的另一个应用，占优策略是低油价。尽管如果两个加油站能够就高油价达成一致，它们将获得更高的利润，但是它们仍然会选择低油价的占优策略。这一非合作均衡虽然对博弈的参与者——两个加油站而言是坏消息，但是对可以低价加油的小镇消费者而言却十分有利。

我们可以预料，两个加油站的经营者一定会试图找到合作的方法，以实现它们都能获得高利润的均衡（我们将在接下来的内容中探讨实现合作的一种途径）。但是小镇的消费者却想要阻止这一结果发生，因为这将会让他们没得选择，只能为汽油支付高价。我们甚至采用了一个略带负面的词语"合谋"来指代此类商业领域的合作，而采用一个更为正面的词语"竞争"来指代非合作均衡。

在接下来的章节中我们将看到合谋实质上存在一个共同的问题：企业往往试图找到合谋的途径来索取高价，然而，代表消费者利益的政府则试图找到阻止它们的方法。用博弈论的语言来说，就是将改变价格竞争博弈规则的合谋裁定为非法行为。

囚徒困境中的重复博弈

到目前为止，我们已经对囚徒困境博弈建立了一次性决策模型。在博弈论的经典理论中，对两个面临 20 年监禁的共犯而言，这种建模是十分准确的，这确实是一个一次性决策。但是在总统竞选的例子中，这并不准确：采用正面策略还是负面策略的决策并非只在竞选开始时进行一次，而是每天都在进行。加油站的经营者每天甚至每个小时都可以改变自己的价格。经济学家将进行不止一次的博弈称为**重复博弈**（repeated game）。

当博弈重复进行时，策略和激励措施往往完全不同。特别是，参与者不再需要通过承诺策略来实现共同获益的均衡。为了弄明白为什么，我们回到只有两个加油站的小镇。想象你经营着埃克森美孚公司加油站。某个早晨，你也许会想："今天我要提高油价。当然一开始我会损失一些钱，但是这值得冒险，因为康菲石油公司加油站的经理也许会看到彼此长期获益的机会。"因此，在博弈的第一回合，埃克森美孚公司加油站采取了"高油价"的策略。

现在想象你经营着康菲石油公司加油站。当你看到埃克森美孚公司加油站提高了油价，你也许会想："太好了，人们都会来我的加油站里加油，我将会赚到更多的钱。但是等一下，这并不持久。当埃克森美孚公司加油站开始亏损时，它除了降价之外别无选择。如果我也提高油价，也许埃克森美孚公司的经理将会保持高油价，那么我们都能够获得更多利润。"由此，在博弈的第二回合，埃克森美孚公司加油站和康菲石油公司加油站都采取了"高油价"的策略。

在第三回合将会发生什么呢？两个加油站的经理都会想："如果另一个加油站维持高油价的话，我降价将会带来更多利润。但是这不可能发生，是吧？如果我降价，另一个加油站也一定会被迫降价。因此我将会保持高油价，同时看看对方是否也这么做。"于是，在博弈的第三回合，两个加油站再一次地采取了"高油价"策略。在接下来的第四、第五、第六回合中，同样的理由仍然成立。因此，在两个参与者的持续合作下，汽油维持了高价。

一报还一报策略

埃克森美孚公司加油站和康菲石油公司加油站的经理之间的思维过程是一报还一报（tit-for-tat）策略的典型例子。一报还一报是一种十分坦率的想法：无论对方做什么，你都会采取相同的行为作为回应。

实际上，在囚徒困境式的重复博弈中，一报还一报策略十分有效。如果对方做出了合作举动（比如在加油站的例子中，采取高油价策略），那么作为回应，你也会进行合作（也提高油价）。如果对方采取了非合作的背叛举动（降低油价），你也会回敬以非合作举动（也降低油价）。两个都采取一报还一报策略的参与者能够很快就持续合作达成一致。

需要指出的是，重复博弈的参与者没有必要为了实现合作而采取公开承诺策略或者签订明确协议。例如，镇上的两个加油站仅仅通过两个参与者的理性博弈，就能够长期维持高油价。实际上，签订明确协议维持高价的行为是违法的（合谋），而维持高价的公开承诺策略也不受消费者欢迎。因此，公司往往会通过微妙的手段让竞争对手了解自己将坚持采取一报还一报策略，由此降低竞争对手降价对已经达成的高价均衡产生威胁的风险。阅读以下专栏了解这一类共同约定。

🎯 价格一致承诺保证了什么

有些公司的广告宣称，如果你能够在其他地方发现更低的价格，它们将把价格变得与之一致。潜台词是它们确信自己的价格是最低的。然而，这其中的博弈更为微妙，并且对消费者而言没有半点儿好处。实际上，博弈论表明，价格一致承诺所保证的是更高的价格，而非更低的价格。

在本书写作期间，相互竞争的两大家装巨头家得宝和劳氏公司采取了几乎一致的价格政策。两个商场都承诺不仅与对方的广告价格相一致，而且在其基础上再打九折。与之矛盾的是，这些保证意味着没有公司有动力实行低价。实际上，价格一致政策公开且清晰地传达了公司将坚持一报还一报策略的信号。

想象一下，假设两个公司对同一款剪草机定价 300 美元。如果劳氏决定将价格降为 250 美元会怎样？家得宝的价格一致承诺意味着消费者从家得宝购买的话，可以再便宜 25 美元（在此基础上再打九折，比对方低 10%），即 225 美元。这导致劳氏的低价策略收效甚微。对家得宝而言亦是如此。

虽然我们并未就家得宝和劳氏的价格与成本进行经济分析，但是这个例子能够让我们一睹价格一致承诺令人惊奇的真实面目。博弈论告诉我们，承诺更低的价格并未像宣称的那样保证了低价。由于明确地就特定价格进行合作是违法的，一家公司的最好选择是采取一报还一报策略。公司只要做出合法的价格一致承诺并且广而告之，就能够为自己确立一个可置信的威胁，即它将采取一报还一报策略。结果就是，高价得以维持，在损害顾客利益的同时，公司暗中受益。

可见，一报还一报是一个特别有效的策略。然而为什么在每次竞选中，参选者不会重复地采用正面的一报还一报策略，从而保证竞选是正面的？有以下几点原因：一是竞选不像汽油销售，并非无限期地重复。随着选举日益临近，博弈越来越接近一次性博弈，且背叛合作的激励越来越强。二是竞选的参与者首要关心的是相比于对手做得更好（比对手获得更多的选票）。相比之下，加油站更关心绝对收益（赚取尽可能多的利润）。

尽管一报还一报策略并非适用于所有情况，但是它仍然为我们分析诸多情形提供了极为有效的工具。实际上，政治学教授罗伯特·阿克塞尔罗德举办了一场由数十个电脑程序基于不同策略相互竞争的比赛，试图找到在重复的囚徒困境博弈中能够获得最大收益的策略。最终，在 14 个参与竞争的策略中，由数学家阿纳托尔·拉波波特提交的一报还一报策略脱颖而出，成为最成功的策略。

以下专栏阐述了人类的很多情绪是从祖先的一报还一报策略中演变而来的这一理论。

🌐 博弈论能解释你为什么会感到内疚吗

你有没有想过你的情绪从何而来？为什么我们会感受到诸如同情、感激、报复、内疚和宽恕等情绪？提出互惠利他主义理论的进化生物学家罗伯特·特里弗斯推测，我们进化出的此类情绪能够帮助我们在"博弈"中采取一报还一报策略进而实现合作，而这也让我们的祖先得以生存和延续。

设想你是生活在原始社会的狩猎－采集部落成员。第一天，你收获颇丰，带回了你自己吃不完的食物，而你的邻居一无所获。你可以选择合作（与邻居分享食物）或者不合作（自己拼命吃掉所有食物）。第二天，也许你的邻居有所收获，而你没有，并且他也做出了相同的选择。在这种情形下，相比于不合作（你们每个人轮流挨饿或暴食），如果能够维持合作，你和邻居都会生活得更好（分享食物并且每天都能吃得好）。

要实现持续的合作需要什么情绪呢？首先你必须有足够的同情心，分给你倒霉的饥饿邻居一些食物。接下来你的邻居需要心怀感激，进而愿意在第二天与你分享食物以作为回报。如果某天你的邻居做出了非合作举动，拒绝与你分享食物，你需要诸如报复的情绪激励你采取惩罚措施，不与他分享食物。而如果你的邻居随后感到内疚，并在接下来的一天又与你分享食物，你需要诸如宽恕的情绪，让自己回到彼此分享的惯例中。

当然，没有人完全了解为什么人类具有感受这些情绪的能力。但有趣的是，我们的很多情绪正是成功平衡自我利益和合作所需要的。

序贯博弈

到目前为止，我们已经分析了参与者同时做出决策的博弈。在囚徒困境博弈或者石头－剪刀－布博弈中，每个参与者在得知其他参与者的决策之前，都会想好自己要采取哪种策略，然后同时做出决策。然而在许多真实世界的情形中，一个人或企业往往必须抢在对手之前做出决策。当参与者并非同时而是依次行动时，我们称之为序贯博弈。

前向思考，逆向行动

在序贯博弈中，策略行为的一个特别重要特征就是"前向思考，逆向行动"。首先，你必须前向思考：你正在考虑的情形中所有可能的结果都是什么？你更倾向于哪种结果？接下来，你必须逆向行动：为了达到你更倾向的结果，你需要做出什么选择？

这种反向分析问题的过程，即从最终的选择开始逐项向前，直至确定最优策略，被称作逆向归纳法（backward induction）。这可能是你一直采用但并不自知的方法。

举一个简单的例子，假设你正在进行下一学期的选课。面对诸多选择，你会怎么做呢？首先，前向思考，假设你渴望成为一名荣获普利策新闻奖的记者。接下来，逆向行动。要获得普利策新闻奖你需要做什么呢？你需要得到一份顶尖报社的工作。而你如何得到顶尖报社的工作呢？你需要获得新闻学硕士学位。你如何获得新闻学硕士学位呢？你需要有英语或传播学的本科学位。而这又要求你修完非小说类写作的必修课程。因此，你下学期应该选非小说类写作入门课程。

如图9-6所示，这一推理过程是逆向归纳法的典型例子：从你想要的结果开始，按时间逆向行动，依次决定为了达到目标，你必须做出的每个决策。

阻止对手进入市场：一个序贯博弈

在序贯博弈中，当其他参与者为了回应你的决策而做出的行为会对你产生影响时，逆向归纳法是一个特别有用的分析方法。在商业中尤其如此；许多企业不得不在序贯博弈中做出策略决策。此类例子之一就是进入某一市场。假设麦当劳公司正在考虑在一个没有快餐店的小城镇上开一家餐厅。同时，假设麦

问题：下学期你应该选什么课程？

愿望：获得普利策新闻奖

问：为了获得普利策新闻奖你必须做什么？
答：你必须就职于一家顶尖报社。

↓

问：要得到一家顶尖报社的工作必须做什么？
答：你必须获得新闻学硕士学位。

↓

问：为了获得新闻学硕士学位你必须做什么？
答：你必须获得英语学士学位。

↓

问：为了获得英语学士学位你必须做什么？
答：你必须修完非小说类写作的必修课程。

由此，你下学期应该选择非小说类写作的入门课程。

图 9-6　利用逆向归纳法进行决策

当劳只考虑在那些预计投资回报率至少为 10% 的地方开店，因为公司把钱转投其他项目时能够获得 10% 的回报。

公司高层在两处可行的选址中举棋不定：在市中心，地价昂贵，但顾客到店用餐更方便；在郊区，地价便宜，但顾客必须开车才能到达。公司的计算结果（在这个例子中是假定的）表明，位于郊区的麦当劳餐厅能够获得 20% 的回报，而位于市中心的可以获得 15% 的回报。如果麦当劳的分析过程到此为止的话，它将会选择将新店建在郊区。

然而，如果公司高层进行策略思考，就会意识到存在汉堡王也考虑进军同一个城镇的可能性。麦当劳的计算表明，如果存在两个相互竞争的快餐店，餐厅的位置就很重要：如果一个在市中心而另一个在郊区的话，由于大多数顾客不愿意驱车驶往郊区，市中心的快餐店会获利颇丰，将获得 12% 的回报，而郊区的快餐店仅获得 2% 的回报；如果两家店都在郊区，每一家都将获得 8% 的回报；如果两家店都在市中心，每一家将获得 4% 的回报。

鉴于不确定汉堡王是否进入市场，麦当劳应该怎么做呢？如果麦当劳将新店建在郊区，可以预见由于受到 12% 回报率的吸引，汉堡王将会在市中心开设新店。这将会把麦当劳的回报率降至仅 2%。但是如果麦当劳选址于市中心，可以确信汉堡王根本不会进入该市场。这是因为如果汉堡王也选址于市中心只会获得4%的回报，而选址于郊区则仅仅获得2%。由此麦当劳可以确信汉堡王将不会开设新店，而是选择将钱投向具有10%回报率的其他项目。

我们可以利用名为决策树的图表来对麦当劳面临的决策进行分析，如图9-7所示。由于麦当劳是博弈中的先行者，第一个决策点（见图9-7左侧）显示了它选址于郊区或者市中心。无论麦当劳做出何种选择，接下来汉堡王决定是将新店建在郊区、市中心还是不开设新店，这体现在决策树的第二层。

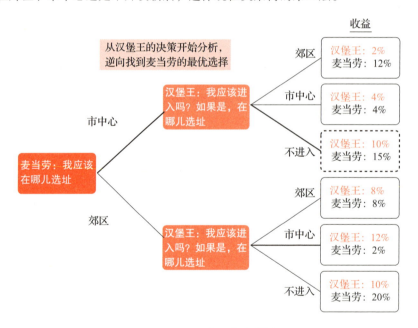

图9-7   进入市场的决策树

我们可以采用逆向归纳法分析对麦当劳而言最好的做法。从决策树的最右侧开始，我们可以发现如果麦当劳选址于郊区，汉堡王将会在市中心开设新店（请见"市中心"粗线指向的选项）。但是如果麦当劳抢先在市中心开店，汉堡王将选择不进入市场。决策树显示了麦当劳的实际回报率并非如最初设想的那样——在选址于市中心的15%和选址于郊区的20%两者之间选择，而是在选址于市中心的 15% 和选址于郊区的 2% 之间进行选择。尽管对麦当劳而言，没有竞争者时选址于市中心并非最好的决策，但这样做能够阻止竞争者进入市场，因此，这是最好的策略决策。

序贯博弈中的先发优势

在上述博弈中，先行者麦当劳最终获得 15% 的回报，后发者汉堡王却不得不投资于别的项目以获得 10% 的回报。如果汉堡王率先进入市场，它就可以将自己置于麦当劳的境地，在市中心建新店并且将麦当劳排除在市场之外。在这一博弈中，无论谁率先进入城镇都将获得较高的回报，后进入的公司只能获得较低的回报。这类博弈中存在先发优势（first-mover advantage），即率先行动的参与者相比跟随者能得到更高的收益。

在只进行一个回合的序贯博弈中，先发优势十分重要。设想一个公司与工会就工资进行讨价还价的博弈。实际上，两方的讨价还价是关于如何对创造的剩余进行分配（在这一情形下，剩余是指人们从交易中获得的好处）。如果这是只有一个回合的序贯博弈，并且公司先采取行动，提出只支付剩余的 1%，工会将面临的选择是：接受公司的提议，或者通过罢工拒绝提议，这将让公司和工会两者获得的剩余均为零。由于 1% 总比什么都没有好，工会只好接受这一吝啬的提议。图 9-8 的决策树展现了这一过程。

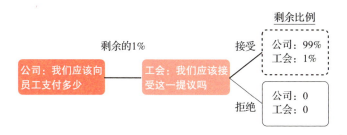

图 9-8 只有一个回合的序贯博弈的决策树

然而，如果工会能够率先选择，它可能会要求得到剩余的 99%。它可以设想公司宁愿付出高额工资，也不愿意工人罢工，一分钱也赚不到。经济学家将这一情形，即一个参与者做出提议，另一个参与者只能简单地选择是接受还是放弃，称为最后通牒博弈。正如我们下面将看到的，如果另一个参与者具备议价能力，也就是将一个回合的博弈变为多个回合的博弈，情况将会发生戏剧性的改变。

重复序贯博弈

我们已经看到重复博弈能够让合作得以维持，从而改变诸如囚徒困境等同时博弈的性质。重复博弈也会减少先发优势，从而改变序贯博弈的结果。

具备议价的能力让讨价还价从一个由先发优势主导一切的博弈转变为一个耐心成为制胜策略的博弈。为什么呢？在几乎所有的情形下，一笔既定数额的钱处于"未来时"的价值都不如这笔钱处于"现在时"的价值大。讨价还价需要时间，在参与者达成一致之前，伴随着每一回合的讨价还价，他们所参与分配的剩余的价值都在不断地减少。在公司与工会之间的工资谈判中，我们可以想象这种减少源于谈判期间错失的生产时间。在这一情形下，越有耐心的参与者，即相比于现在的金钱，更看重金钱未来价值的人，越具有优势。越有耐心的参与者，讨价还价能力越强，因此可以获得更好的收益。

在实际生活中，大部分工资谈判不会耗时多年（尽管有些会这样）。如果每个参与者都知道对方的耐心有多大，那么两方不必进行多回合博弈，而是可以简单地按照假设完成了所有回合博弈后将会发生的结果进行提议。此时，剩余的分配将与每个参与者的耐心成比例。

序贯博弈中的承诺

回顾前面的内容，在类似囚徒困境的同时博弈中，做出可信的承诺能够改变收益并且影响其他参与者的策略。我们将会看到在序贯博弈中也存在同样的情况。思考一个来自军事策略的例子，一位将军利用承诺策略，看似矛盾地限定自己的选择，实则提高了胜利的机会。

在 16 世纪早期，西班牙征服者荷南·科尔特斯到达了墨西哥海岸，想要宣称这片土地属于西班牙。而这片土地当时隶属于强大的阿兹特克帝国，帝国拥有雄厚的战斗实力。图 9-9 表明了这一博弈的决策树。两方都可以选择前进战斗或者撤退保命，并且阿兹特克人可以先行选择——决定如何应对科尔特斯的入侵。如果阿兹特克人撤退，他们确信科尔特斯将会继续前进并且占领他们的土地。如果阿兹特克人奋起反抗，那么科尔特斯将面临两个选择：撤退得以活下来，或者继续前进并殊死奋战。

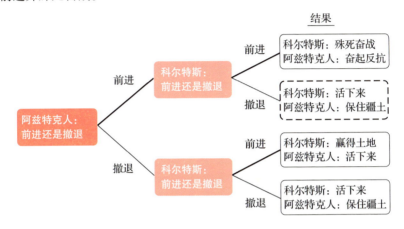

图 9-9　科尔特斯与阿兹特克人的决策树

无论科尔特斯宣称自己的士兵如何勇敢忠诚，阿兹特克人都会预期，如果面临的是一场殊死搏斗，西班牙士兵将宁愿安全地撤退到船上。因此，阿兹特克人会决定奋起反抗。如果博弈的双方都理性行事，结果将是科尔特斯选择撤退。

预感到阿兹特克人的计谋之后，科尔特斯采取了一个极端的举动：他烧掉了自己的战船，切断了胆小士兵撤退的后路。图 9-10 表明了这一大胆的举动如何改变了决策树。在新的情形之下，阿兹特克人知道如果他们反抗，科尔特斯除了殊死奋战之外别无他选。因此，阿兹特克人相比于奋起反抗，更愿意撤退保命。

通过减少选择做出承诺，科尔特斯强势地改变了对手的策略，这一承诺带来了科尔特斯原本无法获得的收益。

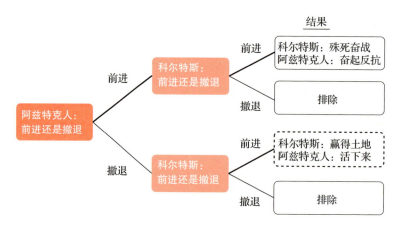

图 9-10   烧掉战船后的决策树

企业决策

ECONOMICS

第 10 章

完全竞争与垄断

ECONOMICS
ECONOMICS

引例　你在那个处方上支付了什么费用

如果你对花生过敏，那么你面临的威胁可能无处不在：生日派对、学校食堂、餐厅，甚至看起来无害的杂货店。为了应对这种风险，对花生过敏的人通常会随身携带 EpiPen——一种能方便地提供正确剂量的药物以阻止过敏反应的急救装置。能否方便地使用 EpiPen 可能决定着一个人的生死。

EpiPen 并不便宜。2016 年，两支装的价格约为 600 美元，比 2007 年的 97 美元高出很多。在 2016 年的一场竞选演讲中，民主党总统候选人希拉里·克林顿点名批评 EpiPen 制造商迈兰公司（Mylan），称 EpiPen 价格上涨是"公司利用顾客牟利的最新例证"。不久之后，参议院老龄化特别委员会要求迈兰公司的首席执行官希瑟·布雷施（Heather Bresch）解释 EpiPen 价格变动的原因。保险巨头信诺（Cigna）停止为 EpiPen 承保，CVS 药店开始提供名为 Adrenaclick 的替代产品，价格为 100 美元。

在公众的抗议声中，迈兰公司推出了一种"非专利"版本的 EpiPen，价格仅为 300 美元。迈兰公司的高管指出，通过使用优惠券和保险报销，大多数顾客实际支付的价格远远低于全价。尽管价格有所调整，但是 EpiPen 的价格仍远远高于其内含药物成分的价格——每剂量肾上腺素（EpiPen 内部的活性药物成分）的价格为 1 美元。这是怎么回事？

一方面，迈兰公司对注射器拥有专利，因此它可以对 EpiPen 收取高价。其他公司无法复制迈兰的设计并进入市场。另一方面，在拥有市场支配力的背后，迈兰不仅承担着经营成本——公司制作并播放广告，以吸引人们购买其产品，还承担着高昂的研发（R&D）成本，以寻找下一个神奇疗法并将其推向市场。

据估计，开发一种新药通常需要十年时间和多达 10 亿美元的资金。而只有少数研发出的药物会被批准上市销售，且在被批准上市销售的药物中，也只有少数会成为畅销品。事实上，制药巨头辉瑞的一位研发经理曾表示，他的团队一年内可能会研发出 5 000 种化合物，其中，只有 6 种药物能够进入批准使用前的临床试验阶段。

无论迈兰公司一年生产多少 EpiPen，研发成本都是相同的。经济学家称这种成本为固定成本——无论生产多少，都保持不变的成本。迈兰公司还必须雇用工人，购买肾上腺素用于生产 EpiPen，以及支付工厂正常运转所需的水电费。由于这些成本取决于迈兰公司生产 EpiPen 的数量，因此迈兰在这些方面的支出被称为可变成本。

生产成本

在本章中，我们将了解到固定成本和可变成本的差别能够解释制药及其他行业企业的运作方式。我们将讨论衡量成本、收益和利润的不同方法，以及它们如何影响生产决策。我们将深入挖掘哪些细节决定了供给曲线。了解成本和利润的具体细节，对于如何经营一家企业以及决定是否投资一家企业至关重要。

企业的基石：收益、成本和利润

经济学家假设，企业的目标是利润最大化。利润动机是理解企业行为的核心，正如对效用的追求是个人决策的驱动力一样。如果我们问"企业到底想要什么？"，答案就是利润最大化。

为了定义利润，我们必须从另外两个较为熟悉的经济学概念开始：收益和成本。一家企业出售商品和服务所获得的金额就是其总收益。一家企业为了生产商品和服务而花在投入品上的支出就是其**总成本**（total cost）。总成本包括一次性支出（比如购买设备），也包括持续性支出（比如租金、工人工资、原材料和广告费用）。换句话说，总成本就是企业为生产商品和服务所花费的所有费用。

收益和成本共同决定了企业的利润。简单来说，**利润**（profit）就是总收益与总成本之间的差额。

$$利润 = 总收益 - 总成本$$

收益等于企业售出的每种产品的数量乘以售出的价格。

$$收益 = 数量 \times 价格$$

相比较而言，收益的计算通常很简单，成本才是计算利润时要考虑的复杂因素。接下来我们将看到，对不同类型的成本（尤其是机会成本）进行衡量十分复杂，但是它对于生产过程中的重大决策十分重要。

固定成本和可变成本。计算成本的首要步骤就是区分固定成本和可变成本。**固定成本**（fixed costs）就是与产量无关的成本。对辉瑞公司而言，研发部门的运作成本就是固定成本；无论药品销量多大，即使是零，这一成本也会发生。有时，固定成本是一次性的、需要在商品生产之前就提前支付的前期费用。例如，如果你想开一家外卖比萨店，前期你就需要支出一次性固定成本用于购买烤箱，然后才能制作第一张比萨。固定成本也可以是经常性的，比如你为了你的比萨生意在街角租了一个店面，无论你制作和销售多少比萨，每个月你都要支付房租，这个房租就是经常性固定成本。

可变成本（variable costs）就是会根据产量的变化而变化的成本。这种成本包括最终转化为产品的原材料成本，以及多种劳动成本。一家制药公司的可变成本包括最终变为药品的化学品、包装材料，以及制造并且包装药品的员工的工资。一家比萨店的可变成本包括比萨面团和上面的配料成本、外带的纸盒成本以及员工的工资。为了生产更多的药品或者比萨，这些企业不得不购买更多的原材料并且雇用更多的员工，这也会使它们的可变成本增加。

显性成本和隐性成本。经营一家企业的机会成本由两部分组成：显性成本和隐性成本。**显性成本**（explicit costs），即需要企业实际支付货币的成本。这几乎涵盖了我们通常所认为的所有成本，包括固定成本和可变成本。比如房屋租金、员工工资、原材料成本和设备成本——这些都需要企业付钱。

隐性成本（implicit costs）是指企业所放弃的机会的成本，即企业将自有资源用于其他用途本来可以获得的收益。

正如我们在后面将看到的，显性成本与隐性成本之间的差别对于我们计算企业的利润具有重大影响。

经济利润和会计利润。通常情况下，当一家企业披露自己的利润时，你看到的是它的**会计利润**（accounting profit），也就是总收益减去显性成本。

$$会计利润 = 总收益 - 显性成本$$

只考虑显性成本会让我们难以看清一家企业的实际经营情况。为了看得更清楚，我们需要计算一家企业的**经济利润**（economic profit）——总收益减去所有的机会成本，包括显性成本和隐性成本。

$$经济利润 = 总收益 - 显性成本 - 隐性成本$$

根据图 10-1 中的争论，我们可以看到为什么了解经济利润和会计利润的差别十分重要。如果 CEO 听取了经理 A 的建议，那么她会将会计利润报告给公司的股东。但是，如果她想要维护股东的利益，她就需要听取经理 B 的意见，做出果断的不购买决策。因为股东更为关心经济利润，他们会意识到公司投资于其他商业机会将会赚得更多的钱。对现实世界中的大多数企业而言，了解经济利润和会计利润之间的差别关乎成败。

生产函数

企业通过集合不同要素生产出消费者想要的商品或服务来创造价值。投入到生产过程中的要素——原材料、劳动、机器、时间、创意，都是投入品。生产出来的商品和服务则是产出。投入与产出之间的数量关系被称为**生产函数**（production function）。

边际产量。生产过程本身可以被看作一道食谱，将特定数量的投入品以某种

图 10-1   定义企业决策中的利润

方式结合起来，最终得到想要的产出。然而，将其比作食谱并不准确。如果你曾经参照食谱做过菜，你就会发现对做菜而言，各种原料的比例十分重要。如果食谱是 4 人份的，但是你想做饭给 8 个人吃，那么你可以简单地将所有原料的数量加倍。但这种简单地按比例放大或者缩小的方式对企业而言通常不适用。有时，一家企业投入加倍后得到的产出比加倍还要多。有时，为了让产量翻番，其投入往往比翻番还多。

为了弄清楚这是怎么回事，我们仍以你新开的比萨外卖店为例。为了简化，我们只关注一种投入品——劳动。

雇用一名新员工所带来的比萨产量的增加被称为该员工的**边际产量**（marginal product）。一般而言，投入到生产过程中的任何一种投入品的边际产量都是指由额外的一单位投入品引起的产出的增加。

然而，可能从第三名员工开始，新雇用的员工对总产量的贡献逐渐变少。这表明了生产中的一个常见规律，称为**边际产量递减**（diminishing marginal product）。这一规律可表述为，随着投入品数量的增加，单个投入品的边际产量减少。

考虑将边际产量与第 1 章中讨论的理性决策的重要方面联系起来。我们曾提出理性人在边际上进行决策，他们基于边际量权衡取舍，而不是把决策看作要么全有要么全无。我们在接下来的章节中将看到，企业也是在边际上进行生产决策的。也就是说，它们在决定是否再雇用一名员工或者再建造一座工厂时，会比较一项投入的边际产量和边际成本。

成本曲线

我们刚刚深入探讨了企业的生产方面。我们知道，企业可以根据边际产量决定使用多少投入品。相应地，此类决策也决定了企业的产量。

当然，生产的另一面就是成本。当企业为了增加产量而调整投入品的数量时，必然伴随着成本的变化。一般而言，即使企业已经到达了边际产量递减的临界点，投入品的成本也不会简单地随之下降。也就是说，尽管你雇用的第十名员工对产量的贡献很小，但是他的工资与第一名员工的工资完全相同。

在这一部分中，我们将进一步讨论企业如何利用下列概念：总成本、平均成本和边际成本。

$$总成本（TC）=固定成本（FC）+可变成本（VC）$$

$$平均固定成本（AFC）=\frac{固定成本}{产量}$$

$$平均可变成本（AVC）=\frac{可变成本}{产量}$$

$$平均总成本（ATC）=\frac{总成本}{产量}$$

由于边际产量递减规律在发挥作用，我们可以看到图 10-2 中的可变成本曲线逐渐变得陡峭。你会发现 x 轴上的每一单位产出，相比之前的一单位产出，需要更多的位于 y 轴的成本投入。这种边际成本递增是由边际产量递减导致的必然现象：随着投入品的生产率递减，为得到一单位产出需要花费的成本更高。

我们来看一下画出平均成本曲线时会发生什么，如图 10-3 所示，首先需要注意的是平均固定成本曲线（AFC）向下倾斜。原因在于，产量增加但固定成本保持不变，因此每单位产量的平均固定成本不断下降。平均可变成本曲线

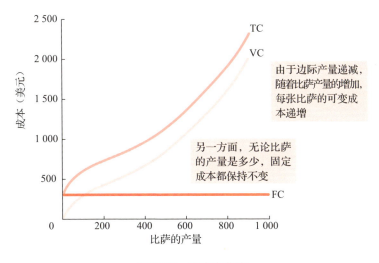

图 10-2　总成本曲线

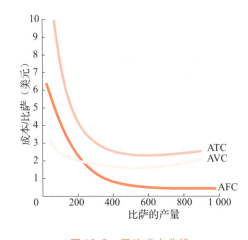

图 10-3　平均成本曲线

（AVC）是 U 形的。开始时由于最初的少量员工的边际产量递增而向下倾斜。随着边际产量递减规律发挥作用，它开始向上倾斜。

你真正想了解的是你在每张比萨上所花费的成本，即平均总成本曲线（ATC）。为了弄清楚这一点，你必须同时考虑固定成本和可变成本。ATC 曲线也是 U 形的，但不如 AVC 曲线的形状显著。原因在于 AVC 曲线的上升趋势一度被 AFC 曲线的下降趋势所抵消。

边际成本。另一种决定雇用多少员工的方法就是考虑边际成本。由于企业根据边际量进行决策，因此可以思考多生产一单位产品需要付出多少额外成本，也就是**边际成本**（marginal cost，MC）。我们用总成本的变化量除以产量的变化量就可以计算出产出的边际成本。

$$边际成本 = \frac{总成本的变化量}{产量的变化量}$$

正如我们在图 10-4 中所看到的，边际成本曲线（MC）也是 U 形的。边际成本先是递减（由于边际产量递增），而后递增（由于边际产量递减）。我们把 MC 曲线和 ATC 曲线画在一张图上，如图 10-5 所示，可以发现 MC 曲线穿过 ATC 曲线的最低点。如果增加一单位产量的边际成本低于你当前的平均总成本，那么生产这一单位产品将会降低你的平均总成本。反之，如果增加一单位产量的边际成本高于你当前的平均总成本，那么生产这一单位产品将会增加你的平均总成本。

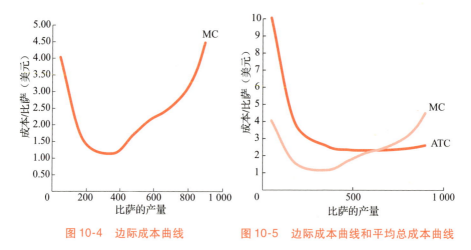

图 10-4　边际成本曲线　　图 10-5　边际成本曲线和平均总成本曲线

在接下来的几个章节中，我们会发现边际成本和平均总成本的概念对生产决策而言十分重要。为了有助于复习，表 10-1 对不同类型的成本进行了总结。

表 10-1　成本汇总

类型	描述	计算
总成本（TC）	企业为了生产商品和服务，在所有投入品上的支出金额（包括固定成本和可变成本）	TC = FC + VC

（续）

类型	描述	计算
固定成本（FC）	与生产的产品数量无关的成本	—
可变成本（VC）	与生产的产品数量相关的成本	—
显性成本	需要企业实际支付货币的成本	—
隐性成本	企业所放弃的机会的成本	—
平均固定成本（AFC）	固定成本除以产量	$AFC = FC/Q$
平均可变成本（AVC）	可变成本除以产量	$AVC = VC/Q$
平均总成本（ATC）	总成本除以产量	$ATC = TC/Q$
边际成本（MC）	企业增加额外一单位产品时增加的成本	$MC = \Delta TC/\Delta Q$

长期生产与规模经济

在第 3 章和第 4 章中，我们曾指出供给在长期内更加富有弹性。从常识上理解，就是有些事情需要一定的时间才能完成。一家企业想要调整产量，也许要先建立新工厂、购买新房产并且雇用更多的员工。这些活动都不可能一蹴而就。企业所面临的短期成本和长期成本之间的差别反映了这些生产调整所需要的时间。

多长时间算是长期呢？经济学家并没有将长期定义为特定的天数、月数或者年数，而是把它定义为一家工厂要调整其所有的成本所需要的时间。这意味着它完全依赖于工厂的类型和生产类型。

规模收益。当企业实施长期计划时，会考虑想要生产的规模：应该搬到一个更大还是更小的店面内？应该建立更多的工厂还是关闭一些？规模收益描述了产量与长期平均总成本之间的关系。

起初，一家小企业可能会发现，扩大规模可以使它的平均总成本降低。当事实如此时，我们称这家企业存在规模经济（economies of scale）。然而，企业并非越大越好，也可能会发生扩大规模导致平均总成本更高的情况。想象你在几十个国家经营着成千上万家比萨连锁店。此时想要完全掌控你的支出可能是一个梦魇，你的平均总成本会比你在少数国家开设较少分店时更高。当一家企业规模扩大导致平均总成本升高时，经济学家称它存在规模不经济（diseconomies of scale）。

在上述两种极端情况之间，也可能存在一种情况，无论产出多少，企业的运行不会面临更高或更低的平均总成本。在这种情况下，我们称这家企业存在规模收益不变（constant returns to scale）。

图 10-6 通过长期 ATC 曲线展示了规模经济和规模不经济的概念。当一家企业可以通过扩张实现规模经济时，它的长期 ATC 曲线向下倾斜，这表明平均总成本随着产量增加而减少。当一家企业存在规模不经济时，长期 ATC 曲线向上倾斜，这表明平均总成本随着产量增加而增加。长期 ATC 曲线的中间部分通常是平坦的。平坦的部分表明在不同的产出水平下企业实现了平均总成本不变。

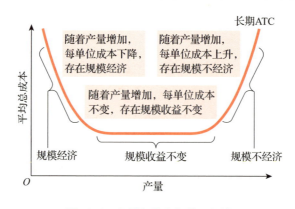

图 10-6   规模经济和规模不经济

完全竞争

🔖 火车旁的多样化市场

一提到现实中的市场，你脑海里首先浮现的也许是纽约股票交易所里繁忙的交易大厅。但此时，让我们放飞思绪，想象另一个遥远而有趣的市场景象。想象一下，你正搭乘一列疾驰在非洲西部土地上的长途火车，从位于喀麦隆南部的首都雅温得开往北部的马鲁阿。火车时不时地停靠在一个个小镇上。并没有太多的乘客上车或者下车，因为许多人都是从一个城市赶往另一个城市。旅程很长，火车上没有餐车，而旅客需要食物和饮品。因此每到一站，当地的小贩都会涌到火车旁边，兜售着各式食物。

小贩们供应的食物种类有限。有人出售成串的熟透的小香蕉；有人叫卖袋装的橙子，橙子上有一小块皮儿被剥掉了，这样你就可以用手挤压橙子来喝果汁；还有人出售成袋的坚果，它们经过盐水的浸泡后在日光下风干。你也可以买到烤熟的玉米或芭蕉（不太甜的一种香蕉）。火车进站后，小贩们就争先恐后地抢夺车厢附近的位置，乘客们也轮流探出窗外，仔细挑选着种类有限的食物，并时不时地把钱递给小贩们。

在这个过程中，你几乎看不到任何讨价还价。每个人似乎都了解并且接受既定的价格。毕竟，如果一个小贩想要以高于现行价格的高价出售烤芭蕉，旅客们还可以选择其他的小贩。而如果一名乘客想要以更低的价格购买烤芭蕉，小贩们很容易转而出售给其他人。最终，所有的旅客都买到了自己想要的食物。火车缓缓地启动了，小贩们四散而去，等待着下一列满载乘客的火车到来。

这一场景可能是我们在现实世界中所能看到的最接近经济学家所说的完全竞争的场景。正如我们在本书中提到的，完全竞争市场是一个简化的模型，复杂的现实当中几乎没有完全符合的情形。尽管如此，它仍然让我们了解到了现实世界是如何运作的，并且向我们展示了经济的神奇之处：在没有政府干预的情况下，市场可以通过价格信号决定合适的供给和需求，完美地以低价提供大量的商品和服务。

在这一部分，我们将介绍完全竞争市场中的厂商行为。我们将探讨这一市场类型中的厂商如何决策生产的产品数量，以及何时停止生产。我们会发现尽管厂商努力追求利润，但是在长期内，完全竞争市场中的厂商无法赚得经济利润。通过了解厂商如何进行决策，我们可以深入分析短期和长期市场供给曲线的形状受哪些因素影响。

通过介绍竞争是如何运作的，我们也可以看到为什么它能为消费者带来好处。正如竞争使长途旅行的乘客得以享用到低价且新鲜的食物一样，它使数百万的产品和服务得以生产，并且让数十亿的人们能够负担得起。

完全竞争市场的特征

我们在第 3 章中提到了完全竞争市场的概念，并讨论了它的四个特征：

（1）买卖双方无法影响市场价格。

（2）商品是标准化的。

（3）买卖双方拥有完全的信息。

（4）没有交易成本。

许多市场都具有一定的竞争性，但并不具备以上四个特征。经济学家使用一个理想化的市场竞争模型来描述完全竞争市场，在这个模型中，以上四个特征都成立。

现在，我们简要回顾一下完全竞争市场的四个主要特征。然后，我们会增加一个非必要但对定义完全竞争市场同样很重要的特征。

买卖双方无法影响市场价格。如果你是唯一的烤芭蕉卖者，面对一整车饥肠辘辘的乘客，你处于绝对优势。你可以收取很高的价格，因为你准确地知道乘客中一定有人十分饥饿，从而愿意以这一高价购买。

完全竞争市场的第一个主要特征就是，买者和卖者面临着太多的竞争，因此他们完全没有能力制定价格。这通常意味着市场中存在数量众多的买者和卖者。在此类市场中，个人参与者的决策相对于整个市场规模而言太过渺小，因此他们无法影响市场价格。换言之，买者和卖者都是价格接受者，只能"接受"现行价格。与被动接受价格相对应的是具有**市场力量**（market power），或称为具有显著地影响市场价格的能力。

商品是标准化的。完全竞争市场的第二个主要特征是所交易的商品是标准化的。这意味着商品之间可以相互替代。如果所有厂商的价格相同，消费者没有理由偏爱其中某一个厂商提供的商品。这意味着所有厂商必须以市场价格出售商品。如果定价过高，厂商将会损失所有的客户，当然他们也没有动力收取较低的价格。

真实生活中通常不会出现这一情形，因为现实中的商品在数量、商标或者口味上各不相同。想象美国类似喀麦隆火车站的情形：你在驾车穿越不同州时，想要买一个汉堡包。你想去麦当劳还是汉堡王买汉堡包？你的决策也许除了取决于汉堡包的价格，也受到你的偏好的影响。麦当劳的汉堡包与汉堡王的十分相似，但是并不相同。如果商品并非标准化的，生产商就可以收取不同的价格。然而，向喀麦隆火车乘客兜售烤芭蕉的小贩们的境遇却完全不同。他们并没有任何商标，而且一个人的烤芭蕉与另一个人的并没有什么不同。

买卖双方拥有完全的信息。完全竞争市场的第三个主要特征是，买卖双方拥有完全的信息。这一特征与完全竞争市场中的商品标准化特征密切相关。当每个人都清楚交易的是什么商品时，买家和卖家拥有相同的信息，市场上便不存在信息不对称的情况。

在喀麦隆的烤芭蕉市场中，买家拥有做出最佳决策所需的所有信息。他们知道每个卖家的定价，并且可以亲自查看烤芭蕉的质量。卖家也拥有进行交易所需的所有信息。根据长期的经验，他们也知道当前的价格、顾客在火车上的位置以及他们需要多长时间才能做成交易。

在其他类型的市场中，一些卖家可能拥有比其他卖家更多的信息，从而获得优势。但在完全竞争市场中，所有卖家都能够获取所有重要信息。

没有交易成本。完全竞争市场的第四个主要特征是，没有交易成本。这意味着在完全竞争市场中，买卖双方在进行商品交易时不产生成本（或产生的成本非常低）。

在喀麦隆的烤芭蕉市场上，卖方可以轻松地将他们的烤芭蕉卖给顾客。同样，顾客也可以轻松地购买烤芭蕉。无论是买方还是卖方，都不需要为获得交易烤芭蕉的权利支付费用。此外，买方和卖方在地理上非常接近。所有这些因素共同决定着，在喀麦隆的烤芭蕉市场上，交易成本几乎为零。（我们说"几乎为零"，是因为自然还是有一些微小的成本。例如，进行交易确实需要几秒钟的时间，也许还需要走到另一节车厢。）

厂商可以自由进入和退出。以上四个特征足以定义完全竞争市场。但完全竞争市场的另一个特征——厂商可以自由进入和退出。同样重要，它有助于理解这种市场的长期运行方式。这意味着，如果人们愿意，就可以创建新厂商并开始生产商品和服务；如果既有厂商愿意，它们也可以决定关闭。

厂商自由进出市场的程度能够解释不同市场之间的某些差别。这有助于我们了解为何火车站台上的烤芭蕉市场更接近于完全竞争市场，但是原油市场却不是。想要生产烤芭蕉十分简单，你所需要的只是木炭、烤盘以及一些芭蕉。然而，创建一个原油生产企业要困难得多。你需要各种各样的昂贵设备和专业人员。这种准入门槛让现有的原油生产企业可以轻易地相互合谋，人为地使价格维持在高位，从而使得原油市场无法满足完全竞争对价格接受者的要求。烤芭蕉的卖者则很难采取类似的合谋行为。否则，新厂商将会进入烤芭蕉市场，从而压低烤芭蕉的价格。

一般而言，新厂商可以自由进入会让市场中的既有厂商时刻保持警觉。这有助于推动创新、削减成本以及改进质量，这些都是既有厂商对新厂商进入的反应。理论上，厂商自由进入和退出对完全竞争市场而言并非必要条件，但是在实践中，合谋的威胁意味着当这一条件不成立时，市场会变得难以维持竞争状态。

需要记住的是，在现实生活中，极少的市场能够满足完全竞争的全部假设。尽管如此，完全竞争是一个有用的初始假设，它为分析买者与卖者之间的相互影响提供了基础，在大多数市场中扮演了重要的角色。我们将遵循这一简化分析，但需要注意的是，随着分析的深入，情况会变得越来越复杂。

基于完全竞争市场的特征可以得出一个不那么显而易见的结论：在完全竞争市场中，厂商能够在不影响市场价格的情况下卖出自己想要出售的任意数量的商品。这一结论源自价格接受者的定义，以及买者对不同厂商出售的标准化商品感到无差异这一事实。这两个十分重要的假设意味着，厂商只需决定自己将生产多少商品，而无须担心自己所做的决策是否会引起市场价格的波动，或者是否能找到买者。当我们分析厂商获得的预期收益时，我们可以假设完全竞争市场中的厂商能够以市场价格出售任意数量的商品。

我们还有必要考虑另外两类收益：平均收益和边际收益。**平均收益**（average revenue）是总收益除以销售量，即（$P \times Q$）$\div Q$，也就是 P。换句话说，对只出售一种商品的厂商而言，平均收益就等于商品的价格。

边际收益（marginal revenue）是指出售额外一单位商品所产生的收益。在我们的例子中，也就是价格。这是因为一单位商品所产生的收益为 $1 \times P = P$。对完全竞争市场中的厂商而言，边际收益等于商品的价格（然而，如果该市场并非完全竞争的，那么生产额外一单位商品就可能会影响市场价格）。

我们可以确定，作为完全竞争市场中的价格接受者，厂商在任何数量下的平均收益和边际收益都等于价格。

利润和生产决策

对利润的追求是厂商行为背后最重要的驱动力。在我们对完全竞争市场的分析中，这一前提让我们得以预测在不同情形下，厂商会选择产出多少产量。

决定生产多少。正如所有厂商一样，一家烤芭蕉企业在尽力追求利润最大化。它是完全竞争市场中的价格接受者，因此无法左右其所出售的烤芭蕉的价格。假设该厂商面临的生产要素市场，即未加工的芭蕉、木炭和劳动力市场也是完全竞争的。在既定的数量下，厂商的收益和每串芭蕉的成本都会受到厂商无法控制的因素影响。

此类厂商所能做出的影响利润的唯一决策就是生产的烤芭蕉的数量。既然厂商出售任意数量的产品都不会影响市场价格，我们就可以假设，厂商会基于收益最大化的原则决定生产多少。然而，利润不仅与收益有关，还受到成本的影响。

我们已经了解到完全竞争市场中的边际收益维持不变。既然边际收益不变，边际成本增加，那么一个十分重要的事实将浮出水面：只要边际成本小于边际收益，厂商就应该继续生产；一旦二者相等，它就应该停止生产。

由此，我们发现了厂商关于生产多少的决策原则：实现利润最大化的产量点，即最优产量就是最后一单位产出的边际收益（MR）恰好等于边际成本（MC）时的产量。图 10-7 也通过图形展示了这一原则。MR 曲线与 MC 曲线的交点所对应的产量就是实现利润最大化的产量。

决定何时生产。关于生产多少，厂商所能做出的最极端的决策就是什么都不生产。那么，当市场价格下降到什么程度时，厂商会决定什么都不生产呢？

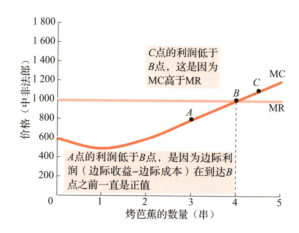

图 10-7　选择最优产量

　　我们知道在完全竞争市场中，市场价格就是厂商的平均收益。只要平均收益（也就是市场价格）一直高于平均总成本，总收益就高于总成本，厂商就会获得利润。但是如果市场价格降到了厂商的平均总成本以下，那么在任何产量水平下，厂商都无法获得利润。此时，是否意味着厂商应该停止生产呢？

　　这一问题的答案取决于我们所考虑的是短期还是长期。如果厂商停止生产，由于产量是零，它可以避免产生可变成本。然而，短期内它不得不付出的固定成本不会因为产量是零而减少。一项已经发生的并且无法收回的成本就是沉没成本。短期内比如花在土地和大型设备上的固定成本通常是沉没成本。厂商无论生产多少，或者是否生产，都必须付出这一成本。因此，短期内固定成本与厂商是否停止生产无关。

　　这一决策完全取决于生产的可变成本。如果市场价格低于平均总成本，但是高于平均可变成本，厂商在短期内就应该继续生产。因为这至少可以获得超出可变成本的那部分收益。厂商应该在 MR 曲线与 MC 曲线相交的产量水平上生产。这一产量是利润最大化（在这一情形下，即亏损最小化）的产量水平。厂商在该产量水平上生产会有亏损，但是亏损小于什么都不生产。

　　然而，如果市场价格降到平均可变成本以下，厂商在短期内就应该选择停止生产。除了必须支付的固定成本外，厂商每生产一单位产品还会有额外的损失。

此时，亏损最小化的产量水平是零。在这一水平下，固定成本带来的损失不可避免。但是如果烤芭蕉的可变成本高于其带来的收益，厂商可以通过停止营业，即避免烤更多的芭蕉来避免造成更大的亏损。

我们可以将短期内的停止营业规则表述如下：

$$如果\ P < AVC，停止营业$$

当厂商进行长期决策时，情况就有所不同。在长期内，所有的成本都是可变的。租约期满可以不续租，设备可以出售。因此，长期内决定是否退出市场时，厂商应该考虑平均收益是否高于平均总成本。如果市场价格低于 ATC 曲线的最低点，长期内厂商最好的决策是退出市场，退出规则可以表述如下：

$$如果\ P < ATC，退出市场$$

在进行长期决策时，厂商会考虑市场价格在长期内是否仍然过低。如果它认为市场价格的下跌仅仅是短期的，长期内会再次上涨，那么它暂时不退出市场是有道理的。这一论断解释了为何在市场价格跌至平均可变成本以下时，厂商选择停止营业，但是并未做出永久退出市场的长期决策。厂商选择停止支出可变成本（通过解雇工人，不再购买原材料），但是由于期望价格会再次上涨，因此仍然保留设备和房屋，从而保留恢复生产的可能性。

供给曲线的背后

长期供给。在短期内，我们假设市场的厂商数量是固定的。因此，在给定的价格下，商品的供应总量就是每个厂商愿意供给的数量的加总。简化起见，假设市场上现存的每个烤芭蕉生产企业都有相同的成本结构，它们都掌握相同的资源、相同的技术等。因此，在给定的价格下，每个厂商愿意供给的数量与其他厂商也是相同的。

短期供给和长期供给之间的关键差别在于，我们假设长期内厂商可以自由进入或者退出市场。厂商的数量并不固定，而是随着环境的变化而变化。我们已经了解到可能导致厂商退出市场的因素是市场价格降至 ATC 曲线的最低点以下。此时，厂商会遭受损失。相反，如果厂商发现自己的平均总成本低于市场价格，它会想要进入市场。换句话说，如果市场内已有的厂商能够获得利润，就会吸引更多的厂商进入该市场。

此时，我们需要记住会计利润和经济利润之间的差别。如果厂商能够获得经济利润，意味着它的收益高于总成本。这里的总成本包含机会成本，即它们将资源投入到其他商业机会上所能赚到的钱。了解到平均总成本中包含了机会成本，有助于我们理解哪些因素导致厂商想要进入或退出市场。

某一市场中存在经济利润所发出的信号是在这个市场中能够赚到更多钱。对于这一信号，其他人会做何反应呢？他们会进入市场，抢占获利的机会。如果相比供应咸味坚果和去皮橙子的厂商，向喀麦隆火车乘客供应烤芭蕉的厂商能够赚得更多的利润，我们可以预料生产咸味坚果和去皮橙子的厂商会义无反顾地将自己的资源转而投向烤芭蕉，如果这一转换成本并不高的话。

随着越来越多的厂商进入烤芭蕉市场，会发生什么呢？任意一个价格对应的总供给量都会增加。回顾第3章的内容，市场中厂商的数量是决定供给的非价格因素：更多的厂商意味着供给的增加，那么整条供给曲线会向右移动。需求保持不变，随着供给增加，市场均衡点会移动到价格更低、数量更高的点上。

新的均衡会如何影响市场内现有厂商的利润？由于利润等于收益减去成本，随着新的均衡下市场价格下跌，收益下降，利润会随之减少。然而，只要经济利润是正值，更多的厂商仍然有动力继续进入该市场。由此，新厂商进入市场使得数量继续上升、价格继续下降，这个过程会一直持续，直至最终价格降至使经济利润为零的水平。换句话说，就是 $P = \text{ATC}$。此时，烤芭蕉市场和其他商业机会对厂商而言没有任何差别，厂商不再有动力进入该市场。

了解到平均总成本中包含机会成本，我们可以更好地理解为什么厂商会做出相反的决策，即退出市场。如果价格降至平均总成本以下，厂商也许仍然能够赚得会计利润，但此时厂商的经济利润是负值。如果投资其他机会，它本可以赚得更多的钱，因此它有动力退出烤芭蕉市场，将资源投向别处。

如果某些厂商退出市场，又会发生什么？任意一个价格对应的供给量会减少，供给曲线向左移动，新的市场均衡对应着更低的数量和更高的价格。随着价格上涨，利润会随之上升。这一过程会一直持续到经济利润为零为止，此时不会再有厂商退出市场，烤芭蕉市场和其他商业机会对于厂商而言没有差别。

通过了解厂商进入和退出市场的过程，我们可以得到几个结论。长期内，在一个完全竞争市场中：①厂商赚得的经济利润为零；②厂商在有效规模上进行生产；③供给具有完全弹性（理论上）。

第 4 章中曾提到水平的供给曲线具有完全弹性——在市场价格下，生产商愿意供给任何数量的商品。因此，理论上，在完全竞争市场中，一种商品的价格在长期内不会改变。

但是根据这一理论所做出的一些预测，与实际观察到的现象却并不相符。一种商品或服务的价格从来不会变化这一假设似乎并不现实。

现实中，富有创新精神的厂商总是会探求更好的生产过程和新技术，让自己能够以更低的成本进行生产。设想存在一种效率更高的新式烧烤设备，烤芭蕉时能够节省一半的碳。这将降低烤芭蕉厂商的可变成本，相应地，这也会提高利润，激励新厂商进入市场，从而增加供给量并降低价格。现实生活中存在诸多技术创新驱动长期成本下降的真实例子。

对需求变化的反应。我们已经了解到为何实际中长期供给曲线并非具有完全弹性。然而，我们在本章的最后一部分中，仍然沿用这一简化的模型。它能够向我们展示，长期内完全竞争市场中的需求变动如何影响均衡。了解这一点，在后续章节中，我们就能够理解即使现实会偏离模型，模型仍然十分重要。

比如，假设喀麦隆火车乘客对烤芭蕉的需求产生了波动。什么因素可能引起需求的波动呢？一种可能性是替代品价格的变化。比如，假设今年玉米歉收，抬高了烤玉米的价格。面对更贵的烤玉米，乘客通常会对购买烤芭蕉更感兴趣。这将会推动烤芭蕉的需求曲线向右移动。市场会对这一变动做何反应呢？

随着烤玉米的价格上涨，烤芭蕉的短期需求曲线向右移动，更多数量的烤芭蕉以更高的价格被交易。

更高的价格意味着烤芭蕉厂商可以赚得经济利润，这激励了更多厂商进入该市场。随着更多的厂商进入市场，短期供给曲线向右移动。市场均衡价格沿着新的需求曲线向下滑动，直到与长期供给曲线的交点处为止。在这一点上，烤芭蕉厂商不再赚取经济利润，也不会有新厂商进入该市场。

可见，长期内，需求曲线右移的最终结果就是交易量增加，价格并不会有任何变化，仍然维持在平均总成本的最低水平上。

垄断与公共政策

钻石并非恒久远

钻石或许是奢华的终极象征。在本章中，我们会发现钻石几乎成为浪漫承诺的代名词。在美国，超过80%的准新娘会收到一枚钻石订婚戒指，戒指的平均价格超过6 000美元。对整个社会而言，钻石也是炫耀性消费的代名词。从时髦的纽约上流社会到洛杉矶的嘻哈明星，人们都选择用钻石来彰显自己的财富和地位。

为什么钻石会有如此之高的社会地位？答案就是它十分昂贵。人们通过佩戴钻石来显示自己能够负担得起最好的饰品。那么，为什么钻石如此昂贵呢？你也许会以为它十分稀有，因此变得珍贵。然而，钻石并非真的如此稀有，每年实际出产的钻石达数万磅。

那么，为什么我们需要在钻石上花费巨额资金？答案就隐藏在德比尔斯公司当中，它是有史以来最成功的公司之一。一个多世纪以来，德比尔斯通过采取积极的商业策略，控制了国际钻石市场几乎所有的份额。同时，它还采用了高明的营销手段，刺激人们对钻石的需求。通过控制全世界大多数钻石的生产和销售，德比尔斯完全背离了完全竞争市场中价格接受者的企业形象。它具有十分强大的市场力量，因此能够有效地制定钻石的市场价格。为达到这一目的，它只需选择向市场投放有限的钻石数量。

故事开始于19世纪70年代，当时钻石确实十分稀缺。每年只有很少的钻石开采于印度和巴西的河床和丛林。因此，钻石十分昂贵，只有真正的贵族能够负担得起钻石首饰。

后来，英国矿工在南非发现了储量巨大的高品质钻石矿。这看起来像一个大发洋财的绝好机会。但其中潜藏着一定的风险：如果企业一窝蜂地涌入钻石市场，市场上供应的钻石数量会迅速增加，而价格会被迫下跌。很快，拥有一颗钻石不再会让人感到那么独特和尊贵，人们的购买意愿也会随之下降。这种偏好的变化会引起需求曲线移动，最终导致钻石的价格进一步下跌。人们将会购买更多的钻石，但卖者却无法赚到更多的钱。

一位名为塞西尔罗兹的商人与其他矿主一起成立了一家公司——德比尔斯。通过控制所有新发现的钻石矿以及全世界几乎所有的钻石产量，德比尔斯确保每年投入市场的钻石数量十分有限，从而维持钻石不菲的价格。如此一来，相比于大量生产并廉价出售，德比尔斯赚到了更多钱。

在这一部分，我们将看到诸如德比尔斯的垄断厂商为了实现利润最大化，如何计算最优的产量和价格。我们也会看到垄断厂商可以通过对市场的控制谋利，但消费者则会遭遇损失，而且总的来说，总剩余会减少。基于上述理由，政府通常会通过一系列政策尽力限制垄断力量，我们将对此进行讨论。即使是强大的德比尔斯也无法与政府施加的压力抗衡。现在，它仅仅控制了全世界钻石市场约30%的份额，这仍然十分可观，但相比全盛时期，现在的它仍难以望其项背。

由此可见，垄断市场与完全竞争市场模型相去甚远。了解了存在大量相互竞争的厂商的市场类型之后，我们将看到作为经济组成部分的多元化的市场类型。

为什么会存在垄断

垄断一词的词根意为单一卖者，垄断厂商是指提供没有替代品的商品或服务的单一生产商，一般称为垄断企业。如果一个厂商控制了某一产品100%的市场份额，那么它就是完全垄断厂商。如果所控制的市场份额略低于100%，它仍然具有很强的垄断力量。例如，尽管在20世纪德比尔斯控制了钻石市场80% ~ 90%的份额，并非完全垄断，但是它支配着如此强大的垄断力量，几乎可以完全操控钻石的价格。

德比尔斯成功的秘诀之一就是，它说服了许多人相信钻石没有相似的替代品。这是一个了不起的壮举。毕竟，说到底，钻石只是首饰上一颗闪亮的漂亮石头而已。它本应该有许多相似的替代品，比如红宝石、蓝宝石、祖母绿（以及合成钻石，它实际上与从地下开采出来的钻石别无二致）。如果德比尔斯将钻石定价过高，人们为什么不购买其他宝石来代替钻石呢？秘诀在于德比尔斯推销钻石的巧妙手法。人尽皆知的广告语"钻石恒久远"，就是德比尔斯在 1938 年至 20世纪 50 年代末所大力推行的。在整整一代人心中，德比尔斯树立了钻石是公认的订婚信物的观念。在日本，它也推行了相同的策略，将钻石宣传为时尚、西式文化的象征。在 1967 ~ 1981 年，日本佩戴钻石婚戒的新娘从 5% 一路飙升至 60%。

我们很容易理解为什么任何一个厂商都想要成为垄断厂商。然而我们也能看到，通常情况下，竞争的力量会阻止任何一个厂商拥有太大的市场力量。毕竟，如果完全竞争市场中的一个厂商定价过高，其他有胆识的厂商就会采取低价策略。在类似钻石市场的垄断情形下，其他厂商可以通过进入市场并且压低垄断厂商的高价来谋利。问题是，为什么所有人都不这么做呢？

垄断市场的关键特征就是，存在阻止除垄断厂商之外的其他厂商进入该市场的壁垒。这些壁垒的存在使得垄断厂商可以制定价格和产量，而不必担心遭遇竞争者的低价策略。进入壁垒与完全竞争市场所具有的自由进入和退出的特征背道而驰。

进入壁垒主要存在四种形式：稀缺的资源、规模经济、政府干预以及垄断厂商积极的经营策略。

垄断厂商如何决策

垄断厂商可以选择以想要的任何价格出售商品，而不必担心竞争者的干预，因为市场中根本就不存在其他的厂商。然而它仍然受到需求曲线的约束。自然地，它肯定愿意以高价出售大量的产品。但是消费者会对高价做出怎样的反应？需求定理告诉我们，在其他因素不变时，需求量会随着价格上升而下降。垄断厂商可以选择需求曲线上任意的价格－数量组合，但是不能选择该曲线之外的点（在既定价格下，它无法强迫消费者购买超出需求量的部分）。垄断厂商可以选择以每颗钻石 5 000 美元的高价出售，但是它只能卖出较少的数量——3 颗钻石。或者，它可以再卖出 5 颗钻石，总共出售 8 颗钻石，但是要做到这些就必须将价格降至每颗钻石 2 500 美元。

德比尔斯意识到自己的销量受制于需求这一现实。这就是为什么它并不满足于控制市场的供给一方，还投入了巨资采取之前讨论的营销手段，推动需求曲线向右移动。只有需求增加，它才能够以更高的价格出售更多的钻石。

垄断收益。垄断厂商追求利润的第一步就是对自己能够赚得的收益进行谋划。假设德比尔斯能够制定在美国出售的钻石的价格。为了简化我们的模型，假设现在德比尔斯出售的钻石的大小和品质一致（都是 1 克拉的紫罗兰钻石）。

在完全竞争市场中，一个厂商可以出售任意数量的商品而不改变市场价格。额外一单位商品带来的收益总是简单地等于商品的价格。因此，在完全竞争市场中，边际收益等于价格。然而，在由垄断厂商主导的市场中，垄断厂商生产额外一单位商品的决策会导致市场价格下跌。基于这一效应，生产额外一单位商品对总收益具有两种独立的效应。

（1）数量效应：由于出售额外一单位商品能够赚钱，总收益会增加。

（2）价格效应：由于所有售出的商品价格相比之前更低，总收益会减少。

当德比尔斯增加销售的钻石数量时，总收益是增加还是减少取决于这两种效应哪个更大。如果不存在价格效应（如完全竞争市场），那么边际收益将只由数量效应决定，它就会等于价格。但是价格效应所起到的作用总是与数量效应的方向相反，它会降低收益。因此，除了售出的第一件商品，垄断市场中的边际收益总是低于价格。对第一件商品而言，平均收益和边际收益二者都等于价格。

图 10-8 显示了在美国的紫罗兰钻石市场中，德比尔斯选择不同价格时能获得的总收益（TR）、平均收益（AR）和边际收益（MR）。平均收益等于任一销量对应的价格。换句话说，平均收益曲线就是市场需求曲线。由于售出的第一单位商品之后边际收益总是低于价格，边际收益曲线总是位于平均收益曲线的下方。

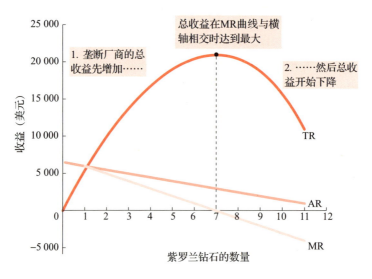

图 10-8　垄断厂商的总收益、平均收益和边际收益

通过图 10-8 可以发现，边际收益有时是负值。在我们的例子中，这一情况出现在产量超过 7 颗钻石时（对应图 10-8 中 MR 曲线与 x 轴的交点）。图 10-8 中，边际收益降到零以下意味着什么？回顾价格效应，在这一效应的作用下，额外一单位的产出会使总收益降低。因此，MR 曲线与 x 轴的交点代表了收益最大化的产量。在这个例子中，总收益在产量为 7 时达到最大化。

然而正如我们所知，收益固然十分重要，厂商实际关心的是利润最大化。那么，垄断者为了使自己的利润最大化会怎么做呢？

通过选择价格和产量来实现利润最大化。德比尔斯通过控制一段时间内出售的钻石数量来控制钻石市场。为了维持这种数量限制，它一度留存了价值数十亿美元的钻石储备。

这种储备的目的在于，保证市场上销售的钻石数量总是等于能够让德比尔斯实现利润最大化的产量。如果利润最大化的产量低于正在出售的钻石总量，德比尔斯就需要从市场上回收一些钻石。垄断厂商如何选择价格–产量组合以实现利润最大化呢？答案也许出人意料，它解决这一问题的方法与完全竞争市场中的厂商的做法如出一辙。

需要注意的是，额外一单位商品对厂商利润的贡献等于边际收益与边际成本的差额。如图 10-9 所示，如果一单位商品的边际收益高于它的边际成本，也就是出售一单位该商品带来的收益高于厂商生产它时投入的成本，那么它对厂商的利润有所贡献。而如果边际收益低于边际成本又会如何？此时，生产这一单位商品的成本大于它的收益，那么厂商生产它就会有所损失。

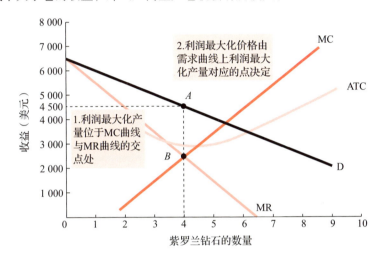

图 10-9　垄断厂商的成本和收入曲线

边际决策分析在此也适用：

- 当产量低于边际收益曲线与边际成本曲线交点对应的产量时，MR 高于 MC。此时，德比尔斯多出售一颗钻石可以赚得更多的利润。
- 当产量高于该交点对应的产量时，该公司多出售一颗钻石就会造成利润损失。此时，德比尔斯可以通过减少出售的钻石数量赚得更多的利润。

因此，德比尔斯应该一直增加产量直到无法赚取更多利润为止。一旦达到这一产量它就应该停止生产更多产品，否则就会造成损失。

虽然完全竞争市场中厂商和垄断厂商都在 MR = MC 的点上进行生产，但二者存在一个重要的差别：在完全竞争市场中，边际收益等于价格；在垄断市场中，价格高于边际收益，因此在最优产量（利润最大化产量）点上，价格也高于边际成本。利润最大化价格就是需求曲线上利润最大化产量对应的价格。

明确这一事实,即垄断厂商的利润最大化价格高于它的边际成本,是理解为什么长期内垄断厂商能够赚得经济利润的关键。回顾完全竞争市场中的厂商长期内在 $P = MC = ATC$ 的点上进行生产。如果价格高于边际成本,其他厂商会进入市场,增加供给并且压低价格,直到利润为零,吸引更多厂商进入该市场的激励消失。然而,在垄断市场中,由于进入壁垒的存在,除垄断厂商之外,其他厂商无法进入该市场。结果就是垄断厂商能够维持高于平均总成本的价格。

利润的计算公式是:

$$利润 = (P - ATC) \times Q$$

因此,如果价格高于平均总成本,利润就是正值,长期内也是如此。

这一分析过程向我们展示了为什么德比尔斯具有十分强烈的动机维持自己的垄断力量。没有其他钻石生产商进入市场,钻石价格就无法压低,这一现实使得德比尔斯有能力维持高于平均总成本的价格。这种市场力量让德比尔斯在长期内可以赚得经济利润。

垄断问题和公共政策解决方案

自 2000 年以来,德比尔斯对钻石行业的控制被逐渐削弱,它在世界钻石贸易中所占的市场份额从超过 80% 降至约 30%。部分原因在于加拿大和俄罗斯的大规模钻石开采,它们都在德比尔斯的控制范围之外。还有部分原因在于,政府和钻石消费者为了阻止德比尔斯运用垄断力量而不断施加压力。随着在美国和欧洲遭遇了一系列法律诉讼,德比尔斯被禁止进入某些国家的市场,并且被强制收取高额许可费用,还被要求对其在其他国家的业务进行整改。截至 2004 年,德比尔斯的总经理甚至被禁止到美国因公出差。

垄断对垄断厂商而言十分有利,但是并非对所有人都是如此。消费者买到的钻石数量更少,但价格更高。在这一部分中,我们将看到垄断的存在如何造成福利损失。我们也会看到政府为了削弱垄断力量并缓和它对消费者的影响所采取的一系列公共政策。正如我们将看到的那样,这些政策并不完美,并且经常饱受争议。在权衡不同政策的成本和收益之前，我们先来考虑垄断造成的福利损失。

垄断造成的福利损失。为什么政策制定者会对垄断厂商感到不满？垄断厂商能够让交易数量减少，价格升高，这通常会损害整个社会和特定的消费者的利益。

需要记住的是，这一关于垄断造成的福利损失的描述是实证表述，即关于事情是什么的表述。这不同于规范表述，即关于事情应该是什么的表述。在某些情况下，人们认为相比于垄断带来的福利损失，维持一定程度的垄断带来的好处要更大。这类似于许多人认为，为了达到救助穷人或维持军事和警察力量的目的，接受税收带来的无谓损失也是值得的。也就是说，并不存在效率最大化高于其他目标的准则。

然而，许多国家的选民和政策制定者往往会做出规范表述，认为垄断通常是一件坏事。这并不奇怪：总剩余最大化意味着社会资源能够被有效利用，并且几乎没有人愿意被垄断厂商从自己身上赚得额外的利润。毕竟，选民更有可能是消费者而非垄断者。

公共政策的回应。为了应对垄断，政策制定者制定了一系列政策，旨在打破现有的垄断，预防潜在垄断的形成，并减轻垄断力量对消费者的影响。每一项政策在带来好处的同时也存在着成本。一些经济学家认为，最好的对策往往是什么都不做。在我们讨论每一种政策时，务必以批判的眼光来看待它的利与弊。

反托拉斯法。在美国，很长一段时间内，对垄断厂商的监管是一个备受瞩目的政治焦点。在 19 世纪末期，被称为"托拉斯"的大企业开始在所有行业中占据主导地位。为了制止托拉斯日益增长的势力，美国国会于 1890 年通过了《谢尔曼反托拉斯法》。该法案要求联邦政府调查涉嫌不正当竞争行为的公司并对其提起公诉，不正当行为包括操纵价格、串通投标等。20 世纪初期也是美国反托拉斯行动的主要时期。时任总统西奥多·罗斯福是著名的"反托拉斯者"。通过《谢尔曼反托拉斯法》，他有效地将那些利用垄断手段抵制竞争的公司送上法庭。经过多年的努力，政府利用《谢尔曼反托拉斯法》成功地瓦解了包括铁路、石油、天然气、烟草、电信在内的多个领域的垄断。

时至今日，《谢尔曼反托拉斯法》仍然威力不减。在 20 世纪 90 年代末，除了微软的 IE 浏览器之外，其他浏览器并不常见。1999 年，美国政府针对微软的反竞争行为提起公诉。该诉讼称微软将 IE 浏览器与 Windows 操作系统相捆绑，这是在采取不公平行为，试图将其他浏览器排挤出该市场（微软最终与政府达成和解，同意停止那些被认为是反竞争的商业行为）。今天，大量浏览器涌现出来，包括 Chrome、Firefox、Safari 以及改良版本的 IE。

然而，近些年来政府却极少行使权力阻止合并。更常见的情况是，美国政府会对潜在的合并进行调查并允许合并继续进行。例如，2017 年，亚马逊收购高端连锁超市全食超市。2018 年，迪士尼收购福克斯（Fox）的许多娱乐产品，包括 21 世纪福克斯电影工作室和流媒体服务 Hulu 30% 的股份。这两起合并都得到了司法部的鼎力支持，它认为市场中仍然存在来自其他公司的足够的压力来维持市场的竞争性。

人们有时会批评反垄断行动充满了政治意味，或者造成了更多的无效率。反垄断行动会怎样造成市场的无效率呢？它可能会打破自然垄断，或者可能会将一个大公司拆解为多个小于有效规模的小公司。不同监管者进行此类决策的风格迥异。比如，微软在美国达成和解很久之后仍然深陷欧洲的反垄断诉讼泥沼。

公有制。自然垄断将政策制定者置于进退两难的境地。政府能够采取的一种可行方案就是将自然垄断企业作为公共机构进行运营。自然垄断企业公有化的例子包括邮寄信件的美国邮政和提供火车服务的美国铁路客运公司。将自然垄断企业公有化的依据在于，相比于追求利润最大化，政府更应该服务于公共利益。相比于私有的垄断厂商，政府能够在更大范围内提供服务。比如，一家由政府运营的垄断企业会将信件送达全国的所有邮政地址，而一家私有的垄断厂商则可能不愿意服务那些难以到达的偏远地区。

然而，将自然垄断厂商公有化具有自身难以治愈的顽疾。政治家们可能会在压力之下尽可能降低价格，甚至降到低于完全竞争市场中的价格水平。正如我们在第 5 章中看到的那样，这样做会导致短缺，在特定价格下，人们需求的数量会超过生产商愿意提供的数量。公有制企业还可能主要基于政治上的考虑进行商业决策，比如在哪里选址或者提供什么类型的产品。也许最为重要的是，缺乏谋利动机可能导致公有的垄断厂商在提高效率、提供更优质服务或降低成本上动力不足。毕竟，没有规则要求所有的垄断厂商都必须盈利（美国邮政和美国铁路客运公司在 2017 年都产生了亏损）。即使一个无效率的公有的垄断厂商无法以大众能够接受的价格提供服务，它仍然能够通过税收补贴弥补自己的损失，从而维持运营。

上述担忧解释了为什么公有的垄断厂商在逐渐减少。自 20 世纪 80 年代以来，特别是在欧洲，许多政府运营机构，比如国家航空公司、电信公司以及许多公共事业，进行了私有化（也就是出售给私人公司），政府转为对其进行监管。

监管。如果政策制定者不想走公有化这一步，一种常见的折中做法就是对自然垄断厂商的行为进行监管。监管的形式往往是对自然垄断厂商可以收取的价格进行控制。这在公共事业的市场中较为常见。比如，许多政府都允许私有的垄断厂商参与电力、自来水或者天然气的供应，但是会对这些公司可以收取的价格进行限制。

理论上，这些限制会产生与公有制相同的效果。不幸的是，现实要比理论复杂得多。比如，厂商会极力避免向监管者提供真实生产成本的有效信息，而信息的缺乏会让监管者难以决定合适的价格水平。

垂直分割。另一种常见的应对自然垄断的方法就是找到"垂直"分割该行业的方法，并在其中某一环节引入竞争。相比于将一个垄断厂商"水平"地分割为多个公司，就同一种商品进行竞争，"垂直"分割将原有的垄断厂商分为多个公司，分别负责生产过程中的不同环节。举例来说，电力供应是一个自然垄断领域，但发电并不是。诸如新西兰等国家的政策制定者将电力行业进行垂直分割，将发电环节从电力行业中分离出来。多个厂商在发电环节进行竞争，但它们共用同一套线路将电力传输到千千万万的家庭和工厂。

不采取任何措施

纵观针对垄断市场的各种干预措施的利弊，一些经济学家得出结论，认为有时对垄断的最佳应对措施就是不采取任何措施。在什么情况下，"不采取任何措施"才是正确的解决方案呢？如果监管难以建立或难以有效管理，那么不采取任何措施就更可取。如果政府对市场的干预容易导致腐败或政治处理不当，那么最好还是不要采取行动。这种观点并不是否认垄断会导致低效率，而是认为有时干预带来的问题可能更严重。

市场力量和价格歧视

就相同的商品对不同消费者收取不同的价格，这一做法被称为**价格歧视**（price discrimination）。对不同消费者的"歧视"是基于他们不同的支付意愿。在我们身边，价格歧视的例子比比皆是。你是否曾经利用学生身份享受过微软软件或者电影票的折扣优惠？这就是典型的价格歧视。你与支付全价的人得到了完全相同的产品，但是你却享受到了折扣优惠，这是因为企业认为，平均而言学生对很多商品的支付意愿更低。

厂商如何做到就同一商品对不同消费者进行差别化定价呢？当我们脱离完全竞争模型时，价格歧视就成为可能。一旦厂商获得了一定程度的市场力量，他们就会想方设法利用消费者差异化的支付意愿。举例来说，思考一下为什么服装店进行定期销售。这让它们可以实施两种不同的价格：有的顾客为了买到刚上市的服装愿意支付高价，服装店可以对他们实施高价，而对那些不介意在季末购买的顾客则实施低价。相似地，剧院会对日间演出实施低价，如此一来可以在白天吸引那些有闲没钱的人。一般而言，白天工作日程繁忙的人愿意且能够为夜间演出支付高价。

厂商拥有的垄断力量越大，就越有可能实施价格歧视策略。那么，为什么垄断厂商不对每一个消费者进行差别化定价呢？正如我们将看到的，这种做法面临几个明显的难题。

现实中的价格歧视。现实世界中，实施价格歧视策略面临的第一个难题就是明确消费者的类别。如果所有人都声称"我是学生"并且按较低价格支付，微软的价格歧视策略便难以有效实施。它需要通过有效的方法确定谁是学生。为了解决这一问题，微软与大学签订了协议，由学校来判断谁是学生。一般而言，学生需要登录学校网站，输入学生证号码或者其他证明信息，才能以折扣价购买软件的学生版本。相似地，如果你在剧院的售票窗口购买学生票，售票员也会要求你出示学生证。

实施价格歧视策略面临的第二个难题就是许多产品能够很轻易地被转卖。如果有人愿意以 150 美元购买微软的办公软件，那么某些人可能会以低价（75 美元）购买学生版本，然后违法地以高价进行转卖。为了防止这一做法，需要采取措施对做出欺骗行为的人进行惩罚。因此，微软可以利用法律禁止人们在商业中使用办公软件的学生版本。相似地，剧院也需要采取措施防止学生大量购买门票并且将其转卖给非学生观众。比如说，他们可以在检票时要求持有学生票的观众出示学生证。

然而，许多商品并不像软件或者剧院门票这样容易监控。想象一下，苹果公司在销售 iPhone 时，对 18 岁以下的顾客实行 5 折的优惠价格。如果有许多 18 岁以下的人愿意购买 iPhone 但付不起全价，那么这似乎是一种能够有效增加利润的好方法。然而，这样一来，高中生将会乐此不疲地在当地苹果商店购买大量的 iPhone，并转卖给其他人从而获利，同时超过 18 岁的人中也没有人会从苹果商店直接购买 iPhone。因此，苹果公司没有动力提供这样的差别化定价。

对想要实施完全价格歧视策略的厂商而言，挑战则更为严峻。它需要读懂每一位顾客的想法，并且准确地得知顾客愿意支付的价格。尽管微软很想了解潜在客户的想法，并且按照他们的支付意愿来定价，但是这是一项基本不可能完成的任务。

第 11 章

垄断竞争和寡头垄断

ECONOMICS

ECONOMICS

▍引例　他们的共同点是什么

泰勒·斯威夫特、凯蒂·佩里和坎耶·韦斯特这几位音乐人有什么共同点？给你一个小提示：金属乐队（Metallica）、俏妞的死亡计程车乐队（Death Cab for Cutie）和迪安·马丁有此共同点，夏奇拉和 2016 年诺贝尔文学奖得主鲍勃·迪伦也有。

这些艺术家都隶属于三大唱片公司中的一家，这三家公司共占据美国音乐市场近 70% 的份额。这三巨头——环球音乐集团（Universal）、索尼音乐娱乐公司（Sony）和华纳音乐集团（Warner），各自掌握着 18% ~ 30% 的市场份额。如果你梦想成为一名成功的唱片艺术家，那么能够获得这三大唱片公司中任意一家的支持，会让你离梦想更近一点。

然而，情况并非历来如此。回顾 20 世纪 50 年代和 60 年代，许多明星是通过签约小型独立唱片公司崭露头角的。比如，亚拉巴马州的电台主持人山姆·菲利普斯在孟菲斯的一家破旧的小店面中创立了太阳唱片公司，他迅速签下了当时还不为人知的几位艺人，包括"猫王"埃尔维斯·普雷斯利、约翰尼·卡什和 B. B. 金。而福特公司的流水线工人贝里·戈迪则利用一笔微薄的家庭贷款在底特律成立了摩城唱片公司，并成功捧红了马文·盖伊、史蒂维·汪德等众多艺人。在过去的十年里，随着流媒体服务颠覆了音乐的发行方式，音乐人发现了新的自我推广方式，而不再依赖于三大唱片公司。但是，音乐人想通过签约小型独立唱片公司在音乐市场上脱颖而出，已不像摇滚乐兴起早期时那样常见。

在之前的章节中，我们介绍了两种极端的市场结构：完全竞争和垄断。在本章中，我们将看到为什么音乐行业（无论过去还是现在）并不符合这两种模型。相反，音乐行业具有一定程度的竞争性，但并非完全竞争。这一市场结构在现实世界中十分普遍。

特别地，我们将探讨两种非完全竞争的市场结构类型：垄断竞争和寡头垄断。这两种市场类型并非水火不容。正如我们将看到的，包括音乐行业在内的许多行业兼具这两种市场类型的特征。

了解市场结构是成功经营一家企业的关键。企业所有者只有熟悉所处市场的类型，才能明白自己在制定价格时有多大自由度，以及在多大程度上需要对其他厂商的行为加以防范。商业策略会因厂商所面临的竞争程度和竞争类型不同而大相径庭。

作为一名消费者或者政策制定者，想要做出明智的决策，了解市场结构至关重要。比如，它有助于我们理解一家企业的广告决策，也有助于我们决定何时应该帮助监管者介入到处理"反竞争"的商业活动中。本章中的概念将有助于我们理解企业、消费者和政策制定者面临的选择。

属于什么市场类型

音乐行业属于什么市场类型？从唱片公司经理到零售商再到司法部的反托拉斯律师，每个人都要面对这个价值 170 亿美元的问题。要回答这一问题，我们先来讨论定义市场结构类别的两个要素：厂商数量和产品多样性。

我们先看厂商数量。图 11-1 显示，音乐行业由三家唱片公司主导，它们中没有一家能够像德比尔斯在 20 世纪控制钻石市场一样控制音乐行业。这让我们得知音乐行业并非垄断行业。

华纳
18.08%

环球
29.78%

索尼
22.27%

独立公司
29.88%

图 11-1　音乐行业的市场份额

再看产品多样性。音乐行业并非完全竞争行业，原因不仅在于这一市场被几家大公司所控制，还在于它包含了十分多样的产品。即使存在上千家小型独立唱片公司相互竞争，这一市场也不是完全竞争的，因为音乐并非标准化的产品，尽管有些音乐十分相似，比如坎耶·韦斯特的原声音乐和 The Shins 乐队的音乐：它们都是数字化音乐，采用了常见的数字编码形式和数据压缩技术，演奏时都混合了乐器声和人声。它们非常相似，所以我们有理由认为它们是同一行业的产品，也就是音乐行业的产品。但它们肯定不是一种标准化的产品，至少对各自的粉丝而言并非如此。

音乐行业的这两个特征——大公司数量有限和产品多样化，是寡头垄断和垄断竞争的本质特征，这两种市场结构介于垄断和完全竞争这两种极端模型之间，在现实世界中十分常见。虽然许多行业兼具这两种市场的特征，但是对每一种模型进行分别讨论，能够让我们对企业如何行动进行有效的预测。

寡头垄断与垄断竞争

寡头垄断（oligopoly）描述了只存在几个厂商的市场（这一名称源于希腊语中"很少的厂商"一词）。这些厂商出售的商品和服务不一定是完全标准化的，但它们非常相似，因此厂商之间不可避免地要相互竞争。无线网络供应商（美国无线网络市场由四家企业控制：威瑞森、美国电话电报公司、斯普林特和 T-Mobile 公司），以及汉堡包快餐店（麦当劳、汉堡王和温迪）都是寡头垄断的典型例子。

　　寡头垄断厂商的本质特征之一就是，厂商与竞争者之间的策略互动对其成功至关重要。特别地，我们将看到单个厂商选择的价格和产量会影响其他厂商的利润。这与完全竞争市场或垄断市场中的厂商截然不同。在完全竞争市场中，其他厂商的行为不会影响整个市场。如果你是一个完全垄断厂商，那么市场上就根本不存在其他厂商了（除非其他厂商试图生产出一种产品以替代你的产品）。

　　不过，如果你所经营的是一家寡头垄断公司，那么时刻关注竞争者的行动对你而言十分重要。如果温迪的 CEO 不知道麦当劳刚刚推出了一款新汉堡包，或者汉堡王正在美国某个地区迅速扩张，那么温迪的股东们将会寝食难安。

　　存在某种进入障碍也是寡头垄断的一个特征。进入障碍使得垄断厂商存在。如果没有勘探到新的钻石矿藏，你就无法在钻石行业中与德比尔斯分庭抗礼。完全竞争市场中的情况则完全相反，我们假设不存在任何进入障碍，新厂商很容易就可以进入市场。寡头垄断则介于二者之间。想要建立一个无线运营商并非不可能，但是购置设备的费用十分昂贵。进入全国汉堡包连锁市场也并非不可能，但想要改变顾客对已有品牌的忠诚度绝非易事。

　　垄断竞争（monopolistic competition）所描述的市场中存在许多厂商出售略有不同的相似商品和服务。请记住，完全竞争市场的特征之一是消费者对竞争厂商的产品感到无差异。垄断市场的特征之一是产品没有相近的替代品。介于这两种极端情况之间的是垄断竞争市场的特征之一是，每种产品都具有相近但不能完全替代的替代品。消费者也许愿意多花一点钱，但是如果价格相差太大，他们就会转而选择替代品。

　　垄断竞争这个词听起来似乎自相矛盾，实际上它所表达的观点是厂商在所处的市场中拥有某种垄断力量，但较为有限。比如，20 世纪 50 年代，太阳唱片公司垄断了"猫王"埃尔维斯唱片的销售。如果你想要购买一张埃尔维斯的唱片，除了从太阳唱片公司购买，别无他法。埃尔维斯的忠实粉丝也许愿意以高于其他歌手的唱片的价格购买他的唱片。因此，太阳唱片公司具有自己制定价格的力量，但这一力量相对有限。如果太阳唱片公司将埃尔维斯的唱片定价过高，大多数人都更愿意把钱省下来，或者转而购买其他歌手的唱片。

现实世界中许多市场都符合垄断竞争所描述的情形。比如，哈根达斯的母公司通用磨坊公司，只对出售哈根达斯品牌的冰激凌具有垄断力量，而非所有的冰激凌。如果你特别喜爱哈根达斯，你也许愿意为它多付一些钱。但是如果价格差异过大，你就会转向其他品牌，比如本杰瑞冰激凌。类似地，你也许愿意为最喜爱的餐厅的美食多付一点钱，但是如果价格太过昂贵，你就会转向心中排名第二的餐厅。

与音乐行业的情形一样，寡头垄断和垄断竞争经常同时出现。寡头垄断侧重于厂商的数量，垄断竞争侧重于产品的多样性。因此，你会发现它们有时也会单独出现：当产品标准化时，可能存在寡头垄断；当有许多小厂商时，可能存在垄断竞争。下面，我们将分别对这两种市场结构进行讨论。

垄断竞争

回顾之前的完全竞争模型，厂商无法赚取经济利润。因此，厂商更愿意在垄断竞争市场中经营就毫不奇怪了，此时，它们能够赚得经济利润。

垄断竞争厂商如何赚取经济利润？答案就是所生产的产品能让消费者觉察到与竞争者有所不同。换句话说，厂商必须在提供与竞争者相似的产品时，在某些方面更具吸引力。这一过程被称为**产品差异化**（product differentiation）。现实世界中，这也是许多企业所采取的战略的基本部分。

有时，产品差异化能通过积极的创新得以实现。20 世纪 50 年代，音乐行业涌现的大量唱片公司的运作便是一个例子。唱片公司争相发掘并且塑造了许多令人耳目一新的风格不同的新人歌手，吸引了大批的忠实粉丝。埃尔维斯便是其中的一个。埃尔维斯的粉丝们越狂热，唱片公司就认为其他歌手的唱片对埃尔维斯唱片的替代性越弱。唱片越不可替代，太阳唱片公司就越能够收取高价且不必担心销量下滑。

无论是否积极地进行创新，厂商都十分热衷于劝说消费者相信它们的产品是独特的。这就是广告和品牌的作用所在。即使某一厂商的产品与市场上其他产品没有什么差别，它也可能会努力向消费者说明它的产品是有差别的，并由此说服他们为它支付更高的价格。我们将在本章后面的内容中继续讨论这些问题。

短期内的垄断竞争

在垄断竞争市场中，产品差异化使得厂商所生产的产品不存在完全的替代品。短期内，这使厂商能够像垄断厂商一样行动。而长期内，正如我们将看到的，情况会有所不同。明确短期和长期的差别是理解垄断竞争的关键。

首先，我们对短期情形进行分析，此时垄断竞争厂商能够像垄断厂商一样行动。垄断竞争厂商短期内的生产决策如下（可参见第10章中的图10-9）：

（1）厂商面临一条向下倾斜的需求曲线。正如垄断厂商一样，垄断竞争厂商也无法随意调整自己的价格而不影响消费者的需求量。

（2）假设生产过程中涉及固定成本和边际成本，厂商的ATC曲线为U形。

（3）利润最大化的产量由MR曲线与MC曲线的交点决定。这一产量在需求曲线上对应的价格即为利润最大化的价格水平。

总之，垄断竞争厂商短期内能够赚得经济利润。想要做到这一点，它必须像垄断厂商一样行动，在边际收益等于边际成本的点上进行生产。

长期内的垄断竞争

短期内，垄断竞争市场中的厂商有一个相似之处，它们无须面临垄断厂商面临的严峻问题：其他厂商能够自由进入该市场。当既有厂商能够赚得经济利润时，其他厂商就有动力进入该市场。

当然，其他厂商并不总是能成功进入该市场，并且生产完全相同的产品。毕竟，只有一个埃尔维斯，而他只属于太阳唱片公司。其他厂商能够做的就是发掘与埃尔维斯风格相似的歌手，从而使自己发行的唱片成为在乐迷眼中与埃尔维斯的唱片十分接近的替代品。

这也解释了为什么在音乐行业和许多其他行业中，某一类型的产品总是如潮水般接踵而至。一旦某位原创风格的歌手一炮而红，其他唱片公司就会迅速签下具有相似风格的歌手；一旦某个引领时尚的品牌生产了一个全新系列的时装，其他时尚品牌就会蜂拥而至生产相似款式的服装；苹果公司发布了 iPad，其他公司就争先恐后地开始生产触摸屏平板电脑；等等。

更多的厂商进入市场会如何影响每一个既有厂商所面临的需求呢？回顾第 3 章的内容，替代品的可获得性是需求的决定因素之一。更多的厂商生产更多与既有产品相似的产品，意味着消费者可选择的替代品范围更广。随着消费者的选择增多，对既有产品而言，每一个价格对应的需求量会减少。厂商面临的需求曲线向左移动。

只要市场中既有厂商能够获得利润，就会有更多的厂商进入市场，生产相似的替代品。结果就是，需求曲线会持续左移。这一过程会一直持续到潜在的厂商没有动力进入该市场为止，也就是既有厂商不再获得经济利润的时候。

如果短期内市场中的厂商亏损的话，就会出现相反的过程：当厂商获得的利润为负时，厂商有动力退出该市场。这会导致剩余厂商面临的需求增多，从而使需求曲线右移。这一过程会一直持续到长期内厂商能够无亏损地经营，不再有动力退出市场为止。你也许曾注意到音乐行业中经常出现这一情形：有时太多的歌手发行相似的音乐，利基市场变得饱和。

长期内，垄断竞争市场中的厂商面临着与完全竞争市场中的厂商相同的情况：利润被降至零。回顾之前章节中的内容，零利润意味着总收益正好等于总成本。换算成每一单位的形式，零利润意味着价格等于平均总成本。

长期内，垄断竞争的某些特征与垄断相同，其他特征则与完全竞争相同。与垄断厂商一样，垄断竞争厂商面临着向下倾斜的需求曲线。这一曲线意味着边际收益小于价格；相应地，也意味着在利润最大化的产量上，边际成本也小于价格。但是，与完全竞争市场中的厂商一样，垄断竞争厂商在长期内获得的经济利润为零。

这些差别主要表现在两个方面，如图 11-2 所示：

（1）**垄断竞争厂商在低于有效规模时进行生产**。当厂商的生产规模使平均总成本实现最小化时（与完全竞争市场中一样），我们称之为在有效规模上进行生产。但是，垄断竞争厂商利润最大化时的生产规模小于有效规模，如图 11-2a 所示。这一情形的另一种表述是厂商具有过剩的生产能力。

（2）**垄断竞争厂商想要出售更多的产品**。对完全竞争市场中的厂商而言，利润最大化时，价格等于边际成本，如图 11-2b 所示。如果厂商以这一价格出售额外一单位产品，边际成本会上升到高于价格水平，进而导致利润减少。

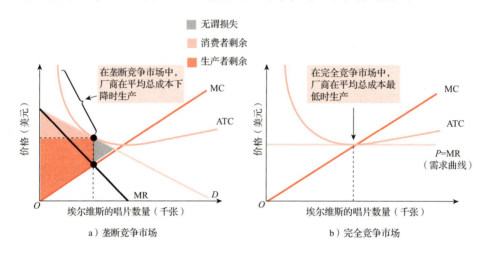

图 11-2 长期内的垄断竞争市场与完全竞争市场

利润最大化时，垄断竞争厂商出售产品的价格等于平均总成本，但是高于边际成本，如图 11-2a 所示。如果厂商出售额外一单位产品不会导致价格下降，那么这一单位产品将会带来高于成本的收益，并由此增加厂商的利润。换句话说，只要我们不处于完全竞争市场，厂商就有动力采取战略，比如通过广告和品牌推广吸引更多的消费者。

进行持续创新的必要性。我们对垄断竞争的长期分析具有另一种有趣的含义。现在问问自己：进入市场的竞争者带来了与既有产品越来越相似的替代品，厂商会如何应对？显然，既有厂商会加速自己产品的差异化。垄断竞争厂商只有持续寻找差异化的新方法，才能使自己在长期内有可能赚得利润。

进行持续创新的必要性解释了为什么唱片公司总是不断地发掘新歌手，也解释了为什么许多行业的厂商总是不遗余力地研发新产品，并探求推广产品的新方法。如果它们不这么做，竞争者就会迎头赶上，它们的经济利润也会烟消云散。一个真正具有创新精神的厂商总是会想方设法地领先竞争者一步，通过持续推出差异化产品以获得经济利润。因此，经济学家通常认为，竞争能够鼓励创新。

垄断竞争的福利损失

由于背离了完全竞争下的均衡价格和均衡数量，垄断竞争是无效率的。垄断竞争厂商实现利润最大化的价格高于边际成本，且交易的产品数量少于完全竞争下的均衡数量。这意味着必然存在无谓损失，即市场并未实现总剩余最大化。

我们对此有何良策呢？在第 10 章中，我们讨论了政策制定者试图应对垄断造成的福利损失的各种方法，也注意到了想要成功达到目的困难重重。不幸的是，对垄断竞争市场进行管制以提升效率更为困难。根据垄断竞争市场的定义，市场中存在数量众多的厂商，以及许多具有细微差别的产品，试图估算厂商的成本并对每一种产品的价格进行管制，将是一项艰巨的任务。

但是，政府可以为市场中的所有厂商设置统一的价格，然后由竞争的自然力量发挥作用。既然垄断竞争厂商赚得的经济利润为零，限定一个较低的价格将意味着那些无法以更低成本进行生产的厂商会被迫退出市场。

这样的管制也会带来无法避免的损失。尽管消费者能够以更低的价格获得更多数量的相似产品，但他们会错失更多样化的产品。相比于十几甚至上百种尽力迎合消费者不同偏好的相似产品，所有人面临的选择会少得多。如果在镇上你可选的快餐店从 5 家变为 3 家，但是汉堡包变得稍微便宜了一些，你会有何感受呢？

大多数政府并不关心垄断竞争造成的福利损失。即使它们做些什么，也没有显著的证据表明，消费者愿意为了更低的价格而牺牲在多种产品中进行选择。

产品差异化、做广告和品牌化

我们发现，产品差异化能让厂商在短期内获得经济利润。因此，厂商有动力说服消费者相信它们的产品无法轻易被竞争产品所取代。它们可以通过使自己的产品真正与众不同，也可以通过说服消费者相信它们与众不同来做到这一点。做广告是厂商通常所采用的一种策略，用来告知消费者，或者说服消费者相信产品之间的差别。

做广告是好还是坏是一个值得讨论的问题。一方面，做广告能够向消费者传达有用的信息。你也许会从广告中获知一种新产品或新技术，或者发现你想要的商品在哪里有售，什么时候上市，或者在售的有哪些款式和口味。一般而言，广告能够以有趣、易懂的形式免费向我们提供此类信息，并且为我们省去许多麻烦。我们无须挨个店铺寻找哪里出售自己想要的商品，也无须每天上网搜索新影片是否已经上映。企业会花钱来向我们传递所有的此类信息。

如果我们认为广告的主要作用是提供产品和价格方面的有用信息，那么广告就具有重要的意义。更充分的信息将会加剧市场中的竞争。消费者会得知某家企业正在出售比高价竞争者更为廉价的近似替代品。这将驱使价格下降，使市场更接近于完全竞争模型。

另一方面，有些广告几乎没有直接包含任何产品特征。但是，广告商会不遗余力地让观看者感受到广告中的商品十分美好。广告展现的可能是俊男美女们享受着美妙的时光，可能是感人至深的家庭团聚时刻，也可能是让人心惊肉跳的惊险动作和特技镜头。通常，这些画面与广告商品毫不相干，它们只是想要我们将特定的画面或情感与产品联系起来。两情相悦的情侣在浪漫氛围里深情拥抱，并不能告诉我们珠宝的任何独特品质，但是它也许能够在坠入爱河与收到一副新耳环之间建立一种强烈的心理联想。

如果我们认为广告的主要作用并非传递有用的信息，而是说服消费者相信产品比实际中更为不同，又会如何呢？根据这一观点，广告会降低消费者用相似产品替代的意愿。结果就是厂商能够收取高出边际成本更多的加价。这反过来又进一步推动了整个市场的价格上涨。

那么，广告的主要效果到底是什么呢？想要回答这个问题并不容易。做广告的主要目的是传递有用的信息还是激发人们的本能反应，在不同的市场中可能并不相同。然而，当立法者禁止产品进行广告宣传时，我们能够从生产者的反应中得知哪种目的占据主导（立法者曾提出禁止烟草、处方药品、酒精、法律服务甚至美容手术的广告）。如果生产者强烈反对禁止广告的法令，很可能是因为它们认为广告能够传递有用的信息并说服人们相信它们的产品比实际中更为不同。如果生产者面临广告禁令时保持缄默，甚至持赞成态度，则可能暗示这一行业中的广告很大程度上是为了激发消费者的本能反应并促进竞争，这是现有厂商都不想看到的情况。

作为信号的广告。通常我们很难说明白从一则广告中能获得产品的哪些真实信息。我们为什么要相信一个收取了高额报酬的演员口中的蜂窝网络会比其他的网络更快？政府雇员保险公司（GEICO）的绿色动画壁虎又知道汽车保险的什么信息呢？然而，有时广告可能包含了对消费者而言有用的信息，尽管并没有明确说明。

考虑一下信息不对称问题。对于产品的质量，厂商了解的信息多于消费者。消费者想要找到最好的产品，而生产出最好产品的厂商也十分乐意向消费者推销自己。当一个厂商简单地声明自己生产的是高品质的产品时，消费者可能无法完全相信它：因为无论是高品质还是低品质产品的生产者，它们都有动力声称自己的产品是最好的。高品质产品的生产者需要一种方法来可靠地表明它们的产品质量。广告刚好能够做到这一点，因为广告需要高额费用。

我们继续从一个厂商的角度来思考广告决策。假设一家唱片公司刚刚签下了一个有才华的歌手，并相信他的首张专辑一旦问世一定会赢得听众的喜爱。企业会盘算如果它花费一大笔钱进行高调的电视广告宣传，许多人将会购买专辑。他们将会特别喜欢这张专辑并且告诉自己的朋友，还会继续购买演唱会门票、与歌迷相关的商品以及这位歌手未来的专辑。如果唱片公司判断正确，最终唱片公司将赚得 1 000 万美元的利润。如果唱片公司判断失误，人们不喜欢这张专辑，厂商将无力承担广告费用，最终会损失 500 万美元。对唱片公司而言，如果产品的品质很好，广告支出将是很好的投资；如果产品的品质欠佳，这笔支出就是糟糕的投资。

另外，如果唱片公司对于新专辑的品质并不确定，这一决策又会如何呢？如果厂商选择不大力推广这张专辑，仍然存在购买者喜欢上它并且告诉朋友的可能性。但是销量相比进行大手笔的电视广告会低得多。假设人们喜欢未进行广告宣传的专辑，唱片公司会赚得 200 万美元。如果人们不喜欢专辑又会如何呢？唱片公司仅仅损失花在专辑制作上的成本——5 万美元。可见，如果唱片公司并不确定新专辑的品质如何，不进行广告宣传是明智的。这是因为如果人们不喜欢这张专辑，相比于进行广告宣传的情况，唱片公司不进行广告宣传的损失要小得多。是否进行广告宣传的决策，如图 11-3 的决策树所示。

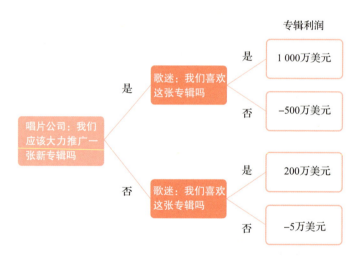

图 11-3   作为质量信号的广告

现在，我们从消费者的角度来思考厂商进行广告宣传的决策。消费者仅仅能够观察到最终的结果，即厂商是否选择进行广告宣传，而不是产品的真实品质。然而，消费者能够将广告视为一个可信的信号。如果消费者看到一家唱片公司花费巨资对一位新歌手的专辑进行大规模电视广告宣传，他们就有理由相信唱片公司十分确定人们将会喜欢这张专辑。因此，对消费者而言，根据广告试用一款产品十分合情合理。消费者之所以将广告视为有效信号，主要原因并不在于广告的内容，而是广告的成本有多大。广告越贵，消费者越能够得出这样一个结论：厂商十分确信自己的产品足够优质，从而可以赢得消费者的光顾。

品牌化。2009 年，达美乐比萨的两位负责炸鸡的员工向优酷网站上传了许多视频，展示他们以各种各样的方式污染食品（在此我们就不陈述细节了）。据他们称，这些行为都发生在顾客食用之前（当这一事件受到公众关注时，视频拍摄者坚称这只是一起恶作剧，这些食物从来没有用来招待顾客）。相关员工立即被解雇，但是这一事件对达美乐的品牌损害已经无法挽回。事件发生之后的消费者调查显示，达美乐的顾客品牌认知一夜之间从正面变为负面。想要帮助达美乐恢复品牌声誉，需要迅速并机智地进行公关工作。

消费者往往认为强势品牌是产品质量的隐性担保，这一事件表明了这一想法也许是理性的。如果一个厂商没有任何名誉需要保护，它也许就不会如此关心出售劣质产品的后果。但是对达美乐这样的厂商来说，许多年兢兢业业才树立起来的强势品牌，仅仅因为一个倒霉的事件就可能被摧毁。正因为消费者知道，这些厂商在品牌名誉受损时一定会遭受损失，所以他们就推断出以下结论：具有强势品牌的厂商会在方方面面都进行严格的质量控制。

基于这一理由，当人们存在困惑时，品牌也许能够传达有用的信息。旅行者刚到达陌生城市时，也许对当地餐馆的食物和饮品的质量知之甚少。然而，如果看到一家星巴克店，他就能够确信自己可以买到一杯品质可预见的饮品。当地的一家饮品店也许确实比星巴克更好，但旅行者无从得知。他很可能会理性地选择自己熟悉的星巴克品牌，而不是冒险选择当地的竞争者。

然而，依赖品牌进行决策并不总是理性的。品牌也可能会延续人们对质量和产品差异的错误看法。比如，品牌药品通常比一般的相似药品的收费高得多，尽管二者的有效成分相同并且具有相同的疗效。此时，强势品牌甚至可能成为市场进入障碍，将该市场变成寡头垄断的结构，由少数领先者掌握着巨大的市场力量。在探讨寡头垄断之前，阅读以下专栏，了解对厂商而言，利用品牌实现产品差异化是何等重要。

⊕ 可口可乐、百事和不再神秘的配方

可口可乐在广告中一再强调自己的"独家配方"。2007 年，当两位员工试图将可口可乐的秘密配方卖给百事时，你也许以为百事会毫不犹豫地借机了解对手是如何生产可乐的。然而实际上，百事不仅拒绝购买这一信息，还配合 FBI 拘捕了潜在的告密者。百事究竟为什么会这样做呢？

可乐市场可以被描述为垄断竞争市场：为了扩大消费者规模和提升其忠诚度，每家公司都尽力突出产品的差异化。许多盲测发现，当不知道正在饮用的可乐品牌时，大多数人，即使是那些自称是某品牌狂热粉丝的人，也无法分辨不同品牌可乐之间的区别。因此，在一些行业中，广告主要用来说服人们相信产品比实际更加与众不同，可乐行业似乎是个明显的范例。

思考一下，如果百事买下了可口可乐的秘密配方并且公之于众会如何。这些信息将会让新公司更加容易地进入可乐市场，它们可以通过广告大肆宣称自己的产品与可口可乐完全相同。新公司进入市场生产无差别的产品，会使该市场更接近完全竞争模型。这将导致可口可乐价格下降。这对可口可乐而言无疑是灭顶之灾，但对百事而言也不是一个好消息。新的可乐产品将会是百事的近似替代品，某些百事的消费者可能会转向大批新涌现的更便宜的无差异可乐。此时，百事将会损失客户和利润。

那么，为什么百事不购买这一配方，秘而不宣并利用它生产与可口可乐的口味完全相同的可乐呢？毕竟，可口可乐是市场的领导者，而百事只有20%，可口可乐一定具有某种优势。百事面临的主要困难在于，可口可乐是一个成熟的品牌，它的顾客没有任何理由转向价格和口味都相同的百事。百事唯有降低价格才能吸引可口可乐的顾客转向自己，但同时它也会失去向真正喜欢百事可乐的忠实顾客收取加价的能力。如果百事这么做，它将无法赚得与先前一样可观的经济利润。

从道德的角度来看，百事的做法值得称赞。同时我们应该明白为什么从经济的角度来看，百事的决策也十分机智。百事的利润最大化决策就是忽视效仿可口可乐秘密配方的机会，并且继续差异化自己的产品。

寡头垄断

假设你是环球音乐的一名高管。你每天的决策核心就是如何让你的公司尽可能地赚得更多的利润。你需要考虑的事情很多：我们应该签下哪位新人歌手？我们应该如何对即将发行的专辑进行广告宣传？我们应该如何对 CD 和合法下载收费并防止顾客非法下载？我们应该做些什么为新歌争取更多的电台广播机会？

这些决策中贯穿着一条主线：你了解自己的竞争对手。你知道自己正在与索尼和华纳进行竞争。你熟知它们的高管和歌手名单，并对它们的销售情况和广告有些许了解。你也许对它们酝酿推出的专辑了如指掌。你或许还留意了那些规模较小的独立公司，但主要精力仍集中在主要竞争者身上。换句话说，你在与两个十分明确的竞争对手进行博弈。

这与完全竞争市场中的情形截然不同。作为完全竞争市场中的价格接受者，你将与十多家、上百家甚至上千家厂商进行竞争。你可能并不了解这些厂商的管理者，但这无关紧要。以打败其中一个厂商为目标进行商业决策毫无意义，因为其他厂商会前仆后继地填补空缺。

我们的分析将关注寡头垄断市场中的厂商与少数具有市场力量的确定竞争者之间的竞争。完全竞争市场中的厂商别无他选，只能在既定的市场价格下选择自己的产量。而寡头垄断厂商则是在对竞争者的预期决策深思熟虑之后，进行价格和产量的策略决策。我们将利用第 9 章中的博弈论知识对寡头垄断进行分析。

竞争中的寡头垄断厂商

我们以一个简化的音乐行业的例子开始寡头垄断的分析。为了简化，假设只有两家唱片公司（环球和华纳），而不是三家（从技术上说，存在两个厂商的寡头垄断称为双头垄断）。此外，假设音乐是一种标准化商品，那么，顾客对于购买环球还是华纳出品的音乐感到无差异。尽管我们在本章之前的内容中讨论过为什么这并不实际，但这是一种合理的简化，能让我们对寡头垄断的分析更加清晰。每家唱片公司拥有众多稳定的歌手，特定音乐类型的任何歌迷都能够在这两家相互竞争的唱片公司中找到符合自己品位的相似替代品。

图 11-4 显示了市场中唱片公司的市场需求表以及对应的需求曲线。正如我们所料，唱片的需求数量随着价格下降而增加。图 11-4a 的第三列显示了每个价格 – 数量组合对应的总收益。回顾之前的内容，第一列的数字代表了整个市场的总需求量，第三列的数字代表了两个厂商的收益总和。假设每个厂商为签下歌手并发行唱片付出了 1 亿美元的固定成本。为了简化，我们假设生产每张唱片的边际成本为零。

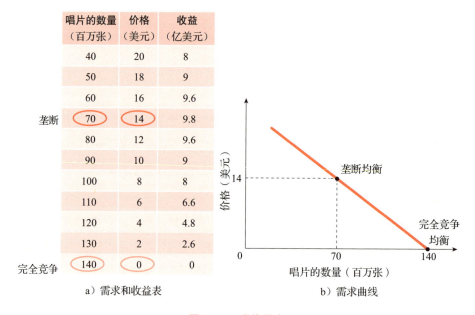

a）需求和收益表   b）需求曲线

图 11-4   唱片需求

回顾第 10 章中的完全竞争模型，价格会被拉低或拉高直至等于边际成本，才能实现利润最大化。由于我们假设生产的边际成本为零，因此在完全竞争条件下，市场均衡产量就是价格为零所对应的 1.4 亿张唱片（当然，长期内唱片不可能一直免费，否则唱片公司将会无法承担它的固定成本；厂商会退出市场，直至价格上升到厂商能够负担固定成本为止）。这用另一种方式表达了我们已经熟知的事实：在完全竞争模型中，没有厂商能够获得经济利润。

如果该市场是垄断的又会如何？我们从第 10 章中了解到垄断厂商会选择能够使利润最大化的价格－数量组合。观察需求和收益表，我们会发现这一点的价格为 14 美元，对应的唱片数量是 7 000 万张。垄断厂商的利润将会是 8.8 亿美元，也就是 9.8 亿美元的总收益减去 1 亿美元的固定成本。

如果该市场中存在两个厂商（环球和华纳）会如何呢？既然垄断生产决策能够使得利润最大化，那么这两个厂商所能做到的最好的情形就是联合起来像一个垄断厂商那样行动。如果每个厂商生产 3 500 万张唱片，总销量将等于 7 000 万张，每家唱片公司都会获得 3.9 亿美元的利润：

$$TR － TC = 3\ 500\ 万 × 14 － 1\ 亿 = 3.9\ 亿(美元)$$

听起来不错，对吧？但是接下来，我们假设华纳的 CEO 足智多谋，决定瞒着环球的 CEO 多生产 500 万张唱片。市场上出售的唱片总量上升至 7 500 万张，这会将价格降低至 13 美元。然而，此时整个市场的销量并非二者平分，华纳出售的唱片为 4 000 万张，而环球为 3 500 万张。结果就是，华纳的利润增加为 4.2 亿美元。而由于售出的每张唱片相比之前降价了 1 美元，环球损失了 0.35 亿美元的利润：

$$华纳的利润 = 4\ 000\ 万 × 13 － 1\ 亿 = 4.2\ 亿(美元)$$
$$环球的利润 = 3\ 500\ 万 × 13 － 1\ 亿 = 3.55\ 亿(美元)$$

环球的 CEO 会感到很不高兴。如果他选择予以反击，也暗地里向市场额外投放 500 万张唱片，情况会如何？市场中出售的总量将变成 8 000 万张，这将使价格进一步降低至 12 美元。现在，每个厂商并非出售 3 500 万张唱片，而是 4 000万张，并且每张唱片的价格便宜了 2 美元。

$$每个厂商的利润 = 4\ 000\ 万 × 12 － 1\ 亿 = 3.8\ 亿(美元)$$

尽管相比二者合作每家生产 3 500 万张唱片，每家生产 4 000 万的获利稍逊一等，但是环球确实通过反击获得了可观的成效。这一过程将继续进行，持续推动销量上升及价格下降。现在，华纳的 CEO 决定生产 4 500 万张唱片，这导致价格进一步下降至 11 美元，公司利润将升至 3.95 亿美元。然而，环球的 CEO 以相同的做法回击，使每个厂商以 10 美元的价格出售 4 500 万张唱片，利润降低至

3.5 亿美元。如同完全竞争，寡头垄断厂商之间的竞争会使得价格和利润下降到垄断水平之下。

然而，与完全竞争不同的是，寡头垄断厂商之间的竞争不会使利润一直下降到有效水平。回顾第 10 章的内容，垄断厂商在考虑是否生产额外一单位产品时，会权衡以下两种效应。

- 数量效应：以高于边际成本的价格出售额外一单位产品会增加厂商的利润。
- 价格效应：额外一单位产品会增加整个市场的总产量，从而推动市场价格下降。

寡头垄断厂商也需要权衡数量效应和价格效应的大小：当数量效应大于价格效应时，厂商增加产出会提高利润水平。此时，为了利润最大化，厂商会增加产出。

当数量效应小于价格效应时，厂商没有动力增加产出。考虑华纳的 CEO 接下来面临的数量决策。如果华纳再生产 500 万张唱片，它将只能获得 3.5 亿美元的利润（5 000 万 × 9 − 1 亿 = 3.5 亿）。数量效应（出售额外的 500 万张唱片）恰好被价格效应（每张的价格降低了 1 美元）所抵消。华纳没有动力增加产出。

环球面临相同的决策。因此，我们能够预见到两家企业都会选择停留在 4 500 万张唱片的产出水平上。双头垄断厂商相互竞争后的市场均衡就是以 10 美元的价格出售 9 000 万张唱片。

当然，现实中音乐行业的大型厂商不止两个，而是三个。但是原理完全相同。假设我们再一次从利润最大化的垄断总产量开始，以每张 14 美元的价格生产 7 000 万张唱片，三个厂商平分总产出。每个厂商生产约 2 333 万张唱片，获得约 3.27 亿美元的收益，减去 1 亿美元的固定成本，所得利润约为 2.27 亿美元。

$$2\ 333\ 万 \times 14 - 1\ 亿 = 2.27\ 亿（美元）$$

然而，每个厂商都有动力尽力提高自己的利润，即使这样会降低其他厂商和整个市场的利润。只要数量效应大于价格效应，每个厂商就都会尽可能地增加产出。

现在市场上有三个而非两个厂商，每个厂商的数量效应都会更大。

我们先来看一个仅由两个厂商分割的市场的价格效应和数量效应。如果这两个厂商各生产 3 500 万张唱片，当单个厂商的产量增加 500 万张，即增加 14%（500 ÷ 3 500 × 100%）时，市场总产量将增加 7%（500 ÷ 7 000 × 100%）。当市场总产量从 7 000 万张增加到 7 500 万张时，价格将从 14 美元降至 13 美元，下降 1 ÷ 14 × 100% = 7%。因此，对单个厂商而言，数量效应（14%）超过了价格效应（7%）。

现在，我们再来看一个由三个厂商分割的市场的价格效应和数量效应。如果这三个厂商共同分割 7000 万的总产量，并且各生产 2 233 万张唱片，当单个厂商的产量增加 500 万张，即增加 21.43%（500 ÷ 2 333 × 100%）时，市场总产量将增加 7%（500 ÷ 7 000 × 100%）。当市场总产量从 7 000 万张增加到 7 500 万张时，价格将从 14 美元降至 13 美元，下降仍为 1 ÷ 14 × 100% = 7%。因此，对单个厂商而言，数量效应（21.43%）超过了价格效应（7%）。

由此可见，在由三个厂商组成的市场中，总产量的小幅增加对市场价格的下调影响较小，这是有道理的。因此，在数量效应变得等于价格效应之前，每个厂商都会增加更多的产量。在由三个厂商组成的市场中，每个厂商的均衡产量将是 3 500 万张唱片。这使得市场均衡总产量为 1.05 亿张唱片，并将均衡价格推低至 7 美元。

随着厂商数量的不断增加，寡头市场变得更具竞争性，均衡数量也更接近完全竞争市场的均衡数量。这一效应如图 11-5 所示。

无论市场中存在多少厂商，寡头垄断厂商都会持续增加产量，直至额外一单位产出对利润产生的正向的数量效应与负向的价格效应恰好相抵。

利用价格效应和数量效应对寡头垄断厂商的生产决策进行分析，突出了一个重要的一般概念：寡头垄断厂商的生产决策不仅会影响自己的利润，也会影响其他厂商的利润。只有决定多生产的单个厂商能够感受到数量效应对利润的提升。而降低利润的价格效应则影响了市场中的所有厂商。单个厂商利润最大化的决策会降低整个市场的利润。

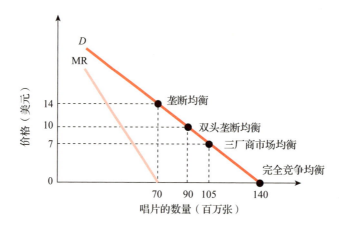

图 11-5　不同市场下的唱片需求

这是一般经济学准则的一个例子：当个体（个人或厂商）在决策时，如果能够获得所有收益并承担所有成本，他（或它）就会理性地做出最优决策；但是如果能够将决策的成本或收益强加给他人，个体的理性决策对整体来说就不一定是最优的。在寡头垄断情形中，一个厂商做出增加产出的理性决策时，其他厂商不得不承担相关的成本。在后续讨论外部性和公共物品的章节中，我们将继续深入探讨这一问题的细节。

竞争还是合谋？ 利用博弈论分析寡头垄断

如果你不了解寡头垄断厂商是如何行动的，你就无法胜任华纳或者环球公司的 CEO 职务。你可以认为他们都是聪明人，深知自己正在参与一场策略博弈，并且这一博弈如同第 9 章中讨论过的囚徒困境一样。在我们的简化案例中，厂商面临两种选择：相互竞争，或者齐心合力像一个垄断厂商一样行动。对价格和产量共同做出决策的行为称为合谋（collusion）。正如我们讨论过的，当华纳和环球选择相互竞争时，它们最终会各生产 4 500 万张唱片，并获取 3.5 亿美元利润。如果选择合谋，它们将各生产 3 500 万张唱片，并获取 3.9 亿美元的利润。如果合谋能够使厂商获取更高的利润，为什么并非所有人都这么做？

环球的 CEO 在决定生产多少唱片之前，会进行策略思考并问自己华纳的 CEO

会怎么思考。如果华纳决定生产 3 500 万张唱片，情况会如何呢？观察图 11-6 中的收益矩阵。根据矩阵的上半部分，可以看出如果环球也生产 3 500 万张唱片，它将获得 3.9 亿美元的利润；如果生产 4 500 万张唱片，它赚得的利润则为 4.4 亿美元。对环球而言什么是明智的决策不言而喻——生产更多的唱片从而获得更多的利润。

但是如果华纳决定生产 4 500 万张唱片，环球的情况又会如何呢？观察矩阵的下半部分，我们发现如果环球生产 3 500 万张唱片，它将赚得 3.2 亿美元；如果环球生产 4 500 万张唱片，它将赚得 3.5 亿美元。由此，什么是明智的决策显而易见。了解到自己面临的选择，环球的 CEO 会得出结论，无论华纳决定怎么做，环球都应该生产 4 500 万张唱片。

图 11-5 所表明的策略决策突出了两个事实。其一，正如我们已经计算过的，相比于合谋，两个厂商相互竞争会导致它们的情况变差。这是因为，通过竞争它们会推动产量高于利润最大化的垄断水平，而合谋则不会。

其二，无论其他厂商怎么做，每个厂商都有动力背叛合谋协议并相互竞争。现在我们从华纳的角度思考如何决策，如果华纳认为环球会生产较低水平的"合谋"产量，而华纳自身却选择背弃合谋转向竞争，将会多赚得 5 000 万美元的利润（我们如何得知？比较图 11-6 中左上角方框内的 3.9 亿美元和左下角方框内的 4.4 亿美元即可知）。

如果华纳认为环球会生产较高水平的"竞争"产量的唱片，那么华纳也会选择竞争而非一味地坚守合谋协议，这样能赚得更高的利润（对比右下角方框内的 3.5 亿美元和右上角方框内的 3.2 亿美元即可知）。

对参与者而言，无论其他参与者怎么做，某一策略总是最优的决策，我们称之为占优策略。在寡头垄断市场中，竞争是环球的占优策略。很遗憾，它也是华纳的占优策略，华纳 CEO 的盘算与环球如出一辙。结果就是，两个厂商都会选择竞争而非合谋，最终各生产 4 500 万张唱片，获得 3.5 亿美元的利润。

当博弈中的所有参与者都具有占优策略时，我们称博弈的结果为纳什均衡，即当给定其他参与者的决策时，所有的参与者都选择了最佳策略时达到的结果（这意味着即使厂商没有占优策略，也能够实现纳什均衡，只是本例中厂商均有

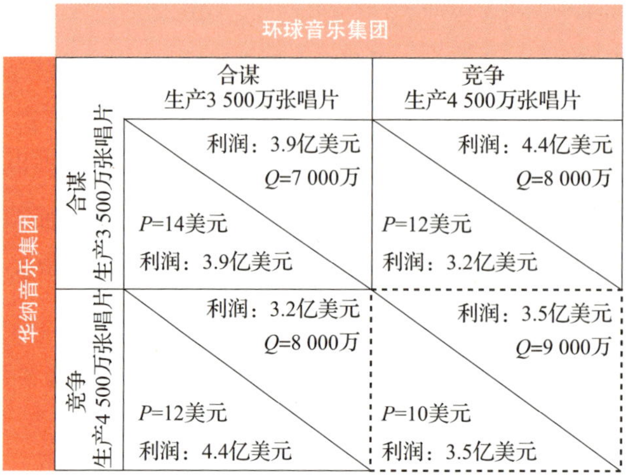

	环球音乐集团	
	合谋 生产3 500万张唱片	竞争 生产4 500万张唱片
华纳音乐集团 合谋 生产3 500万张唱片	利润：3.9亿美元 Q=7 000万 P=14美元 利润：3.9亿美元	利润：4.4亿美元 Q=8 000万 P=12美元 利润：3.2亿美元
竞争 生产4 500万张唱片	利润：3.2亿美元 Q=8 000万 P=12美元 利润：4.4亿美元	利润：3.5亿美元 Q=9 000万 P=10美元 利润：3.5亿美元

图 11-6　寡头垄断生产的囚徒困境

占优策略）。当纳什均衡实现时，没有人有动力改变自己的策略，从而打破均衡，因此纳什均衡具有重要的意义。

然而，正如第 9 章中所描述的，存在一种摆脱这一困境的方法。关键在于，要牢牢记住这一决策过程并非一次性的，而是一次又一次地在两个厂商之间重复进行。一旦环球的 CEO 意识到这一互动过程是一种"重复博弈"，他的激励就会发生改变。如果华纳的 CEO 信守承诺而环球的 CEO 选择了背弃合作，环球今年会多获得 0.5 亿美元的利润。但环球的 CEO 可以确定明年华纳一定会反击，回到竞争均衡水平。由此环球的 CEO 认识到，此后每一年环球都只能获得竞争均衡中的 3.5 亿美元，而不是合谋均衡中的 3.9 亿美元，即损失 0.4 亿美元的利润。考虑到未来的利润，两个企业也许会抓住最初的时机认定对方会坚守合谋的协议。如果双方都坚定不移，它们就能够持续合作，各自都年复一年地生产 3 500 万张唱片。

通常，这一策略是**卡特尔**（cartel）中的厂商团结一致的黏合剂，卡特尔即一些厂商通过合谋对产量和价格集体做出决策。石油输出国组织（OPEC）就是一个众所周知的卡特尔。为了操纵市场价格并使自身的利润最大化，许多国家就限制石油产量达成一致。出于长远利益的考虑，合谋比竞争更有利，所有成员国对这一点都心知肚明，这一事实也使得 OPEC 充满凝聚力。未来利润的吸引力阻止了某一国家在任何一年中多产油以获得短期利润。尽管 OPEC 并未控制全球所有的石油供应，但它仍具有强大的力量影响全球石油价格。

如果卡特尔对寡头垄断市场中的厂商如此有利，为什么这类案例并没有大量存在？一个直接的原因就是：它们通常是非法的。没有哪个国际法庭有权力强迫 OPEC 不在全球石油市场上进行合谋。然而，大多数国家都制定法律禁止厂商对价格或产量达成协议。如果被发现有此类行为，将面临罚款和处罚。

寡头垄断与公共政策

我们在第 10 章中了解到，美国制定了严格的法律以禁止"反竞争"的行为。甚至寡头垄断厂商提议进行合谋的行为也是非法的，无论最终合谋是否实际发生。当然，法律制定者如此关注合谋的原因在于合谋仅利于寡头垄断厂商，不利于其他人。在我们假定的例子中，当华纳和环球进行合谋时，唱片的价格为 14 美元。而当它们相互竞争时，价格仅为 10 美元。可见当华纳和环球彼此竞争而非合谋时，音乐爱好者们会受益。

回顾之前的内容，在垄断市场中，由于相比于有效率的情况，市场均衡价格水平更高且产量更低，某些交易无法达成，由此造成了无谓损失。图 11-7 比较了不同竞争程度的市场中的生产者剩余、消费者剩余以及无谓损失。需要指出的是，最后的两幅图——合谋和垄断，造成的结果完全相同。由于竞争性寡头垄断市场介于垄断市场和完全竞争市场之间，无谓损失不可避免，但是小于存在合谋时的情形。

难怪政府会如此执着于阻止厂商合谋，也难怪厂商会如此热衷于合谋并尽力避免被发现。例如，在 20 世纪 60 年代，美国政府对历年的招标记录进行审查，这些记录是邀请公司供应特定类型的重型机械时收到的投标。政府发现在之前 3 年的招标记录中，有 47 家制造商提交了完全相同的标书。这表明制造商私下里对投标内容进行了合谋。它们轮流投出自己的最低要价，而标书价格远高于实际进行竞争时的价格。据估计，在这一卡特尔被瓦解之前，它每年耗费美国纳税人 1.75 亿美元的税款。

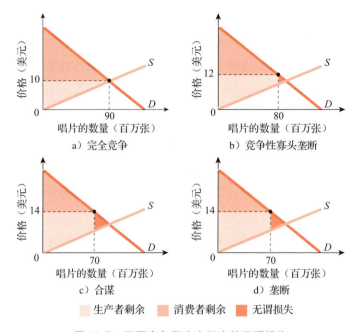

图 11-7　不同竞争程度市场中的无谓损失

第 12 章

国际贸易

ECONOMICS

▌引例　"美国制造"的新含义

"中国制造"的标签随处可见，比如在电脑、电视、衣服、鞋子、汽车零部件上，甚至在大蒜上。2017年，美国从中国进口商品的价值超过了5 000亿美元，比1985年增长了55倍。与此同时，美国的制造业却经历了大幅衰退。回溯到20世纪50年代，有超过30%的劳动年龄人口从事制造业。然而到了2015年，制造业的就业人口已下降到10%以下。

2015年，在一次节目采访中，唐纳德·特朗普（尚未成为美国总统）强调了这两者之间的关联，并将这种情况称为"他们（中国人）抢走了我们（美国人）的工作"。

与中国进行贸易真的导致美国的工作岗位被抢走了吗？如果是，数量是多少？贸易对劳动力市场的其他部分（如工资）又有何影响？为了回答这些问题，经济学家大卫·奥托尔、大卫·多恩和戈登·汉森进行了研究。他们比较了不同地区的情况，其中，某些地区面临来自中国生产厂商的竞争压力更大一些，而另一些地区面临的竞争压力则较小。他们发现，那些与中国竞争更激烈的地区失业率更高，劳动参与率（即劳动力人口（就业人口和失业人口）占劳动年龄人口的比率）更低，工资也更低。总体来说，他们认为，美国制造业减少的就业岗位，有四分之一应归咎于与中国进行贸易，约为153万个工作岗位。

　　虽然与中国的贸易增加确实导致了工作岗位的流失，但这种变化造成的冲击大小取决于适应这种新状况的难易程度。研究人员发现，适应这种新状况往往是困难的。其中一个现象是，在受与中国进行贸易影响最严重的地区，政府用于残疾人社会保障、医疗保险和失业保险的转移支付增加了。这些支出的增加反映了一个事实：许多工人在当地很难找到新的工作。在所有工人中，无法搬迁到工作机会更多的地区的那些工人受到的影响更大。

　　与此同时，从中国进口各式各样的商品，使美国消费者获益。在某些地区，国际贸易推动了区域创新和经济复兴。宾夕法尼亚州的匹兹堡就是一个例子，这座城市曾经是主要的钢铁生产地之一。20 世纪 70 年代末，钢铁工业崩溃，当地经济受到重创。1983 年，当地失业率达到了 20%。这座城市转而专注于发展高新产业，如今，匹兹堡已经成为医疗保健中心、高等教育中心和高新技术中心。尽管帮助钢铁工人转型成为医疗保健专业人员可能并不容易，但对那些受贸易影响的地区来说，这无疑是朝着振兴"美国制造"迈出的一步。

　　本章中，我们将看到贸易如何影响不同国家的价格、工人和消费者。我们也会看到贸易如何在给某些国家和行业带来巨大利益的同时给某些人带来损失。对企业家而言，是大展宏图还是一败涂地，关键在于能否在贸易中游刃有余。作为工人和消费者，我们能赚得的工资和所购买商品的价格深受贸易的影响，而有时这一影响并非一目了然。

为什么进行贸易

　　贸易可以使经济好转，但并非总是如此。在进行讨论之前，我们先简要地回顾一下为什么国家最初想要进行贸易。我们可以利用第 2 章中的一些基本的经济概念，预测当市场能够发挥作用时，不同的商品会在哪里生产，以及贸易的优势是什么。

比较优势

美国从亚洲各个国家，尤其是孟加拉国进口服装。这一事实说明了什么？最显然的是，说明孟加拉国企业和美国消费者都能从这一贸易中获得好处。正如我们所知，自发的贸易能够带来剩余，使贸易双方的情况相比之前都更好。对个人来说如此，当企业或国家之间进行贸易时，也是如此。

这还说明了在生产服装方面，孟加拉国相比美国一定具有某种优势，否则美国会选择自己生产。是什么类型的优势呢？这也许意味着孟加拉国的企业相比美国的企业更有效率。如果事实果真如此，我们会称孟加拉国在服装生产上具有绝对优势。当利用给定数量的资源生产一种商品时，能够比其他人生产出更多的商品，这一能力被称为绝对优势——比如，利用同样数量的工人能生产出更多的T恤。

但是请记住，谁生产什么并不是由绝对优势，而是由比较优势决定的。比较优势是指相比于其他人能以更低的机会成本生产一种商品或服务的能力。孟加拉国企业将服装销往美国这一事实，并不代表孟加拉国在服装制造上更有效率，但能够说明孟加拉国生产一件T恤的机会成本低于美国。

贸易收益

如果美国工人生产T恤的效率并不比孟加拉国工人低，为什么美国企业还要进口孟加拉国生产的T恤呢？简单来说，当每个国家都专业化生产自己具有比较优势的商品时，两个国家都能从中获益。两个国家可以通过贸易获得本国人民想要消费的商品组合。由专业化和贸易带来的两个国家的福利增加，被十分直接地称为贸易收益。

根据表12-1，我们可以比较进行贸易与不进行贸易时的全球产出和消费数量，进而了解贸易收益是如何产生的。为了简化，我们根据现实中的情况编写了表中的数据。如同第2章一样，为了简化，我们假设美国和孟加拉国只生产两种商品：小麦和T恤。不进行贸易时，每一个国家都必须自己生产本国人民想要消费的小麦和 T 恤的组合。假设美国需要 3 亿件 T 恤和 10 亿蒲式耳小麦。孟加拉国需要 5 000 万件 T 恤和 7 亿蒲式耳小麦。全球总产量就是 3.5 亿件 T 恤和 17 亿蒲式耳小麦。

表 12-1　进行贸易与不进行贸易时的全球产出和消费数量

	国家	小麦的产量 （亿蒲式耳）	T 恤的产量 （亿件）	小麦的消费量 （亿蒲式耳）	T 恤的消费量 （亿件）
不进行贸易	美国	10	3	10	3
	孟加拉国	7	0.5	7	0.5
	共计	**17**	**3.5**	**17**	**3.5**
进行贸易	美国	20	0	12	3
	孟加拉国	0	5	8	2
	共计	**20**	**5**	**20**	**5**

当两个国家能够进行贸易时，每个国家都能生产自己具有比较优势的商品，而不是恰好生产本国消费者想要的商品组合。在简化的例子中，这意味着美国将会专业化种植小麦，而孟加拉国则会专业化生产 T 恤。结果就是全球的总产出将会更高，并且每个国家所能消费的商品相比之前更多。在自由贸易的情形下，美国会生产 20 亿蒲式耳小麦，孟加拉国会生产 5 亿件 T 恤。相比之前，多生产了 1.5 亿件 T 恤和 3 亿蒲式耳小麦，因此，两个国家能够分享这一好处，双方都将获益。从表 12-1 中可以看到，在专业化和贸易之后，两个国家中两种商品的消费量变得更多。

比较优势的根源

媒体在描述国家间的贸易时，通常将其视为国家实体之间的交易，正如我们在上述内容中对美国和孟加拉国所做的描述那样。（例如：美国将专业化种植小麦，孟加拉国将专业化生产 T 恤。）从这样的描述中，你也许会觉得贸易要求各国政府团结一致，需要聘请一位经济专业的超级规划师来分析数据，并且就谁专业化生产什么商品达成一致，但事实并非如此。实际上，贸易的日常事务几乎全部是由企业和个人完成的。

佐治亚州亚特兰大市的企业如何得知自己相比孟加拉国首都达卡的企业具有

什么比较优势呢? 此时, "看不见的手"会发挥作用, 但这并不意味着人们会自然而然地做出生产什么以及与谁进行贸易的正确决策。如果你拥有一家企业, 你就需要研究包括劳动力和原材料在内的投入成本, 你能够生产的不同商品的销售价格, 最终得出利润最大化的选择。决策得当, 你就会获得利润。决策失误, 你就会被逐出市场。同时, 达卡和世界各地的企业所有者也都在进行相同的研究和盘算。作为单个生产者, 当所有人对自己所面临的利润激励做出反应时, 他们就会被吸引到自己具有比较优势的商品生产中去, 自然就会获得贸易收益。

我们将更具体地讨论。在之前的章节中我们探讨过生产要素的价格是如何决定的。比如, 你位于佐治亚州的工厂也许想要雇用一些工人生产 T 恤, 但是这些工人也可以选择将自己的劳动出售给生产汽车零部件的公司。如果相比于生产 T 恤, 工人们生产汽车零部件更有效率, 汽车零部件加工厂会愿意提供更高的工资。这会使 T 恤行业的劳动力供给减少, 并相应地推高 T 恤生产者的工资。

现在, 假设达卡的工人没有更好的替代生产 T 恤的选择。他们愿意接受较低的工资在 T 恤加工厂工作, 这意味着达卡的企业在生产 T 恤时具有更低的成本, 因此它愿意在国际市场上以更低的价格出售 T 恤。

这样一来, 每一种生产要素的价格就包含了利用该要素生产其他商品的机会成本。在权衡了 T 恤的所有生产要素的价格以及国际市场上 T 恤的售价之后, 你发现以如此低廉的价格出售 T 恤, 你的工厂将会亏损。这就是市场在告诉你, 你在佐治亚州的企业在生产 T 恤上并不具备比较优势, 你应该生产其他商品。换句话说, 只有在生产 T 恤上具有比较优势, 也就是机会成本最低的企业, 才能够在生产 T 恤时获得利润。每个企业只需简单地比较投入品和商品的价格, 选择生产利润最高的商品, 最终它们都能生产自己具有比较优势的产品。

到目前为止, 一切都十分顺利。但是, 是什么导致某一国家的企业在生产 T 恤上, 相比生产汽车零部件、设计电脑程序或从事其他事情具有更低的机会成本呢? 经济学家发现, 以下几个国家层面的特征能够影响特定国家生产商品的成本: 自然资源与气候、生产要素禀赋以及技术。

自然资源与气候。为什么相比俄罗斯, 夏威夷在种植菠萝上具有比较优势?

原因很简单：夏威夷气候温暖，而俄罗斯相对寒冷。气候多样性和自然资源是比较优势的重要决定因素。比如，加利福尼亚州和法国的某些地区，具有十分适宜的气候和土壤环境，这使它们种植的葡萄能够酿造出世界级的美酒。气候和地理条件也会影响商品的运输成本。比如，相比莱索托等远离主要消费者市场的内陆国家，具有大规模海港的国家更便于对不同商品进行贸易。

生产要素禀赋。多种生产要素的相对丰富程度，使得某些国家更适合生产特定商品。举例来说，土地更为辽阔的国家，比如澳大利亚或者阿根廷，也许在畜牧业等土地密集型的产业上具有比较优势。具有充足资本但土地紧缺的地区和国家，比如中国香港和日本，也许在高技术电子产品、金融服务或者生物医疗研究等资本密集型的产业上具有比较优势。拥有大量廉价劳动力的国家，如孟加拉国和莱索托，将大力从事劳动密集型活动，如需要相对较少资本和技术的服装制造。

生产要素禀赋有助于解释我们在第 2 章中讲述的故事，即在过去的几个世纪里，服装制造业是如何在全球范围内跟随着廉价劳动力活动的足迹，从一个国家转移到另一个国家的。服装制造业是劳动密集型行业，对资本和技术的要求相对较低。随着纺织工业较早兴起的国家中工人受教育程度的提高，相比于熟练劳动力和资本，廉价劳动力的丰富程度降低。因此，比较优势就转移到那些廉价劳动力相比其他生产要素更丰富的国家了。

技术。最后，技术也会对比较优势产生影响。随着时间的推移，技术会在国家间传播，使不同国家的机会成本趋于相同。然而，在任何既定的时间内，个别国家的技术或生产工艺的进步会让该国具有暂时的比较优势。我们在第 2 章中看到，动力织布机的发明让英国最早在服装制造上获得优势，但是这一新技术很快就传到了美国，大大削弱了英国的优势。

不完全专业化

我们之前对国际贸易的分析，是在国家层面上对比较优势进行探讨。但是你肯定注意到了，一个国家中并非所有人都从事相同的工作。并非所有的美国人都种植小麦，并非所有的孟加拉国人都生产 T 恤，并非所有的新西兰人都放牧等。如果专业化和贸易能带来巨大的收益，为什么每个国家不会只生产一种产品呢？

原因有两点。首先，没有任何一个国家的市场经济是完全自由的，任何国家间的贸易也不是完全自由的。正如我们在本章中将讨论的，专业化通常受到贸易协定的限制，这些贸易协定往往出于非经济因素的考虑，比如国家安全、传统或者并不合理的政治活动。这些限制和政治考虑限制了我们所期望的专业化程度。

其次，即使贸易是完全自由的，国家间也不会完全地专业化，因为在每个国家内部，不同地区具有不同的自然资源、气候和相对要素禀赋。比如，在加利福尼亚州生产葡萄酒是明智的，但在阿拉斯加就不适合；在亚拉巴马州制造汽车的机会成本很低，但在曼哈顿城区就很高；艾奥瓦州的大部分地区可以用于种植小麦，但内华达州却并非如此；等等。我们可以认为，一般而言，孟加拉国在生产 T 恤上具有比较优势，而美国在种植小麦上有比较优势。但是在孟加拉国十分肥沃的小麦种植区，种植小麦的机会成本比生产 T 恤要低得多，因此对孟加拉国而言，合理的做法就是在这些土地肥沃的地区种植小麦，同时从美国进口短缺的小麦。

从封闭经济到自由贸易

如同单个买者和卖者之间的自由贸易一样，国家间的自由贸易能够使贸易双方实现剩余最大化，为贸易双方带来好处。但是，"美国能从贸易中获益"这一简单的说法掩饰了这样一个事实，即美国包含了许多不同的行业、厂商和个人。现实中，虽然整体收益会高于全部损失，但仍然有一些人会遭受损失。我们必须进行更深入的讨论，才能从更细节的层面上理解贸易的影响，并了解谁会以何种方式获益。

我们首先设想一个不存在任何贸易的世界。当一个经济体自给自足并且不与外界进行任何贸易时，我们称之为**封闭经济**（autarky）。

假设美国的经济是封闭经济，这意味着不存在进口或出口任何商品的可能性。**进口品**（imports）是指由其他国家生产但在本国消费的商品和服务。**出口品**（exports）是指由本国生产而在其他国家消费的商品和服务。在封闭经济条件下，没有任何国外生产的商品在国内出售，也没有任何国内生产的商品销往国外。

　　如果不存在任何贸易，美国的 T 恤市场会如何呢？我们可以利用之前章节中的供给曲线和需求曲线分析国内市场。如图 12-1 所示，供给曲线只代表国内服装生产者，需求曲线只代表国内的消费者。在没有任何贸易的情形下，与之前一样，我们可以根据供需曲线的交点得到国内市场上 T 恤的均衡价格和均衡数量。可以发现，美国的消费者和生产者每年会以每件 25 美元的价格，交易 3 亿件 T 恤。

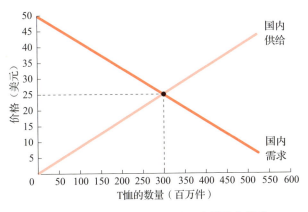

图 12-1　封闭经济中 T 恤的国内供给和需求

成为净进口国

　　在我们假设的这一情形中，美国并未与其他国家进行贸易，但其他国家仍在服装市场上进行着自由贸易。这意味着在美国之外，人们能够以世界价格买卖 T 恤，这一价格很可能与美国的价格不同。我们假设 T 恤的世界价格为 15 美元。

　　在封闭经济的例子中，如果美国政府决定开放服装贸易会发生什么呢？T 恤的国内价格是 25 美元，世界价格是 15 美元，而且突然之间，T 恤可以跨越美国边境进行自由贸易。现在，美国的消费者没有必要为一件国内生产的 T 恤付出超过 15 美元。他们将会简单地从国外进口 T 恤。因此，美国国内 T 恤的市场价格将降到 15 美元。在 15 美元这一较低的价格下，有更多的美国消费者愿意购买 T

恤。然而，此时愿意出售 T 恤的美国生产者会变少。图 12-2 表示了国内供需与世界价格之间的相互影响。较低的价格推高了需求量，并且压低了供给量。二者之间的缺口将由国外进口的 T 恤补足。

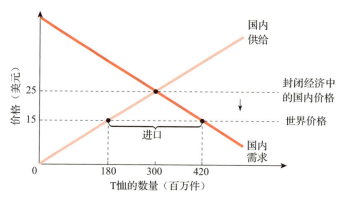

图 12-2　成为净进口国

需要指出的是，国内的供给曲线和需求曲线本身并未移动。因为贸易并不会影响消费者在特定价格下愿意购买的数量，也不会影响国内生产者在特定价格下愿意出售的数量。然而，贸易使消费者能够以国内供需并不相等的价格购买到商品。当然，在均衡价格下，总供给量仍然必须等于总需求量，只是部分供给可以由国际生产者提供。

在新的自由贸易均衡下，美国消费者购买 4.2 亿件 T 恤，而美国的生产者只售出了 1.8 亿件 T 恤，供需数量的缺口 2.4 亿件 T 恤是从国外进口的，所有 T 恤的价格均为 15 美元。现在美国成为 T 恤的净进口国。

这一贸易会如何影响美国 T 恤消费者和生产者的福利呢？谁会从贸易中获益，谁又会遭受损失呢？无论如何，贸易使得消费者能够以更低的世界价格购买更多的 T 恤，作为一个整体的美国也能从贸易中获益。但是，这并不意味着所有人的情况都会比原来更好。消费者从贸易中获益匪浅，但生产者却损失惨重。

成为净出口国

在自由贸易中，生产者总是亏损，而消费者总是获利吗？只有当世界价格低于国内价格时，结果才会是这样的。当世界价格高于国内价格时，情况则相反。让我们来看看当美国开放国际贸易时，世界价格高于国内价格的商品（比如小麦）会发生什么情况。

图 12-3 显示了美国小麦的国内供给和需求曲线。就像衬衫一样，在取消贸易限制之前，我们可以在供给曲线和需求曲线的交点处找到小麦均衡的国内价格和均衡产量。假设美国消费者以每吨 200 美元的价格购买了 6 000 万吨小麦，但在世界其他地方，小麦的售价为每吨 260 美元。

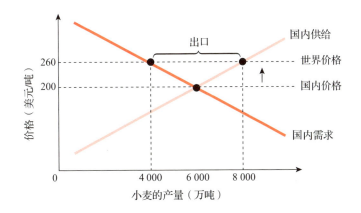

图 12-3　成为净出口国

当贸易开放时，美国小麦生产者将如何应对这种价格差异？由于他们可以以每吨 260 美元的价格向外国消费者出售他们想要的任何数量的小麦，所以美国小麦生产者没有动机以更低的价格在美国销售。因此，如果美国消费者想要购买小麦，他们也必须按每吨 260 美元支付。

在小麦的世界价格为每吨 260 美元的情况下，美国农民愿意生产更多的小麦——8 000 万吨。然而，考虑到更高的价格，美国消费者需求的数量较少，只有 4 000 万吨。两者之间的差额 4 000 万吨被出口到国外销售。在这种新的均衡状态下，小麦的价格更高。由于美国消费者对小麦的需求数量低于美国生产者愿意提供的数量，美国必须出口差额——由此成为小麦净出口国。

成为小麦净出口国会如何影响美国消费者和生产者的福利？图 12-4 显示了美国从自给自足到自由贸易时小麦市场中的消费者剩余和生产者剩余的变化情况。

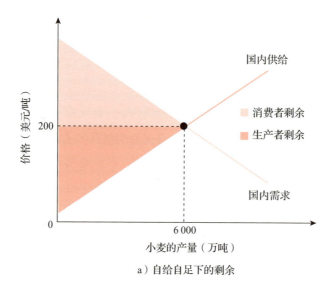

a）自给自足下的剩余

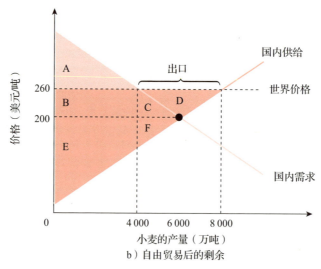

b）自由贸易后的剩余

图 12-4 成为净出口国的福利效应

再次注意，区域 A、B、C、E 和 F 在自由贸易前后对某些人而言都是有利可图的：

- 区域 A 在两种情况下都是消费者剩余。
- 区域 E + F 在两种情况下都是生产者剩余。
- 区域 B + C 是美国消费者在自由贸易前享有的剩余，同时也是美国生产者在自由贸易后享有的剩余；换句话说，这是从消费者转移到生产者的剩余。

然而，区域 D 是自由贸易创造的新剩余：由于自由贸易使生产者能够以更高的价格出售更多的小麦，因此他们从中获益。

总的来说，总剩余增加了区域 D 的大小。这意味着自由贸易后的均衡比自由贸易前（自给自足）的均衡更有效率。在这个例子中，我们可以说美国整体上从自由贸易中获益。但并非所有美国人的境况都变得更好：小麦生产者从贸易中获益，而小麦消费者却利益受损。

让我们更具体地思考这一变化的意义。在自由贸易后，小麦生产者可以从小麦出口中获得更多收益，并可能雇用更多工人或购买更多设备，从而额外生产2 000 万吨小麦。这一变化对专业收割工具制造商和靠近小麦种植地区的城镇企业有利。而作为多种食品的生产原料，小麦的价格上涨会使这些食品的价格更高。从大型食品制造商到在商店里购买面包的家庭，都会感受到小麦价格上涨带来的压力。

大型经济体，小型经济体

如果你留意到了第 3 章中对决定需求和供给的外部因素的讨论，那么在分析封闭经济转变为自由贸易时，你也许会有一些疑问。作为外部因素之一，买者数量的增加会引起需求曲线右移。那么，你也许会问，实行自由贸易时，难道不会因为美国消费者进入世界市场，引起 T 恤的世界需求增加，从而推动世界价格上涨吗？同样地，实行自由贸易时，难道不会因为美国种植小麦的农民进入世界市场，引起小麦的世界供给增加，从而推动世界价格下降吗？

这些都是很好的问题，答案就是：这取决于美国相比于世界市场的总规模有多大。这里的"大"是指什么呢？利用完全竞争市场的说法，我们在上述例子中假设，美国在世界市场中是价格接受者——美国人民决定生产或者消费多少数量的商品对世界价格没有任何影响。请记住，如果相对于整个市场的规模，买者和卖者微乎其微，并不掌握足够的影响价格的市场力量，那么他们都是价格接受者。

换句话说，对美国而言，如果它在全球市场上作为某些商品的价格接受者，那么相比于世界范围内买卖的商品总量，它所生产和消费的商品数量必然很少。在某些市场上，美国可能十分渺小，可以被当作价格接受者。比如，荔枝（一种在亚洲十分受欢迎的美味水果）市场。在美国并没有太多人吃荔枝，而且几乎没有人种植荔枝。假设美国政府一直禁止荔枝的进口和出口，后来决定终止这一禁令，允许荔枝进行国际贸易。这会对荔枝的世界价格产生影响吗？也许不会，这是因为相比于全球的荔枝总销量，美国生产和消费的荔枝数量太少了。

然而，在很多市场上，美国绝对称得上是一个大型经济体。如果美国决定停止 T 恤或小麦贸易，几乎可以肯定，这一决定会影响世界价格。为什么？因为相对于全世界的总量，美国生产和消费这些商品的数量不容忽视。

贸易限制

从我们目前的简单分析中，不难得知，对于应该实行还是摒弃贸易限制，不同群体有不同的观点。将美国从封闭经济转向自由贸易这一提议，会遭到美国 T 恤生产者和外国小麦种植者的反对，但是会受到美国小麦种植者和外国 T 恤生产者的欢迎。饮食中包含大量小麦制品的美国人不会喜欢这一提议，国外的 T 恤购买者也不会喜欢。但是习惯购买大量 T 恤的美国人会十分高兴，喜欢食用小麦制品的外国人也会十分开心。

关于国际贸易的激烈辩论越发复杂的原因在于，争论的焦点并非应该完全禁止贸易还是完全开放自由国际贸易。现实中，大量的商品和服务在国家间流动，但是其中很多受到了严格的管制。想要理解贸易如何影响价格和数量，以及谁会获益、谁会损失，需要先了解贸易限制。

为什么限制贸易

我们在之前的内容中了解到，贸易能够提高效率，无论一个国家成为特定商品的净进口国还是净出口国，贸易都会增加总剩余。然而，所有的国家都在一定程度上限制贸易，其中，某些国家对贸易的限制相当严格。既然贸易能够增加总福利，为什么会有人想要加以限制呢？

其中，某些贸易限制是出于全球的政治考虑（正如我们在接下来的内容中将讨论的），大多数限制是为了保护那些因为自由贸易已经产生或意识到将会产生剩余损失的人。基于这一理由，限制贸易的法令通常被称为贸易保护，通过政策限制贸易的倾向被称为贸易**保护主义**（protectionism）。相反，旨在减少贸易限制并促进自由贸易的政策和行动通常被称为**贸易自由化**（trade liberalization）。这一部分，我们将讨论两种常见的限制国际贸易的工具——关税和配额，并探讨它们如何影响一个国家内部的剩余分配。

关税

关税（tariff）是指针对进口商品征收的税种。与其他税收一样，关税会带来无谓损失，因此是无效率的。它也会增加公共资金，但这通常不是它的目的所在。一般地，关税最重要的目标是保护国内生产者的利益。

例如，2002 年，美国开始对进口钢材征收为期 3 年的关税，税额为售价的30%。征收这一关税的理由很明显，是为了保护国内的钢材行业。当时任总统乔治·布什宣布这一新关税时，他说道：

> ……这是一项旨在帮助人们的暂时性保护措施，可以给予美国的钢材行业和工人一个机会，来适应国外钢材的大量流入。这一措施将帮助钢铁工人、依赖钢材的团体以及钢材行业进行调整，同时并不对我国的经济造成损害。

钢材关税实现这一目标了吗？我们来看一下，2002 年上半年每吨钢材的价格大约是 250 美元。由于存在 30% 的关税，国外企业在向美国出售钢材时，必须向政府支付 75 美元才能获得进口的权利。

国外钢材生产者会如何应对这一新成本？它们在美国出售钢材时每吨价格不会低于 325 美元，这一价格意味着在缴纳了每吨钢材 75 美元的关税之后，生产者的价格不低于每吨 250 美元的世界价格。如果它们在美国以低于每吨 325 美元的价格销售，它们仍然要支付每吨 75 美元的关税，差额即为它们的收入。因此，既然能够在其他国家以每吨 250 美元的价格出售任意数量，它们又何必在美国以更低的价格出售呢？

国内的钢材生产者会做何反应呢？假设 325 美元仍然低于封闭经济条件下的国内价格，尽管国内企业无须缴纳关税，它们也没有理由将价格降至 325 美元之下。

如图 12-5 所示，关税对美国钢材市场的影响完全等同于将世界价格提升至每吨 325 美元。在这一价格下，它们愿意生产的数量比价格为每吨 250 美元时要多，但是仍然低于在这一价格下消费者想要的数量。供给量与需求量之间的差额仍然由进口商弥补，但是这一差额比征收关税之前要小。

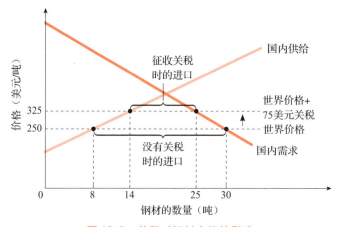

图 12-5　关税对钢材市场的影响

征收关税的结果就是，国内钢材生产者的剩余增加了。毕竟这也是时任美国总统布什宣称要达到的目标。生产者通过以更高价格出售更多数量获得了更多的剩余。需要注意的是，这是以美国的汽车和建筑行业等钢材消费者的剩余损失为代价的。这些国内的钢材消费者损失的剩余不仅包括转移给生产者的，还包括转化为政府税收的（即从进口中征收的关税），以及其他无谓损失。

换句话说，国内钢材消费者遭受的剩余损失超过了关税给钢材生产者和美国政府带来的收入之和。我们会发现，钢材关税并未实现在"不对我国的经济造成损害"的前提下，帮助本国钢材行业的目标。

最终，征收关税是正确的决策吗？这取决于你是如何看待美国钢材生产行业的获益与汽车和建筑行业等钢材消费者的损失的。

无论如何，钢材关税并未持续太长时间。2003 年，世界贸易组织裁定这一关税是违法的，布什随后取消了钢材关税。我们将在本章的后续内容中进一步探讨世界贸易组织的作用。

配额

20 世纪 70 年代至 2005 年间，《多种纤维协定》（MFA）采用了另一种限制贸易的形式——配额，对服装类的贸易进行管制。进口配额（quota）是指对能够进口的特定商品的数量限制。在 MFA 之下，不同国家在不同类型的服装商品上受到不同的配额限制。

配额的影响与关税十分相似。美国国内的价格会上升到世界价格之上。结果就是，国内需求减少，国内供给增加并且进口数量下降。国内生产者能够以更高的价格出售更多的数量，从而使得剩余增加。国内消费者以更高的价格购买更少的数量，从而损失更多的剩余，最终造成无谓损失。

然而，关税与配额之间存在一个重要的区别就是：谁会从美国国内价格和世界市场价格二者的差异中获益。在征收关税时，美国政府的税收收入等于进口的数量乘以国内价格与世界价格的差值。在实行配额时，这一收益由那些拥有进口权利的人所有。举例来说，如果美国政府将进口牛仔裤的权利赋予了孟加拉国的政府，该国政府就可以选择将这一权利出售或者分发给受青睐的厂商。因此，征收关税时的税收收益就变成了实行配额时拥有配额的国外厂商或政府的利润，这种利润被称为**配额租金**（quota rents）。在就贸易谈判的细节进行磋商时，从哪个国家进口多少何种商品，即将权利赋予哪个国家，是贸易谈判桌上争议最多的棘手问题。

贸易协定

我们已经了解到从封闭经济转向自由贸易时情况会如何，以及实行或取消关税和配额时又会如何，接下来我们就可以进一步探讨为什么此类事情还会一再发生。我们已经讨论过为什么美国的政客想要通过征收关税来保护本国的钢材生产者，或者通过免除贫困的非洲国家的配额限制施以援助。在这一部分中，我们将更加深入地分析为何做出此类决策总是出于政治和道义上的考虑，并讨论如何利用经济分析来了解此类决策的影响。

国际劳动力和资本

自由贸易者和贸易保护主义者之间的政治论战硝烟四起，直到今天仍是如此。在美国，贸易保护主义者指责自由贸易者将敬业的美国人的工作拱手让人。自由贸易者指责贸易保护主义者牺牲美国消费者的利益去救济大公司。为什么选民和政治家总是难以就什么是最好的选择达成共识呢？

尽管一个国家整体上会从自由贸易中获益，但我们也看到某些群体仍将遭受损失。一般来说，自由贸易增加了对本国较为充足的生产要素的需求，同时增加了本国稀缺的生产要素的供给。换句话说，它促使不同国家的生产要素的供给和需求均等化，这进而带来了不同国家要素价格（如工资）的趋同。结果就是，由于竞争加剧，本国稀缺的生产要素的所有者遭受损失，而由于需求增加，本国充足的生产要素的所有者从中获益。

正如我们在之前的章节中讨论过的，人们通过拥有生产要素而获得收入。国际贸易所引起的生产要素价格变化对一个国家内部的收入分配具有重要的影响。

通过以下孟加拉国和美国的案例，思考贸易如何改变稀缺和充足的生产要素所有者之间的平衡。

孟加拉国从国土面积上来看是一个非常小的国家，但是从人口上来看却是一个大国：想象一下，在和伊利诺伊州或者艾奥瓦州一样大小的土地上生活着相当于全美国一半的人口。在国际贸易蓬勃发展之前，孟加拉国的土地所有者利用充足的廉价劳动力，通过对土地这一稀缺资源的控制大发横财。换句话说，土地相比劳动力是稀缺的。随着该国通过贸易与国际市场的联系日益加强，寻求廉价劳动力的纺织企业大量涌入。孟加拉国从纺织行业中获得了十分可观的收益，从而能够从那些土地相对并不稀缺的国家进口食物。结果是，劳动力价格上涨，而土地价格下降了。劳动力所有者和土地所有者之间的相对收入也相应地发生了改变。

在美国，要素收入分配发生了一种更为微妙的变化。由于拥有大量精通科技、受过高等教育的人口，美国具有相对丰富的高技能劳动力，如律师、教师、财务规划师等。相比其他国家，美国的低技能工人较少。当美国未参与大量的国际贸易时，这对低技能工人来说是件好事。相比高技能工人，他们是一种稀缺的资源，这抬高了低技能工人的工资。比如，在 20 世纪 50 年代，美国堪称工人的"天堂"。然而，近几十年来，随着贸易的迅速增加，这一平衡被打破了。许多经济学家认为，美国近几十年来收入不平等的日益加剧，一定程度上是由这一变化导致的。由于自由贸易提高了对高技能工人的需求，他们获得的收入更多了，而低技能工人的收入却更少了。

如此，你就能够理解为什么在孟加拉国和美国都会有一些人对贸易感到不满。当然，正如我们所讨论过的，贸易提高了效率和总剩余。因此，我们可以认为贸易能够带来经济增长，并且随着经济的增长，假以时日，通常会有更多的工作岗位被创造出来。尽管如此，对那些在一个岗位上工作了十几二十年的人而言，转变角色并且为另一种类型的工作接受培训，无疑让人难以接受，也没有任何吸引力。

这是否意味着为了保护诸如美国的工厂工人这些稀缺生产要素所有者的利

益，我们应该实行贸易限制？记住，任何贸易自由化或限制贸易的举动都会使有人受益，同时有人利益受损。在这一案例中，如果实行贸易保护的话，利益受损者是美国的股东和孟加拉国的工人，整体经济也将萎缩。关于贸易政策的争论不仅涉及保护本国人民免受国外竞争的威胁，还涉及国家内部利益的分配。

WTO 与贸易仲裁

你听说过 2009 年法美之间的奶酪大战吗？这场奶酪战争是贸易限制如何螺旋式失控的典型例证。

看似矛盾的是，这场奶酪战争实际上开始于牛肉。欧盟（EU）禁止进口含有人工激素的牛肉，其中，大部分是来自美国的牛肉。意料之中，美国强烈反对这一贸易限制。当一个国家想要抗议另一个国家的贸易限制时能够采取什么措施呢？它可以求助世界贸易组织（World Trade Organization，WTO），这一国际组织旨在监督并执行贸易协定，同时促进自由贸易。尽管 WTO 没有任何军队或武力来强制落实它的裁决，但许多国家仍自愿加入该组织，就自由化贸易政策的原则达成一致，并遵守 WTO 的裁决。

在奶酪战争中，WTO 审查了牛肉进口争议的证据和适用的法律。WTO 的规则仅在保护公共健康和安全时，才允许此类贸易限制。美国辩称没有合法证据表明人工激素对健康构成风险，因此欧盟的禁令是违法的。2008 年，WTO 做出了有利于美国的裁决。尽管欧盟一贯服从 WTO 的决定，但在此案中欧盟认为问题重大，因此拒绝取消禁令。

美国对从法国进口的洛克福（Roquefort）干酪征收了 300% 的关税予以反击。为了回应这一关税，法国议会对来自美国的可口可乐产品征收高额的进口关税。最终，贸易谈判代表们达成了一致：美国同意欧盟维持对激素饲养牛肉的禁令，但作为回报，欧盟同意从美国进口更多的未加激素的牛肉。至此，这一以牙还牙的交易最终落下了帷幕。

尽管这些报复性举措大多是象征性的，因为美国并非洛克福干酪的主要进口国，但这表明了如果国家间无法就贸易限制达成一致时将会发生什么。尽管大多数国家领导人都明白贸易障碍通常会导致两败俱伤（至少从总剩余减少上来看是这样的），但是当政治力量处于危急关头时，贸易很容易陷入糟糕的模式，为了报复，双方轮番施加贸易限制。WTO 的成立正是为了防止此类贸易战的爆发。

劳动和环境标准

欧盟拒绝进口添加人工激素的牛肉反映了一个广泛存在的问题。每个国家都存在管理经济的法律和政策体系，其中包括安全政策、劳动标准、环境法规、税收政策、公司财务政策与治理法律等。棘手的是，在不同的国家，上述法律和政策各不相同，这些差异可能导致国际贸易摩擦。

比如，在美国看来，许多销往美国的服装的生产方式并不合法。有些服装可能产自一个允许雇用童工的国家，那里最低工资十分微薄甚至不存在，或者剩余的化学品和纺织品染料被随意排放到饮用水中。这些情况对美国消费者来说也许无法接受，但"无法接受"这一说辞往往出自旁观者之口。再比如，欧洲的消费者总是对销售转基因食物感到义愤填膺，而这在美国是完全合法并且相对不存在争议的。

标准不一致的问题主要可以通过两种方式来解决：政策制定者对进口标准做出明确的规定，消费者自愿地做出购买决策。

进口标准。在解决不同劳动标准或环境标准问题时，有些国家采用的一种方法是简单地对进口商品限定标准。这种政策有两种主要形式：对所有进口商品采取全面标准，或者对特定国家限定进口标准。

进口的全面标准所解决的通常是消费者面临的问题，而不是商品生产国的工人面临的问题。比如，在美国，进口食品必须满足旨在保护美国消费者健康的特定标准。违反国内的版权或专利法的进口商品，比如盗版电影或音乐，也受到限制。

针对特定国家限定进口标准则较为少见。此类标准通常关注商品生产国的生产问题，比如劳动力或环境状况。在实际中，它们往往被合并到与生产国的贸易协定中。典型的代表就是《北美劳工合作协定》（NAALC），它是美国、加拿大和墨西哥之间的《北美自由贸易协定》（NAFTA）的一部分。NAALC明确表示，三国就在长期内实现统一的劳动标准达成一致。这些标准涵盖了诸多事项：禁止雇用童工、预防工伤、强制实行最低工资、男女收入平等以及其他。然而，NAALC并不要求每个国家在这些事项上维持同一标准。比如，墨西哥的最低工资没有必要与美国的最低工资一致。相反，它只要求每一个国家都加强自己既有的劳动法律。此外，每个国家对其他两个国家的强制力也十分有限。

　　某些时候，为了解决诸如污染等国际问题，也会针对每个国家单独立法，但这种管制方式可能会适得其反，导致问题进一步恶化。阅读以下专栏，了解为什么会这样。

⊙ 环境法规会对环境不利吗

　　严格的环境法规能够改善环境质量吗？答案似乎显而易见：限制污染的法规怎么会无法减少污染呢？然而，一个国家实行管制却可能将污染产业推向没有管制的国家，从而加重全球的污染。这一观点被称为污染转移。

　　当一个跨国企业决定在什么地方建厂时，它会考虑在不同国家将会面临的生产成本，包括当地工资和租金等，也会考虑遵守管制的成本。在一个有严格环境标准的国家，企业必须在清洁技术、安全处理废品等事情上花费巨资。换句话说，当其他条件相同时，在环境标准更为严格的国家中企业的生产成本更高。这会激励企业转移到管制松散且污染成本较低的国家，尤其是在贸易成本较低的情况下。

　　全球排放统计数据显示，这可能不仅仅是一个理论概念。1997年，37个国家通过《京都议定书》设定了减排目标。20年后，其中许多国家已经减少了总体排放量。

　　然而，这种改善是由真正减少了排放量所引起的，还是通过污染转移实现的呢？为了回答这个问题，研究人员分析了《京都议定书》签订国家的排放统计数据和贸易数据。他们发现，在研究期间，《京都议定书》签订国家的整体进口量有所增加，并且如果将生产这些进口商品造成的污染加到进口国家的报告排放量中，该国的污染总量就增加了。换句话说，《京都议定书》生效后，许多国家出现的污染减少现象在一定程度上可以归因于企业将生产转移到了环境法规较少的地方。

尽管污染转移可能会削弱环境法规的作用，但这并不意味着各国应该放弃对抗污染的努力。相反，这需要进一步考虑贸易如何影响最终结果。

资料来源：K. Kanemoto, D. Moran, M. Lenzen, and A. Geschke, "International trade undermines emissions targets: New evidence from air pollution", *Global Envirnmenial Change* 24 (2014), pp. 52-59.

公平的自由贸易。即使不存在管制对进口商品制定标准，个人消费者也能够对他们想要购买什么商品做出决策。公平贸易运动致力于提供信息并且影响消费者的决策。它对哪些商品符合特定的标准进行认证并且加以标识，这些标准包括支付工人最低工资、保证工作环境安全并且未对环境造成不当损害等。生产过程要符合公平贸易标准需要花费更多的成本，因此经过公平贸易认证的产品定价也相对较高。个人消费者可以决定是否为以特定方式生产的产品支付。

某些消费者愿意为经过公平贸易认证的商品支付更多这一事实，意味着生产者可以通过这一途径差异化自己的产品。2005 年，随着《多种纤维协定》的终结，莱索托的纺织行业不得不面临来自亚洲的低成本竞争，它为了保护纺织行业尝试过多种方法，其中之一就是提高工厂的生产标准，从而将自己作为公平贸易服装的来源地进行营销。

除了公平贸易标识，消费者还可以通过抵制和激进的行动来影响劳动和环境标准。例如，2012 年，苹果公司被曝光工作环境存在安全隐患。迫于激进团体的压力，苹果对装配 iPad 和其他流行电子产品的工厂开展了整顿活动。

贸易禁令：作为外交政策的贸易

有时候贸易限制背后的动机与经济毫无关系。

相反，国家可能会将贸易当作对外政策的工具。由于贸易能够增加剩余并且使一个国家获得自己无法生产的商品，对贸易加以限制可被看作是一种惩罚方式。为了向一个国家施加政治压力而限制或禁止与其贸易，这种做法就是实施**贸易禁令**（embargo）。

比如，2018 年，联合国安理会通过一项决议，禁止向东非国家南苏丹出售武器，以减少对那里平民的暴力行为。此类贸易限制可以代替对一个国家动用军事力量。

在其他情形中，贸易禁令涵盖的物品和服务本质上并不危险。在 1990 年的海湾战争时期和 2003 年美国领导的盟军入侵时期，联合国对伊拉克实行了大范围的贸易禁令。除了特殊条件下的医疗用品和食物之外，禁止"任何商品或产品"的贸易。为什么联合国想要禁止伊拉克人民获得汽车、衬衫和其他消费品？它希望伊拉克人民会因为商品的短缺而感到非常愤怒，以至于伊拉克政府会因为害怕群众起义而改变政策。

公共经济学

ECONOMICS

第 13 章

外部性

ECONOMICS

▍引例 汽车文化的代价

加利福尼亚州拥有深厚的汽车文化底蕴。1904 年，洛杉矶的汽车数量仅为 1 600 辆（当时，市中心的道路限速为每小时 6 英里）。而如今，该州的道路上行驶着近 3 500 万辆汽车。加利福尼亚州的居民无论是前往海滩、山区还是其他任何地方，都习惯于驾车出行。

但开车也存在负面影响。洛杉矶就因上下班时段车辆拥挤造成高速路塞车而臭名昭著。它也是全美最乌烟瘴气的城市之一。如果你曾遭遇过堵车，无须多费口舌，你一定理解道路上的所有其他车辆都对你强加了一定的成本（当然，你在路上开车的行为也对其他人强加了一定的成本）。同理，如果你是洛杉矶的一个居民，每天呼吸着汽车排放的尾气，你也为这个城市的汽车文化付出了代价。

在之前的章节中，我们看到当人们为了使自己的效用最大化而做出个人决策时，竞争市场通常是有效率的，借助神奇的看不见的手使总剩余最大化。当我们只需要考虑市场中买者和卖者的剩余时，情况通常如此。这一假设对于大多数情形都是合理的。然而，仍存在某些情形，比如行驶在拥挤的高速路上，某个人的决策会对其他人产生切实的影响。

在本章中，我们将探讨那些会对直接参与交易的买卖双方之外的人产生影响的交易。我们将会看到在这些情形中，市场不再那么有效率。也就是说，当个人决策会给其他人带来成本或收益时，市场无法使总剩余最大化。

我们也会探讨可以通过哪些方式纠正这些市场失灵，使市场重回有效率的状态。加利福尼亚州的汽油税（大约为每加仑58.3美分，税收水平位列美国所有州前十），就是纠正市场失灵的做法之一。正如我们将看到的那样，此类税收在一定程度上迫使司机考虑开车对其他人施加的成本。尽管关于什么是合理的控制拥堵和污染的政策尚存在诸多争议，但大多数经济学家都认为管制不失为一种解决方法。在本章中，我们将看到，当存在外部性时，税收和其他管制能够改变市场价格，使其反映个人决策的真实成本，从而在实际中提高效率。

什么是外部性

思考开车的决策。尽管你每次坐上驾驶座时并不会有意识地进行计算，但是至少在潜意识里，你会进行权衡取舍。一方面，你从开车中能够获得收益：快捷舒适地从一个地方到达另一个地方。另一方面，你需要为开车付出成本：花钱购买汽油并且承担汽车的损耗，也许还需要承担某些税费以及目的地的停车费。

现在，我们来分析另外一种你也许并未考虑过的成本。你行驶的每英里都会燃烧汽油，并向空气中排放尾气。如果路上只有你在开车，这一成本微不足道，但是如果路上有许多个司机在开车，尾气的总量就不容忽视。污染物会产生两种成本：一种是地方性的，另一种是全球性的。

在地方性上，污染水平升高，会导致区域性烟尘和健康问题。

在全球性上，燃烧汽油的成本源于同时产生的二氧化碳。二氧化碳是一种温室气体，在大气层中能够吸收太阳的热量，从而导致全球变暖，也就是使大气层逐渐升温。温度的上升会导致冰川和冰盖融化以及海平面上涨，同时改变全球的降水模式。尽管历史上全球气温也曾出现过剧烈波动，但大多数科学家一致认为人为地排放温室气体加剧了全球变暖。

当你每次权衡是否开车出行时，是否考虑了这些成本？我们认为几乎没有人会考虑。燃烧汽油造成的污染是与开车有关的一种外部性，原因在于它将成本施加于司机之外的其他人身上。但是我们可以断言，如果司机在考虑自己承担的成本之余，也考虑到此类成本，那么他们对成本收益的权衡取舍会稍微不同，这样来看，他们会少开一点车。这意味着未能认识到外部成本会使人们开车的时间超过对社会整体而言的最优水平。外部性的影响在经济学中是一个十分常见的问题。数百万笔微小的外部成本日积月累就会产生巨大的隐患，汽车尾气的排放就是典型代表。

外部成本和收益

当我们在讨论汽油、汽车损耗、过路费以及停车费等成本时，我们所探讨的是由司机自己所承担的成本。一般来说，我们将由经济决策者直接承担的成本称为私人成本（private cost）。污染的成本并非私人成本，原因在于司机个人并未承担其所造成的全部或者大部分污染成本。如污染，或者其他任何由决策人引起的，未得到补偿的成本，被称为外部成本（external cost）。

我们将私人成本与外部成本相加得到的总和称为社会成本（social cost）。之所以不称之为总成本，原因在于总成本这一术语被用来描述生产成本了。此外，社会成本这一术语凸显了我们是从社会的角度来思考这一问题的。举例来说，假如你想要举办一场热闹的聚会。私人成本也许包括食物、饮品和第二天的清扫成本。外部成本就是邻居们的恼怒，他们因为你所举办的聚会而夜不能寐，或无法安心学习。社会成本就是这两种成本之和。

然而，外部性也并非总是不好的事情。也存在许多情形，个人的行为不会伤害他人，反而会帮助他人。假设你决定修整一下自己凌乱的院子，并且重新粉刷房子。显然，你会从这一决策中获益：你会从整洁的院子和漂亮的房子上获得感官上的愉悦，你的房产价值也会增加。这种由决策者直接获得的收益，可称为（你也许已经猜到了）私人收益（private benefit）。但同时你的邻居，也会从你修整房子的决策中获益。他们会因为居住的社区更加美好而感到愉悦，同时他们的房产也许会有小幅的升值，并且他们无须为此付出任何成本。决策者在没有获得补偿的情况下为其他人带来的好处，被称为**外部收益**（external benefit）。

　　私人收益和外部收益的加总，可称为**社会收益**（social benefit）。我们来看另外一个例子，假如你决定接种流感疫苗并且经常洗手，你的私人收益就是你感染流感的概率大大降低，外部收益则是你不太可能将流感传染给其他人，社会收益就是这两种收益之和。无论对你还是其他人来说，流感传播的可能性总体上看都降低了。

　　外部成本或外部收益被称为**外部性**（externalities）。我们通常将外部成本称为负外部性，将外部收益称为正外部性。外部性在经济学中具有举足轻重的地位。它们是市场失灵最为常见的原因之一。从这一点上看，我们将利用在这一部分中学到的术语来对两种决策加以区分，一种决策是个人决策者角度的最优化，另一种决策是将社会作为一个整体的角度的最优化。特定行为产生的外部成本或收益的大小可能因地点、时间、数量及其他因素的不同而有所差异。比如，在夏天的中午开车通常比在晚上或者冬天开车更容易造成雾霾（因为阳光是雾霾形成的关键因素）。相比于在满是破旧房屋的社区粉刷一栋旧房子，在环境优美的社区粉刷一栋疏于整理的房子更有可能推动邻居的房产升值。然而，为了简化，本章中我们假设外部性所涉及的外部成本或外部收益是固定的、可预测的。

　　最后，还存在一种特殊的外部性，并不完全符合我们上述的分类。**网络外部性**（network externality）是指一种商品的新增消费者，或一个活动的新参与者，会使这种商品或活动对其他消费者和参与者的价值产生影响。网络外部性意味着人们只要简单地加入一个群体，就能够帮助或伤害他人。

　　网络外部性可能是正的，也可能是负的。我们已经描述了一种负网络外部性的例子——在洛杉矶的高峰时间开车。每一个决定利用洛杉矶道路网络的人都会对其他的道路使用者带来负网络外部性。你也许在使用无线网络时也感受过负网络外部性，每一位新使用者的加入都会占用带宽，让别人的上网速度变慢。

　　正网络外部性通常与技术，特别是通信技术相联系。一个重要的例子就是手机。与大多数通信设备一样，手机只有在别人也使用时才会变得有用。当只有少数人拥有手机时，它只能让你联系到有限的人。手机越普及，你所能联系到的人就越多，手机也就越有用。每个加入手机网络的人都让其他人的手机变得更有用，这就是正网络外部性。

社交网络是一个较新的例子。对 Snapchat 和 Instagram 等社交平台而言，加入的人越多，参与其中的收益就越高。

负外部性和"太多"的问题

由于空气污染是一种外部成本，从司机个人的角度来看，开车的成本小于社会整体角度的实际成本。由于司机并未考虑外部成本，相比于承担开车的全部成本（主要包括污染导致的成本）的情形，他们会更多地选择开车出行。

为什么会出现这种问题？这意味着人们会"过多地"开车，也就是说，开车时间会多于他们承担自己行为的社会成本时的开车时间。当存在外部性时，自由市场分配资源的方式无法使社会整体的收益达到最大化。

问题就在于，当司机决定购买多少汽油时，他们只考虑私人成本。如果他们必须为每加仑汽油支付更高的社会成本，那么成本收益之间的权衡取舍看起来就不那么合适了，他们将会选择购买更少的汽油。

如何才能让司机不得不考虑外部成本呢？最直截了当的方法就是征收汽油税。当对每加仑汽油征收 1 美元的税费时，司机实际上支付的是市场价格加上外部成本的总和，每加仑汽油的成本更高了，最终的结果就是司机购买的汽油数量更少。这个例子证明了一个十分重要的结论：如果司机必须承担包括污染的外部成本在内的汽油的全部成本，他们将选择购买更少的汽油。

在第 6 章对税收的讨论中，我们曾指出税收的影响之一就是它总是会使剩余减少。然而，当存在外部成本时，税收却能够使剩余增加，使市场更有效率。这是为什么呢？答案就是，虽然税收确实减少了汽油的买者和卖者所享受的剩余，但它同时也内部化了外部成本。

谁获益，谁又受损了呢？由于司机购买的汽油数量更少，并且需要为开车支付更高的成本，消费者剩余会减少；由于生产者卖出的汽油数量更少，生产者剩余减少。那么，谁从外部性内部化中获益了呢？其他人，就是并非以买者或者卖者身份参与到这一市场中的人。由于汽油消费量减少了，开车对其他人造成的外部成本也减少了。通过将并未参与这一市场的人们所承担的外部成本转移到市场参与者身上，市场效率得以提升。

我们可以通过分析需求曲线的变化，分析负外部性问题。我们也可以简单地对供给进行相同的分析。比如，考虑开采原油并在出售给司机之前将原油提炼为汽油的公司。在汽车上路之前，汽油的开采和提炼过程也会造成某些污染。如果这些公司需要承担生产的社会成本，而不仅仅是私人成本，供给曲线将会向左移动，也就是说，在任何既定的价格下，石油公司愿意供给的数量更少。这也会减少均衡数量，正如我们之前分析的一样。

正外部性和"太少"的问题

人们容易想当然地认为正外部性一定是好事。负外部性会减少剩余，那么正外部性一定会增加剩余，对吗？很遗憾，事情并非如此。正外部性也会推动数量偏离有效的均衡水平，从而减少总剩余。

思考粉刷房子外墙的决策。如果私人收益（例如房产增值、更美观的家）超过私人成本（如粉刷房子所花费的时间和金钱，包括付给油漆工的工钱），房主将会粉刷自己的房子。但是这种个人决策并未考虑邻居的获益，邻居也得到了房产增值以及一个更加整洁的社区环境。结果就是，房子被粉刷得"太少"，也就是说，粉刷的数量少于使总剩余（即除了房主和油漆工之外，我们也考虑了其他人的剩余）最大化的数量。

尽管粉刷房子的外部收益在不同情形下可能差异很大，我们仍可以对此进行粗略的估计。假设每次粉刷工作的外部收益是 500 美元。换句话说，你的邻居愿意共同支付 500 美元，避免你破旧的房子拉低整个社区的品位。假设能够以某种方式将外部收益变成私人收益（通过某种魔法），那么每次房主粉刷自己的房子时，就相当于有 500 美元从邻居的账户中"转移"到房主的账户中。如果情况果真如此，房主所面临的权衡取舍就大不相同了：粉刷房子的收益将会增加，成本仍然不变。房主会对这一变化做何反应呢？我们可以通过添加一条新的需求曲线，反映个人的权衡取舍与社会的权衡取舍（包括外部收益）之间的差别。在任何给定的市场价格下，房主在行动时就好像粉刷成本减少了，且减少的数额与外部收益的金额一样。

正如强制司机考虑外部成本看起来与税收的效果如出一辙，强制房主在粉刷房子时考虑外部收益看起来与补贴也十分相似。这并不奇怪，我们所设想的正外部性内部化的过程实际上就是，邻居对你的粉刷行为补贴 500 美元。

我们在第 6 章中认识到，在一个运转良好的市场中，补贴会减少剩余。但是正外部性的存在告诉我们，这个市场并非运转良好。在没有外部性的市场中，私人成本（收益）正好等于社会成本（收益），因此，市场均衡状态能够实现总剩余最大化。然而在上述例子中，粉刷房子的私人收益并未充分反映社会收益。邻居们支付的补贴能让这个市场运转良好。当不存在补贴时，我们会发现相比于社会最优量，实际粉刷房子的数量较少。

对正外部性如何影响剩余的分析，实际上与对负外部性的分析刚好相反。

对这一市场中的行为进行补贴，也会使正外部性内部化成为可能。思考这一情形：一个专业的油漆工每次对房子进行粉刷时，都会向房主的邻居收取 500 美元的小费。如果通过这种方式，他获得的并不仅仅是提供住房粉刷服务的私人收益，而是社会收益，那么整条供给曲线将会右移，也就是说，在任何给定的价格下，他愿意粉刷的房子比原来更多。这会增加房子粉刷市场的均衡数量，正如我们前面所分析的。

应对外部性

我们已经了解到外部性会使总剩余减少，但通过将外部成本和收益转化为私人成本和收益就可以解决这一问题。通过向司机收费，并将其补偿给污染的受害者，或者强制邻居对破旧房屋的粉刷进行补贴，市场效率就能得以恢复。如果我们有可能解决外部性造成的问题，为什么它们仍固执地存在着？

假设你的一位朋友正在享用他的午餐，但是他的金枪鱼三明治散发出浓烈的味道。你不喜欢金枪鱼的味道，他在你面前吃金枪鱼会对你造成负外部性，你能怎么做呢？你可以请求他晚些时候再吃，但是他可能会拒绝。如果你感到十分不适，你可以考虑为了阻止他吃三明治而付钱给他。实际生活中，这看似十分怪异，但理论上这是解决外部性问题的一种合理选择。毕竟，不是所有外部性问题都需要假手于政府或其他组织，人们也可以自行解决外部性问题。

经济学家通常用"市场失灵"这一术语来描述个人和厂商不足以保证市场有效率的情形。一种影响深远的经济理论探讨了人们能够如何自行解决外部性问题，该理论的依据实际上十分直观。"看不见的手"的观点告诉我们，个人会与他人达成共同获益的交易。由于人们总是会在交易中获得某些好处，因此那些无法共同获益的交易将无法达成。结果就是，当我们将所有自利的个人行为加总之后，每一个获得剩余的机会都得以利用，总剩余也由此实现了最大化。

但是我们刚了解到外部性会减少剩余。因此，在某个地方，某些能带来共同获益的交易仍有待发掘。比如，相比于不必为空气污染付钱的司机所获得的剩余，承担污染成本的人们所损失的剩余更大。不妨提出一个大胆的设想：为什么那些被污染困扰的人不付钱给司机，让他们减少开车出行呢？既然减少汽油的燃烧量会使剩余增加，那么一定存在一笔共同获益的交易。如果减少开车出行会导致司机损失94亿美元的剩余，而加利福尼亚州的居民会获得100亿美元的剩余，为什么加利福尼亚州的居民不向司机支付，比如说97亿美元，让他们少开车呢？这样做的话，两个群体的情况都会比原来更好。开车的时间以及由此带来的污染，会降至有效的均衡水平，并且整个社会的总剩余会最大化。

即使存在外部性，个人也可以通过私人交易达到最优效率均衡，这一观点被称为科斯定理（Coase theorem）。这一定理以经济学家罗纳德·科斯的名字命名。它的成立以一些关键假设为前提：人们能够就付钱给他人达成可实施的协议（也可称为合同），并且不存在交易成本。

通常，这两条假设难以成立。你能够想象这样一个周密的组织吗？它需要将加利福尼亚州全部的3 900万居民召集起来，让他们每个人都自愿支付一定的金额，正好等于减少污染对于他们的价值，并将这些钱分配给愿意少开车的司机，然后监控这些司机，以保证他们能够信守诺言。难以想象！实际中必然存在某一个时刻，协调和实施的成本高于外部性造成的剩余损失，此时，通过私人交易解决外部性问题就得不偿失了。

个人解决方案会带来有效率的结果，买卖的汽油数量使得剩余最大化，但是这种剩余的分配与我们先前设想的解决方案迥然不同。在先前的方案中，司机必须付给加利福尼亚州的其他居民每加仑 1 美元，用以补偿他们遭受的污染。与之相反，现在加利福尼亚州的居民需要付钱给司机，让他们少开车。

此时，居民的情况相比于存在外部性时会有所好转，但与司机必须为污染付费的情形有着天壤之别。

需要注意的是，无论是居民付钱给司机还是司机为污染付费，这两种方案都能实现最优效率，但它们对于什么是"公平"，以及谁有"权利"做什么事情的假设却大相径庭。一种方案是，假设司机有权利进行污染，因此不必付钱。另一种方案是，假设居民有权利生活在没有污染的环境里，想要他们接受污染就必须付钱给他们。科斯定理提醒我们，最优效率仅仅关注了总剩余的最大化，对于如何实现剩余的"公平"分配，它只字未提。

这一过程说明，为了解决市场失灵，谁需要向谁付钱与其说是经济学问题，倒不如说是政治、法律和哲学问题。尽管为了让其他人做出或者不做出某些影响自己的事情，而付钱给他人，会让自己的情况好转，但人们往往会觉得让自己付钱并不"公平"。电影《永不妥协》（*Erin Brockovich*）取材自一个真实的故事，一位女士发现一家大公司正在污染她所在社区的地下水，据称，这会导致较高的癌症和其他疾病的发病率。她求助于一家律师事务所，试图迫使该公司停止污染并且补偿该社区的居民。你能够想象艾琳·布劳克维奇根据科斯定理，转而组织社区居民付钱给该公司，请它停止污染吗？我们有理由相信，电影爱好者们肯定不会认为这是一个感人至深的经典故事。

人们总是不仅关心有效均衡能否实现，而且关心这一均衡如何实现，以及谁会受益。如果你贸然敲开邻居的大门，向他们解释什么是正外部性，并且提议他们出资承担你粉刷房子的部分成本，你必吃闭门羹无疑。

税收和补贴

在本章开头，我们描述了强制决策者考虑社会成本和收益时，效果看起来分别与税收和补贴十分相似。那么，意料之中的，大多数公共政策都是通过税收或者补贴来解决外部性问题的。

通过税收消除负外部性影响。让我们回到开车的空气污染问题上。先前，我们设想司机每使用 1 加仑汽油，政府就向他们收费 1 美元，来解决洛杉矶的空气污染这一外部性问题。实际上，全世界许多政府确实是通过税收强制司机考虑社会成本。1909 年，俄勒冈成为美国第一个征收汽油税的州，并且自从 20 世纪 30 年代以来，美国联邦政府也开始针对汽油征税。尽管政府征收汽油税的目的也包括为修路等筹集资金，但这些税收确实有助于消除开车的负外部性影响。

旨在消除负外部性影响的税收被称为庇古税（Pigovian tax），这一税种是以经济学家亚瑟·庇古的名字命名的。其他的庇古税还包括对酒精和香烟征收的"罪恶税"，以及碳税。

庇古税的影响取决于是向消费者还是生产者征税，无论如何，最终的影响是相同的：提高价格的同时将均衡数量减少至有效水平。

然而，庇古税并非解决外部性的完美方案。它存在两个难题。第一，如何将正确设定税收水平。正如我们所看到的那样，对外部成本进行纯经济意义上的衡量并非易事。在我们的例子中，估计燃烧 1 加仑汽油的外部成本是 1 美元，因此最优的庇古税是每加仑 1 美元。如果我们的估计是错误的，实际外部成本较高，那么这一税收就设置得偏低了。此时，这一市场将会接近有效均衡，但仍存在一定程度的无效率。如果我们估计得过高，那么税收就会设置得太高，此时市场将会矫枉过正，新的均衡数量过低，而这同样是无效率的。

第二，即使税收能够有效地从消费者和生产者那里将剩余转移给政府，也无法保证政府能够或者愿意帮助那些承受了外部成本的人。庇古税的收益有时会用作补偿，但是通常并非如此。无论税收收益是否重新分配以应对气候变化的影响，这种税收都能够使汽油市场走向有效均衡，从而使整个社会的总剩余实现最大化。需要记住的是，剩余的分配与总剩余最大化是两个完全独立的问题。

通过补贴获得正外部性。正如税收能够抵消外部成本，补贴也能够帮助消费者或生产者获得正外部收益。如果政府计算出粉刷房子会给所有邻居带来的外部收益价值 500 美元，它也许会向粉刷房子的人提供 500 美元的补贴。

需要注意的是，与庇古税一样，通过补贴提高效率并不意味着兼顾了公平。这种补贴会使整个社会的总剩余最大化。但是这一剩余的分配取决于政府进行补贴的资金来源于何处。房产所有者更有可能获得社区环境改善带来的大部分收益，因此政府用房产税的税收对粉刷房子的人进行补贴也许看起来更"公平"。但是，即使这部分钱来自一般税收，总剩余仍然会实现最大化。

利用补贴等公共政策解决外部性问题往往并不像税收那样引人注目，但是一旦你知道从何处查询补贴政策，就会发现它十分普遍并且至关重要。一个并不像粉刷房子那么琐碎的例子就是教育。如果父母不得不花钱将孩子送到学校，那么许多人也许在权衡取舍之后认为接受教育并不值得。然而，儿童接受教育的外部收益不胜枚举：通过教育，孩子更有可能成为经济意义上有效率的社会成员，更可能积极地参与经济活动。这就是为什么大多数政府会提供公立学校，对教育的成本进行补贴。

你也许还观察到大学常会对一些小型校园服务进行补贴，包括免费接种疫苗，以防止流感大肆蔓延，以及免费的杀毒软件，将病毒和恶意软件排除在校园网之外。上面两个例子是基于这样的想法，如果将疫苗接种或者杀毒软件的安装完全交由市场决定，学生们将会对这些物品或服务消费得"太少"。也就是说，与使学校整体总剩余最大化的数量相比，愿意付钱接种疫苗或安装杀毒软件的学生数量较少。

与税收一样，通过补贴解决正外部性问题要求准确地量化外部成本或外部收益。如果设定的补贴太低，比如粉刷房子的补贴为 50 美元，那么粉刷的房子数量将会保持在低效水平。如果补贴设定得过高，比如为 5 000 美元，由于多粉刷的房子所带来的社会收益增加不足以弥补补贴的成本，总剩余仍然无法实现最大化。

配额与可交易配额

如果我们知道某种商品的社会最优数量，比如，我们愿意忍受多少污染，那么为什么不简单地规定一个数量（设定一个配额），而是选择征税呢？加利福尼亚州可以计算出汽油的有效数量，并将每一位居民的汽油购买量限定在他的数量配额之内。就控制污染数量而言，这一方法能实现与税收一样的效果。

然而，事实也许出乎你的意料，将消费总量限定在有效率的数量上并不能让该市场实现有效率。市场中看不见的手的神奇之处，不仅仅在于它会将价格和数量推至有效水平，也在于它会将资源配置给那些支付意愿最高的人。剩余最大化不仅仅取决于买卖的汽油数量，也取决于买卖双方是谁。税收能够让市场遵循上述原则并自行解决，配额却无法做到。

可交易配额

你可能已经发现了一个改进配额制度的显而易见的方法。不同制造商的减排能力不同这一事实意味着，可能存在一些互利的交易机会被错失了：高排放制造商可以支付一定金额给低排放制造商，以换取多排放一吨碳的权利。在这种交易中，双方最终都会变得更好。

那么，为什么不设定配额，然后允许企业买卖配额呢？这一解决方案可以使政策制定者选择一个数量而不是设定一个税率，同时仍然确保把配额分配给支付意愿最高的人。可以买卖的生产配额或消费配额被称为可交易配额。

与配额一样，可交易配额最终将使得商品的交易数量达到有效均衡水平（当然，前提是总配额数设定正确）。与税收一样，可交易配额能实现剩余最大化。

不过，庇古税和可交易配额之间有一个重要的区别：

- 庇古税使政府获得收入。
- 相比之下，可交易配额创造了一个私人之间买卖配额的市场。

政府也可以通过出售初始配额来获得收入。但在实施可交易配额计划的情况下，更常见的是政府将配额免费分配给消费者或生产商，然后他们之间再相互交易。

阅读以下专栏，了解更多近期关于美国是否应该征收碳税或实行碳交易限额的政治争论。

⊕ 为什么不对我们自己征税

密歇根大学拥有美国最大的体育场，它能容纳 107 601 名观众，相当于一个小城市的总人口数。由于体育场需要大量的灯光照明和巨大的电子记分板，它的能源消耗也是相当大的。

和工厂一样，大型校园的运营也会排放与气候变化有关的温室气体。不仅仅是大学体育场，研究实验室、医院、办公室、教室和宿舍也同样要消耗大量能源。

2015 年，密歇根大学决定采取措施，减少温室气体的排放。一个由教职员工和学生组成的委员会审议了各种提案。一名学生提出，经济学家普遍认为，对产生外部成本的行为（比如温室气体排放）征税是最佳的解决方案。事实上，2018年诺贝尔经济学奖的获得者威廉·诺德豪斯就一直倡导这一理念（这类税收通常被称为碳税）。这名学生思考道："为什么不在密歇根大学试试呢？为什么不对我们的排放征税呢？"委员会提议，学校可以根据各部门的能源使用比例对其征收少量"税费"。

"等一下，"科学家们说，"如果大学因此向研究实验室收取更高的电费，我们的运营成本就会增加。这样一来，我们将难以获得更可观的研究资金。为什么我们需要付更多的费用，而那些能源需求更低的经济学家或人类学家却不用？"

"等等，"医院的管理人员也表示反对，"为什么要给我们增加负担？这会进一步加大我们为社区提供优质服务的难度。"

争论还在持续，最终，这个征税的方案没有被采纳，该大学转而寻求其他能够减少能源使用的方案。

类似的情况也发生在其他地方。尽管经济学家仍然认为对产生外部成本的行为征税是合理的，但这种观点很难被广泛接受。尽管付出了诸多努力，美国仍然没有能够在全国范围内对温室气体排放征税。

挑战之一在于，人们通常不愿意支付更多的税费。但还有一个更复杂的问题，那就是这些努力的主要受益者尚未出生——也就是当今年轻一代的后代。这些未来的地球居民可能会受到当今选民决策的深远影响，他们希望我们现在就对温室气体排放征税。难点在于，未来几代人无法在今天的选举中投票。因此，无论经济学的论点多么有力，政治上的支持仍然不足。

资料来源：Barry Rabe, *Can We Price Carbon?*（Cambridge, MA: MIT Press, 2018）.

用公共政策解决外部性问题

当经济学家提出通过税收或交易限额解决外部性问题时，他们往往认为税收应该针对外部性问题本身，而不是针对产生外部性问题的行为。在本章中，我们探讨了汽油税的诸多方面，这一税收针对的是产生污染的商品，而不是污染本身。理论上讲，环境政策应该直接针对最终产品——碳排放。这样一来，这一政策就可以应用到因碳排放而造成外部成本的诸多活动上，从饲养牲畜到运营一家发电厂，再到点燃壁炉里的木材。然而，从逻辑上来讲，准确衡量这些不同来源的碳排放无疑是天方夜谭。当最佳方案可望而不可及时，对汽油而不是对污染征税，则成为一种退而求其次的选择。

由于直接衡量污染十分困难，许多政策确实会针对单个商品和过程实施。举例来说，通常汽车必须安装催化转换器，这一特种技术能够减少氮氧化物、一氧化碳以及未燃烧的碳氢化合物的排放。当地政府通常会对节能灯泡或回收设备等产品进行补贴，也会在每年的多雾天气或干燥的火灾易发季节里禁止燃烧木材。针对个别行为征税的弊端在于，存在一定风险，会让消费者和生产者面临的激励偏离使负外部性最小化的目标。

举例来说，1975 年，美国政府为了减少污染，对汽车实行燃油效率标准，即 CAFE 标准。这一标准规定轻型卡车只需遵守一个较为宽松的标准。结果呢？汽车制造商开始制造大型且笨重的足以被归类为轻型卡车的汽车，借此可以不遵循汽车的标准。由此,汽车的平均燃油效率实际上未降反升。

相比之下,直接针对污染的政策不仅鼓励了清洁的技术和生产过程的发展,而且不会给那些"思路灵活"的企业任何投机取巧的机会。事实上,这些政策是在激励消费者和生产者探求不产生污染的新方法。这样做可以让他们免于承担税收负担或者付钱购买限额,从而使激励服务于实现政策的最终目标。既然监测居民个人的碳排放并非易事,监测大型企业的污染相对容易,那么相比于针对个人,在企业层面上征收碳税或实行碳排放可交易配额无疑是明智之举。

第 14 章

公共物品与公共资源

ECONOMICS
ECONOMICS

引例　新的公地悲剧

　　1910 年，大约有 30 万头犀牛自由徜徉在非洲东部的大草原上。一个世纪之后，犀牛的数量急剧减少：非洲大陆上黑犀牛仅剩不到 5 500 头，其他几种犀牛也濒临灭绝。迅速增长的人口对犀牛栖息地的蚕食是原因之一，但导致犀牛家族走向衰落的真正原因是它们对于猎人的价值。

　　在 20 世纪早期，成千上万的大型猎物狩猎者从欧洲和美洲蜂拥而至，以狩猎犀牛为乐，其中包括时任美国总统西奥多·罗斯福。如今，猎杀犀牛是非法的，但是对犀牛角的非法交易仍在暗中进行。在亚洲的部分地区，犀牛角是一味重要的传统药物，价值甚至比等重的黄金还要高。结果就是，某些犀牛物种，比如北部白犀牛，正处于灭绝的边缘。

　　为什么偷猎者对犀牛的猎杀会如此猖狂，以致将它们推向了灭绝的边缘？毕竟，如果它们灭绝了，偷猎者的利润也就随之枯竭。难道偷猎者没想过谨慎地控制犀牛的数量，以便犀牛在接下来的多年间都能够不断地产出犀牛角吗？正如我们在本章中将看到的，问题在于犀牛不"属于"任何特定的个人，因此没人有动力去维持犀牛的价值。相反，每个人都想尽可能迅速地在犀牛灭绝之前从中分得一杯羹。

黑犀牛在非洲濒临灭绝不仅仅是生物学家和自然保护者关注的问题，也是一个典型的经济无效率的例子。在竞争市场中，并非所有商品都能得到有效配置。在本章中，我们将探讨两种存在市场失灵的主要商品类型。第一种是公共物品，如国防、公共健康、道路、教育以及研究，如果任由竞争市场自由运转，最终会供应不足。第二种是公共资源，如犀牛和其他野生动物，若不加干涉，同样最终会被过度消耗直至枯竭。在这两种情形下，我们将看到问题的根源在于，强制那些消费该物品的人为之付钱十分困难。无论是其中的问题还是相关的解决方案，都与我们在前一章中探讨的外部成本和外部收益有关。

最终，犀牛死里逃生。某些提供公共物品和保护公共资源的政策被证实十分有效。从结果来看，南非的犀牛数量与东非的情况截然相反。尽管在 20 世纪初，南非的白犀牛只有 50 头左右，但是今天却大约有 2 万头。是什么导致了这一差别？看似矛盾的是，解决方案之一是鼓励人们猎杀犀牛，但仅限于在他们自己的私有土地上。同时，南非政府建立了一个保护严密的国家公园。在本章中，我们将看到为什么此类和其他政府行为以及经过缜密思考的公共政策能够更有效率地配置公共物品和公共资源。

物品的特征

哪些类型的物品会重蹈犀牛的覆辙，最终被耗用殆尽？河水会，但家中的橙子汁不会；大海里的鱼会，但农场里的鸡不会；公共图书馆里的电脑会，但个人的笔记本电脑不会。它们的共同之处是什么？

我们首先应该注意到的是，河水、大海里的鱼以及公共图书馆里的电脑通常并不为个人所拥有。相反，它们由一个团体或者国家所有。

我们可以进一步明确物品的两种重要特征，它们决定了物品如何使用以及市场是否有效配置。

- 当一种物品具有**排他性**（excludable）时，卖者能够阻止那些没有付费的人使用该物品。

- 当一种物品在消费上具有竞争性（rival in consumption），或称具有竞争性（rival）时，一个人的消费会阻止或者减少其他人消费该物品。

在本书中我们所讨论的大多数物品都是私人物品（private goods），既具有排他性也具有竞争性。然而，许多商品缺乏这两个特征中的一个甚至两个。在描述这些物品的类型之前，我们先更进一步地对排他性和竞争性的概念进行探讨。

排他性物品

排他性之所以重要，是因为它让所有者能够对一种商品制定一个可实施的价格。如果你无法阻止人们消耗某种物品，那么人们就没有理由为使用该物品付费。

举例来说，路灯是一种非排他性物品。一旦在一个社区内安装了路灯，该社区内每个路过的人都会受益，无论他们是否为此付费。你如何阻止那些没有付费的人享受路灯的好处呢？安排一个警察站岗，强制他们戴上特制的黑色太阳镜吗？强制他们闭上眼睛吗？用墙将这一社区分隔开来吗？大多数时候，很难做到只让某些人享受路灯带来的好处，而将另一些人排除在外。

然而，排他性可能是一个程度问题。以道路为例，可以通过在每个入口处设置收费站，使桥梁、隧道和主要公路具有排他性，但是对大多数道路而言，这种做法并不可行。你不能在每条道路上都设置一个收费站，确保人们在使用这些道路之前先付费。

竞争性物品

竞争性涉及的是当某人消费一种物品时，这一物品是否会被"用尽"。犀牛角是一种竞争性物品。一旦某人猎杀了一头犀牛并且割掉了它的角，随后而至的其他人就无法得到犀牛角。对于许多物品，实际上对大多数其他物品而言，都是如此。一些鱼被一艘捕鱼船打捞上岸之后，它们就无法被其他人所捕获。一个人在商店里购买了一条牛仔裤之后，可供其他消费者购买的牛仔裤数量就变少了。

什么类型的商品是非竞争性的？我们刚刚探讨的路灯就是非竞争性的，也是非排他性的。两个人同时从一盏亮起的路灯下走过，他们可以同等地享受灯光的照射。收音机里播放的歌曲是非竞争性的——一位听众的收听并不会将其"用尽"而使其他人无法收听。一般而言，知识和技术都是非竞争性的，原因在于，一旦某种东西被发现或者发明出来，所有人都可以加以利用。

通常，竞争性也是一个程度问题。再以道路为例。一条人迹罕至的乡村公路可能在使用时不具有竞争性，即如果多一个人在这条路上开车，对行驶在这条路上的其他人的影响微乎其微。然而，一条严重堵塞的公路，就具备了竞争性物品的特征。每一辆行驶在该公路上的汽车都增加了交通负荷，拖慢了其他汽车的速度，并减少了公路对于其他司机的价值。

四种类型的物品

一种物品是否具有排他性和竞争性，对其如何通过市场机制进行配置具有重要影响。我们可以结合排他性和竞争性的概念，定义四种不同类型的物品，如图 14-1 所示。

- **私人物品**，指兼具排他性和竞争性的物品。正如我们在本书中所探讨的那样，它们通常能够通过竞争市场进行有效配置。
- **公共物品**（public goods），顾名思义，与私人物品截然相反，它们既不具有排他性，也不具有竞争性。
- **公共资源**（common resources），不具有排他性，但具有竞争性。
- **人为的稀缺物品**，具有排他性，但不具有竞争性。

图 14-1 四种物品类型

在本章中，我们不会探讨与人为的稀缺物品相关的经济问题，因为我们已经在第 11 章中讨论过了。从根本上看，市场对于人为的稀缺物品的功能与私人物品市场完全相同。由于缺乏该物品的相近替代品，实际上是人为地使它变得稀缺，这一稀缺性使该物品的卖者掌握了一定的市场力量，能够收取比完全竞争市场更高的价格。

公共物品与公共资源问题

市场在配置私人物品时往往十分有效率，但是在公共物品和公共资源的配置上却并非如此。原因在于，竞争厂商收取的价格无法反映消费的真实成本和收益。此时，公共物品和公共资源的问题就十分接近前一章中探讨的外部性问题。

接下来我们将分别探讨与公共物品和公共资源相关的两类问题：搭便车问题和公地悲剧。

搭便车问题

以一辆公共汽车为例。公共汽车沿着既定的路线行驶需要花费成本，如支付司机工资、购买汽油、进行维修等。为了承担这些成本，司机在乘客上车时会收取一定的费用。但是，如果某个人不想付钱，而是趁司机不注意时从后门溜上车，会怎么样呢？这个人可以免费乘车。我们可以称他为“搭便车者”。

如果这位搭便车者是独自一人，并不会造成太大的损害。他占了公共汽车上的一个座位，但是并不会对其他人造成过多妨碍。无论如何，只要付费的乘客数量足够多，就足以负担公共汽车运营的成本。

然而，假设一辆公共汽车的后门总是畅通无阻。乘客可以选择购买车票从前门上车，也可以逃票从后门上车。在这一情形下，我们无疑会看到更多的搭便车者。随着越来越多的人选择免费搭车，整个城市就无力负担之前那么多辆公共汽车了。然而，导致公共汽车服务减少的原因并非需求减少，或者公共车对于乘客的价值降低。城市中仍存在足够多的人想要乘坐公共汽车并且足以负担公共汽车运营的成本，但是没有人有动力自愿支付车费了。

从技术层面上看，我们刚刚描述的**搭便车（者）问题**（free-rider problem）是由非排他性所导致的公共物品供给不足。当一种物品很难做到排他时，人们为这一物品支付的钱数就不能完全反映出他们内心所认为的真实价值。毕竟，即使你认为乘坐公共汽车价值很高，如果必须付钱的话也愿意购买车票，但是如果有机会逃票，你也许难免会随波逐流，对吗？问题在于，当发生这种情况时，这一物品的供给会低于有效数量。

需要注意的是，搭便车问题与逃票乘客是否占用公共汽车座位无关。假设一辆公共汽车能够容纳的乘客数量无限多，座位不会短缺，购买车票的乘客数量仍然会不足，导致无法负担公共汽车运营的成本。

根据定义，公共物品是非排他的，那么搭便车问题就十分常见。公共交通是一个典型的例子，搭便车问题也由此而得名。但是也存在许多其他情形，人们隐性地进行了"搭便车"，结果导致所有此类服务最终都供给不足。假设一个公共洗手间里张贴了一张标语"使用后请清理水槽"，多少人会这样做呢？尽管每个人都想要一个洁净的公共洗手间，但并非所有人都会遵守这一要求。或者假设一场大雪过后，所有人都应该拿起铲子清理部分道路。如果所有人都能加入进来，道路会很快变得干净。但是这并不常发生。一有机会，人们就会选择"搭便车"，他们会头也不回地走出洗手间，根本不会清理；他们也会选择躲在屋里不出去铲雪。

分析搭便车问题的一种思路是搭便车者享受了其他人决策的正外部性，无论是为搭乘公共汽车付费、清理公共洗手间的水槽还是铲除道路上的积雪。正如我们在第13章中所看到的，当存在正外部性时，这一物品或服务的均衡数量会低于将社会作为一个整体时，使总剩余最大化的水平。结果就是如果完全交由市场决定，公共汽车、洁净的公共洗手间以及暴风雪之后整洁的道路将会供给不足。

正如我们在本章后续内容中将深入探讨的，这一供给不足的问题可以通过许多方式加以解决，可以让该物品或服务更具排他性（比如某些大城市中付费使用的公共洗手间），或者政府让某些人负责提供特定数量的物品或服务（提供市政铲雪服务）。

　　某些重要的公共物品比公共汽车或公共洗手间更加抽象。公共健康、公共卫生、一般知识和公共安全都是公共物品，对人们的日常生活具有重要影响。思考公共健康方面的一个例子。如果全国99%的人都接种疫苗以对抗某种疾病，比如小儿麻痹症或麻疹，剩下的1%未接种疫苗的人可能无须担心生病。但是，如果所有人都想要成为搭便车者，而不接种疫苗，人们染病的风险将会迅速增加。我们无法不让那些未接种疫苗的人享受生活在接种疫苗的人身边时获得的好处。当存在的搭便车者数量过多且接种疫苗供给不足时，所有人都更有可能生病。相似地，军队、警察以及"邻里间的守望相助"都是提供公共安全的手段，但是，也不可能简单地将没有付钱的搭便车的居民排除在外，不让他们享受公共安全的好处。

　　最为抽象的公共物品之一就是一般知识和信息。阅读以下专栏，了解此类公共物品的搭便车问题如何得以解决，使所有人都受益。

为什么维基百科能够成功

　　维基百科是一种典型的公共物品：它具有非排他性，因为所有人都可以免费使用它；并且具有非竞争性，因为一般来说，某个人对网页的浏览并不会影响其他人的浏览。

　　考虑到我们对公共物品的了解，很容易想到维基百科可能失败的多种原因。我们所能料想到的最好情况是，词条会供给不足。毕竟，会有多少人愿意浪费自己的时间免费编辑百科内容呢？我们所能料想到的最差情况是，贡献者会用自利的或误导性的信息填满维基百科。讽刺性新闻评论节目《科尔伯特报道》的主持人史蒂芬·科尔伯特一度遭到维基百科的封杀，因为他要求自己的观众编辑维基百科上关于大象的词条，声称大象的数量在3个月内变成了原来的3倍。当然，科尔伯特暴露了维基百科所面临的不可避免的"事实"——它有时会受到贡献者的心血来潮和偏见的影响。

　　在维基百科的初创期，此类预言似乎会将其置于万劫不复的境地。词条内容少得可怜、充满错误，讨论电影《星际迷航》的词条比讨论哲学家弗里德里希·尼采的热烈得多。然而，18 年之后，维基百科拥有 570 万个词条，这一数量是《大英百科全书》的 60 多倍。通过对 45 篇关于一般科学主题进行的抽查发现，维基百科与传统的经专家评审的百科全书一样精准。维基百科是如何解决供给不足和滥用等公共物品常面临的问题的呢？

我们可以将问题重新表述为：在编辑维基百科时能够获得哪些收益，会超过所付出的时间成本和努力？通过调查，绝大部分贡献者列出了听起来十分利他的理由，例如，为了"修正一个错误"，或者"为知识的分享做出贡献"。全部贡献者中只有 2% 的人将名誉和报酬列为编辑的动机。然而，我们在某种程度上对这一数字持怀疑态度。毕竟，许多贡献者都会注册一个用户名，并且在主页上列出他们的编辑历史供他人浏览。

无论贡献者的真实动机是什么，维基百科的设计方式有助于它应对作为一种公共物品所面临的挑战：既然贡献的成本相对较低（只需点击"编辑"，输入更改内容，再点击"提交"），那么纠正滥用就易如反掌。从结果来看，根据最近一次统计，英文版面的不足 5 000 名专职编辑（他们每个月的编辑量超过 100 次）在纠正蓄意破坏和滥用上做出了卓有成效的工作。此外，维基百科还充分利用了"分享知识有利于全社会"这一观念，激励使用者奉献一己之力并自发监督彼此。

随着维基百科和其他免费的开放源代码资源风行，经济学家也开始修正他们关于公共物品供应，以及驱动人们为它们做出贡献的动机的观点。

资料来源：Denise Anthony et al., "Reputation and Reliability in Collective goods: The Case of the Online Encyclopedia Wikipedia", *Rationality and Society* 21, no. 3 (2009), pp. 283-306.

公地悲剧

正如我们所看到的，犀牛并非公共物品，因为它们是竞争性的：如果某人猎杀了一头犀牛，这头犀牛肯定无法再供其他人享用。通常，当你消耗了一种竞争性物品时，你必须补偿它的所有者。当你想要品尝一只鸡时，你需要付钱给零售商店、饭店或者养鸡户。但是从历史的角度来看，在土地被划分为私人领地之前，当你猎杀了犀牛、水牛或者大象等野生动物时，你无须付钱给任何人。没有人拥有野生动物，因此它不是排他的。换句话说，野生动物具有竞争性但不具有排他性，是一种十分典型的公共资源。

我们应该如何描述人们对公共资源的需求特征？相比于必须为消费付钱时的需求量，非排他性导致人们的需求更大。由于公共资源是竞争性的，每次某人获取它时，资源就会被"用尽"。这种无效率的高需求量和不断缩减的数量二者共同导致的结果常被称为**公地悲剧**（tragedy of the commons），即由于个体理性但集体无效率的过度消费导致的公共资源枯竭。需要注意的是，搭便车问题仅仅由非排他性引发，而公地悲剧则起因于非排他性和竞争性的结合。

均衡数量如何同时表现为个体理性和集体无效率呢？先来看个体理性部分，从一名犀牛猎人的角度思考消费决策：从收益方面来看，他可以通过在黑市上出售犀牛角获得很高的价值；从成本方面来看，他需要负担狩猎设备的成本、狩猎犀牛的时间以及被法律制裁的风险，但是他不必为拿走犀牛角付钱给任何人。结果就是，相比于必须为犀牛角付钱的情形，猎人们会猎杀更多的犀牛。

为什么会存在集体无效率呢？由于我们通常不认为犀牛具有市场价值，因此很难意识到，无限制的狩猎并未实现总剩余的最大化。然而，对一种公共资源的使用会对其他人施加负外部性：当偷猎使犀牛的数量减少时，东非的人们将失去当地生态系统的关键成员。想要去非洲进行陆路旅行的游客将会损失剩余，遭受剩余损失的还有那些从陆路旅行中分得一杯羹的当地旅行社。最后，犀牛灭绝对于全球的生物多样性也是一大损失。

利用我们在之前章节中得到的结论，如果犀牛猎人不得不考虑他们行为的外部成本，他们的需求曲线将会向左移动。猎杀犀牛的均衡数量会回到有效水平——使得整个社会剩余最大化的水平。

解决公共物品与公共资源问题

我们已经了解到公共物品会出现供给不足，而公共资源面临过度需求，这些都会导致生产和消费的无效率。换句话说,这两种类型的商品都存在市场失灵。可能的解决方案多种多样,通常分为三种:社会规范、政府管制以及私有化产权。

当我们讨论每一种解决方案时,要思考它是如何改变人们在供给或消费公共物品或公共资源时所面临的成本与收益之间的权衡取舍的。我们将会看到,这两类物品的问题解决方案与外部性密切相关。

社会规范

由于乱扔垃圾省时省力,公共区域脏乱早已屡见不鲜了。乱扔垃圾省去了寻找垃圾桶的麻烦,而且基本不会带来任何实际的惩罚或成本,因此人们几乎没有动力去考虑对他人造成的负外部性。尽管存在这一潜在的问题,但是许多公共区域还是整洁、舒适的,几乎看不到垃圾。为什么会这样呢?

有些时候,特别是在大城市中,公共区域的整洁是因为政府付钱给卫生管理员或者市政工程员工进行打扫。但是也存在许多公共区域,特别是联系紧密的社区,通过一种更简单的机制维持洁净:社区成员的期望和潜在的非难。如果你能够做到不乱扔垃圾,我们可以猜到最主要的原因并不是你害怕被警察抓到并处以罚款,而是简单地因为你意识到这么做并不好。

正如我们所看到的那样,搭便车问题和公地悲剧都是权衡取舍的问题,人们能够享受到某些东西的收益,而不必付出相应的成本。严格的社会规范能够将成本强加到乱扔垃圾的人、从公共汽车后门溜上车的人以及偷懒不出门铲雪的人身上,从而让权衡取舍重获平衡。需要记住的是,成本不必是金钱形式的。社会的非难、自身的愧疚以及与所在团体中的人发生冲突,同样属于成本。

当你与身边的人相互熟识时,你会更在乎他们的看法,因为如果你预期未来还会与他们再打交道,此时社会的非难意味着更高的成本。举例来说,我们可以料想到相比于解决纽约地铁的搭便车问题,社会规范对于制止小镇公共汽车的搭便车行为会更有成效。

某些具体的精心设计的准则使得非正式的、基于社区的方案在解决公共物品和公共资源问题上更有效率。这些准则包括：明确区分谁可以、谁不可以使用某些资源；资源使用者参与制定使用规则；使用者能够监督彼此。

应用这些准则来制定社会规范，是解决公共物品与公共资源问题的可行方案之一。

政府管制：禁令、配额

当非正式组织和社会规范不足以解决问题时应该怎么办呢？此时，对公共物品和公共资源进行管制，是政府干预切实有效并提高效率的方案之一。其中的原因十分简单：通常情况下，当个人和非正式组织力量薄弱时，政府有权对某种资源的消耗强加限制。难以做到维持公共区域的整洁吗？规定乱扔垃圾违法。担心犀牛和其他濒危物种灭绝吗？规定猎杀它们违法，或者对每位猎人能够合法捕猎的犀牛数量限定配额。

乱扔垃圾通常是违法的，许多国家也对狩猎施加禁令或限定配额。然而，此类问题仍然存在，因此这些显然并非完美的解决方案。为了弄明白为什么，我们必须理解裁定某些行为违法只是通过对违反禁令或超出配额施加了成本，这只是改变人们面临的权衡取舍的一种简单方法。违反规则的人预期将面临的成本取决于两个因素。违反规则会遭受的惩罚，以及被抓到并遭受惩罚的可能性。如果惩罚力度不大，或者被抓到的可能性很低，这一成本也许并不足以改变权衡取舍。

因此，如果当局者对违反规则的人进行监控和惩罚十分困难或者代价不菲，禁令和配额就无法发挥作用。相对贫穷的国家想要有效实施针对偷猎和栖息地破坏的法律困难重重。举例来说，东非的大多数政府通常缺乏足够的资金，来雇用足够多的公园护林员、修建足够多的围墙，以及采取其他措施来全面保护野生动物。针对偷猎犀牛的禁令也因此形同虚设。

相比之下，美国和其他发达国家兴建了大量资金相对充裕、监管相对完善的国家公园和保护区，对濒危物种进行了有效保护。美国所列出的濒危物种中超过90%的物种自从宣布濒危之后，数量反而得以增加或者维持原状。同样，南非修建了几个大型的国家公园并且管理良好，十分有效地保护了犀牛和大象。结果表明，我们能够证实禁止狩猎犀牛的禁令是行之有效的。

在那些有足够资源实施禁令的国家，限制公共资源使用的禁令或配额作为公共政策方案，在解决过度使用的问题时能够直击要害。特别是当最优的消费数量为零时——如对濒临灭绝的物种而言，这也许是最好的方案。

在环境保护中，不容商量的道德规范和实际问题常常针锋相对。尤其表现在政策制定者之间，是坚守原则对濒危物种和栖息地实行彻底的禁令，还是允许人们通过有限度地开发来赚钱，他们往往意见不一。阅读以下专栏，对此类问题进行深入思考。

⊕ 自然资源保护者应该坚守原则还是注重务实

你能够对老虎存在的价值进行金钱上的衡量吗？对大象呢？对魔鬼洞里的魔鳉鱼呢？这种极小的鱼，身长不过 1 英寸⊖，生长于加利福尼亚州死亡谷国家公园的一个石灰岩洞穴的水池里。对大峡谷或亚马孙雨林等独特的栖息地呢？你愿意付多少钱来保护这些自然奇观？

一些自然资源保护者坚决捍卫自己的信念，强烈反对用金钱衡量这些美丽、独特的生物和风景。他们坚称这些资源是无价的，试图对它们贴上价签的行为是对环境保护工作的贬损和破坏。

另一些自然资源保护者认为，从长远来看，对濒危物种和栖息地标注价格是保护它们的唯一切实有效的途径。他们坚信当某些东西没有金钱价值时，就没有人有动力对其加以保护和维系。他们认为，声称某些东西"超越"金钱价值听起来很伟大，但从实际功能来看，这相当于说它们的金钱价值是零。

认同后一种观点的政策制定者推动了一些项目，允许人们通过有节制地利用濒危资源赚钱。这些实用主义者赞成利用私人激励提升排他性和保护效果。他们指出当地居民在放弃狩猎、耕种或者伐木，转而保护土地或濒危物种时，通常面临着很高的机会成本。

⊖　1 英寸 = 2.54 厘米。

这一实用主义策略的一个最好的例子就是生态旅游。这为当地居民提供了一种通过向游客展示有趣的植物或者动物来赚钱的方式，从而激励他们保护自然环境。

在另一种类似的策略中，美国的某些非营利组织付钱给牧场主和土地所有者，让他们将部分土地闲置。此类协议被称为地役权协议，它允许土地所有者自愿签署法律契约，对其在土地上能做的事情加以限制。举例来说，保护组织也许可以付钱给郊区沼泽地的所有者，让他同意不在这片土地上盖房子。所有者只需闲置土地就能赚钱。东非也尝试了相似的做法，既包括直接付钱给当地居民，维持濒危物种和栖息地的现状，也包括赋予他们一定的权利，让他们可以通过发展旅游或限制狩猎和耕种来赚钱。

然而，即使是那些认为可以对环境保护定价的自然环境保护者，有时也会对此类实用主义的方法心存疑虑。他们担心的是难以监督和有效实施。美国也许具有完备的法律体系，但是许多濒危物种和栖息地所在的国家并非如此。当缺乏有效的监督机制时，想要将合法活动和非法活动加以区分，无疑是天方夜谭。此时，实施彻底的禁令就是明智之举。

你怎么认为？

1. 我们应该用金钱衡量濒危物种存在的价值吗？如果应该，我们应该如何衡量呢？

2. 如果某一地区或物种的存在是一种公共物品，我们应该如何让个人贡献出他们内心对它的真实估价，而不是成为搭便车者？

3. 坚守强硬路线，坚持完全的保护以及零使用的方法，对于避免公地悲剧总是最好的方案吗？限制使用的方法在哪些情形中更有可能成功？

私有化产权

公共物品和公共资源并不能通过市场得到有效配置，但是私人物品可以。那么，将所有物品和资源都变成私人物品不就是最方便的解决方案吗？在某些情况下，是的！

将公共资源变成私人物品的经典例子就是以公地悲剧得名的案例。几百年前，欧洲和美国的大多数小镇都拥有公地——位于城镇中心的开放草地，所有人都可以使用，没有人拥有所有权。农民可以在公地上放牧自己的牲畜。故事的结局不言自明：小镇的公地是一种公共资源，每个农民都有动力放牧越来越多的牲畜，而没有动力限制自己的使用，以维持公地对于其他人的价值。最后草地被破坏了，每个人的情况都比原来更糟了。

最终，这一最初的公地悲剧的解决方案却出奇地简单。第一步是制定规则，规定谁何时能够在何地放牧。第二步，也是最重要的一步，是将镇上的公地划分为私人的小块，人们只能在自己的土地上放牧牲畜。在新英格兰，许多小镇仍然保留了小部分"绿地"，这是由小镇公地发展而来的，但是你在上面几乎看不到任何牛羊。如果每个农民在决定放牧多少牲畜之后，必须承担这一决策的所有成本和收益，那么每个人都会为自己的土地做出最有效率的决策。私有化能够解决非排他性的问题。

有一项政策允许农民在自己的土地上饲养野生动物，这被认为有助于南非犀牛的恢复。只要土地所有者饲养并且保护濒危物种（比如犀牛），他们就能够享受税收减免，并且可以通过出售这些动物或者允许游客参观来赚钱。这一法律实际上将犀牛和其他大型动物比如大象"私有化"了，允许个人获得保护它们的收益。这让人们有动力将偷猎者拒之门外，因此有利于犀牛数量的增加。

越来越多的政府采取这种公私结合的方式来保护野生动物和其他资源。私有化有助于引入排他性并分配对成本和收益的责任；公共措施有助于抵消剩下的外部性。

然而，赋予公共资源产权并非易事。特别是在许多人已经在使用某项公共资源的情况下，决定谁拥有该项资源会非常困难。这很好理解，没有人愿意成为那个必须减少个人消费的牺牲者。

◉ 为什么科罗拉多河不再流入海洋

科罗拉多河曾经以其雄伟壮丽之势，塑造了大峡谷的奇观。然而，如今这条河流几乎不再流入墨西哥，甚至在抵达加利福尼亚湾之前便已消失。究竟是什么原因导致了这一现象? 随着河水流经美国的五个州, 跨越六个大坝, 大量水资源被引向干旱的农田, 以浇灌那些缺水的农作物, 并为美国西南部蓬勃发展的城市提供居民饮用水。

这一故事要追溯到 1922 年, 当时七个州联合签署了《科罗拉多河契约》。该契约的初衷是公平分配科罗拉多河的水资源, 以尽可能地满足沿河各州的利益。然而, 这项契约存在两个主要问题:

- 基于当年异常高的水流量数据估算可用水资源总量, 这导致高估了超过 1 万亿加仑。

- 契约赋予了河水产权, 却未能使其易于交易。所有转让申请都需要经过烦琐的官方审批程序, 这一过程通常涉及漫长的法庭诉讼或公开听证会。

与第一个问题相比, 第二个问题的影响尤为严重。

由于水权是按照"先到先得"的原则分配的, 所以大部分水权都归农民所有。水权转让的难度在于, 科罗拉多河 80% ~ 90% 的水被用于农业, 而他们只要能证明有效利用了水资源, 就可以保留其份额。这形成了一种恶性激励, 农民为确保自己能够保留已获得的份额, 即使在需水量较少的年份, 他们也会想方设法地浪费水资源。与此同时, 周边城市面对不断增长的人口和用水需求, 不得不寻找新的水源。

我们可能会设想, 农民和城市居民会遵循科斯定理的指引, 找到一个显而易见的解决方案: 农民种植更耐旱的作物或者退出农业, 将多余的水资源以高价卖给城市居民。例如, 圣地亚哥市就试图通过政府协调来实施基于科斯定理提出的解决方案。为了满足城市居民日益增长的用水需求, 政府部门向农民购水。在多数情况下, 政府提供的购水价格高于农民从种植农作物中获得的收入, 因此, 这种转让对双方而言是共赢的交易。尽管许多农民对所得到的报酬表示满意, 圣地亚哥市也获得了稳定的水源, 但自 2003 年该方案实施以来, 这一方式一直面临着复杂的法律问题。

除非围绕科罗拉多河的产权制度发生改变, 否则关于水资源分配的法律斗争可能会继续在干旱的美国西南地区上演。

第 15 章

税收与政府预算

ECONOMICS

引例　乐于纳税

在美国大选期间，草坪上的标牌是一道常见的风景线。这些标牌色彩明亮、口号朗朗上口，试图吸引路人注意它们所支持的政党候选人的名字。然而，2003年，一种新颖的标牌出现在了某些明尼苏达州选民的草坪上。在明亮的橙色标牌上本该写着政客名字的地方，简单地写道"为更好的明尼苏达州而乐于纳税"。

这对发起"乐于纳税"活动的明尼苏达州夫妇告诉记者，他们并没有支持任何特定的候选人或者政党，他们只是想要分享他们的观点，即增税并不一定是件坏事。在他们看来，增税会使明尼苏达州实现预算平衡并维持公共服务。

由于与选民要求较低税收的主流趋势背道而驰，"乐于纳税"活动引起了广泛的关注。有时候，如同 2009 ~ 2010 年席卷全美政坛的"茶党"运动，选民要求同时削减政府项目并降低税收。其他选民则在要求较低税收的同时，要求政府提供功能完善的道路、良好的教育以及其他服务。政府可以不通过增税，而是通过借钱为公共支出付钱，实际上它也常常这样做，但是借来的钱终究会到期。无论如何，政府迟早都需要利用税收收入为它所预支的钱买单。

每次进行投票时，无论是选举市长还是总统，你都可能需要在持有不同税收观点的候选人之间进行选择。在本章中，我们将介绍税收和支出的一般原理，这将有助于你看清这些辩论。在之前的章节中，我们了解到，当存在外部性时，税收能够纠正市场失灵，并由此增加总剩余。

但是我们也看到，当市场已经实现了最优效率时，税收则会减少总剩余。这里我们将分析税收的多种影响：它们能募集多少钱，会导致多大程度的无效率，以及谁会承受它带来的负担。我们将探讨每一种税收的支持和反对意见，并教会你如何对这些意见进行权衡，并且在进行投票时做出明智的选择。

为什么征税

纳税人通常都十分厌恶 4 月 15 日，因为这一天是联邦所得税申报的截止日。与明尼苏达州"乐于纳税"的支持者不同，大多数民众都对从他们薪水中抽取税收抱怨连连。为什么选民要继续支持对他们征税的政府？有哪些好处能够抵消这一痛苦呢？我们在之前的章节中看到，税收有两个作用：筹集税收收入，以及改变买者和卖者的行为。

- **筹集税收收入**：税收最为明显的作用就是筹集公共收入。这一收入使得政府能够为民众提供商品和服务，从国防到公路设施。一些由税收资助的项目，比如公立学校和道路，能够增加剩余并且刺激经济增长。另一些项目能够满足人类基本的需要，比如向需要帮助的人们提供食物、医疗服务或住处。人们也许对税收应该资助哪些服务意见不一，但是大多数人都同意至少某些服务是必要的。

- **改变买者和卖者的行为**：税收改变了市场参与者面临的激励，也因此改变了他们的行为。税收在买者支付的价格和卖者收取的价格之间钉入了一个楔子，结果导致消费的商品或服务的均衡数量较低。在某些情形下，这种对激励的改变只是旨在筹集收入的税收带来的副作用；在其他情形下，这一改变恰恰是该政策的目的所在。对酒精、烟草以及汽油征税就是为了减少需求而设计的政策。

我们在第 13 章中看到，当一个市场存在负外部性时，比如存在空气污染时，税收的作用就是通过将市场均衡数量移动到更低的水平上，从而增加整个社会的总剩余。

然而，我们也在第 6 章中看到，在一个已经实现高效率的市场中征税时，税收会造成无谓损失。无谓损失通常被认为是税收的成本。然而，有时候尽管市场运转十分有效率，政府仍然会利用税收劝阻某些购买行为。阅读以下专栏，来了解此类税收是增加还是减少了社会总收益。

⊕ 存在让人更幸福的税收吗

吸烟和饮酒与其他经济活动不同。有些人希望戒烟戒酒（或者至少减少摄入量），但由于自制力不足或成瘾问题，很难坚持下来。在这种情况下，人们的行为，即经济学家所说的"显示性偏好"并不总能准确反映他们真正的需求。

社会对这类选择有所关注，因为吸烟和过量饮酒造成的公众健康成本极高。在美国，与吸烟有关的疾病导致每年约 48 万人死亡，并造成每年 3 200 亿美元的医疗保健成本和生产力损失。而过量饮酒则会导致每年额外增加 2 500 亿美元的成本。

这些统计数据是对烟草和酒精征收"罪恶税"的主要依据（我们在这里并不是用这个词语进行道德评判，"罪恶税"是政策制定者使用的术语）。由于"罪恶税"能够减少这些商品的消费，它既削弱了负外部性——其他人因吸入二手烟或在路上遭遇酒驾司机而付出的代价，同时也降低了整体的健康成本。显然，"罪恶税"对那些不吸烟、不饮酒的人来说是有益的。但是，"罪恶税"会不会对一些吸烟者和饮酒者也有好处呢？

经济学家乔纳森·格鲁伯和赛德希尔·穆莱纳森研究了随着烟草税的提高，美国和加拿大人自我报告的幸福感是如何变化的。他们发现，提高烟草税实际上使得那些可能吸烟的人更加快乐。为什么？这项研究表明，对那些真正想改变自己的行为但自制力不足的人来说，"罪恶税"可以作为一种承诺机制。通过税收提高香烟的价格，改变了成本和效益，给吸烟者提供了额外的戒烟激励。

随着经济学家对公共政策的行为和心理反应有了更深入的理解，我们对税收的细微差别和多功能性也有了更多的认识。对那些能够戒烟的吸烟者来说，"罪恶税"可以成为一个双赢的政策。

资料来源：Jonathan Gruber and Sendhil Mullainathan，"Do cigarette taxes make smokers happier?" *Advances in Economic Policy and Analysis* 5，no. 1（2005）.

在本章中，需要时刻牢记税收的两个目标：筹集税收收入和改变买者与卖者的行为。人们也许认为利用税收实现这两个目标并不合适，但是这两个目标提供了探讨税收的成本和收益的切入点。

即使人们就某一目标达成了一致，某些类型的税收也可能比其他类型的更有效。在本章中，我们将评估不同税收方法的效果和副作用。作为一名选民，你应该能够把对税收的实事求是的理解与道德和政治信仰结合起来，判断政府应该资助哪些公共服务，劝阻哪些行为，并进行相应的投票。

税收原理

并非所有的税收都是相似的，政府可以通过许多不同的税收设计方式筹集特定数额的税收收入。在这一部分，我们将重点关注如何分析不同类型税收的影响。在评估不同类型税收的成本和收益时，以下三个概念十分有用：效率、税收收入和归宿。这三个概念构成了我们评估特定税收的成本和收益的基本框架。

效率：税收会导致多少（额外）成本

当考虑一种税收的成本和收益时，很容易假设成本就是纳税人必须支付的金额，收益就是利用这些资金所提供的任何服务。然而，我们从之前章节对税收的分析中可以得知，事情绝非如此简单。税收会导致经济行为的变化，潜在地使供给和需求偏离最优水平，而我们必须将其考虑在内。此外，筹集税收收入本身也会耗用资源。

仅仅因为税收会导致无效率就判定税收是一件坏事是失之偏颇的。尽管税收本身可能导致无效率，但是它所筹集的收入也许可以用来矫正其他的无效率。净效应到底如何，取决于不同的税收类型和政府如何使用税收收入。接下来，我们将探讨税收会产生的两种类型的无效率。

我们所考虑的第一种无效率之前已经讨论过，就是无谓损失。这是纳税人的剩余损失与筹集的税收收入二者之间的差异。第二种无效率是行政负担，代表了筹集和管理税收收入的成本。我们将进一步探讨这两种成本以及如何计算它们的规模。

无谓损失。回顾第 6 章，在一个有效率的市场中征税会减少总剩余。这一剩余损失被称为无谓损失。无谓损失的产生是由于买卖的商品数量低于市场均衡水平。

明确区分市场中税收导致的无谓损失与剩余的损失十分重要。买者和卖者损失的剩余中转化为税收收入的部分不被视为成本，这是因为税收收入能够资助公共服务。这些服务为那些从中获益的民众提供了剩余。有时获益的民众是那些承担税收的人，而有时并非如此。通过政府政策，这些剩余的价值只是被转移给了其他人，并不是一种损失。

相反，无谓损失是简单地由于税收的存在而消失的价值。无论买卖双方还是政府服务的接受者都没有从中获益。它是完全的损失。

一种税收会导致多少无谓损失，取决于买卖双方对于价格变化如何反应。这引出了税收的一般原理：当某一商品的价格变化时，如果人们几乎不会改变自己的行为，那么对这一商品征税所导致的无谓损失就能减少到最低水平。

如果当我们对人们会始终坚持的行为征税时，无谓损失会减少到最低程度，那么为什么我们不将这一想法的合乎逻辑的结论加以应用，简单地对现有的人口征税呢？这种无论人们的经济行为如何，对所有人征收相同金额的税，被称为**一次总付税**（lump-sum tax）或**人头税**（head tax）。为了理解为什么人头税十分有效率，我们来思考纳税人会对税收做出什么反应。如果无论人们从事什么工作、赚多少钱或者购买什么，所有人每年都必须付给政府 1 000 美元，那么人们就没有动力改变自己的行为。

如果征税的唯一目标在于效率最大化和无谓损失最小化，人头税或许是不二之选。但是，尽管人头税也许十分有效，许多人仍会认为让所有人，无论贫富都缴纳完全相同的税额并不公平。这也减少了税收所能筹集到的收入总额，因为税收规模受限于最贫穷的民众的支付能力。基于上述理由，我们很少看到人头税得以实施。

行政负担。无论市场是否有效率，管理和筹集税收收入也会产生成本。某些人必须设计出合理的程序来筹集税收收入、强制人们支付税款并且管理筹集来的收入。这些与筹集税收相关的运筹成本被称为**行政负担**（administrative burden）。它包括政府机构在追踪并跟进税单时付出的时间和金钱，也包括纳税人的时间、进行纳税申报及雇用会计师和律师提供税收建议的支出。举例来说，2018年联邦政府为维持国税局（IRS）的运转花费了114.3亿美元，这一政府机构一共征收了大约33 300亿美元的税收收入。

一般来说，税收越复杂，行政负担就越大。举例来说，思考联邦所得税与当地销售税之间的差别。联邦所得税要求人们填写一页又一页的表格，计算不同来源的各种类型的收入，并且对税收扣除和免税额加以说明。记录工作耗费时间，有时还需要雇用一位会计师或报税代理人。从政府的角度来看，征收联邦所得税需要设置一个专门的政府机构来计算和处理纳税申报单，并追查逃税的人们。相反，销售税虽然并非不费一文，其过程却简单得多。店主计算并收取每一次交易的税收，然后将税收收入上交给当地政府。销售税不需耗费太多额外的时间和精力进行申报。如果效率最大化是我们唯一的目标，更简化的税收肯定比更复杂的税收更胜一筹。

税收收入：税收会带来多少收入

计算税收带来的收入十分简单：用征税的商品数量乘以税率即可。如果是一般的销售税，用销售总额乘以每一美元须缴纳的税额即可。如果是所得税，用收入总额乘以每一美元收入须缴纳的税额即可。如果是对收费公路征税，用通行的汽车数量乘以每辆汽车须缴纳的税额即可。

$$税收收入 = 单位税额 \times 数量$$

其中的关键在于，不要忘记在筹集税收收入之前，税收就已经使市场紧缩了。因此，不要用税率乘以征税之前的数量，你必须弄清楚纳税人会对税收做何反应，并预测征税之后的数量。

在此假设你是一个国家的立法者，正在考虑是否将汽油税从每加仑 1 美元提高到 2 美元，即提高税率。你知道现在国家每天出售的汽油数量为 500 万加仑，能够带来 500 万美元的税收收入。如果你将单位税额提高 1 美元，你能够预期这会带来额外的 500 万美元的税收收入吗？答案是否定的。记住，税收会提高汽油的价格，导致需求下降，并且使均衡数量减少。在极端的情况下，提高税率的净效应甚至是总的税收收入减少。举例来说，如果提高税率使均衡数量减少至 200万加仑，你所征收的 2 美元的汽油税将只能带来 400 万美元的税收收入。

换句话说，我们必须考虑提高税率带来的两种相反的效应。提高税率意味着政府从售出的每一单位商品中能够得到更多的收入，即价格效应。但是更高的税率会导致售出的商品数量减少，即数量效应。

我们可以将这一观点归纳为，提高税率对税收收入而言收益递减，如图 15-1所示。随着税率不断提高，我们能够预测随着数量效应逐渐赶上价格效应，税收收入增加的速率会越来越慢。在某一点上，税率已经高到数量效应占据优势的程度，此时提高税率就会减少总的税收收入。税率水平在哪一点上能够使税收收入最大化，取决于供给和需求的弹性。它们越富有弹性，就会越快到达税收收入最大化的点。

在税收收入最大化的点之后，降低税率可以增加总的税收收入。图 15-1 所示的图形有时也被称为拉弗曲线，以经济学家亚瑟·拉弗的名字命名。作为 20世纪 80 年代时任美国总统罗纳德·里根的顾问，拉弗认为美国的税率太高了（尤其对最富有的美国人而言，他们在 20 世纪 80 年代需要上缴收入的 70% 作为税收），因此，里根可以实现一个政治家的梦想：降低税率，同时增加政府税收收入。里根采纳了这一建议，并于 1981 年签署了大规模的减税法案。

经济学家们对人们会改变自己的行为以应对税收这一观点并无异议，但是至

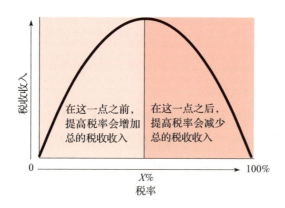

图 15-1　提高税率使税收收入先增加后减少

于人们会如何改变行为，成了许多研究课题关注的焦点。大多数研究表明，对多数人而言，劳动供给对于税收的弹性非常低。与拉弗的预测相反，当税率下降时，人们几乎不会增加他们的工作量。然而，研究也表明，人们确实会重新规划从不同渠道获得的收入以减轻他们的税收负担，尤其是那些面临着最高税率的高收入群体。最终，我们无法信誓旦旦地确定拉弗曲线会在哪一点上达到最大值。估计值的范围在 40% ~ 80%。这看起来很高，但需要记住的是，这一税率是能够使政府税收收入最大化的税率水平，并不是对于整个经济"最好"的水平。

正如接下来将探讨的，在权衡应该向谁征税以及征收多少的不同政治争论时，熟知税收的价格效应和数量效应至关重要。

归宿：谁最终支付了税金

我们已经了解到，人头税理论上比其他税种更有效率。这是因为人头税对每个人的征税完全相同，无论他们赚多少钱，或者购买什么商品。结果就是，人头税不会扭曲经济行为，从而使得无谓损失最小化。那么，为什么政府不简单地采用人头税来筹集所有的税收收入呢？

如果美国只征收人头税会是什么样呢？我们利用一些真实数据来勾勒一个草图。假设政府的目标是通过税收筹集 33 300 亿美元——这接近 2018 年美国的联邦税收收入。全国约有 1.81 亿名纳税人，人头税必须定为每位纳税人大约缴纳

18 400 美元。考虑到大约有 40% 的美国家庭年收入低于 25 000 美元，人头税占许多人收入的比重将十分"可观"。对某些人而言，这一税收甚至比他们的总收入还要多。

此时，政策制定者，当然还有纳税人，最关心的问题不仅仅是税收能够做到什么，也包括谁支付了这一税收。在第 6 章中，我们介绍了归宿的概念，即买卖双方承担的消费税的相对比重。我们现在可以将**归宿**（incidence）的概念一般化，用它来描述任何一种税收的负担由谁承担。这意味着归宿不仅限于买者和卖者的概念，也包括老年人或者年轻人、富人或者穷人等。

在第 6 章中，我们也描述了一种并不十分直观的重要见解。我们观察到买者和卖者所承担的税收负担与税收向哪一方征收并不相关。这一观点表明，税收的**法定归宿**（即谁在法律上负有向政府支付税金的义务）并不会影响税收的**经济归宿**（即谁因为征税而实际上损失了剩余）。相反，市场中更缺乏弹性的一方，即对于价格变化反应更小的一方，将会承担更多的税收负担。这意味着政策制定者并没有太多权力可以在买者和卖者之间分配税收负担。

明确法定归宿和经济归宿之间的区别十分重要。举例来说，销售税的法定归宿也许全部落在消费者身上，因为实际上是他们在收银机前支付了这一税金。但是如果消费者的反应是购买更少的商品，那么这一税收显然会影响他们购物的商店。如果商店的反应是降价，商店事实上就承担了部分税收负担。这一税收的经济归宿因此部分地落在了商店身上，尽管从表面上看它们并未纳税。

类似地，依据法律员工必须支付的所得税也会影响雇用他们的公司：如果这一税收减少了员工在任何给定价格水平上愿意供给的劳动，公司也许会选择相应地提高工资。更高的工资会导致它们减少付给股东的分红，或者提高向消费者收取的价格（这会损失部分消费者），从而损失剩余。简而言之，法律上应支付税收的人可能与最终实际承担税收负担的人完全不同。

我们通常假设政策制定者无权重新分配消费者和生产者之间的税收负担。但是，他们确实有能力影响税收负担在富人和穷人之间的税收归宿。经济学家和政策制定者将税收分为以下三种类别：比例税、累进税和累退税。

比例税（proportional tax）指对所有纳税人征收其收入的相同比例的税（区别于相同的金额）。换句话说，人们按照收入的比例纳税。在特定的政治环境下，一定比例的所得税有时也被称为"统一税"。举例来说，在对收入征收 25% 的统一税时，收入为20 000美元的人需要支付的税占其收入比例与收入为 200 000 美元的人相同。这意味着他们支付的绝对金额分别为 5 000 美元和 50 000 美元，如图 15-2 所示。

美国当前征收的所得税并非比例税，而是累进的（progressive）。如果相比于高收入者，低收入者缴纳的税不仅绝对金额较少，而且占其收入的比例也较小，这种税就可称为累进税（progressive tax）。美国的个人所得税将人们按照不同的收入水平划分为不同的等级；须缴纳的税占收入的比例随着每个收入等级的提高而上升。图 15-2 也展示了一个累进税的例子：收入为 20 000 美元的人缴纳 20% 的税（绝对金额为 4 000 美元）；收入为 200 000 美元的人缴纳 30% 的税（绝对金额为60 000 美元）。

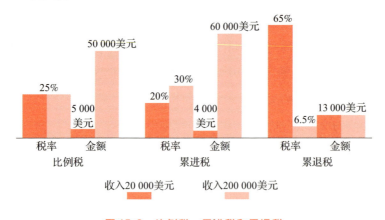

图 15-2　比例税、累进税和累退税

最后一种税收类别为累退税（regressive tax）。累退税的征收方法是相比于高收入的纳税人，低收入的纳税人缴纳的税占其收入的比例较大。大多数国家都避免明显地征收累退的所得税。也就是说，它们会构建自己的税收体系，让收入等级较低的人们不必将收入的较高比例用于纳税。然而，其他的税收仍可能是累退的。如图 15-2 所示，人头税就是一个典型的例子。如果两位纳税人都必须支付相同的绝对金额 13 000 美元，这一金额占较贫穷的纳税人收入的比例明显较高，为 65%，而占收入较高的纳税人的收入比例仅为 6.5%。

当我们在探讨不同类型的税收时，时刻牢记效率和归宿之间的联系十分重要。举例来说，某些政治家主张用单一的销售税代替所有的所得税。这一想法的美好之处在于，这会极大地简化当前的税收体系并且更有效率。但是，这会是累退的。平均地来看，收入较低的人需要将收入中较高的比例用于纳税，而不能用于储蓄或投资。因此，他们收入中较高的比例会受销售税的影响。相反，当前正在实行的所得税体系是累进的，但是由于行政负担更高并且对富有家庭的影响更大，可能相对缺乏效率。

我们可以了解到政治家和经济学家在探求公平、有效率并且能够筹集到足够资金的税收时所面临的某些挑战。找到一种能够取悦所有人的税收体系可谓天方夜谭。作为一名选民，你可以预期自己将不得不对以下两者进行权衡：对税收的效率进行的实证判断和对税收归宿的公平性进行的规范判断。

税收分类

到目前为止，我们已经提到了几种类型的税收，但并未深入探讨它们是如何征收的，以及为何征收。在这一部分中，我们将分析不同类型的税收的重要特征。我们将关注每一种税收的收入、效率和归宿。

我们首先了解一下美国政府税收收入的概况。联邦政府按照财政年度计算税收，从每年的 10 月开始，直至下一年的 9 月为止。在 2018 财政年度内（即 2017 年 10 月到 2018 年 9 月），联邦政府筹集到了 3.33 万亿美元的税收收入。

所有的税款都来自何处？图 15-3 列出了不同类型的税收以及它们占税收总收入的比例。大约 90% 的税收收入来自三个来源：个人所得税，占税收总收入的 50%；工资税，占税收总收入的 35%；企业所得税，占税收总收入的 6%。在这一部分中，我们将分别对这三种主要的联邦税收进行探讨，也会对其他的比重较小的税收进行讨论。由于不同国家的税收差异较大，我们将主要关注联邦税收

（在许多州，销售税提供了最多的税收收入，其次是个人所得税，如果该州征收这一税种的话）。

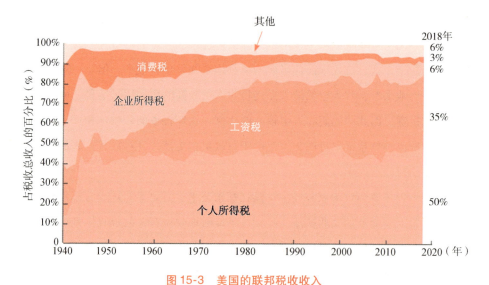

图 15-3　美国的联邦税收收入

资料来源：Office of Management and Budget, Historical Tables, Table 2.1.

个人所得税

所得税（income tax），顾名思义，即对个人和企业的所得征收的税。对大多数人而言，最主要的收入来源就是工作时赚得的工资。其他来源可能包括储蓄账户中的利息收入、由拥有的房产赚得的租金收入、投资收入，甚至是彩票和竞赛节目的奖金。

你的收入越高，你的所得税等级就越高。不同的税级适用不同的税率，税级较高的人需要支付收入中较高的比例。税级和税率之间的关系在某种程度上十分复杂——并非每一美元都被平等对待。每个税级所对应的税率是**边际税率**（marginal tax rate），即对纳税人赚得的最后 1 美元征收的税率。

所得税对人们的劳动供给会造成多大程度的不利影响？经济学家对这一问题存在争议。一种观点认为，累进的所得税所基于的想法是，随着人们收入的增加，劳动供给会变得更加缺乏弹性。换句话说，高收入者更有可能受过良好的教育，他们在工作中看重的并不仅仅是薪水的高低。他们更有可能将工作的乐趣以及社会地位看作是工作的动力，而不是仅仅关注工资。如果事实果真如此，我们将预期，增加对高收入者的边际税率不会导致他们的工作时间明显地减少。因此，累进税率应该能够在不引起太多无谓损失的前提下筹集税收收入。需要注意的是，这是对累进所得税率的效率的实证论述（而非规范论述或者哲学论述）。

许多复杂的因素会导致你需要缴纳的所得税并不简单地等同于根据税收等级算出的金额。举例来说，如果一个人所生活的家庭中有配偶、未成年子女或者残疾亲属，那么在相同的收入水平下他须缴纳的税就较少。特定类型的支出，比如慈善捐款、大学学费和营业费用可以从你的应纳税收入中"扣除"。因此，在现实中，你也许赚得了5万美元，但是你的经调整后的（或称应纳税）收入可能低于这一金额。

关于税收征收机制，我们也简要地了解一下：在美国，联邦政府根据你预期的年收入，从你的薪水中扣除联邦个人所得税（接下来你将看到特定来源的收入适用于更高的或者更低的税率）。许多州还会扣除州个人所得税。个人在当年年底报税时，申报自己的实际所得。如果实际所得低于预期收入，政府将会返还所扣除的部分税金。此时，你会得到退税。如果实际所得高于预期收入，你必须给政府签发一张支票，支付你所欠的税金。这让税收的征收变得简单，因为它不要求人们单独留存一定的金额。设想如果政府不扣除部分金额作为税收，而人们又忘记为自己的最终税收账单存钱，4 月 15 日到来时，许多人会发现自己无力负担这些税收账单。

资本利得税

尽管个人所得税通常不会对不同来源的收入加以区分，但这里存在一个重要的例外：资本利得。人们通常会购买房产、股票或者其他金融资产用作投资。他们希望最终可以在未来以更高的价格出售这些资产以获得"回报"。当他们拥有这些资产时，他们也许会从中获得收入，如房产的租金或者股票的分红，这些应该作为一般收入纳税。可是，购买投资品并以更高价格出售获得的利益被称为资本利得。政府对资本利得与其他类型的收入分别征税，这种税被恰当地命名为**资本利得税**（capital gains tax）。

在美国，从某种程度上看资本利得征税比较复杂并引来许多争论。然而，相关的事实是，对资本利得所征的税比其他类型的收入要低。2003 年，美国议会调低了对长期资本利得的税率，但在 2013 年重新上调税率。调低税率的目的在于，为个人和企业投资资本市场提供更大的激励，并且通过这一做法鼓励创业。对此，批评者声称由于收入较高的人通过资本利得获得的收入更多，这一减税的好处大部分被有钱人所享有。

税法中有一些特别的条款旨在激励某些类型的投资。举例来说，持有超过一年的资产相比于短期持有的资产享有更低的税率。同时，作为主要住所的房产在出售时比其他房产享有更低的税率。

工资税

在美国（以及许多其他国家），某些特定的项目是通过对工资征税来资助的，因此，这种税通常被称为**工资税**（payroll tax）。工资税与所得税是不同的（尽管感觉上可能差不多）。

在美国，工资税用于支付社会保障和医疗保险费用。工资税由雇员和雇主共同承担，双方各支付一半（2018 年，雇员和雇主的税率均为 6.2%）。如果你是自雇人士，你需要支付两部分税款（雇员部分和雇主部分，税率为 15.3%）。

雇员的那部分工资税在工资单上显示为 FICA [⊖]扣除。你的雇主会代扣这笔钱，并以你的名义交给联邦政府。（这与上面讨论的个人所得税代扣金额是分开的。）FICA 税收收入占据了联邦政府收入的一大部分。

雇主在支付雇员的工资税时，会直接向政府缴纳它们应该承担的那一半工资税。如果你是自雇人士，你通常需要每季度向政府寄一张支票，用于支付你应缴纳的 FICA 工资税。

⊖ FICA，即美国联邦社会保险捐款法（Federal Insurance Contributions Act），规定了雇主和雇员必须为社会保障和医疗保险缴纳的税款。

美国的工资税与个人所得税有几个关键区别。其中，最重要的区别是，所得税归于普通的政府收入，并通过公共预算进行分配。而 FICA 工资税则是直接用于资助社会保障和医疗保险项目，这些项目为退休人员提供收入和医疗福利。由于在工作期间支付 FICA 工资税的人在退休后有资格享受社会保障和医疗保险福利，因此，工资税被视为一种强制性的退休储蓄。

然而，你所支付的金额与后来在社会保障和医疗保险中所得到的福利之间的联系是间接的。政府并不是简单地拿着你的钱，等到你退休后再还给你。相反，社会保障体系是基于现收现付的模式，即当前正在工作的人缴纳税款，然后用这些税款为目前已经退休的人提供福利。换句话说，当你退休时，你的福利金将由下一代支付。老年人领取的福利金是通过一个复杂的公式确定的，该公式以他们工作期间的收入（因此也包括 FICA 纳税额）为基础。随着退休人数相对于工作人数的增加，这一制度遇到了问题，我们将在本章的后面部分讨论。

美国工资税和个人所得税之间还有两个重要的区别。首先，工资税只对"挣来的"收入征税，如工资或自雇收入。投资或馈赠等其他来源的收入不需要纳税。由于收入较高的人往往能从其他来源获得工资外收入，所以他们最终支付的工资税占其总收入的比例较低。

其次，工资税中的社会保障税部分存在薪资上限。在 2018 年时，这一上限为 128 400 美元（上限通常每年会略有增加）。对于年收入超过 128 400 美元的人，其工资越高，所需缴纳的工资税占其总收入的比例越低。因此，收入较高的家庭缴纳的工资税占其总收入的比例通常较低。

这两个因素意味着工资税是累退税，但这不是工资税的固有性质。可以设计一种没有薪资上限的工资税，或者对高收入者采取更高的边际税率。人们从社会保障中得到的好处是累进的：那些在工龄期间收入更高的人，按绝对值计算，所得的福利也更高，但按占其总收入的比例计算，所得的福利则较低。

企业所得税

和个人一样，公司也需要纳税，其中，最重要的是企业所得税。在美国，企业所得税采取的是累进税制度：收入较低的企业的税率比收入较高的企业低。2018 年，《减税和就业法案》制定了统一的企业税率，规定所有企业按收入的 21% 纳税。虽然不是所有州，但大多数州也会对企业征收企业所得税；这些州的最高税率通常在 3% ~ 12%。2018 年的企业减税措施使得美国的企业税率与其他国家相比更具竞争力。

尽管在法律上企业负责支付企业所得税，但实际上税负可以通过不同方式分摊给股东（通过减少股息）、员工（通过降低工资）或客户（通过提高价格）。

其他税收

即使你还未缴纳所得税，你也一定经常支付销售税。**销售税**（sales tax）是基于购买的商品或服务的价值征收的税。许多州都征收一般销售税，但是会免征被认为是必需品的物品，比如食物或者衣服的销售税。通常，各个州还会针对特定的商品，比如石油或者香烟征收单独销售税，这种税被称为**消费税**（excise tax）。

在美国不存在联邦销售税。销售税是州政府的主要收入来源。实际上，2016 年的销售税几乎占到了所有州税收收入的一半，其中约 2/3 是一般销售税，剩下的 1/3 是对酒精、保险费、汽油和烟草征收的消费税。这一平均值并未反映出不同州之间的巨大差异。举例来说，加利福尼亚州的销售税最高，为 7.25%，而阿拉斯加州、特拉华州、蒙大拿州、新罕布什尔州和俄勒冈州根本不征收销售税。

对许多人而言，房子是他们拥有的价值最高的商品。**财产税**（property tax）是对纳税人的住房或其他财产的估值征收的税。在美国的许多地方，财产税是当地政府税收收入的重要来源。举例来说，财产税通常用来资助公立学校。当地税务当局每隔几年就会对财产价值进行重新评估，并且征收这一价值的一部分作为税收（在美国，联邦或者州政府不征收财产税）。

我们刚刚探讨的多个税种覆盖了税收的主要类型，它们也贡献了绝大部分的联邦和州政府税收收入。实际上还存在许多小税种，它们仅仅占联邦预算的很小部分，但有时却会带来巨大的政治冲击，包括对特定类型的进口商品征收的税，对巨额的金钱赠予（除非是向非营利组织的捐赠）征收的税，以及对某人去世后留给继承人的金钱和资产征收的税。最后一种税收——遗产税，有时也被称为继承税或"死亡税"——近年来饱受争议。阅读以下专栏，了解相关内容。

⊕ 死亡和税收

　　税收一直以来都是政治论战中的焦点。但是，这些争论通常是关于税收背后的想法，而不是关于特定的事实。换句话说，关于税收的争论往往是由潜在的规范分歧所引起的。美国税收政策中政治分歧最大的争论之一就聚焦在遗产税上。当一个人去世后，将自己的钱或资产留给其继承人时，需要缴纳遗产税。遗产税的反对者有时称之为"死亡税"。

　　遗产税的规则如下：当一个人去世后，他的资产将会被进行估价，这一价值决定了税率。如果遗产的价值低于特定金额（在 2018 年为 1 120 万美元），则不需要纳税。对于超过这一金额的遗产，对超出部分征收40%的税。对寡妇、鳏夫以及其他特定情形下的人，比如继承家族农场可以免税。最终缴纳这一税收的有钱人可谓凤毛麟角。据估计，2018 年仅有不到 1 700 处遗产需要缴纳联邦遗产税，相当于所有死亡人数的 0.1%。

　　那么，为什么仅仅影响美国极少数人的税收会掀起如此的轩然大波呢？一种可能性是反对者成功宣扬"死亡税"这一称谓所导致的混乱。毕竟，所有人都会面临死亡，那么你也许会认为所有人都必须缴纳死亡税，对吗？事实上，某些证据表明这一混乱确实存在：一项调查发现，几乎一半被调查者错误地认为遗产税会施加到"大多数"美国家庭身上。假设，如果它能够以另一个名称，比如说以"继承财富税"而众所周知，就可以减少这种普遍存在的混乱。

　　此外，遗产税也触及了大众的敏感神经，由于它突出了税收在重新分配财富中的角色这一潜在的政治和道德争论。反对者声称，人们应该有权利用自己的钱做自己想做的事情，包括储蓄和将它留给自己的孩子。也有人认为遗产税是一种不公平的双重征税。人们起初在赚得收入时已经缴纳了税收，然后在他们生命终结将财产赠送给他人时又要被再次征税（当然，如果遗产税是一种双重征税，那么我们所有人都已经被征税了四次或五次：工资税、所得税、销售税、消费税以及遗产税，所有的税种都在某些时候拿走了我们的部分收入）。

包括亿万富翁沃伦·巴菲特在内的遗产税支持者则辩称，对经济和社会而言更好的做法是，激励每一代人通过自己的努力获得财富，而不是守着继承来的财富坐吃山空。

你怎么认为？

1. 你是支持还是反对遗产税？你认为应该限制人们对财富进行的代际传承吗？
2. 如果你是当权者，你会如何改变当前的遗产税？你会废除它吗？你会通过提高边际税率使之更具累进性，还是扩大它的适用人群？

公共预算

2012 年美国联邦政府筹集了 3.33 万亿美元的税收收入。这是一笔巨大的款项，以至于我们难以直观地想象它意味着什么。我们可以通过以下几种方法思考税收收入，以便更好地理解。在本章前面对人头税进行的实验中，我们用每个纳税人交纳平均金额（约为 18 400 美元）对这一税收总收入进行估计。

此外，另一种更常见的分析税收收入的方法是将其与经济的总体规模进行比较。国内生产总值（GDP）是衡量一国经济的指标之一。2017 年美国的联邦税收总收入约占国家 GDP 的 17%。

将其他国家征收的税收收入与美国相对比，是更好地理解联邦政府征税额的另一种途径。如图 15-4 所示，低收入国家所征收的税收占 GDP 的比重较低。高收入国家，尤其是政府提供广泛的社会福利的国家，所征的税收占 GDP 的比重较高（美国是这一规律的一个极端例外）。比如，丹麦所征收的税收为其 GDP 的 46%，而智利所征收的税收仅为其 GDP 的 20%。

支出

公共收入和公共支出之间的联系错综复杂。一方面，支出最终都必须由收入

图 15-4　部分国家税收收入比较

承担。如果政府支出多于收入就会难以为继。另一方面，除了特定税收外，大多数公共支出与政府收入并不直接相关。在特定时间或地区筹集的收入可以储备起来或者进行转移，用于支付不同时间或地区的支出。或者，更为常见的是，政府以未来的收入为抵押，借款为当期的支出提供资金。

图 15-5 显示了美国政府是如何花费税收收入的。社会保障是政府支出中占比最大的独立项目，这一项目的资金来源于工资税。它向 62 岁及以上的人提供收入。近年来，医疗支出大幅增长，成为第二大支出类别。国防是政府支出中的第三大类别。第四大支出类别是为低收入人群提供的收入保障项目，比如福利住房、公共住房和补贴住房，以及食品券。

美国联邦政府支出的一个有趣特征是**可自由支配的开支**（discretionary Spending）不到一半。可自由支配的开支包括每年必须由国会批准的公共支出，比如军事、公共设施和道路建设，以及科学和医学研究支出。

相反，大多数联邦开支是**强制性支出**（mandatory spending）。现行立法要求

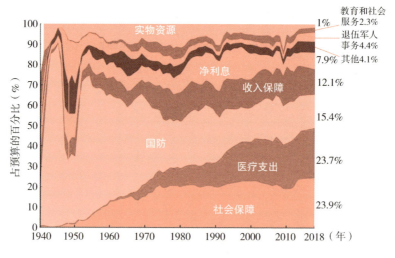

图 15-5　美国联邦政府的支出

政府为某些项目提供资金，包括社会保障、医疗和一些福利项目。在这些项目中，人们由于年龄、收入或其他因素而被"授权"享有福利。授权项目的支出随着符合法定标准的人数变化而自动增加或减少。因此，除非这些项目所基于的法律对于资格的要求和福利的标准发生变化，否则这些项目的支出不会降低。

你也许很奇怪有些事项并未包含在图 15-5 中。这是因为许多与民众的日常生活密切相关的公共服务的资金是由州和当地政府的预算提供的。举例来说，大部分（并非全部）的公共教育是由州和当地政府层面的预算所资助的。例如，警察和消防、车辆登记以及垃圾回收等服务的资金也都是出自州和当地政府的预算。许多关注度十分高的联邦政府资助的服务，比如学生贷款和国家公园补贴，实际上只占据了联邦预算非常小的份额。

预算平衡

许多年来，联邦政府的支出都高于它的收入。当一个政府的支出超过了它所筹集的税收收入时，我们称它存在**预算赤字**（budget deficit）。当它的收入超过支出时，我们称它存在**预算盈余**（budget surplus）。

你也许注意到了，近年来发生赤字的年份多于盈余的年份。许多人关注公共预算赤字的增长，就像担心一个家庭在负债的泥潭中越陷越深一样。

负债必须在特定时间内还清，负债的时间越长，所欠的利息就越多。基于这一原因，有些人支持平衡预算法案，这要求政府在既定的年份中的支出不能超过收入。实际上，大多数州政府都面临着某些形式的平衡预算要求，其中某些州的要求比其他州的要求要严格得多。

从表面上看，平衡预算似乎是一个无可争议的绝妙想法。它要求政策制定者采取相应的支出政策，防止政府陷入长期负债的境地。那么，为什么并非所有政府都能平衡每一年的预算呢？

实际上，要做到每年都平衡公共预算十分困难。即使进行了最周全的计划，想要在每一个给定的年份都做到收入完全等于计划的支出也绝非易事。举例来说，思考在意外的经济下滑时期会发生什么。如果有人失业并且企业赚得更少的利润，政府筹集到的个人和企业所得税收入会少于预期。由于人们减少购买，政府所能筹集的销售税收入也变少了。同时，由于人们的收入下降，并且更多的人符合失业救助或领取食品券的标准，政府必须增加自己在授权项目中的开支。这意味着在经济不景气的年份中，要平衡预算必然要大刀阔斧地削减可自由支配的开支。与此同时，某些经济学家则认为恰恰相反，在经济下滑时，为了刺激经济回到增长状态，应该增加可自由支配的开支。

基于上述理由，许多经济学家主张政府不应该每年都平衡预算。他们提倡公共预算应该依据经济周期实现平衡。简而言之，这一观点就是政府应该在经济繁荣时创造盈余，而在经济萧条时接受赤字，在长期内维持平衡。

听起来很合理，对吗？不幸的是，政策制定者总是面临着来自选民和说客的巨大压力，这让他们在繁荣时期也不得不像衰退时期一样花钱。结果就是，政府有时会陷入难以为继的境地。阅读以下专栏，了解一个重要例证。

社会保障不稳定的未来

大多数美国人都必须将其部分所得用于缴纳社会保障和医疗保险，之后才能得到自己的工资。这两个项目向退休者和残疾人以及他们的家庭提供退休金和医疗保险福利。社会保障是一个非常受欢迎的项目。如果没有它，近40%的66岁以上的美国人将跌到贫困线以下。

到目前为止，社会保障体系运转良好，但是最近的人口统计变动向它提出了挑战。这一体系采取的是现收现付制：将当前工人缴纳的税支付给当前的退休人员。当处于工作年龄的人比退休人员数量多时，这一制度会运转良好。棘手的问题是，在最近的半个多世纪里，美国人的寿命大幅度延长，新生儿却越来越少。结果是，相比退休人员，处于工作年龄的人的数量逐渐减少。在20世纪50年代，一个退休人员对应16个工人。至2035年，这一数字将仅为2。

这意味着社会保障体系需要利用越来越少的工人缴纳的税来养活越来越多的退休人员。如图15-6所示，在接下来的几十年内，社会保障的花费预计将会增加，但收入会维持稳定。图15-6也表明了在过去的几十年间，收入都超过了支出。好消息是，这些钱被储蓄在社会保障信托基金中。坏消息是，这一基金将于2034年消耗殆尽，这一时间点显著早于目前大多数大学生的预期退休年份。

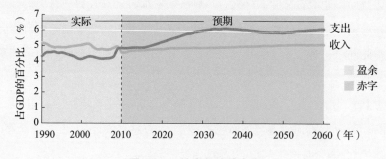

图 15-6 社会保障的未来

资料来源：Congressional Budget Office.

解决社会保障问题的提议层出不穷。某些解决方案认为可以通过削减退休福利减少支出，比如，通过提高退休年龄。这样一来，人们工作的时间和向这一体系付钱的时间都延长了。美国国会于2011年通过了将退休年龄推迟两年的提议，预期能够为这一体系节省的资金为平均每位工人3万美元。

其他解决方案关注了增加税收收入。截至2018年，社会保障工资税仅对12.84万美元以下的收入部分征税，即超过这一金额的收入部分不需要纳税。

因此一种想法是取消这一上限，这将有效地增加高收入工人所缴纳的工资税。还有一种选择是，提高所有工人的社会保障工资税税率（当前为收入的 15.3%，在雇员和雇主之间分配）。

由于社会保障是一项福利计划，福利是由法律规定的，改变规定需要通过议会的决议。由于无论是提高税率还是缩减福利都不受选民的欢迎，立法者也就迟迟未采取行动。这一问题在数年内仍将是热议的焦点。

宏观经济数据

ECONOMICS

ECONOMICS

第 16 章

国民财富核算

ECONOMICS
ECONOMICS

▎引例　这不仅仅是计算花生的数量

　　如果我们将正在显著重塑世界的经济变化列在一张清单上，中国经济的迅速
增长很可能独占鳌头。1978年，当中国实行对外开放政策时，它是世界第15大
经济体。随后中国的经济规模扩大了一倍，并持续扩张。到2011年，中国的经
济总量达6万亿美元，超越日本成为世界第二大经济体。快速的经济增长能创造
就业、减少贫困、提升生活水平。如在中国，生活在国际贫困线（人均日收入
1.90美元）以下的人口比重从1978年的88%降至2012年的6.5%，到2015年仅
为0.7%。

　　近几十年来，世界各地的经济增长提升了人们的生活水平。对任何国家而
言，国民经济的健康状况对人们的日常生活都有着巨大的影响。当经济运行良好
时，就业机会丰富，大部分人也会生活得舒适与安心。反之，就业机会稀少，企
业停产，人们只得为生活苦苦挣扎。由此，政客们花费大量的精力来讨论经济扩
张的最佳方案也就不足为奇了。在接下来的几章中，我们将讨论这些辩论中的许
多观点与术语。

　　但是，首先我们需要回答一个基本问题：我们如何测算经济的"大小"？如
果我们能回答这个问题，我们就能将中国的经济与其他国家的经济进行比较，并
能判定经济是否在随着时间的推移而增长。2017年中国经济规模达12万亿美元，

这究竟意味着什么呢？

回答这些问题，需要一些谨慎的计算。首先，我们仅考虑美国发生的众多交易中的一项。比方说，你在杂货店里买了一罐花生酱。尽管你关心的只是花生酱，你的购买行为已经为经济规模做出了贡献。

想想这罐花生酱进入你的购物车之前发生的一些事情：一个农民种植了这些花生，可能是在佐治亚州的一个小农场里，并将它们卖给了亚特兰大的批发商。批发商又将花生卖给了俄亥俄州的一家花生酱工厂，该工厂利用花生和其他原料生产花生酱。接着，工厂将这罐花生酱卖给了连锁杂货店。最终，这罐花生酱流转到了你所在的社区的商店。

很多人参与了这罐花生酱的生产：农民、会计人员、卡车司机、保管人员和杂货店的收银员。也有许多厂商从这罐花生酱中获利：农场、批发商、运输公司和你当地的商店。显而易见的是，参与制造与购买这罐花生酱的行为增加了经济的价值。你能测算出来增加了多少吗？

这些花生经历了多个阶段：从种子变成果实，随后变成花生酱，再出现在杂货店的货架上。在每一个阶段，这些花生以不同的形式被一些厂商作为产品出售，又被另一些企业购买作为投入品。当我们计算这罐花生酱给经济带来的增值时，我们需要将所有的这些销售分别计入吗？不，如果我们这样做了，我们将会过高地计量花生的价值。所有的这些销售都是最终产品（你购买的这罐花生酱）形成前的环节。那我们该如何计算你这罐花生酱给经济带来的总价值呢？

这是 20 世纪二三十年代的经济学家面临的问题，那时他们正首次尝试计算美国经济的价值。有些商品在消费者获得之前，往往被销售过不止一次。在不对这些销售进行重复计算的前提下，你该如何加总全部的经济活动，得出整个经济的价值呢？

国民收入核算体系解决了这个问题，这一系统是由诺贝尔经济学奖得主西蒙·库兹涅茨和理查德·斯通创立的。在本章中，我们将会看到如何利用这一体系来计算国民经济的价值。我们会看到为什么测算国家的总产出是有用的，也会看到为什么这一普遍使用的测算方法有一定的局限。在之后的章节中，我们将会利用这些理念去解释经济增长、失业以及经济繁荣与衰退。

衡量一个经济体

传统上，经济学被分为两个广泛的领域：微观经济学和宏观经济学。微观经济学研究的是个人和企业如何配置资源。在微观经济学中，我们关注个人的预算、单个厂商的生产成本或特定商品的价格。

宏观经济学（macroeconomics）则从整体角度来研究经济，聚焦经济增长、失业和通货膨胀等问题。在宏观经济学中，我们将在国家层面上探讨消费、生产和价格，并关注总体力量对整个经济的影响。

与微观经济学相比，这些概念看起来与我们的决策和我们面临的挑战距离很远，其实不然，宏观经济问题能对我们的日常生活产生深远的影响。当经济稳步增长、价格稳定、失业率低时，每个人都将过得更好。相反，长期的经济停滞、通货膨胀和高失业率将会对家庭和社会造成极大的损害。

在本章的开头，我们介绍了当今时代最重要的宏观经济现象之一：中国经济的腾飞。然而，我们如何得知中国经济规模有多大呢？我们又是如何确定它的经济规模大于日本但小于美国的呢？我们所说的中国的经济规模翻了一番又意味着什么？

要讨论这些重要的问题，我们需要一个工具，以测算国民经济的"大小"或"价值"。

衡量国民经济价值最常用的指标是**国内生产总值**（gross domestic product，**GDP**）。国内生产总值是一个国家在一定时期内生产的全部最终商品和服务的市场价值总和。这是一个比较拗口的定义，在我们了解经济学家如何计算 GDP 之前，我们先简单地了解一下它的定义。

GDP 定义的分解

GDP 的定义包含四个重要的部分：

- 市场价值
- 衡量的是最终商品和服务
- 在一个国家内生产
- 在一个特定的时期内

总产出等于总支出，又等于总收入

既然我们已经定义了国内生产总值，我们该如何测算它呢？首先，我们先来关注我们所讨论的经济规模的实际意义：经济体中人们生产的"东西"的数量。经济学者们所说的"东西"是指产出或产品，它包括商品和服务。事实上，美国有 3/4 的产出是服务，而不是商品。然而，正如我们所见，简单地列出商品和服务的冗长清单并没有什么意义。那我们如何用美元衡量它们呢？有两种方法可用来解决这一问题。

单位商品或服务的市场价值就是买卖它们的价格。如果我们对人们花费在最终商品和服务上的支出进行加总，并注意剔除对中间产品的支出以免重复计算，所得总和就是经济体全部产出的市场价值。换句话说，我们可以通过测算总支出来测算总产出。

当然，每一次交易不仅有为获得最终商品和服务而支出的买者，也有获得销售收入的卖者。如此，一个人的支出直接转变成另一个人的收入。我们也可以通过对所有人的收入进行加总，核算总产出。如果你还记得本书开篇展示的循环流量模型（见图 16-1），你就会觉得似曾相识。

家庭在商品和服务市场中向企业购买商品。企业利用它获得的收入在生产要素市场中向职工支付工资、向土地所有者支付租金。在这些交易中，一方的支出恰好为另一方的收入。

循环流量模型是对经济的一个重要简化（比方说，我们忽略了用于支付税收或用于储蓄而非支出的资金?）。然而它表明：无论我们用支出还是收入来衡量，都将得到相同的 GDP。

总产出 = 总支出 = 总收入

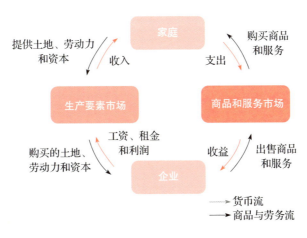

图 16-1　循环流量模型

这个等式在宏观经济的学习中至关重要。

GDP 核算方法

　　总产出、总支出和总收入的等式适用于简单的封闭经济，其中，所有产品都在国内生产和销售，并且所有产品都能在产出后迅速被消费掉。实际的经济要复杂得多，但只要我们更加谨慎地定义各个部分，上述等式也基本能够成立。

　　其中之一是国际贸易。一旦开始考虑进出口，我们就会发现一个国家的支出会变成其他国家的收入。其中之二是未出售的库存。当生产出来的商品不进行销售时，情况又会如何呢？在这一节中，我们将介绍 GDP 核算的三种方法——支出法、收入法和增值法，并观察经济学家是如何处理这些复杂问题的。

支出法

　　利用支出法来衡量产出，需要先对支出进行分类。为了避免重复计算，我们在核算中不计入中间产品，如花生酱工厂为生产最终商品和服务所购买的花生原料和劳动等。事实上，所有支出都可以分为以下四类：消费（最终商品和服务）、投资（作为投资购买的商品）、政府购买以及净出口。

为得到最终总支出，我们对以上四类进行加总：

$$消费（C）+ 投资（I）+ 政府购买（G）+ 净出口（NX）= 总支出$$

下面我们将更加细致、深入地介绍每一类。

消费（consumption）。消费衡量的是个人和家庭在商品和服务上的总支出。它几乎囊括你购买的全部商品，包括基本的非耐用品（如食物和衣服）、耐用品（如电脑、汽车）和服务（如理发、辅导与管道疏通）。另处，你支付的租金和大学学费也都应计入消费。

值得注意的是，所消费的产品必须是新的。这一要求避免了我们可以通过重复销售同一罐花生酱来实现经济增长的错误逻辑。例如，你在 eBay 上购买一台二手相机，相机本身并不计入经济核算，因为它已经在初次销售时被计入了GDP。然而，购买者向 eBay 支付的费用应计入消费；同样，销售者为将相机寄送给你而支付给 FedEx 的物流费用也应计入。

投资（investment）。它包括在生产性投入（如厂房、机器和存货）上的支出。这意味着，人们或企业购买这些产品并不是用来消费，而是用来生产其他商品和服务的。它包括生产资料，如用来生产其他商品和服务的机器或工具，也包括提供商品和服务所需的厂房与建筑，如仓库。

值得注意的是，新建房屋也计入投资。如果你租赁房屋，相应的支出计入消费。这又有什么不同呢？如同一座新建的工厂能够在当下和未来数年内产生产出一样，一座新建的房屋能够在当下和未来的一段时间内提供居所（或可供出租的房屋）。当你租赁房屋时，你向房主支付租金以获得居住的权利，由此你享受了"居住"这一服务，但是你并未进行投资，因为住房为他人所有且不会为你带来未来收入。

同样值得注意的是，计入投资的产品也必须是新的。购买已经存在的工厂或二手工具不能视为投资，个人购买已经存在的房屋同样不能视为投资。另外，支付给房地产经纪人的销售房屋的服务费，应计入消费。

最后，投资还包括一类不显著的"购买"——存货（inventory）。在前述的等式中，我们提出了怎样处理已生产而未销售的产品核算问题，存货就是这一问题的答案。存货就是厂商当下生产但没有立即卖掉的库存商品。如福特今年生产了一辆汽车，但要到明年才售出，在售出之前这辆汽车就成为福特存货的一部分。再如苹果生产了一批 iPhone，但在新品公开发售前一直存放在库房中，它们也构成苹果存货的一部分。

当某一商品成为厂商的存货时，我们视为生产厂商"购买"了它，并作为未来使用的库存。"销售"的价值已经包含在我们当年的投资计算中。当消费者购买存货中的 iPhone 时又将发生什么呢？我们不希望将 iPhone 在不同的两年内重复计入 GDP。因此，它的价值将会在计入消费的同时从苹果的存货价值中减除。这两次交易相互抵消，购买行为并不会为 GDP 带来增值。

政府购买（government purchases）。政府购买代表着各级政府购买的商品和服务。它主要包括两大类型：一是商品和服务的"消费性"购买，前者如购买路灯灯泡，后者如购买维修路灯的政府工作人员的劳动；二是"投资性"购买，如购买政府工作人员日后维修路灯所用的卡车。事实上，这一支出类别的全称应为"政府消费支出与总投资"。不过我们倾向于使用"政府购买"这一名称，因为它没有那么拗口。

然而，政府支出中的一个重要类别并不计入政府购买，即通过社会保障或类似项目安排向个人转移资源的支出。当一个老人利用他的社会保障金去购买商品时，这部分支出将被视为个人消费，同时，政府支付给老人的部分并不计入政府购买。

净出口（net exports）。上面讨论的消费、投资与政府购买这三类支出，同时包含了对国内、国外生产的产品的支出。以美国的 GDP 为例，其消费计算中包含了美国人购买的国外生产的产品，如来自苏格兰的进口运动衫。如果我们仅想衡量美国国内生产的产品价值，我们需要将这部分支出排除在外。另外，我们也不希望遗漏外国人对美国生产并出口海外的商品和服务的支出。

这两个因素恰好起到相反的作用：进口的国内支出应该从 GDP 核算中扣除，而出口的国际支付应该计入 GDP。我们可以通过计算净出口（NX）来简化这些复杂的国际交易。净出口，即国内生产、国外消费的商品和服务价值减去国外生产、国内消费的商品和服务价值的差额。当出口额高于进口额时，NX 为正数；反之，NX 则为负数。

当我们加总消费、投资、政府购买和净出口这四大分类的支出时，所得总额必定等于对国内生产的商品和服务的支出，而后者与总产出的价值是一致的，如式（16-1）所示：

$$总支出 = C + I + G + NX = 总产出 \qquad (16\text{-}1)$$

如图 16-2 所示，在美国，消费是最大的支出类别，但是投资和政府购买也相当重要。我们同样可以看出，美国居民购买的国外产品多于其出口，这也是净出口为负值（在 2018 年的 GDP 中，NX 为 –3.2%）的原因。换句话说，在 2018 年，美国消费者来自国外的消费高于美国生产者向外国人出售本国制造的商品所得的收入，这一差额相当于美国 GDP 的 3.2%。如果美国的出口大于进口，这一数值将为正数。

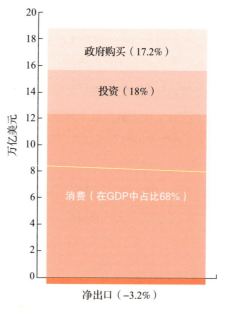

图 16-2   美国的 GDP 分类

收入法

核算国民经济的另一种方法是把国内所有个人的收入加总，包括工人的工资收入、资本投资的利息收入、土地和房产的租金以及企业获得的利润（加上一些其他的技术调整）。在这种方法下，国民收入可表示为式（16-2）：

$$总收入 = 工资 + 利息 + 租金 + 利润 \qquad (16\text{-}2)$$

在不考虑进出口的封闭经济中，收入法与支出法将得出相同的核算结果。但是，如果有对外贸易，会出现什么样的情况呢？净出口这一类别，使得我们可以实现自由贸易经济体的支出与收入相等。图 16-3 用可视化的二阶矩阵直观地说明了上述内容。

增值法

最后，我们来谈谈经济学家有时用来衡量经济产出的第三种方法：**增值法**（the value-added approach）。在前面的学习中，我们发现：支出法只计量最终商品和服务的交易而不计量中间产品，以避免重复计算。例如，居民购买花生酱的交易计入 GDP，而花生酱生产厂商向批发商购买花生这一交易则不计入 GDP。如果我们考虑全部交易，则只计算它们对经济增加的价值。

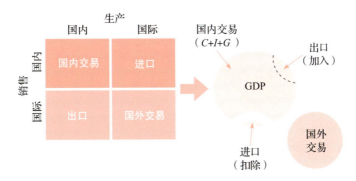

图 16-3　有对外贸易时净出口的作用

为了说明这一方法背后的原理，我们仍以花生酱为例。在花生酱生产的每一个阶段，我们可以比较其产品销售价值与投入品价值的差额。这一差额就代表这一阶段产品的"增值"。比如：

- 农民利用种子、土地和水来种植花生，为经济带来增值。出于简化计算的考虑，假设农民不需要为他的投入支付任何费用。当他以 0.12 美元的价格向批发商出售大约 800 颗花生时，他创造了 0.12 美元的经济增值（因为假定投入为零）。

- 若批发商以 0.12 美元购买了这些花生，并以 0.25 美元的价格将它们卖给花生酱工厂，这便将农民与厂商联结起来，并创造了 0.13 美元（0.25 − 0.12）的经济增值。

- 花生酱工厂通过将花生压制成酱并装入罐中实现增值。当厂商以每罐

1. 85 美元的价格销售这罐花生酱时，它将带来 1.60 美元（1.85 - 0.25）的经济增值。

- 杂货店将这罐花生酱运送到你所在的街区，方便你随时购买该商品。若每罐花生酱的最终价格为 3.40 美元，杂货店将通过这罐花生酱创造 1.55 美元（3.40 - 1.85）的经济增值。

要得到最终的经济增值，我们只需要对各阶段的经济增值进行加总，即 0.12 + 0.13 + 1.60 + 1.55 = 3.40（美元）。你会注意到，这一数值与商店中花生酱的最终售价是一样的。增值法是另一种可选择的、同样有效的方法，且可以避免对花生所带来价值的重复计算。增值法便于我们将支付的总价值进行分解，并观察生产过程中每一阶段创造的价值。

当考虑现有商品零售中所包含的服务时，增值法尤为有效。在前面的内容中，我们已经看到，二手相机、现存房屋和公司股票份额的重复销售并不计入 GDP，但是 eBay、房地产经纪人和股票经纪商提供的相关服务需要计入。增值法有助于我们理解为什么应这样处理。一个房地产经纪人通过提供房屋出售的信息，发掘潜在购买者，促成交易而创造增值。一般而言，任何二手商品销售中介都是通过提供货源信息并使之以便捷的方式出售来实现增值的。

利用 GDP 进行不同经济体间的比较

美国的 GDP 从 2005 年的 12.5 万亿美元增长至 2018 年的近 21 万亿美元。这意味着美国在 2018 年生产的商品和服务多于 2005 年，还是仅意味着价格的上升使得我们需要为同样的东西支付更多？

了解实际 GDP 和名义 GDP 的计算，可以帮助我们抓住问题的核心。

实际 GDP 与名义 GDP

GDP 是所生产的商品和服务的数量（产出）及其市场价值（价格）的函数。因此，经济学家会考察两种不同的计算方法：实际 GDP 和名义 GDP。这两种方法的计算结果都很重要，但经济学家通常对实际 GDP 更感兴趣，因为它使我们能够追踪产出价值随时间变化的情况。如果仅将不同年份的 GDP 水平进行比较，你并不能确切地知道这些差异是源自产出的变化还是价格的变化，抑或是二者的共同变化。要着重关注产出的变化，我们需要一个新的度量指标，即实际 GDP。实际 GDP 是在不考虑价格变化的情况下，只关注产出的 GDP 度量指标。形式上，实际 GDP（real GDP）的计算基于商品和服务的不变价格。这些不变价格是给定的某一特定年份的数值。例如，我们可以基于 2010 年的价格来计算 2018 年的实际 GDP。

如果我们公布的 GDP 数据考虑了价格的变化，我们所论及的就是名义 GDP。名义 GDP（nominal GDP）是根据当期（与产出同时期）价格计算的。因而，如果计算名义 GDP，2018 年的产出将用 2018 年的价格来核算。

总而言之，实际 GDP 仅仅反映经济体产出的变化，而名义 GDP 反映了产出与价格两方面的变化。正因为如此，经济学家和政策制定者往往以实际 GDP 作为参考。

名义 GDP 是所有最终商品和服务的市场价值总和，是产出与当期价格的乘积。实际 GDP 是用其基期价格度量的商品和服务的价值。当价格保持不变时，名义 GDP 与实际 GDP 呈现同样的增速。当价格上涨时，名义 GDP 将高于实际 GDP。

GDP 平减指数

计算实际 GDP 使我们把产出增长与价格上涨分离开来。但是，如果我们感兴趣的是价格上涨，又会如何呢？GDP 平减指数（GDP deflator），即名义 GDP 与实际 GDP 的比值，是衡量经济体中整体价格变化的指标。它的计算如式（16-3）所示：

$$\text{GDP 平减指数} = \frac{\text{名义 GDP}}{\text{实际 GDP}} \times 100 \qquad (16\text{-}3)$$

利用名义 GDP 与实际 GDP，我们可以计算 GDP 平减指数。这一指标可以度量价格随时间的变化情况。在基期，GDP 平减指数为 100，随着价格的上涨，

GDP 平减指数也会增大。利用这一平减指数，我们可以计算通货膨胀，即价格随时间变化的百分比。

利用 GDP 评价经济的健康程度

该如何运用 GDP 来比较不同的经济体呢？当然，我们可以简单地同时对照两国的 GDP 以比较它们的相对规模。GDP 高意味着经济体规模大。图 16-4 展现的是部分国家的 GDP。如你所见，到目前为止，美国仍是世界上最大的经济体，中国紧随其后。

图 16-4　部分国家的 GDP（2018 年）

人均 GDP。当我们想要比较不同国家人均收入水平时，单看 GDP 会引发错误的判断。这是因为不同国家的人口规模不尽相同。比如，印度的 GDP 只有美国的 1/8，但其人口规模是美国的近 4 倍。印度的总收入需要分配给更多的人口，因而其人均收入水平较低。

人均收入水平的度量指标被称为**人均 GDP**（GDP per capita，"per capita"指每一个人）。人均 GDP 是一个有用的度量指标。例如，已知瑞典的人均 GDP 为 58 087 美元，而海地的人均 GDP 仅为 1 750 美元，这意味着两国人民的生活有着许多不同。然而，人均 GDP 也不能说明全部。首先，它是一种人均收入的度量，并未说明收入分配情况。一个民众困苦而精英阶层富裕的国家，其人均 GDP 可能会高于全部居民拥有中等生活水平的国家。

其次，它也不能告诉我们一定量的货币在一个国家内的购买力。相同的商品，在一些国家的价格可能高于其他国家。例如，美国与荷兰的人均 GDP 均约为 47 000 美元。但是荷兰的许多商品和服务比美国境内的更昂贵，1 美元在荷兰可购买的商品要少于美国。当我们将不同的生活成本考虑在内时，荷兰的实际人均 GDP 降为 41 000 美元，这一数值要低于美国。

相反，许多贫穷国家的生活成本要低于富裕国家。这并不意味着无论哪一种商品的花费都更少，而是指总体的生活成本更低。衡量人均 GDP 时，若不考虑生活成本的差异，会使得贫穷的国家看起来更加穷困。在美国与荷兰，人们以 3 000 美元的人均年收入根本无法生存。然而，这一收入水平却能保证坦桑尼亚和孟加拉国部分地区的人们享受体面的生活。我们将在下一章中解释这些价格水平差异形成的原因。现在，我们只需要记住：人均 GDP 只是了解人们实际的商品和服务消费能力的开端。

GDP 增长速度。GDP 经常被用来追踪经济随时间的变化。我们通常将 GDP 的变动称为增长速度，常用实际 GDP 从一个时期到下一时期变化的百分比来表示，典型的有年度值和按年度比率计算的季度值。

另一种衡量经济增长的方式是比较不同国家增长的速度。高增长速度并不一定意味着高 GDP 或高人均 GDP。世界富裕国家（如美国和欧洲国家）近年来的 GDP 增长相对缓慢（尽管它们的起始水平相对较高）。更多的高增长速度发生在中等收入国家或贫穷国的家，以中国为首，其次是南非和东非国家。

GDP 指标的局限性

在度量经济规模方面，GDP 是一个有效的通用指标。不同国家的人们究竟生产了多少商品和服务呢？人均收入是多少？经济仍在增长吗？增长有多快？基于 GDP 能够回答上述所有问题，因而它成为宏观经济学者工具箱中的一个重要指标。

然而，我们不能期待仅用一个数字来度量一切重要的事物。在本节中，我们将讨论一些被人为排除在 GDP 核算之外的经济活动。我们也会关注社会福利的哪些方面应该在 GDP 中得到体现，而哪些部分则不能。在描述经济健康程度与经济发展方向方面，GDP 是一个有力的指标，但如果有其他指标的补充，我们将会得到更为丰富的经济图景。

数据的挑战

当评论家主张我们应该关注 GDP 以外的事物时，他们是指 GDP 核算过程中遗漏了部分重要的经济活动类型。GDP 度量的是最终商品和服务的市场价值，但它并未包括那些不在市场上交易的，或未在政府部门登记的商品和服务。这意味着有三大类的经济活动没有计入 GDP：家庭生产、地下经济，以及环境外部性，如环境恶化等。

家庭生产。在家庭内部生产和消费的商品和服务被称为家庭生产。通常，它并不计入一个国家的 GDP。如果你外出就餐，你的餐饮就会计入 GDP；而如果你在家里吃饭，就不计入 GDP。如果你请保洁打扫，打扫服务就会计入 GDP；而如果你自己打扫，就不计入 GDP。

类似地，一些商品和服务是否计入 GDP，取决于是将它们出售还是留作自己消费。如果你在自家花园中种植蔬菜并将它们在农贸市场上出售，这就要计入 GDP；反之，如果你自己食用，则不能计入 GDP。同样，你的祖母为你编织毛衣作为生日礼物，它就不应计入 GDP；而当你的祖母将织好的毛衣在 eBay 上出售时，它就要计入 GDP。

在许多地区，家庭生产是主要的经济活动。在相对贫困的国家，许多人自己在小农场里种植粮食，自己制作工具和衣服。在这种情形下，官方公布的 GDP 与实际产出相比，可能会遗漏很大比重。即使是富裕国家，许多看护工作（如抚养孩童和照料老人）的价值也没有计入 GDP。一些经济学家试图量化这些工作的价值。阅读以下专栏，了解更多细节。

⊕ 为家庭生产者定价

如果你将 20 世纪 70 ~ 90 年代美国与德国的 GDP 进行比较，你会发现美国的

GDP 比德国的 GDP 更高。这是否意味着在这一阶段美国人的生活水平高于德国人呢？对家庭生产的估算可以为这一问题提供一个有趣的解释。

在这一阶段，美国与德国的一个主要区别在于劳动力规模的变化。在 20 世纪 70 年代，德国与美国的有偿雇用比例相当；而到了 20 世纪 90 年代，美国的就业率更高。这种差异在很大程度上可由美国女性劳动力参与率的提高来解释。更大的劳动力规模促成了更高的 GDP。

然而，更高的 GDP 并不必然意味着美国人的生活更优越。20 世纪 70 年代的家庭主妇并不是无所事事的，她们经营家庭、照料家庭成员、种植和制作家庭消费的食物、参加社区的志愿活动，以及诸如此类的其他活动。尽管这些活动是有价值的，但在家照顾孩子、烘烤饼干的家庭主妇对 GDP 没有任何贡献。然而，在她们外出工作，聘请他人照顾孩童，去商店购买饼干时，她们的这些活动将计入 GDP。因此，我们不能从美国 GDP 相对更高的现象中直接得出 20 世纪 90 年代的美国比德国生产了更多的商品和服务这一结论。是否存在一些商品和服务从家庭生产直接转变为可计入 GDP 的类别？

研究表明，实际上就是如此。当你对有偿工作、家庭生产和志愿者工作的工作时间进行加总时，你会发现每周美国人与德国人投入了相等的工作时间。不同的是，与美国人相比，每周德国人的有偿工作时间少了 5.3 小时，家庭生产时间多了 6 小时。对家庭生产的估算表明：德国较低的就业率并不一定意味着更低的总产出或更低的生活水平。

对家庭生产的权衡也会改变我们看待经济衰退的方式。在 2008 年经济衰退期间，美国的 GDP 下降，但家庭生产增加。受到财政困难的影响，人们用在家就餐替代外出就餐，选择自行修剪而不是雇用他人修剪花园。在经济运行良好时，人们的实际选择表明他们倾向于雇用他人去完成上述任务。因而，经济衰退显然会降低居民的幸福程度。但致力于量化家庭生产价值的经济学家南希·弗波莱（Nancy Folbre）认为：衰退导致的幸福感下降程度可能与官方 GDP 数据暗示的程度不一致。

地下经济。许多商品和服务是以不引人注目的方式出售的，发生在官方记录之外。这些交易构成了地下经济。

在极端情况下，一些商品和服务的交易本身就是非法的，如违禁药品、限制性武器、濒危动植物等的交易。非法商品和服务的交易是黑市的构成部分。由于黑市交易的非法性，它们当然不会向政府或税务当局报备。因而，它们没有呈现在官方统计数据中，也不计入官方公布的 GDP。尽管原则上，黑市交易应纳入 GDP 的核算。

不那么极端的情形是：一些经济交易本身是合法的，但出于偶然因素或有意的原因（如避税）没有在政府部门登记。例如，中学时代的你是否曾被邻居用几美元零钱雇用去修剪他的草坪，替他照看婴孩或帮他跑腿？如果你没有将这部分收入报告给美国国税局（IRS），你也就参与了所谓的灰色市场。之所以这样称谓它，是因为它介于黑市与有记录的正规市场（documented economy）之间。

与黑市交易不计入 GDP 的原因一样，灰市交易因没有登记和出现在官方统计中，也没有被计入 GDP。

尽管黑市交易与灰市交易没有公布，研究者仍试图将其量化，以明确 GDP 核算中的遗漏与缺失。结果表明，许多国家的地下经济在总体经济中占有很大份额。全球平均而言，地下经济约占 GDP 的 1/3。然而，这一平均值掩盖了广泛的多样性。例如：在美国，地下经济的价值约占 GDP 的 7% 或 8%；在尼日利亚，地下经济约占 GDP 的一半以上；而在一些拉丁美洲国家，地下经济甚至高于 GDP 的 2/3。

对这一数据的典型解释是，它反映了不同地区合法交易的成本。在一些国家，你需要支付高额的税金，或向官方机构支付贿金以减少官僚性的繁文缛节。当合法交易的成本高昂时，人们会倾向于通过其他渠道来开展交易。在这样的国家，GDP 可能会大大低估其经济的实际规模。以尼日利亚为例，将地下经济纳入 GDP 核算能将官方 GDP 提高 50%。

环境外部性。假设一家电厂因燃煤发电而造成空气污染。电厂生产的电会被计入 GDP，这部分价值可能通过居民的用电价格来体现，或者体现在将电作为投入品的企业的商品和服务价格中。

　　一些经济学家认为，GDP 作为一个指标，并没有考虑与污染相关的成本。他们主张计量这些经济活动的负外部性。这种"最终产品"会对人们造成伤害，因而拥有负价值，所以应该被计入产出或支出。

　　逐渐地，人们尝试在处理经济数据时将负外部性的价值纳入 GDP 核算。一些国家试图计算绿色 GDP（green GDP），这是一个替代性指标，它从通常计入 GDP 的正向产出中扣除了生产的环境成本。

　　在一些快速增长的国家（如印度），防止环境恶化的规制相对缺失。如果你想了解更多政治与国民经济核算的交集，可以阅读以下专栏。

🌐 绿色 GDP

　　GDP 被广泛视为度量经济整体健康状况的指标。它旨在度量商品和服务的总产出。但是如果经济在生产商品和服务的同时还产生了"有害物"呢？具体来说，如何调整 GDP 以考虑污染和资源枯竭问题？这正是计算"绿色 GDP"的目的。

　　意识到 GDP 可能并没有考虑产出的环境负外部性后，1993 年，美国经济分析局（BEA）的官员们便开始探索更"全面地"度量经济活动的方式。这一设想以典型的 GDP 加总为基础，即 $C + I + G + NX$。通过权衡产出价值与全部环境成本的关系，新的 GDP 核算方法实现了"绿色化"。在这些成本中包含了对非可再生资源（如开采石油和煤矿）的消费和污染成本。

　　你或许已经注意到了，绿色 GDP 并没有在新闻中公布。为什么不呢？美国经济分析局需要为这一项目的开展筹集资金，而这需要经过国会的批准。尽管美国国家科学院支持这一提案，但一名来自弗吉尼亚州的国会议员否决了它，因为他担心这会损害煤炭工业的发展。

　　中国于 2004 年开始尝试计算绿色 GDP，但也未取得成功。部分原因在于，很难可靠地估算污染成本。

　　其中的难点在于，如汽车和船舶等商品与污染和环境恶化等"有害物"存在根本的区别。当商品在市场上出售时，我们可以看到其价格，并且可以使用这些价格来估算商品的价值。但污染和环境恶化等"有害物"并不会进行买卖,因此也就没有价格。从技术层面讲,为"有害物"赋予(负)价值仍然具有挑战性,而且目前也存在争议。

资料来源：Jon Gertner, "The Rise and Fall of the GDP", *New York Times Magazine*, May 13, 2010; Justin Fox, "The Economics of Well-Being", *Harvard Business Review*, January-February 2012, https://hbr.org/2012/01/the-economics-of-well-being; Shi Jiangtao, "Green GDP Drive Grinds to a Halt", *South China Morning Post*, March 12, 2009.

ECONOMICS

第 17 章

生活成本

ECONOMICS
ECONOMICS

▎引例　谢谢你不吸烟

在马萨诸塞州的通勤列车上的众多标语与广告中，夹杂着这样一条小的布告。布告写道：根据《普通法》第 272 章第 43A 条，禁止吸烟，违者将处以 10 天以内的拘留或 100 美元以内的罚款。这是一种你会瞥见但又会迅速忘掉的标语。当你认真思考这项罪行和它的两种处罚（10 天拘留生活或支付 100 美元）时，你会发现这是一项相当不平衡的权衡取舍。毋庸置疑，大多数人愿意为避免 10 天"牢狱之灾"而每天支付 10 美元。但是这样的设计有什么意义呢？毕竟这两种处罚中，一种处罚明显地劣于另一种。

要了解这两种处罚背后的原理，了解这样一个事实是有帮助的，即这部禁止吸烟的法律颁布于 1968 年。那时，一条好时巧克力仅需要 5 美分，一盒玉米片只需花费 29 美分。而如今，一盒玉米片需要花费 2.99 美元。那时，要在麦当劳工作近 8 天才能挣够 100 美元。而如今，每小时的最低工资为 7.25 美元，挣够 100 美元仅需要 2 天。

显然，今天的物价与工资水平远高于 1968 年。因而在那时设置 100 美元的罚款是有效的，它需要长时间的工作才能够获得。当物价随着时间的推移而上涨时，100 美元所能购买到的商品越来越少；同时，支付 100 美元的机会成本也在不断下降。相比之下，10 天仍然是 10 天。因此，罚款或牢狱之灾在法律刚颁布时或许是一个艰难的选择，但现在看来，不过是一次简单的权衡取舍。

这笔对吸烟的罚款让我们关注到一个重要观点：现在的 1 美元与过去的 1 美元是有很大不同的。进一步说，这提醒我们：1 美元只是一个词或一张纸，真正重要的是我们能用这 1 美元购买到什么。另外，我们用 1 美元所能购买到的东西也会随着时间的推移而变化。当我们讨论 1 美元实际能购买到什么时，我们便涉及了生活成本的问题。如果我们说生活成本提高了，是指从广阔的视角看待一系列商品和服务时，今天的 1 美元所能购买到的东西要少于以往所能购买到的。

在这一章中，我们将介绍几个最重要的度量价格变化的指标。在本章的开始，你会看到如何度量价格随时间的变化。接着，你会了解到不同国家间价格差异的形成原因，以及如何衡量这些差异。在后续内容中，通过观察你薪水的变动幅度、有关社会保障规模大小的争论，以及了解世界上有多少穷人存在，你将对生活成本因素如何影响每一件事都有清楚的认识。

什么是生活成本

在前一章中，我们讨论了如何在国家层面度量产出。现在，我们将注意力转向宏观经济学的第二个常用指标——价格。在这之前，我们计算了实际 GDP，以观察产出是如何随时间而非价格变化的。现在，我们仅仅关注价格本身的变化。

衡量国民经济中的价格水平，可以帮助我们回答"1 美元（或欧元，或比索）到底值多少"这一问题。价格会随着时间的推移而上涨或下降，因而你持有的 1 美元所能购买到的商品在不同的年份也会有所不同。购买力也会因地域的不同而存在差异，比方说，相较于在纽约，1 美元在艾奥瓦能购买到的商品更多。

一方面，人们的收入比以往高得多。另一方面，平均而言，纽约人的收入要高于艾奥瓦人。如果高收入伴随着高价格，人们的实际消费能力将不会变化。理解生活成本的关键在于更全面地看待经济。

如果世界各地的所有价格和收入以相同的比率上升，追踪生活成本将是一个简单的会计问题。有趣的是，在不同的时间和地方，价格变化的速度并不一样。这意味着，在任一给定的时间内，工资上涨可能慢于消费商品价格的上涨。这种差异将有效地削弱人们的购买能力。假设你有一笔 5 000 美元的学生债务，随着价格的上涨，这笔债务的实际价值（用你为偿还债务放弃的商品和服务来衡量）将变小。再假设你分别得到在纽约和艾奥瓦工作的机会，你在权衡工资高低的同时也会对两地的生活成本进行比较。如以下专栏所示，即使是同一国家内的两个城市，都可能会有很大的不同。

纽约与艾奥瓦的生活成本比较

"我想在那个不夜城里醒来，"弗兰克·辛纳特拉（Frank Sinatra）说，"我想成为它的一部分，纽约，纽约。"

然而，在不夜城里醒来并不是件便宜的事。如今，纽约是美国最昂贵的城市。一套简单的独卧公寓每月的房租就需要数千美元。事实上，曼哈顿的平均住房成本接近 120 万美元，而美国的平均住房成本为 27.6 万美元。纽约其他的东西也相当昂贵。根据在线价格追踪器 Numbeo 的数据，"便宜的"饮食也将花费约 20 美元享受一顿豪华的三道菜的晚餐至少要花费 80 美元。

利用同样的价格追踪器，你可以比较在美国不同城市生活的相对成本。结果表明，曼哈顿的生活用品价格平均高出艾奥瓦 75%，住房成本则高出 233%。在艾奥瓦，你花费 840 美元就可以租住一套独卧公寓，这比你在曼哈顿租住一套只有衣橱大小的公寓花费的还少。

然而，正如你所预期的，在纽约也能获得更高的收入。最新的美国人口普查数据显示：在纽约，中等收入水平为 60 879 美元，而艾奥瓦地区的中等收入为 50 320 美元。两地的收入存在 20% 的差异。

上述的收入差价是相当大的，但它仍不及价格差异的一半。换言之，艾奥瓦的中等收入家庭实际要比纽约的中等收入家庭更富足。至少从他们能够购买到的商品和服务的数量来看，这是成立的。

那人们为什么还要选择生活在纽约呢？为什么不是所有的人都偏好搬至与艾

奥瓦类似的地方？我们可以推断：选择生活在曼哈顿的人能从这一选择中获得其他的附加效用，这些效用对他们而言价值成千上万美元。但如果在不夜城生活不是你的追求，你可能倾向于在美国其他地区寻找更多的快乐和更便宜的膳食。

正如这些例子所示，价格水平的变化能对人们的激励和选择产生实际影响。它将决定你的工资、储蓄、借款与在不同城市的相对生活成本，以及其他许多方面。当你把这些微观经济决策综合起来时，你将得到更大的宏观经济效应。

度量价格随时间的变化

追踪"价格"变化意味着什么呢？毕竟，人们购买许多不同的商品和服务，每一种商品或服务都有其自身的价格。一些价格可能上涨，一些价格可能下降。一些价格变化很大，而一些基本没有变动。很可能你的房租保持稳定，但汽油变得更贵。在新款苹果手机推出时，老款苹果手机的价格可能会下降。服装的价格可能相对去年只有小幅上涨，而有线电视的账单金额却飞涨。为了理解总体生活成本是如何上涨的，我们需要一个可以反映所有商品价格变化的总体指标，而不是每个商品对应一个指标。

如果我们想要从更一般的角度谈论价格，我们该如何分配每种商品和服务价格的权重呢？我们又该如何得知哪些商品和服务应当优先关注？"市场篮子"的概念为我们提供了一种比较不同时间和地区价格的方式。

市场篮子

当我们比较不同时间与空间的生活成本时，我们需要考虑许多不同商品和服务的价格，如住房、食物、服装、交通和娱乐等。为了完成这一任务，我们构造了一个类似于很长的购物清单的概念，并称之为**市场篮子**（market basket）。这一清单包含特定的商品和服务，并且数量固定不变，大致对应着一个典型消费者的支出结构（谁能被称为"典型"消费者呢？这是一个好问题，我们稍后将做出说明）。构建市场篮子是为了观察购买这些商品和服务的花费随时间的变化。通过保持商品和服务不变，我们能确切地知道市场篮子总费用的上升必定源于价格的变化，而不是源于消费产品类型或数量的改变。

为了理解这一方法如何起作用，我们假设你在杂货商店最常购买四种商品，并且你注意到了各种商品的价格变化（见表 17-1）。

表17-1 四种商品的价格变化 （单位：美元）

	去年的价格	今年的价格
面包（每条）	2.60	2.73
牛奶（每加仑）	3.00	3.06
牛肉（每磅）	4.00	4.16
胡萝卜（每磅）	1.00	1.25

如果问相较去年食物的价格上涨了多少，这取决于我们关注的食物品类。面包的价格上涨了5%，牛奶的价格上涨了2%，牛肉的价格上涨了4%，胡萝卜的价格则大幅上涨了25%。

假设我们想知道食物的成本整体上升了多少，这是一个非常合理且实际的问题。为了回答它，我们需要知道你每一类食物的具体购买量。例如，如果你购买了1条面包、1加仑牛奶、3磅牛肉和1磅胡萝卜，那么：

$$去年的成本 = (2.60 \times 1) + (3.00 \times 1) + (4.00 \times 3) + (1.00 \times 1)$$
$$= 18.60(美元)$$

$$今年的成本 = (2.73 \times 1) + (3.06 \times 1) + (4.16 \times 3) + (1.25 \times 1)$$
$$= 19.52(美元)$$

$$从去年到今年的价格增幅 = \frac{19.52 - 18.60}{18.60} \times 100\% = 4.95\%$$

这就是一篮子衡量方法（basket approach）。它是在假定你购买相同数量的相同商品的基础上，衡量你一篮子成本的变化。这一方法为我们提供了一个单一数值，以衡量总成本随时间的变化。

相比于简单地对各类食物价格的增长率（面包，5%；牛奶，2%；牛肉，4%；胡萝卜，25%）求算术平均值的方法，一篮子衡量方法更有意义。如果仅仅是简单地求算术平均值，我们会得到一个完全不同的答案：

$$错误计算的价格增幅 = \frac{5\% + 2\% + 4\% + 25\%}{4} = 9\% (记住，这是错误的！)$$

你在胡萝卜上的支出不同于在牛肉、牛奶或面包上的花费。因而，简单地求算术平均值的方法夸大了胡萝卜价格的大幅上涨对你造成的影响。归根结底，我们是在为"食物价格上涨了多少"这一原始问题寻找有意义的答案。为得到这一答案，我们真正想知道的是：当你去商场购买与去年相同的一篮子商品时，今年你将需要额外支付多少呢？

当然，大多数人并不会一直购买相同的东西，特别是当他们面临价格变动时。事实上，我们知道：随着价格的上涨，需求数量常常会减少。现实中，你可能会决定减少牛肉的购买量，并从消费胡萝卜转向消费土豆。当我们允许你变动你的市场篮子时，我们将会同时捕获价格变动与你的行为变动两方面的信息。因而，为了单独关注价格变化的情况，我们需要固定市场篮子，尽管我们知道这只是一种不切实际的简化。在本章的后续内容中，我们将介绍应对这些挑战的方法。目前为止，一篮子衡量方法给我们提供了一种能够反映许多不同价格变化的单一指标，这一指标能近似地代表典型消费者的购买力。

消费者价格指数

一篮子衡量方法让我们能够追踪生活成本的变化。为了总结描述这些变化，我们构建了一个价格指数（price index），用来衡量市场篮子的花费相较于某一基期或地区的上下波动情况。

在美国，最常用来追踪生活成本变化的指数工具是消费者价格指数（consumer price index，CPI）。CPI 对一个典型美国家庭所购买的一篮子商品和服务的成本进行追踪。这一指标由劳工统计局（BLS）这一美国联邦政府统计机构计算。

计算 CPI 的方法是相对简单的。首先，劳工统计局找出典型的美国家庭所购买的一篮子商品和服务。然后，每月收集国内不同地区这一篮子商品和服务的价格。利用这些价格数据，便能够计算出购买市场篮子的花费。

当然，CPI 衡量的是市场篮子成本相较于给定基期水平的变化情况。

根据定义，CPI 在基期总是等于 100。而在之后的年份，如果市场篮子的成本上升，变得高于基期水平，CPI 将大于 100。如果市场篮子的成本降到基期水平以下，CPI 将会小于 100。如果 CPI 从 100 变为 101，这暗示着消费市场篮子的成本增加了 1%，也意味着一个典型家庭的生活成本增加 1%。

美国劳工统计局认为 CPI 的目标是回答这样一个问题，在当前价格水平下，你需要花费多少才能保持与基期一样的生活水平。换句话说，CPI 能帮助我们理解今天的生活成本相比于过去某一时期生活成本的情况。如图 17-1 所示，CPI 在过去的一百多年里持续上升。

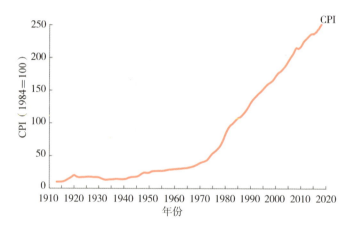

图 17-1   1913～2020 年的 CPI

价格指数的应用

既然我们已经了解了如何度量价格随时间的变化，我们该如何运用这一知识呢？正如我们在第 16 章中介绍的 GDP，很多名义经济变量不能反映全面的经济信息，因为它们没有考虑价格的差异。为了解决这一问题，我们可以利用价格指数将名义变量转变成实际变量。利用价格指数，我们可以将价格变化与收入、产出等基本因素的变化隔离开来，并通过相对于基期的不变美元价值来表述这些变化。通货膨胀率，即整体价格水平的变化幅度，是宏观经济学中的一个核心概念。在这一节中，我们将讨论通货膨胀率的计算与应用。

通货膨胀率

通货膨胀率（inflation rate），即 CPI 逐年变动的百分比，它的计算方式如下：

$$通货膨胀率 = \frac{CPI_2 - CPI_1}{CPI_1} \times 100\% \tag{17-1}$$

如果你关注经济新闻报道，你会听到关于两个不同通货膨胀度量的讨论，即整体通货膨胀与核心通货膨胀：

- **整体通货膨胀**（headline inflation）衡量的是普通城镇消费者的整个市场篮子的价格变化。它是用 CPI 来度量的通货膨胀的另一种说法。
- **核心通货膨胀**（core inflation）衡量的是剔除了食物和能源后的市场篮子的价格变化。

为什么我们有两种不同的度量呢？与很多商品相比，食物和能源的价格波动频繁。由于在 CPI 计算期间，它们可能变得很高，也可能降到很低的水平。将它们纳入 CPI 的计算，可能会高估或低估整体价格水平的变动幅度。另外，多数美国人的很大一部分收入是用于食物与能源的消费。任何不将它们包括在内的市场篮子都将缺失很大一部分生活成本信息。因而，同时关注整体通货膨胀与核心通货膨胀这两个指标，我们才能够对实际的经济运行有更加准确的认识。

整体通货膨胀与核心通货膨胀间的差异暗含着一种更为一般性的观点：我们可以用任何我们想用的商品篮子或价格指数来衡量通货膨胀。由此得出的通货膨胀衡量指标将反映不同商品集的价格变化。CPI 则着重反映消费者所购买商品的价格变化。

生产者价格指数（producer price index，PPI），作为另一类价格指数，衡量的是企业所购买的商品和服务的价格变化。PPI 包含了那些典型的个人消费篮子以外的商品，如工业机械。由于投入品价格的变化会在消费者购买最终产品时被转嫁给消费者，PPI 也被认为能对未来的消费价格提供很好的预测。无论我们使用哪一种指标，通货膨胀始终是用某一年与下一年间指数的变动百分比来表示。

第三种衡量通货膨胀率的方法是利用 GDP 平减指数。正如我们在第 16 章中介绍的那样，GDP 平减指数度量的是国内生产的所有产品的价格变化。它并不包括那些外国生产却对典型家庭生活成本产生实际影响的商品，如石油。另一个关键的区别是，GDP 平减指数是基于国内每年的实际产出量计算的，而不是利用固定的商品篮子。

上述三种通货膨胀度量（CPI、PPI 和 GDP 平减指数）都是有效的，它们仅是衡量的角度不同。实际上，使用这三种方法计算出来的通货膨胀率的变化轨迹是非常相近的。图 17-2 就呈现了美国过去 55 年内使用上述三种方法衡量的通货膨胀率。

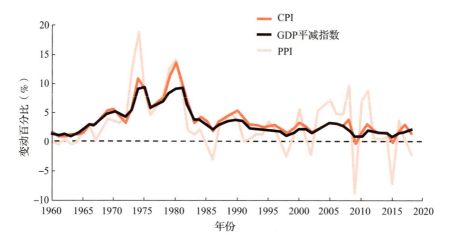

图 17-2　以 CPI、PPI 和 GDP 平减指数来衡量的美国通货膨胀率（1960～2018 年）

如下面专栏中所讨论的一样，通货膨胀调整将在很大程度上改变我们对今天与过去发生的事情的看法。

谁是最富有的美国人

你认为美国历史上最富有的人是谁呢？比尔·盖茨？盖茨创立了软件巨头微

软，在他最富有的时候，他的身家超过1 010 亿美元。然而，2017 年，亚马逊创始人杰夫·贝佐斯的净资产高达 1 120 亿美元。这是否会使得贝佐斯成为有史以来最富有的美国人，取决于你怎么看待它。

回顾历史，我们发现，每个时代最富有的人的名义财富值都在不断增长。约翰·D. 洛克菲勒（John D. Rockefeller），死于 1937 年，他最终拥有听起来微不足道的 14 亿美元。科尼利厄斯·范德比尔特（Cornelius Vanderbilt），以铁路和航运致富，在 1877 年最终拥有财富 1 亿美元。约翰·雅各布·阿斯特（John Jacob Astor），毛皮贸易的垄断商，在 1848 年最终拥有财富 2 000 万美元。如果我们仅考虑名义美元价值的话，杰夫·贝佐斯看起来比他们都要富有太多。

如果我们对这些财富进行通货膨胀调整，我们将会看到不同的情景。比较现在的亿万富翁与昔日的亿万富翁的生活成本并不是一件简单的事情。从技术上来说，我们需要一个固定的、典型的亿万富翁会购买的商品篮子。然而，我们并不能问阿斯特在 1848 年购买一辆布加迪汽车的成本，也不能问范德比尔特在 1877 年购买私人飞机的价格。因为这些东西在当年并不存在。

尽管如此，仍然有一些经济学家试图将历史上的财富用 2006 年的美元来表示。结果如何呢？在进行通货膨胀调整后的榜单中，洛克菲勒位居第一，其财富值远高于其他人。如果 2006 年他还在世的话，他将能够购买到价值 3 050 亿美元的水晶香槟和加勒比岛。紧随其后的是钢铁巨擘安德鲁·卡内基，"拥有" 2 819 亿美元。如果阿斯特拥有的 2 000 万美元放到 2006 年花，他将能购买到价值 1 100 亿美元的奢侈品。根据这一结果，比尔·盖茨和杰夫·贝佐斯的财富并没有超过过去每个时代的超级富豪。

根据通货膨胀进行调整：指数化

我们如何能确定工资将与通货膨胀同幅度上涨？宏观经济学中的一个基本理论认为：如果有足够的时间，工资自然会上涨到抵消通货膨胀的影响。因而，最终通货膨胀并不会对人们的福利和选择造成影响。然而，大多数经济学家认为，有些时候价格上涨得如此之快，以至于经济体其他方面的增速难以企及。如果价格的上涨快于工资，人们的生活水平将下降。当人们担心下周或下月的价格更高时，他们会有强烈的动机在当期购买商品。通货膨胀会扭曲经济选择。对于类似的问题，我们稍后会在通货膨胀一章中进行更广泛的讨论。现在，我们关注对于解决通货膨胀引起的问题，通货膨胀的衡量为何是关键环节。

CPI 的一个实际应用是作为通货膨胀衡量指标。艾达·梅·富勒（Ida May Fuller）是第一位每月领取社会保障福利的人。她在 1940 年退休时，获得了一张 22.54 美元的支票。之后的 10 年，她的这一福利保持不变，依旧是每月 22.54 美元。到 1950 年，由于通货膨胀，她所获得的社会保障支票的实际价值几乎下降了一半。以 1940 年的购买力计算，1950 年她收到的 22.54 美元只能购买到价值 13.37 美元的商品和服务。

在社会保障政策实施早期，政府并没有对它进行任何通货膨胀调整。退休人员在他们余生的每月中只能获得相同的名义金额。1950 年，国会开始关注富勒女士等老年人面临的这类问题。富兰克林·罗斯福（Franklin Roosevelt）总统在 1935 年签署《社会保障法案》时表示，这一法案意在"为普通市民提供一定程度的保障……以帮助其度过贫困的老年时期"。而随着价格的不断上涨，福利的实际价值也在不断缩水，社会保障政策在保障老年人度过贫困时期的有效性上受到很大约束。因而，国会后来修订了法案，将每月的福利金额增加了近一倍。

1950～1974 年，国会每隔几年就会对《社会保障法案》进行修订。每一次，它都会根据生活成本的变化来提高社会福利水平。然而，这些提升都是不定期的，而且需要立法者的集体努力。从 1975 年开始，国会实施了另一种方案——**指数化**（indexing）。该方案会自动根据生活成本将支出提高到相应水平。这样的支付方式也可以说是按通货膨胀进行指数化。国会直接将社会保障福利与 CPI 挂钩。当 CPI 上升 5% 时，每月的名义福利值也会同幅度增加。因而，自 1975 年以来的多数年份里，社会保障福利的美元价值呈现出与生活成本同步增长的趋势。

指数化支出常被称为**生活费用调整**（cost-of-living adjustments，COLAs）。在美国，工资或收入很少与通货膨胀挂钩（有工会合同的情形除外）。但是社会保障确实具有 COLAs 这一调整机制，并且影响着成千上万的退休人员。指数化方法在其他国家更为常见。在欧洲的多数国家，政府雇员的工资与退休金一样，也是随通货膨胀而自动调整的。

指数化方法背后的理论很简单：如果你希望工资的实际价值不随时间而贬值，那你需要自动对它进行通货膨胀调整。另一个替代方法是每年重新编写法律或合约，这将导致更多的工作和更少的确定性。然而，指数化方法也并非没有争议。

不同地区价格差异的计算

到目前为止，我们已经学习了如何看待我们的祖父母购买一块面包的花费少于我们今天的花费这一事实。那么，我们又该如何理解今天的一块面包在墨西哥的价格低于在美国的价格呢？又或者是这块面包在艾奥瓦的价格低于在纽约的价格呢？就像我们需要随时间对经济变量进行调整一样，有时候我们也需要对不同地区的价格进行调整。

购买力平价

理论上，当一种商品通过汇率折算成某一共同货币时，它在任何地方都应有相同的价格。为了搞明白这一点，我们想象在墨西哥更便宜（相较于美国）的牛仔裤。难道企业家不会将美元兑换成比索，然后到墨西哥购买这些牛仔裤，再将它们带回美国销售并获利吗？

原则上这是可能的。这些企业家会继续这种行为，直到美国市场上牛仔裤供应的增加与墨西哥对牛仔裤需求的增加共同作用，促使两国市场价格相等时才停止。到那时，没有人有动力去国外购买牛仔裤。其结果是，如果用共同货币来表示，理论上各地的购买力应该是相同的。这种观点就是购买力平价（purchasing power parity，PPP）。

在现实生活中，PPP 几乎一直处于变动之中。假设墨西哥的整体价格水平要低于美国。那么，对多数商品而言，你将 100 美元兑换成比索并在墨西哥消费，你能买到更多的商品。为什么会这样呢？有三个主要的原因：交易成本、不可贸易商品以及贸易限制。我们来简单地了解一下这三个因素。

- **交易成本**（transaction costs）：PPP 经常变动的一个原因是存在运输成本，即将商品从一个地方转运到另一个地方是需要花费成本的。然而，PPP 的差异常常比运输成本要大得多。这说明必然还存在其他交易成本，如在其他国家寻找卖者所花费的时间和金钱。如果不同市场间的价格差异很小，而在另一个的国家进行交易的成本很高，这笔交易就是不划算的，准备套利的企业家也会决定不从墨西哥买进便宜的牛仔裤。

- **不可贸易商品**（non-tradables）：一些商品和服务很难或者不能从一个地区转移到其他地区。例如，你不能在艾奥瓦购买一套公寓后将它运送到曼哈顿。你也不能将一个在意大利购买的比萨运送到美国的北达科他州。（是的，你是可以将它运送过去，但当你在北达科他州收到这块比萨时，它已经不能吃了。）同样，如果你住在新奥尔良，你就不能购买印度的理发服务。（当然，你可以飞到印度去享受这次理发服务，但与你节省的几美元相比较，你的交易成本太高昂了。）这些类型的商品和服务都可被称为**不可贸易商品**。

- **贸易限制**（trade restrictions）：最后，国际贸易并不是完全自由的。通常，关税和其他贸易限制会增加不同国家间交易的成本或难度。这些限制会削弱人们充分利用不同国家间价格差异套利的积极性。

正是由于上述原因，我们常会看到不同商品和服务的价格有着明显的不同；不同国家，甚至是同一国家的不同地区，其整体价格水平也是显著不同的。例如，假设 1 美元在墨西哥的购买力高于美国但低于瑞典。如果我们想要比较不同国家间的收入或成本，我们将需要对名义价格进行调整。这类似于我们对不同时期内生活水平进行的比较。为了比较不同地区的价格，经济学家提出了购买力指数这一概念。

购买力指数

与我们利用价格指数去衡量价格随时间的变化一样，我们同样可以构建一个价格指数来描述不同地区的价格差异。这两种方法论是极其相似的：首先，我们需要确定一个用于比较不同国家间商品和服务的市场篮子。其次，我们度量各国市场篮子的商品价格，计算各国购买一篮子商品的总成本。最后，我们建立一个指数来说明市场篮子在各国的花费及其与某一基准国的比较。

举一个简单的例子，我们考虑一下巨无霸汉堡包在世界各地的价格。《经济学人》杂志度量了 120 个国家和地区的巨无霸汉堡包的价格，并构建了自己的"巨无霸指数"。当然，这里的巨无霸汉堡包并不是一个可以代表全部生活成本的市场篮子。但由于麦当劳的国际生产与采购政策，巨无霸的优势在各国十分相似。同样，它也需要许多不同的投入品，如牛肉、面包、生菜、劳动、广告和房产等。

巨无霸指数将美国作为基准国，并将巨无霸在美国与其他国家的价格进行比较。

巨无霸指数是一种简单而有趣的观察价格差异的方式。实际上，最常用来比较国际价格的指标是世界银行的国际比较项目（international comparison program，ICP）指数。这一指数使用了一个试图代表各国全部生活成本的大范围的市场篮子。但问题是这个市场篮子是如何构建的？不同地方的人消费不同的东西，这往往取决于他们的文化、气候和宗教信仰等因素。因而，构建一个在世界各地都堪称典型的市场篮子是不可能的。购买力平价方法还有很多地方需要继续完善，但就目前而言，不完善的 PPP 数据至少要好于没有任何数据。

购买力平价调整

假设我们将全世界的人均 GDP 进行比较。我们希望通过这个数据对各国平均生活水平的差异有所了解。当生活成本变化时，人均 GDP 的名义值在不同国家将会有非常不同的含义。

购买力平价调整（PPP-adjustment）就是在考虑了不同地区的差异性后对经济数据进行重新计算。我们将这一过程称为正在计算经购买力平价调整（PPP-adjusted）的变量。利用一个价格指数进行购买力平价调整，这与利用 CPI 这一价格指数来调整生活成本的上升是十分相似的。

对购买力进行国际比较并不是一件简单的事情，特别是当我们试图用美元价值去度量世界上最穷困居民的生活水平时。常被引用的"每天 1 美元"国际贫困标准指标，就是世界银行在试图计算出穷人的实际购买力时得出的。

ECONOMICS

第 18 章

失业与劳动需求

ECONOMICS

引例 失业意味着什么

里克·亚历山大（Rick Alexander）是一个建筑师，他在美国康涅狄格州做了 30 年房屋维修生意。2008 年，他年迈的父母生病，他放弃了生意，搬到佛罗里达州以便照顾双亲。他认为找工作很容易，毕竟他在行业内得到了专业的认证并有多年的工作经验。一开始，他想在建筑工地上找一份管理者的工作，但是没有找到。在降低了要求后，他接着在批发和伐木等行业寻找工作，随后又向五金店申请任何可能的工作。然而，他接连被拒。他试图自己做生意，但在佛罗里达州惨淡的住房市场上，他的销量不足以获取利润。在这些疲于奔命的努力之后，里克·亚历山大放弃了找工作。

令人沮丧的是，亚历山大的故事很常见，特别是在经济衰退时期。在困难时期，人们很难找到工作。2009 年 10 月，在"大衰退"正式结束四个月之后，美国的失业率激增至近 10%。一些特定群体的失业率更高，如高中学历以下的年轻男子的失业率接近 30%，甚至很多大学毕业生也为找不到工作而发愁，最终不得不回家和父母一起生活。

当然，即使经济没有陷入衰退，失业现象也会存在。劳动力市场的自然调整是正常经济生活的一部分，当人们在不同工作间转换时，会造成短期失业现象。即使经济没有衰退，当工厂倒闭，本地雇主需求变化时，地区性失业现象也会产生。当失业者发现他们的技能无法与可以找到的工作相匹配时，这样的失业更加严重。讽刺的是，旨在保护工人的政策，如最低工资法和工会，同样也会导致失业；虽然它们有利于保护已有工作的工人，但也经常使失业者更难找到工作。

一些失业也许是无法避免的，但无论是对整个经济而言还是对个人而言，太多失业将会造成严重后果。失业的后果之一是经济体中的一些生产潜力（失业者的时间和技能）没有得到利用。另一个后果则更加个人化。里克·亚历山大的故事告诉我们，长期失业是一个人可能经历的最大困难之一。它造成了未来的不确定性，给失业者带来绝望的感觉，尤其对试图养活自己和家庭的人来说。研究表明，失业会导致抑郁症患病比例上升，自我价值感下降。尽管失业是一个经济问题，但它伴随着潜在的严重的社会后果和心理后果。

失业是一种精神折磨，但事实上，找工作的难度在很大程度上取决于个人无法掌控的宏观经济因素。这些影响因素是什么呢？为什么会出现失业呢？这些问题使经济学家感到困惑。

我们首先假设经济处于均衡状态，即在现行价格水平上，供给与需求相等。失业的存在表明：在现有的工资水平下，人们想要提供的劳动要多于工厂的需求。为什么工资不下降至消除失业的均衡水平呢？在这一章中，我们会研究工资不能下降到均衡水平的原因，也会研究为什么市场均衡时失业仍然存在。我们在区分不同来源的失业时，会看到解决根本问题的不同方法的逻辑。

定义和衡量失业

衡量失业并非简单统计没有工作的人的数量，而是要复杂得多。一方面，我们会将里克·亚历山大这样积极寻找工作的人统计为失业者。另一方面，亚历山大已经退休的父母没有工作，也不想有工作。我们如何区分这两种失业者呢？我们又如何表示像亚历山大这样太沮丧以至于放弃找工作的情况呢？用清晰、固定的方法定义失业是解决这些潜在问题的重要一步。

当人们想要工作但没有找到工作时，**失业**（unemployment）就产生了。人们失业的原因有很多。例如，求职者可能缺少相关技能；求职者想要寻求更高的工资待遇；有时求职者有合适的技能和意愿，但是仍然不能在当前市场中找到工作。政府对失业的定义试图囊括所有的情况。美国劳工统计局是负责收集就业数据的政府机构，它对失业的定义如下：

在参照周内没有工作的 16 岁及以上人口（除非临时生病，他们是有工作能力的），并且在参照周后的四周内，特别努力地寻找工作。

这个定义意味着在美国，只有符合下列三个标准的人，才能被统计为失业者。

- 他们在进行失业统计的前一周内完全不工作。
- 如果给予他们工作，那么他们能够工作。
- 他们在努力寻找工作。

衡量失业

在这一部分中，我们将全面介绍你经常在新闻或美国劳工统计局的官方报告中看到的失业数据。这些报告对商业和政治极具影响力。每个人都想知道关于失业的最新信息对经济健康状况的影响。

首先，我们需要定义一些关键群体。**劳动年龄人口**（working-age population）是指 16 岁及以上的非集体户就业人口。这个定义包含了除武装部队（如士兵）或者被公共机构（如监狱或者精神病院）收容的人之外的所有成年人。

然而，不是所有超过 16 岁的人都想工作。根据失业的官方定义，我们只想统计"有工作能力"和"特别努力地寻找工作"的人。这意味着我们不把全日制学生和在家照顾孩子的全职父母列为失业。同样，因残疾而不能工作的人，或者因继承财产并选择依靠财产而非工作生活的人也不会被列为失业。在美国，我们也不把退休人员列为失业。（一些国家将"劳动年龄人口"定义为 16~64 岁的人口，但是美国劳工统计局没有设定年龄上限。）

如果我们讨论的是全日制学生、全职父母和退休人员等之外的劳动年龄人口，那么我们讨论的便是**劳动力**（labor force）。劳动力包括就业及失业的劳动年龄人口。换句话说，它包括所有正在工作、想要工作和积极寻找工作的人。

到此时，我们已经有了定义**失业率**（unemployment rate）所需要的指标。如式（18-1）所示，失业率，即失业人数除以劳动力。

$$失业率 = \frac{失业人数}{劳动力} \times 100\% = \frac{失业人数}{（就业人数 + 失业人数）} \times 100\% \quad (18\text{-}1)$$

失业率描述了国民经济的整体情况，但它并没有告诉我们是谁受到了影响。一般而言，失业率因受教育程度、性别和年龄等的不同而不同。平均来看，受教育少的人比受教育多的人更容易失业，年轻人比年龄较大者的失业率更高。

我们也可以通过观察**劳动力参与率**（labor-force participation rate）来了解一些有关经济状况的有意义的事，如式（18-2）所示：

$$劳动力参与率 = \frac{劳动力}{劳动年龄人口} \times 100\% \quad (18\text{-}2)$$

在经济衰退期间，我们通常会看到劳动力参与率下降。一些失业者最终放弃寻找工作，就像我们在本章开篇介绍的里克·亚历山大一样。一旦这些人停止积极寻找工作，他们便不再是劳动力群体的一部分。也有一些人会因为回到学校、提前退休或者成为家庭主妇而不再寻找工作，从劳动力市场中退出。

表18-1总结了美国劳动力市场上两种不同的情况。

表 18-1　美国 2006 年与 2018 年的就业率

	失业率（%）	劳动力参与率（%）
2006 年 12 月	4.4	66.4
2018 年 12 月	3.9	63.1
变动	−0.5	−3.3

资料来源：美国劳工统计局。

数据来自何处

家庭调查是美国失业信息的主要来源。该调查会询问人们是否工作及他们的工作收入情况。这项调查由美国劳工统计局实施，被称作当期人口调查（current population survey）。每个月劳工统计局的工作人员会调查大约 6 万户家庭。这样得出的结论并不精确，但是这个样本容量已足够大，可以对整体经济做出可信的估计。毕竟每个月都调查美国所有家庭的成本是很高昂的。

这项调查会持续整整一年，使得劳工统计局能分析并调整失业的季节性变化。例如，如果你是一个训练有素的滑雪教练，你在 1 月比在 8 月更容易找到工作。农民和建筑工人也受季节性变化的影响。劳工统计局发布经过季节性调整的统计数据，以帮助区分这些可预期的季节性模式和经济状况的大幅变化。这里，我们在表中显示的数据都是经过季节性调整的。

劳动力市场的均衡

任何程度的失业现象都会带来一个谜题。劳动在市场上买卖，就像其他商品和服务一样。在市场上，存在劳动需求（企业想要雇用工人）、劳动供给（个体寻找工作）与价格（被称作工资）。在大多数市场上，我们预期价格会调整，直到市场达到均衡为止。在这一均衡点上，供给等于需求。而失业的存在表明这种简化模型并不能充分解释劳动力市场上的实际情况。在这一部分，我们研究简单模型的预测。在下一部分，我们将加入细微的差别以说明在工资水平高于均衡水平时，失业会增加；或者，当现实世界中的摩擦阻止劳动供给或劳动需求根据经济变化进行完全调整时，失业也会增加。

像任何其他市场一样，劳动力市场也有供给曲线和需求曲线。劳动需求来自企业，它们需要劳动力来提供产品。**劳动需求曲线**（labor demand curve），显示了经济中所有企业总劳动需求量和工资水平的关系。在正常状态下，工资降低时，企业也会雇用更多劳动力；工资增加时，企业会减少其劳动需求。

劳动供给来自有工作能力并选择加入劳动力市场的人。正如我们所看到的，不是每个有工作能力的人都想要工作。在其他条件不变的情况下，我们认为，当工资水平上升时，经济中整体的劳动供给会增加；反之，当工资水平下降时，经济中整体的劳动供给会减少。**劳动供给曲线**（labor supply curve）显示了经济中总劳动供给量和工资水平的关系。

综合而言，劳动需求曲线和劳动供给曲线共同描述了一个国家的劳动力市场，正如图 18-1 显示的那样。与其他市场一样，均衡发生在供给曲线与需求曲线的交点。在均衡工资水平上，需求量等于供给量，这意味着在现行的工资水平下，每一个愿意工作和具有所需技能的人都能够找到工作。

我们很容易将失业的定义（人们想要工作，但是不能在现行的工资水平下找到工作）改用供给和需求的语言来表述：在现行的工资水平下，劳动供给（在这一工资水平下愿意工作的人数）大于劳动需求（企业在这一工资水平下提供的工作机会），即存在劳动剩余。

当现行价格高于均衡价格时，市场剩余增加（如果你想要确认这一陈述，请回顾第 6 章 "政府干预" 的内容）。图 18-2 显示了当工资水平是 W_1 时（即高于均衡工资水平 W^* 时）失业是如何发生的。在这个非常简单的模型中，失业是现行工资水平下想要工作的人数（劳动供给）与企业在这一工资水平下提供的工作机会（劳动需求）的差额。（然而，后面我们会看到，当我们将一个细微差别加入这个模型时，即使工资没有高于均衡水平，失业也会发生。）

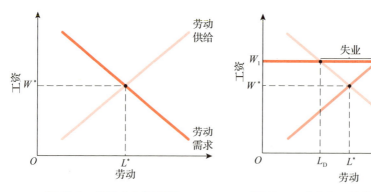

图 18-1　劳动力市场均衡　　　　图 18-2　存在失业的劳动力市场

这就产生了一个谜题：为什么工资会保持高于均衡水平？我们知道，当价格太高时市场**应该**会发生什么：价格会下降，直到市场达到均衡。因此，为什么企业不提供更低的工资，或者为什么未被雇用的人不提出愿意在更低的工资水平下工作，直到下降至均衡工资水平为止呢？在下一部分中，我们将讨论为什么上述情况没有发生以及在均衡工资水平下仍然存在失业的原因。

失业的类型

为了理解失业的原因，将失业分为两类是非常有帮助的。一是自然失业，即经济体中长期存在的正常水平的失业现象。二是周期性失业，描述了围绕长期趋势的短期波动。我们将看到，一些失业是动态经济中不可避免的一部分。此外，公共政策也会影响失业率。

自然失业

劳动力市场的简化模型如图 18-1 所示，它表明，我们可能会合理地预期在长期市场均衡下的失业率为零。然而，本章上半部分的数据表明这是永远不可能发生的（即使是在经济状况良好时，如 2005 年）。相反，所有经济体都存在一定程度的失业，不管经济在短期内是好是坏。我们称这种经济体中长期存在的正常水平的失业率为**自然失业率**（natural rate of unemployment），有时也称之为均衡失业率。

自然失业率主要由三个因素导致。第一个因素是**摩擦性失业**（frictional unemployment），即由于工人改变居住地、更换工作或职业而造成的失业。当人们更换工作时，他们需要时间来寻找机会，提交申请，面试，搬到一个新城市，诸如此类。更换工作需要花费多长时间取决于很多因素，包括工人对职位空缺的消息有多灵通，对找到心仪的工作有多么挑剔，以及他们在寻找工作时可以依赖的资源。一定程度的摩擦性失业是不可避免的，它是健康的、自然的动态经济中的一部分。一个公司开放工作机会，而其他公司关闭时，有雄心壮志的员工会离开他们的工作岗位去寻找更好的职位。

第二个因素是**结构性失业**（structural unemployment），即由工人可提供的技能和企业所要求的技能之间不匹配引致的失业。消费者偏好不断变化，新技术随之持续开发。因此，今天所要求的技能可能并不符合明年的需求。如果人们可以毫不费力地从一个衰落的行业（如汽车制造业）转换到一个蒸蒸日上的行业

（如在线服务）中去工作，那么结构性失业将不存在。然而，事实却是人们受学历、工作经验、家庭与社会关系等的牵绊，在短期内很难做出这些改变。这些限制性条件和社会关系使人们往往更适合在某些部门与地区工作。经济形势的变化可能会导致企业提供的工作类型与人们适合的工作类型之间的不匹配。

例如，我们考虑一下旅游代理商的工作。现在，如果你想要预订机票，那么你可能只需要上网搜索报价合适的网站，对吗？但在20年前，你需要去旅行社，它会根据一个特殊的、包含了路线和价格的数据库来制订旅程计划。现在，Travelocity、Kayak、Priceline与Expedia等网站的出现使得客户自己就能很容易并迅速地做完上述由旅行社完成的工作。因此，随着对旅行社服务需求的急剧下降，经过专业训练的旅游代理将会失业，并且，如果仅凭其现有的知识与技能，他们将找不到新工作。

在不断变化的经济中，一定程度的结构性失业是不可避免的，但政府可以采取措施来减少它。一种方法是为失业者提供关于哪些职业的劳动需求在不断增加的信息；另一种方法是资助失业人员参加再培训项目以学习新技能，进而提高他们找到工作的机会。这些项目有一定的益处，但改变可能需要花费数年的时间。如果你是一个中年的、失业的汽车工人，你能想象搬到国家的另一个地方从头开始新的职业生涯吗？

第三个因素是**实际工资或古典失业**（real-wage or classical unemployment）。这一因素说明了工资持续高于市场出清水平的影响，也就是我们在图18-2中看到的：在劳动力市场中，任何起到价格下限作用的行为都将产生剩余劳动力，也就是所谓的失业。对此的解释包括最低工资法、工会的讨价还价、雇主战略性地支付高于均衡水平的工资。稍后，我们将探讨每一种可能的解释。

上述三个因素的共同之处在于，都反映了经济的基本特征。正如你所猜想的，随着时间的推移，这些基本特征也会不断改变，进而提高或降低自然失业率。例如，一项新政策大幅提高最低工资（每小时增加10美元）肯定会提高自然失业率。一个对下岗工人进行再培训的教育系统可以降低自然失业率。然而，自然失业率并不会随着经济的繁荣和萧条而上下波动。对于失业率的短期波动，有一个不同的解释，我们将在下面进行讨论。

周期性失业

经济总是不断波动的，这反映在 GDP 增长的变化中。经济学家称这种波动为商业周期，这也是我们将在第 19 章中进一步讨论的主题。商业周期会影响失业，因为它会影响对劳动的需求。当经济逐渐繁荣时，随着企业扩大经营，其对工人的需求将增加。当经济放缓时，随着企业规模缩减，其对工人的需求将减少。**周期性失业**（cyclical unemployment）就是由这些短期经济波动造成的失业。由于 GDP 增长呈周期性且有规律地增速或减速，所以我们把与之相关的失业波动称为周期性失业。

想象经济放缓对劳动力市场的影响，它会使任何工资水平下的总劳动需求减少。换句话说，劳动需求曲线将向左移动。在简单的劳动力市场模型中，这种变化会导致均衡沿着供给曲线向下移动，在更低的劳动数量和更低的工资水平上达到新均衡。为什么工资不在经济放缓时下降，进而使市场出清且周期性失业为零呢？经典的解释是在实际生活中工资是"黏性"的，这意味着它对经济变化反应迟钝。

工资呈黏性的原因有许多：一些工人的工资可能在合同期内很难改变；或者，雇主选择维持工资水平，以免扰乱人心，使工人不愿努力工作。在经济放缓时，工资黏性的存在使实际工资暂时高于均衡水平，而这会导致周期性失业。当经济波动进入商业周期的繁荣阶段时，劳动需求将恢复，周期性失业率将下降。

经济变动转化为就业变动需要一定的时间。雇主在做出裁员的艰难决定之前，一般会先看看经济衰退得多么糟糕，也会在雇用新员工之前先看看经济复苏得多么稳固。在观望时，公司可能会先尝试减少或增加现有员工的工作时间。

关于失业的公共政策和其他影响因素

解决与失业有关的问题可能很棘手。失业率是衡量经济整体健康状况的一个重要指标。对经历过失业的人来说，它也是一个非常私人的问题。因此，关于失业原因的讨论，尤其是那些会影响公共政策的讨论，可能会很激烈。

在本节中，我们将对一些可能会影响失业率的经济政策和经济体中的其他影响因素进行分析。在我们讨论细节之前，考虑一个与失业有关的有争议的讨论，移民挤占工作机会会导致本地工人失业吗？以下专栏详细说明了经济学家反对这一观点的原因。

移民对劳动力市场的影响

想象有一个美国工人——我们就叫他约翰吧。约翰住在北卡罗来纳州夏洛特市，今年35岁，是一名建筑工人。再想象有一个准移民——我们就叫他何塞吧。何塞今年也35岁，住在秘鲁的利马，他的收入只有约翰的四分之一左右。

何塞搬到夏洛特后，找到了一份屋顶工人的工作，领取最低工资。这对何塞来说是个不错的交易，他的薪水几乎比以前翻了一番。这对雇用他的公司来说也是个不错的交易，可以节省工资开支。不幸的是，这对约翰来说很糟糕，除非他愿意接受减薪。（我们假设约翰的公司在商业实践上相当无情，可以随意解雇员工）。

这就是你经常听到的"移民抢占美国工作岗位"的言论背后那种看似合理的情况。这看起来显而易见，对吧？然而，事实并不是这样的。运用一些经济学逻辑，我们可以给这个故事添加一些重要的细节。

首先，经济学家争论的是移民是否直接与本地工人竞争工作。换句话说，像何塞这样的移民是否经常从像约翰这样的本地工人手中抢走工作。一些研究表明，移民往往会选择从事一些本地工人不愿从事的工作，比如农业，或者工资水平不足以吸引当地工人的工作。另外一些研究则表明，移民确实会在食品加工、酒店服务或建筑等领域与本地工人竞争。

这一争论的结论，在考虑移民对劳动力市场和整体经济的影响时至关重要。首先，让我们从何塞的角度来看这个问题。现在，何塞在夏洛特生活，也在夏洛特花钱。此外，屋顶施工公司在工资上省下的钱最终可能会体现为成本降低，从而为客户省钱。客户省下的钱也会用在其他业务上。

然而，这些好处会被约翰的损失抵消。如果他无法找到其他工作，那么成本将非常高，因为不仅他的消费减少了，而且他的技能也失去了意义。此外，如果移民人数足够多，更多像何塞这样的工人搬到夏洛特，这种变化可能会导致建筑业的工资水平下降，影响成千上万名工人的福利。

当然，这个简化的例子掩盖了现实世界中移民对劳动力市场影响的复杂性。转型是痛苦的，约翰可能不容易找到新工作。如果许多工人被移民取代，当地经济也不容易适应。

关键是移民可能会造成混乱。但随着时间的推移，移民也可以扩大经济规模，而不仅仅是从现有本地工人的手中夺走工作。因此，经济学家通常不接受移民必然导致失业的简单断言。相反，这取决于行业，因为移民在某些工作岗位上更容易与他人竞争。

言辞和情绪可能会妨碍我们看到全貌。政治争论往往只关注了短期内的就业损失，比如约翰的遭遇。而社会长期收益往往比较分散，很难量化。经济学家认为自己的角色应尽可能平衡地评估所有这些利弊得失。

资料来源：Michael Clemens et al.，"The Place Premium：Wage Differences for Identical Workers across the U. S. Border"（Center for Global Development Working Paper, 2008）.

阻碍工资下降的因素

在前面的小节中，我们指出失业会受到一些阻碍工资下降到市场出清水平的力量的影响，不是受到长期经济波动的影响（通过自然失业），就是受到短期经济波动的影响（通过周期性失业）。为什么工资不会下降，以使每个有意愿和技能的人都得到工作呢？在这一节中，我们将着眼于三个可能的解释：

- 政府通过最低工资法进行阻止。
- 工会通过谈判或支持罢工等威胁进行阻止。
- 企业自身可能会通过自愿支付更高的，而不是必要的工资进行阻止。

让我们依次考虑三种解释。

最低工资（minimum wage）。最低工资是法律允许公司支付给员工的最低劳动报酬。在美国，联邦政府于 2013 年年初设定的最低工资标准是每小时 7.25 美元。这相当于快餐店学徒工人的工资水平。获得联邦最低工资的工人，每周工作 40 小时的话，每年将获得超过 15 000 美元的税前收入。2016 年，这样的年度工资水平不足以让一个两口人的家庭生活在贫困线以上。

最低工资法的支持者认为，工人应该得到基本的生活保障。他们认为允许公司支付仅能让工人挣扎在贫困线以上的工资是不公平的。最低工资法的反对者指出，正如图 18-2 所显示的，如果设定的最低工资标准高于均衡工资水平，我们就会看到失业的结果。当然，如果设定的最低工资标准低于均衡工资水平，最低工资标准将不具有约束力。

设定最低工资标准会引起失业吗？这个问题不能仅靠理论分析来回答。我们需要看数据。经济学家发现了支持和反对设定最低工资标准会导致失业的证据。来自美国不同州的快餐店的数据表明，提高国家最低工资标准并没有导致快餐连锁店裁员。这意味着现实的劳动力市场并不完全如图 18-2 所示。另外，经济学家发现，随着公司用更加熟练的年轻工人替代不熟练的老员工，最低工资标准会导致少量的失业，或是改变被雇用的人群。

一些经济学家提出另一种可能性：鉴于最低工资标准仅适用于合法雇用的人，它可能会推动"隐秘就业"。也就是说，公司可能会以低于最低工资水平的工资雇用非法移民或支付工人现金工资而不告诉政府，以此应对最低工资法。

人们对设定最低工资标准的看法差异很大。如果设定最低工资标准确实会导致失业，那么找不到工作的人将会遭受损失，而足够幸运找到工作的人将会受益。如果它不导致失业，那么所有工人都将受益，而公司会由于利润减少而遭受损失。

工会与讨价还价。2007 年，电视和电影编剧罢工。他们聚集在好莱坞电影公司和百老汇剧院外，拒绝工作，直到他们从其负责的电视节目中争取到更大的利润份额。编剧罢工意味着许多电视节目停止制作，这些编剧也遭受了 2.85 亿美元的工资损失。罢工事件在 100 天后得到解决，编剧获得了加薪和更大份额的利润，尤其是通过互联网和移动设备播放的电视节目。

　　工会的存在使得这样的罢工成为可能。在这种情况下，编剧是作家协会这一联盟中的一部分。**工会**（labor unions）是由雇员组织起来的组织，与其雇主就工资和工作条件进行谈判。工会能够作为一个团体去进行谈判，从而惠及每一位成员：如果仅仅是几个不满的编剧罢工，其他编剧很容易替代他们。但如果编剧集体罢工，他们能带来一个行业的停滞。这种威力使工人能够在工资和工作条件上与雇主进行讨价还价。

　　在美国，工会的力量正在减小。在 20 世纪 50 年代，大约 1/3 的美国工人加入工会。如今，这一比例要低很多：截至 2017 年，大约有 10.7% 的工人或不到 1 500 万的美国人加入了工会，其中大约 35% 的工会成员是为政府机构工作的。而在其他一些国家，独立工会则是受到限制或完全被禁止的。

　　工会的存在对劳动力市场和失业意味着什么？如果工会能成功达成高难度的谈判目标，使工资高于均衡水平，那么，工会与最低工资法的作用是一样的。在某种程度上，劳动力市场与其他市场一样，当工会为其成员争取更高的工资时，理论上，雇主将会相应地减少雇用数量。这意味着工会有利于自己的成员，但并不利于失业者。不过，也有一些证据表明，工会的存在也会提高工会以外的人（如果他们所在的地区有强大的工会）的工资水平。一个原因是，雇主想要让非工会的工人足够满意，从而让他们觉得并没有成立工会的必要。

　　关于工会对工资的作用，取决于你如何看待劳动力市场在决定"公平"工资方面的表现，以及失业者与就业者的福利权重。

　　效率工资。企业工资可能高于市场均衡水平的另一个原因是，一些企业可能想要给工人支付比现行工资更高的工资。它们为什么要这样做呢？有两个原因：

- 首先，支付更高的工资会降低工人离开的可能性，从而节省广告、面试和培训新人的费用。
- 其次，工人更有可能担心失去工作，从而会更努力以保住工作。

　　因此，企业有时支付工人超过市场均衡水平的工资是有效率的，尤其是在那些技能稀缺且工人积极性起重要作用的部门。支付更高的工资可以通过正面激励来实现生产率最大化：因为，工作上中途换人会损害生产率。此外，工人更努力以保住工作显然也会提高生产率。为了提高生产率而故意设置的高于市场均衡水平的工资被称作**效率工资**（efficiency wages）。亨利·福特在底特律的福特汽车工厂就实行过效率工资，并因此闻名于世。1914 年，为了减少旷工行为和高昂的周转成本，他将工人的工资翻了一番，事实证明，这一举措是非常有利的。

在衰退期间，效率工资如何阻止工资下降呢？假设你经营一家拥有 10 名员工的公司，经济衰退导致工资下降了 10%。你愿意怎么做呢：迫使所有员工减薪 10%，还是解雇一个员工？经过计算，你可能会觉得后者更好。当然，它会让你的员工数量减少 1 名，但是剩余 9 名员工会因为获得更高的工资而更加努力，以保住工作。这 9 名员工甚至会为公司带来超过 10 名员工的产出。

此外，效率工资会带来失业的这个事实也强化了其影响力。当雇主解雇工人（而不是削减工资）时，不断上升的失业水平会使失业的后果更加糟糕。当工人们担心长期失业（而不仅仅是不得不接受较低的工资）时，他们可能会更加努力地工作。

到目前为止，并没有明确证据表明有多少失业可以由效率工资来解释。一些经济学家认为，这是劳动力市场的一个关键特性，而另一些人则认为，简单地提高工资不太可能提高生产率。

最近，一些经济学家基于效率工资理论，认为工人的努力程度也取决于工资是否"公平"。为了维持"公平"工资，也可能会限制雇主削减工资的灵活性。这一观点得到了来自实验室的经济学实验的支持，同时期待得到现实劳动力市场的严格检验。

失业保险

失业保险（unemployment insurance）是指由政府支付给失业者钱。领失业保险金的人通常要达到一定的条件，例如努力地找工作和报告与工作有关的活动。

失业保险会不会影响整体失业水平呢？一些经济学家和政策制定者认为，失业保险会使失业率上升，因为它会削弱人们努力寻找工作的动力。另一些经济学家则认为，失业保险不会改变人们找到工作所需的时间——找到稳定工作的好处大于领几周失业保险金带来的好处。

各国的失业保险金额度和领取期限差异很大。在美国，失业保险金额度以个人上一年的收入为基础，并设有最高限额。失业保险金的标准领取期限为 26 周。然而，在失业率异常高的时期，这一期限可以延长。例如，在 2008 ~ 2009 年的经济衰退期间，大多数州的最长期限被延长至 99 周。

如果你在失业保险期满时还没有找到工作该怎么办？在美国，人们可以转而申请其他政府福利项目，如食品和住房援助。在欧洲国家，失业保险金的领取期限通常更长，占平均工作收入的比例也更高。

其他因素

我们可以预期失业保险这项政策会影响失业率。还有其他什么政策吗？

工资税也是很重要的。在其他条件不变的情况下，我们相信减税会降低失业率。理由是人们有更大的动力去找一份工作，因为他们知道自己能更多地保留自己的工资收入。然而，我们无法确定税收对求职的影响有多大。

另一个因素是提供实习机会。在过去的几十年里，实习机会大幅增加。然而，实习员工并不总是像全职员工一样享受同样的保护。如需深入了解实习的道德和经济学问题，请阅读以下专栏。

⊙ 实习是积累经验还是被剥削

大卫·海德是一位 22 岁的新西兰青年，他对于能在瑞士日内瓦的联合国办事处开启无薪实习非常兴奋。然而，他很快就意识到现实与期望相去甚远。他未能找到负担得起的住处，所以，他不得不在河边的帐篷里过夜。"我原以为我的预算足够解决住宿问题，"他说，"但这里的物价远高于我的预期。我曾以为可以找到一个非常便宜的住处，但最终，我还是住进了帐篷。"

无薪实习被大家广泛讨论，大卫的经历只是其中之一。埃里克·格拉特和亚历克斯·福特曼曾作为实习生参与了电影《黑天鹅》的现场拍摄工作，2011年，他们对福克斯探照灯影业提起诉讼，声称双方实际上是一种雇佣关系，他们应当获得报酬。类似的诉讼还涉及出版商赫斯特集团和康泰纳仕集团，以及NBC环球公司和华纳音乐公司。然而，直到2017年，美国劳工部才放宽了对实习工作的指导原则。

尽管实习面临着诸多挑战，但对许多学生来说，实习是一种经济上的必然选择。在2017年的毕业生中，有近60%的学生参与过实习，其中，约40%的实习岗位不提供薪酬。这是否给那些有实力接受无薪工作的学生带来了不公平的优势？在洛杉矶、纽约和华盛顿特区等城市，无薪实习非常普遍，但这些城市的生活成本却很高，这意味着来自贫困家庭的学生难以在他们所选择的领域中获得必要的经验和人脉。

除此之外，还有其他问题值得关注。由于无薪实习生没有工资收入，他们不受美国平等就业机会委员会（EEOC）所执行的联邦法律保护，这些法律旨在防范职场歧视和性骚扰。由于没有正式的雇佣关系，实习生在工作中遇到问题时常常求助无门。

然而，所有类型的实习都有很高的需求。实习生注意到，他们能够在真实的职业环境中培养真正的技能。有关就业市场结果的数据表明，雇主已经认识到了这些好处。根据NACE 2017届学生调查，简历上有带薪实习经历的学生比其他人更有可能获得工作机会，平均工资也更高。（这项调查涵盖的所有行业都存在这种差异。但带薪实习更有可能出现在薪酬更高的行业，这一点还无法解释。）

那么，实习对劳动力市场有何影响呢？每年有50万~100万人愿意接受无薪实习。愿意接受无薪实习的人数增加给工资水平带来了下行压力，而且使得没有大学学位的工人更难找到工作，因为许多实习机会实际上取代了入门级的工作岗位。

资料来源：Imogene Foulkes, "How a UN Intern Was Forced to Live in a Tent in Geneva", *BBC News, Geneva*, August 12, 2015; Rebecca Greenfield, "Unpaid Internships Are Back, with the Labor Department's Blessing", *Los Angeles Times*, January 13, 2018; Derek Thomas, "The Murky Ethics (and Crystal-Clear Economics) of the Unpaid Internship", *The Atlantic*, May 19, 2012.

处于短期和长期中的经济

ECONOMICS

第 19 章

总需求和总供给

ECONOMICS

▍引例 "热门！"造就泡沫

美国房价在 2000~2007 年上涨了 80% 以上。看到房价上涨，银行开始更多地发放按揭贷款，甚至给没有足够收入、不能按时偿付定期贷款的人放贷。银行计算过，这些"次级抵押贷款"客户陷入困境时，可以用出售房屋获得的利润来偿还贷款。

当房屋所有者看到房屋在增值时，他们变得很兴奋，开始把钱花在其他地方，例如新车、新厨房或在假日里购物挥霍。经济在短期内迅速升温。

不幸的是，房地产市场的繁荣后来变成了一个所谓的资产价格泡沫的例子。当人们购买房产只是因为他们认为房价将会继续上涨时，泡沫就发生了。当然，购房者有很多理由为房产花那么多钱。例如，你愿意花钱在你中意的地段买自己喜欢的房产。然而，在房地产市场繁荣时期，很多人愿意支付高价，只是因为他们认为房价会持续上涨，届时他们就能够通过出售来获利。

但是，不可避免的是价格终究会停止上涨。在 2007 年年底到 2009 年年中，房价下降了 25%。银行发现许多客户无法偿还他们的购房贷款。突然间，银行曾急切发放的"次级抵押贷款"成了一个巨大的负担。更糟的是，在很多情况下，房子当前的价值甚至低于银行发放的贷款；因此，即使收回或者占有借款者的房子，也无法弥补这一缺口。

面对巨额亏损，银行收紧各种信贷。现在，不仅购房者发现贷款变得更稀缺、更昂贵，企业也开始发现借款更加困难。那些曾兴奋地在其他东西上大肆挥霍的房屋所有者一直相信自己的房屋会增值，而这使他们能为其他的消费买单。然而，现在他们突然胆怯了，并停止了购买。廉价贷款的不复存在和消费支出的大幅减少，这样的双重压力对企业造成了沉重的打击。结果是，GDP 下降、失业率上升，经济进入了所谓的大衰退时期。

我们如何描述动荡时期国民经济发生了什么？房价、消费支出、商业投资与整体经济的健康度之间有什么关联？在这一章中，我们将构建一个框架，称为总需求和总供给模型，以了解经济作为一个整体是如何运行的。

到目前为止，在本书中我们已经了解了在某一特定商品或服务的单个市场中的供给和需求。然而，作为宏观经济学家，我们需要考虑经济中所有的商品和服务。总需求－总供给模型采用的是加总的方式，进而描述国民经济的均衡状态。我们将使用这个模型来理解三个重要的宏观经济变量——产出、价格和就业，以及它们是如何决定和互相影响的。

这种鸟瞰式的宏观视角，让我们从政策制定者和商人的角度来看待经济，他们需要考虑宏观经济变化，并制定应对策略。当时任美国总统贝拉克·奥巴马（Barack Obama）在 2009 年年初就职时，房价暴跌使得经济陷入困境。他面临的首要挑战之一就是政府该如何应对。在本章和下一章中，我们将看到什么政策对总统而言是可用的，以及政策如何影响国民经济的状况。

建立一个经济模型

在前面章节中，我们已经讨论了衡量宏观经济特征的主要工具——产出（GDP）、价格和失业率。但是，经济的这些方面并不是孤立存在的。相反，它们是一个庞大的、复杂系统的不同方面。对于它们如何共同决定经济的健康状况，你可能有一些直观感受。例如，当我们说经济"非常糟糕"时，大多数人会有产出下降和失业率上升的直观印象。同样，你可能会把重要商品（如房屋或汽油）的价格暴跌或飞涨与经济问题联系在一起。

在这一章中，我们将依据上面提及的直觉建立一个经济模型。该模型用 GDP 和总体价格水平进行描述，将说明什么样的经济状态是一个均衡的结果，即所有商品和服务的总需求和总供给相等。从表面来看，这像一个需求和供给的微观模型。在宏观经济模型中，价格是总体价格水平，由所有商品和服务的价格加权平均得到；数量用 GDP 表示，即经济体生产的所有商品和服务的价值。然而，当我们把不同商品和服务的需求和供给加总考虑，即考虑总需求和总供给时，新的力量将开始发挥作用。例如，就业与产出紧密相关。随着产出的下降，企业关闭工厂和裁员，失业率上升。随着产出的增加，企业将扩大其员工队伍。

总需求 - 总供给模型显示了，产出、价格和就业作为单一经济均衡的一部分是如何被联系在一起的。这让我们看到当经济遭遇房地产泡沫或自然灾害冲击时会发生什么，以及政府政策变化（旨在消除泡沫或灾难的影响）是如何调控这个系统的。

总需求

本节将介绍宏观经济的需求方面。总需求这一术语指的是，经济中所有商品和服务的总需求。这意味着将所有单个市场上的商品和服务进行加总。从字面上看，将完全不同的东西的数量进行加总似乎很奇怪。但是幸运的是，我们已经有了一个工具来解决这一问题。在第 16 章中，我们介绍了国内生产总值的概念，它将经济中所有的商品和服务转化为一个共同的单位，即市场价值。因此，总需求衡量的是经济中需求的所有商品和服务的市场价值。

总需求曲线

总需求曲线（aggregate demand curve）显示了总体价格水平和总需求水平之间的关系。当我们画总需求曲线时，纵轴为价格水平，横轴为产出（或国内生产总值），如图 19-1 所示。

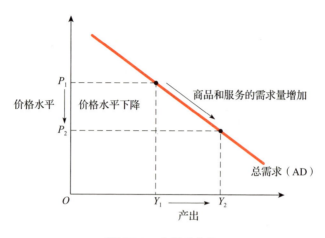

图 19-1 总需求曲线

　　总需求曲线向下倾斜，就像电视机、理发服务和其他任何单个商品或服务的需求曲线一样。但这种相似性的原因不像看起来的那么明显。例如，当我们绘制电视机的向下倾斜的需求曲线时，我们假设所有其他商品的价格是保持不变的。因此，需求曲线显示了只有电视机价格下降时电视机需求量的变化。但是，对于总需求，我们不能只改变一种商品的价格，而保持其他商品的价格不变。根据定义，总需求衡量的是需求的所有商品的市场价值，所以我们关心的是所有商品价格上涨或下跌的情况，价格用物价指数或通货膨胀率来度量。

　　那么，为什么总需求曲线向下倾斜呢？在第 16 章中，我们看到国内生产总值由四部分组成，即消费（C）、投资（I）、政府支出（G）和净出口（NX）。

　　为了理解为什么总需求曲线向下倾斜，我们需要考察一下每个组成部分对整体价格水平的变化如何做出反应。

- **消费**：一般来说，价格水平的变化会改变人们的财富和收入的实际值。总体物价水平的上升意味着给定数量的美元不再能购买到同样多的实际商品和服务。因此，按照实际购买力，提高总体物价水平会使人们的财富减少。当人们不太富裕时，他们会减少消费，消费支出和总体价格水平之间的负向关系由此形成。这种关系被称为收入效应，它为我们提供了总需求曲线向下倾斜的一种解释。当价格上涨时，人们感到财富更少，便想少花钱，进而导致商品和服务的总需求量减少。

特别值得注意的是，如果工资和价格同步上涨，工资的购买力将保持不变。许多雇主有一个根据通货膨胀率提高工资的标准，在这种情况下，财富效应不会发挥作用。但这并不适用于存放在你钱包里和无息支票账户中的现金以及其他现金资产，它们的价值不会随着通货膨胀而增加。所以，即使工资与价格同步上涨，大多数人的实际财富也还是会减少，并导致消费减少。

- 投资：当价格上涨，利率（粗略地说，即借贷的成本）也会上升。更高的利率使企业贷款更昂贵，这意味着它们将减少对新工厂和资本的投资。（我们将在第 21 章中回顾这个概念）。借贷成本的增加间接导致了价格水平和投资支出间的负向关系。

- 政府支出：大部分的政府支出不受价格水平的影响。无论价格是上涨还是下跌，政府都需要花费大致相同的钱在社会保障和政府员工的工资上。因此，政府支出对总需求曲线向下倾斜的特征没有贡献。

- 净出口：当美国的价格水平上升，而其他国家的价格水平保持不变时，美国的商品将比其他国家的商品更昂贵。所以，我们预计美国进口将增加、出口将减少。这意味着，当价格水平提高时，净出口（出口减去进口）会减少。这意味着净出口与价格水平负相关。

我们了解到了什么？国民支出四个组成部分中的三个（C、I 和 NX）与价格水平负相关，第四个组成部分（G）与价格水平没有关系。当我们整合这些信息时，我们得到国内生产总值总支出与总体价格水平负相关的结论。换句话说，总需求曲线向下倾斜。

总需求曲线的移动

价格变化导致沿着总需求曲线的移动。例如，当我们看到价格水平上升时，收入效应驱使人们减少消费，整体产出下降。然而，整个总需求曲线也会随着总需求四个组成部分（消费、投资、政府支出和净出口）的任何非价格变化而移动。这些非价格变化促使曲线向左或向右移动，使得在任意给定的价格水平下总需求减少或增加。

国民经济较大的变化有时被描述为总需求曲线的移动。回顾一下房地产泡沫的故事。在 2007 年年底之前，人们对房价的稳步上升充满信心。房屋所有者可以看到他们房屋的价值在增加，这使他们明显感觉自己在变得更加富裕和乐观。他们开始消费更多，这使得经济中各类企业对自身的前景也有更好的预期。他们开始投资更多。消费者和企业信心提高的总效应使得总需求曲线向右移动。因为更有信心，居民和企业倾向于更多地消费和投资，从而提高了任意价格水平下的总需求，如图 19-2a 所示。

不幸的是，住房价格上涨的泡沫在 2007 年年底破灭了。房价开始下跌，人们担心他们不再像自己所认为的那样富有。这种担忧削弱了消费者的信心，使他们的购买减少。反过来，企业管理者开始担心他们在未来不能售出同样多的商品和服务，所以他们变得不那么愿意投资。综合这两个方面，整个经济的信心下降使得总需求曲线向左移动，如图 19-2b 所示。

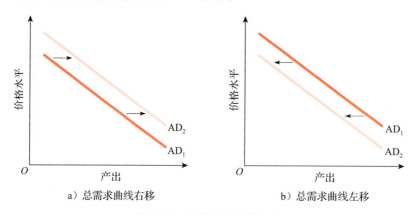

a）总需求曲线右移   b）总需求曲线左移

图 19-2   总需求曲线的移动

信心是一个模糊的概念，但房地产泡沫的例子显示，它对消费和投资至关重要。当人们对未来的收入状况预期乐观时，他们可能消费更多。当人们担心未来失业或需要支付更高的价格时，他们可能会减少消费，增加储蓄以备不时之需。

同样，如果企业对经济发展持乐观态度，它们会希望更多地投资于新工厂、仓库、机械。但如果经济前景开始暗淡，企业对扩大和增加产能的兴趣变弱，它们就会减少投资。增加消费者和企业的信心将使总需求曲线向右移动；反之，信心减少会使得曲线向左移动。

政府的一些政策，如税收和政府开支，也可以推动总需求曲线移动。减少消费税可能会增加消费，因为人们能保有收入中的更大份额，实际上变得更富有了。消费支出增加将使总需求曲线向右移动。根据同样的逻辑，增税通过给消费者留下更少的钱而抑制消费。高税收将使得总需求曲线向左移动。

政府也会通过自己的支出影响总需求。政府支出通过需求式中的"G"直接增加总需求。但正如我们将在第 20 章看到的，政府支出也会通过鼓励更多的消费而对需求产生间接影响。面对经济衰退，政府可以通过增加支出使总需求曲线向右移动。例如，这个策略可能意味着扩大联邦高速公路的建设、增加军事支出或教育支出。相反，如果政府在经济衰退期间大幅削减财政支出，它将面临总需求减少的风险，在这种情况下，总需求曲线会向左移动。

表 19-1 列举了几个会导致总需求曲线移动的例子。"增加"一列对应的是会使总需求增加的因素，它们将使得总需求曲线向右移动。"减少"一列对应的是使总需求减少的因素，它们将使得总需求曲线向左移动。

表 19-1　什么使得总需求曲线移动

类别	增加（向右移动）	减少（向左移动）
消费	• 对未来收入的高期望使消费支出增加 • 减税使消费支出增加	• 对未来收入的低期望使储蓄增加，消费支出减少 • 高利率抑制借贷
投资	• 对未来经济有信心使企业扩大经营 • 对小企业的税收抵免鼓励企业购买新设备	• 企业为了应对衰退而削减开支 • 资本税增加，投资资本减少
政府支出	• 政府支出增加刺激了衰退之后的支出	• 为应对与债务增加相关的问题而减少政府支出，导致支出减少
净出口	• WTO 终止了欧盟对美国一些商品的关税和贸易规定 • 中国经济的增长增加了对美国商品和服务的需求	• 其他国家提高对美国商品的关税，使得这些商品价格更高 • 美元走强，使得美国商品和服务对国际消费者而言更昂贵，需求减少

当经济因消费者信心下降而大幅下滑时，政治家往往会试图通过鼓励人们花更多的钱来重振经济。但是，当经济状况较好时，他们却会给出完全不同的建议，正如下面的专栏所述。

📍 存钱……不，花钱

当奥巴马在 2009 年 1 月开始他的第一个总统任期时，美国家庭都感到了压力。由于担心未来，他们削减支出并开始存更多的钱。从个体层面上看，在经济困难时期储蓄是一个好主意。但不幸的是，经济的整体健康状况与人们的支出水平密切相关。事实上，美国超过 70% 的 GDP 来自消费支出。正因为如此，奥巴马在 2009 年大衰退中期向国会发表演讲时指出，复苏的最佳路径是每个人都多花一点：

"这就是这个'刺激计划'的意义所在。这不是帮助银行，而是帮助人民。因为当可以获得贷款时，年轻的家庭将可以买一栋新房子。随后一些公司将雇用工人建造它。然后这些工人就有钱可以消费，如果他们能获得贷款，也许他们会买辆车或开办自己的公司。投资者也将重返市场，美国家庭将再一次看到他们的退休有所保障。虽然缓慢，但毫无疑问，信心将重新树立，我们的经济也将恢复。"

而就在这 5 年前，美国消费者听到的却是截然不同的声音。在 2004 年的一次演讲中，联邦储备委员会副主席罗杰·弗格森呼吁家庭停止消费，开始更多地储蓄。他解释说，这种储蓄意味着银行有更多的资金贷款给美国公司：

"对美国的长期福利而言，没有什么比确保高水平的生产率增长更重要的了。生产率增长需要足够的投资。目前外国储蓄是可用的投资资金的来源，但从长远来看，如果我们能够增加家庭和政府储蓄，缩小国内投资与国民储蓄之间的差距，这在经济上将更加有利。"

为什么决策者在 5 年后给出了完全不同的建议？在这两次演讲期间，美国经济大幅波动。2004 年，美国经济状况很好，公司急于投资，这意味着要借钱，但由于美国家庭储蓄太少，国内投资资源是稀缺的。当年建议的逻辑在于：如果家庭储蓄更多，银行会有更多的钱用于贷款，公司将会有更多的钱用于投资扩大它们的业务。

不过，到 2009 年，美国经济仍处在一个艰难时期。消费者的支出减少，这意味着公司不再对借款投资感兴趣。如果能说服家庭更多地花费而不是储蓄，总需求曲线会向右移动。此时的逻辑是：当公司发现需求在增加时，它们就会雇用更多的人并再次投资。换言之，此时消费者增加支出将带动经济复苏。

在这两种情况下，这些建议的目的都是改善经济状况。当光景好的时候，储蓄是有意义的，它帮助企业进行必要的投资以确保未来的安全。当经济不景气的时候，额外支出可以帮助经济突破常规，走向复苏。

总供给

前面我们已经描述了经济的需求方面，现在我们将转向供给方面。**总供给**（aggregate supply）是经济中所有企业产出的总和。当技术、资本、劳动力这些投入要素组合在一起时，产品就被生产出来了。

总供给曲线（aggregate supply curve）显示的是经济中总体价格水平和企业总产量（产出）之间的关系。总供给曲线类似于单个市场上的供给曲线，但二者存在两个关键的区别：

（1）总供给曲线代表经济中的总体产量而不仅仅是一种商品或服务的产量。

（2）在宏观经济层面，经济在长期和短期内的运行是有区别的。

由于长期和短期的区别，实际上存在两个不同的总供给曲线：一个是描述长期总供给的，它被称为长期总供给曲线（LRAS）；另一个是描述企业在短期内如何决定生产多少的，它被称为短期总供给曲线（SRAS）。总供给曲线是显示经济中总体价格水平和企业总产量（产出）之间关系的曲线。

长期总供给与短期总供给的区别

为了理解这两条总供给曲线，我们需要探索经济在短期和长期内的区别。

短期总供给。短期决策是指企业每小时、每天、每周必须做出的决策。如果你经营一家快餐汉堡店，短期决策包括决定这一周内你想要订购多少牛肉和生菜，你想让每个员工在这一周内工作多少小时。决定这些投入，实际上是在决定想生产多少食物。

在短期内，总供给曲线向上倾斜，如图 19-3 所示。这意味着随着总体价格水平的上升，公司愿意生产更多。为什么会如此呢？因为最终商品和服务的价格（比如汉堡包）比投入要素的价格增加得更迅速。所以，汉堡连锁店的收入增加速度超过成本，因此它愿意生产更多。

其中的关键思想是：当最终商品和服务的价格水平上升时，投入要素

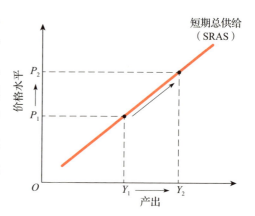

图 19-3　短期总供给曲线

的价格并不会全部立即上涨。相反，由于某些价格具有"黏性"，它们会慢慢地调整以应对经济的变化。工资就是一个典型的例子。要理解为什么黏性工资会导致短期总供给曲线向上倾斜，我们考虑一下汉堡包价格突然上涨的情况。由于产品价格更高，且工资不会马上调整，汉堡店的收入增加了而劳动成本没有增加，因此短期内汉堡店将可以获得更高的利润。于是，汉堡店将准备雇用新员工，并生产更多。

当最终商品和服务的价格迅速改变时，为什么投入要素的价格不会立即改变？因为合同或非正式约定使工资和其他投入要素的价格具有黏性。例如，许多公司每年只重新评估一次工资；有工会组织的公司通常有正式的劳动合同，工资的调整往往数年一次。如果一个员工想要更高的工资，或者雇主想要实施减薪，他们将不得不等到下一个时期或合同到期时。通常情况下，原材料供应也是同样的道理。例如，一个快餐连锁店与牛肉供应商签订的合同可能约定了未来一年内的牛肉价格。

尽管投入要素的价格通常是由合同约定的，最终商品或服务的价格却很少由合同确定。例如，一个快餐店不可能要求客户签订一份长期合同，以约定其一年内购买多少指定的汉堡和薯条。只要客户饿了，他们就可以购买汉堡，并按当前的菜单价格付费。另外，快餐店只需简单地改变菜单，就可以改变价格。最终商品和服务的价格并不总是那么容易改变，但是一般来说，我们假设改变最终商品和服务的价格远比改变投入要素的价格要容易。

长期总供给。现在我们来看看长期的情况。首先要知道的是，长期并不是一段特定的时间，如一年、两年，甚至 10 年。它是指投入要素（如工资、租金和原材料等）的价格，经过调整从而完全适应经济环境变化的影响所需的时间。在长期内，一个汉堡店可以重新协商店铺租金、雇用新员工、重新评定工资。

宏观经济学中短期和长期的调整过程不同于我们在微观经济学中所学到的。在微观经济学中，我们关注个人市场，其中的关键是数量调整问题。一些是固定成本，因为投入的数量在短期内不能调整；其他是可变成本，因为其投入量在短期内可以很容易地调整。以汉堡店为例，油炸锅和热灯等基本设备在短期内是固定成本（但从长期来看，可以购买并安装新设备）。与此形成鲜明对比的是，牛肉的用量更可能是一个可变成本，因为它会随每周汉堡包的销量增加或减少。

在宏观经济学中，重点是总体经济价格的调整时间，而不是单个公司调整数量的灵活性。长期供给曲线的形状如何呢？让我们回到汉堡店的例子上。在短期内，汉堡店的所有者由于收入上升、成本不变而赚取到额外的利润。但这种情况不可能永远持续下去。鉴于商品现在更加昂贵，厨师和收银员会要求更高的工资。原先由合同约定的投入要素价格在合同重新谈判时将会增加。

一旦这些投入要素的价格调整，汉堡店将不会再有更高的利润。它的收入可能更高，但成本同样变高，利润将回到价格上涨之前的水平。这个过程发生在整个经济中。一旦工资和投入成本根据新的价格水平调整，经济将会回到开始的地方。

从长期来看，当投入要素的价格可以调整时，我们的模型显示由消费者支付的商品和服务的价格变化不会影响总供给。换言之，长期总供给曲线是一条垂直线，表明在任何价格水平下产出数量都相同。

从长期来看，如果不是价格，那么什么会决定产出供给量呢？长期总供给曲线代表了经济的潜在产出水平，即当经济产能得到充分挖掘时的可能产出。将长期总供给曲线看作一个生产函数可能有助于我们理解。生产函数显示了社会的自然资源、劳动力和资本组合可以生产的最大产出。一些社会资源产出方式的变化，会导致长期总供给曲线的变化。也许是发明了新技术或发现了新资源，例如发现了一处新的石油矿藏。这个稳步推进长期总供给曲线向右移动（也就是潜在产出增加）的过程是经济增长的主要推动力。

经济并不总是处在潜在产出水平上。有时产出更少，有时更多。这些围绕潜在产出水平的波动我们称为商业周期。当产出高于潜在产出时，说明经济处于繁荣时期；当产出低于潜在产出时，说明经济正经历衰退。

你可能想知道，我们如何才能创造繁荣呢？在总需求－总供给模型中，短期供给怎样才能超过经济的潜在产出水平？事实证明，在短期内，通过使所有生产要素的产能超出其常规产能，我们可以得到超过潜在产出水平的产出。例如，如果公司要求工人加班或工厂24小时运转，产出就可以暂时超过潜在产出水平。

要理解这是如何起作用的，我们可以想想在学校考试期间会发生的情况。你可以把很多额外的时间用来准备一个测试，这样做可以使你学习的产出超出你的长期产能。你也可以在期中考试之前的几个星期内每天学习18个小时，但在整个学期内这个安排可能是不可持续的。填鸭式的超高强度的备考是有成本的，包括担心最终成绩造成的压力，或者吃太多垃圾食品、没有得到足够的锻炼、没有足够的休闲时间导致的健康问题。一旦考试结束，这些成本将推动你回到一个正常的工作负荷状态。换句话说，你会回到你的潜在产出水平上。

你在考试期间超出潜在能力地学习并因此承担成本。同样，在总供给与总需求模型中，企业也会因超出潜在生产能力而承担成本。当产出低于潜在产能时，加大生产是很容易的，企业可以雇用失业工人、租用空仓库。当经济满负荷运转时，情况就不一样了。由于短期内工资和投入价格是固定的，企业通常不得不支付员工加班费以使他们工作更长时间，或者雇用尚不能完全胜任这项工作的工人。

最终，当经济超出潜在产能运行时，紧缺的劳动力和资本需求将推动价格上涨。压力大的工人会要求加薪，或离职转向愿意支付更高工资的企业。因此，投入要素价格会上涨，利润将会收缩并回到原来的水平，供给也会下降，回到长期水平。短期产出增加，最终将导致长期价格的上涨。

短期供给曲线的移动

短期总供给曲线可以移动，例如，当生产成本改变时。考虑一下石油价格突然上涨的情形。此时，公司会感到手头拮据，许多公司会发现生产成本变得更加高昂。农民收割和运输庄稼的开销变得更大，运输成本也会拉高购买生产所需的投入要素的价格。公司在任意给定的价格水平下提供的商品更少了，这意味着短期总供给曲线（SRAS）将向左移动，如图 19-4 所示。

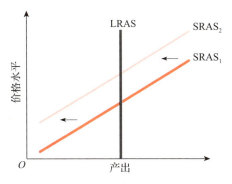

图 19-4　短期总供给曲线的移动

短期总供给曲线也会因其他直接影响生产的重大事件（常常被称为供给冲击）而发生移动。一个例子就是摧毁电网和农作物的大洪水。对投入要素未来价格的预期也将推动短期总供给曲线移动。例如，如果企业预期石油价格上涨，供应商就会预期未来的投入成本更高。这种预期本身将减少产品的供给，使得总供给曲线向左移动。

长期总供给曲线的移动

在长期内，企业产量取决于可用的投入，无论总体价格水平如何。但这并不意味着长期总供给曲线（LRAS）永远不会移动，它就像一个生产函数：土地、技术、资本和劳动力的组合将产生一定数量的产出。对于需要使用这些要素的生产而言，任何可能影响生产的因素都将促使长期总供给曲线移动，它们包括新技术、交通系统的改善、管理创新等。如果经济的潜在产能提高，长期总供给曲线将向右移动。反之，如果经济的潜在产能降低，长期总供给曲线将向左移动。

表 19-2 给出了一些使得长期总供给曲线移动的例子。

表 19-2　什么使得长期总供给曲线移动

因素	增加（向右移动）	减少（向左移动）
技术	技术创新使得企业采用相同数量的投入而产出更大	剥夺知识产权的新法律削弱了人们创新的动机
资本	工厂和机器方面的外国投资增加了可用资本	折旧和耗损使资本减少
劳动力	移民增加了可用劳动力	人口老龄化使得劳动力减少
教育	普遍的义务教育给了每个人上学的机会	联邦大学资助的减少使得一些人上大学更困难
自然资源	新能源使得企业采用相同数量的投入而产出更大	持续的气候变化使可耕种的土地数量减少

注：通过改变经济中的潜在产出水平，多种因素会导致长期总供给曲线移动。

长期总供给曲线和短期总供给曲线总是一起移动吗

长期总供给曲线和短期总供给曲线总是一起移动吗？答案是否定的。一方面，所有使得长期总供给曲线移动的因素也将引致短期总供给曲线移动。原因是，决定长期总供给曲线位置的可用生产要素和技术也将影响短期供给。例如，在过去的 30 年里，互联网的传播使长期总供给曲线和短期总供给曲线都发生了移动。

然而，反之则不成立。不是所有使短期总供给曲线移动的因素都将促使长期总供给曲线发生移动。具体来说，对未来价格水平变化的预期只影响短期总供给曲线。在我们讨论为什么会如此之前，下述提醒将会有所帮助：尽管这种情况涉及价格水平的变化，但是它却促使总供给曲线移动（总供给的变化），而不是沿着曲线变动（总供给数量的变化）。为什么？因为我们关注的是预期价格的变化，而不是实际价格的变化。无论是在短期内还是在长期内，引致沿曲线变动的因素一定是实际价格的变化。

另一方面，对价格变化的预期只是对未来的猜测。这些预期会影响企业的生产计划。企业并不希望因为成本的变化而措手不及。当它们预期价格在未来某个时刻上涨时，同时也会想到工人会要求更高的工资以适应生活成本的上升。因此，企业将减少任意价格水平下的产出，短期总供给曲线将会向左移动。

为什么预期价格的变化不会引致长期总供给曲线的移动呢？我们可以通过两种方式来分析这一问题。第一种方式是分析我们对长期总供给的定义，它表示为生产函数，位于经济的潜在产出水平上。唯一可以使长期总供给曲线移动的是那些影响我们如何生产的因素，如劳动力、资本、自然资源（如土地）的数量和技术。预期价格并不包括在生产函数中，因而它不能导致长期总供给曲线的移动。第二种方式是考虑我们对长期和短期的定义。从长期来看，预期已被完全纳入诸如价格水平这样的经济变量的考虑之中。鉴于已经充分考虑到了预期，长期总供给曲线就不会发生移动。

无论从哪个角度看，我们提到的所有其他因素都会以相同的方式移动短期总供给曲线和长期总供给曲线，但预期价格的变化只会引起短期总供给曲线的移动。只有在短期内，预期价格的上涨才会使得短期总供给曲线向左移动；在长期内，这些预期已经被完全纳入长期总供给曲线，因此我们看不到变化。换言之，只要预期价格的变化不会影响经济中工人的数量、资本的规模、土地的面积和技术的数量，它就不会影响长期总供给曲线。从长期来看，价格将会完全适应政策或预期的任何变化。

经济波动

我们已经了解了一个完整的国民经济模型的所有构成部分——总需求、短期总供给、长期总供给，现在可以把它们组合在一起了。

在总需求等于总供给的点上，国民经济达到均衡。短期均衡在总需求曲线和短期总供给曲线的交点处实现。然而，在长期均衡时，总需求曲线需要与长期总供给曲线和短期总供给曲线相交于同一点。这意味着，当前的价格为预期价格，此时的短期产出水平等于长期潜在产出水平。图 19-5 显示了宏观经济均衡：AD 曲线、LRAS 曲线与 SRAS 曲线的交点给出了相应的均衡价格和均衡产出。

各种冲击会推动经济偏离长期均衡。这些冲击可以改变总需求曲线或短期总供给曲线，导致经济在短期内偏离潜在产出水平。在长期内，价格将会调整，经济将会回归到长期均衡状态。实际上，我们并不能立即断定某一特定冲击是否会引起总需求曲线或总供给曲线的移动。在本节中，我们将展示供给冲击和需求冲击对产出和价格产生的不同影响，这可以帮助我们区分它们。

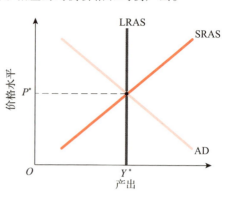

图 19-5　宏观经济模型

总需求改变的影响

让我们回到房地产泡沫的例子上。2000～2007 年，房价上涨，房屋所有者觉得他们的财富越来越多。消费者对整体经济的信心倍增，消费增加。在本章前面的内容中，我们看到，消费增加使得总需求曲线向右移动。这在短期和长期内将如何影响经济呢？

图 19-6a 展示了在房地产泡沫期间，消费增加在短期内如何影响经济。当总需求曲线向右移动时，短期均衡点就由 E_1（AD_1 曲线、LRAS 曲线、SRAS 曲线的交点）变为 E_2（AD_2 曲线和 SRAS 曲线的交点）。点 E_2 显示了房地产繁荣的影响：产出高于长期潜在产出水平，价格也会上涨。

点 E_2 是一个均衡点，但这只代表短期的均衡。我们是怎么知道的呢？长期均衡是由经济中的生产要素决定的，而消费增加并没有引起用于生产的土地、劳动力、资本的任何变化。因此，我们知道长期总供给曲线没有移动。

经济又是如何回到长期均衡的呢？短期总供给曲线必须再次移动，以使经济恢复到长期均衡状态。正如我们将看到的，这是我们的模型与房地产繁荣时期实

际发生的情况出现分歧的地方。如果经济自然下行，工资和其他资源的价格会因
通货膨胀而逐渐上涨，并导致企业的投入成本增加，从而改变总供给。随着新合
同的签订和工资的上涨，短期总供给曲线会逐渐向左移动，直到恢复长期均衡，
如图 19-6b 所示。

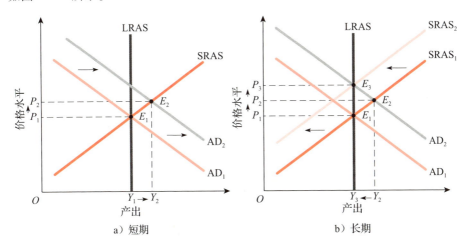

a）短期   b）长期

图 19-6 总需求增长的影响

　　如果比较图 19-6b 中的 E_1 点和 E_3 点（从最初的长期均衡到新的长期均衡），
你会发现产出没有改变，但价格水平上升了。因此，消费增加的影响在短期和长
期内是不同的：在短期内，当其他条件均保持不变时，消费者信心的增强会引起
总需求曲线向右移动，即价格上涨；产出增加；而在长期内，产出将回到初始水
平，唯一的变化是价格上涨。

　　当遭受使总需求曲线向左移动的负面冲击时，经济情况则正好相反，如
图 19-7 所示。例如，假设经济一直处于均衡状态。然后，房价突然暴跌。消费
者信心坍塌、消费锐减，并导致总需求曲线向左移动。在短期内，如图 19-7a
所示，产出将低于潜在产出水平。然而，这种变化对价格形成下行压力。随着
价格的调整和投入要素变得便宜，企业将增加它们的产出，使短期总供给曲线
向右移动，如图 19-7b 所示，新的长期均衡（E_3 点）回到原来的产出水平上，
但价格更低。

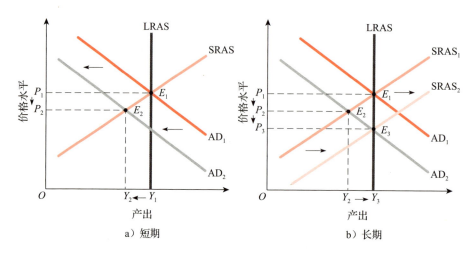

图 19-7   总需求减少的影响

表 19-3 总结了总需求变化的短期和长期影响。关键点是在长期内，总需求变动只会引起价格水平的变化，产出最终会回到长期潜在产出水平上。

表 19-3   总需求变化的短期和长期影响

移动	举例	短期	长期
总需求增加	政府支出增加：G 增加	产出增加，价格水平上升	产出不变，价格水平上升
总需求减少	消费者信心下降：C 减少	产出减少，价格水平下降	产出不变，价格水平下降

总供给变化的影响

经济中其他类型的冲击可能来自供给方面。供给方面的冲击可以是暂时性的，也可以是永久性的。当它是暂时性的时候，只有短期总供给曲线会发生变化。当它是永久性的时候，长期总供给曲线和短期总供给曲线都会发生变化。

我们首先考虑暂时性冲击的情形。假设美国中西部遭遇了长达一年的干旱，大量的玉米受害。这种冲击将使得短期总供给曲线向左移动，如图 19-8a 所示。经济将从长期均衡点 E_1 移动到新的短期均衡点 E_2。价格会更高，而产出会降低。此时，经济将如何调整呢?

产出减少而价格上涨的情况通常被称为滞胀（stagflation），即经济停滞加上高通货膨胀。这个短期均衡的调整并不容易。工资的下降会有帮助，但员工通常

不愿意接受较低的工资。我们说工资通常具有"向下黏性",这意味着调低工资
需要花费很长的时间。黏性的投入要素价格使经济停留在这一不良均衡状态下。

当经济在低于潜在产出水平上生产且工资下降缓慢时,公司将减少雇用,失
业率会因此高于自然失业率。如果失业率居高不下,工资最终将开始下降。随着
劳动变得便宜,公司的生产成本将下降。短期总供给曲线又会向右移动,如
图 19-8b 所示。最终,成本将下降到能够使短期总供给曲线回到初始位置,经济
会回到原来的长期均衡(E_1 点)。从长期来看,价格和产出都回到了它们初始的
水平。

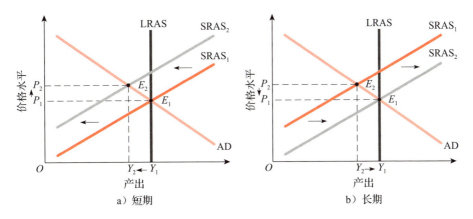

图 19-8 短期总供给减少的影响:美国中西部干旱

现在,我们来考虑永久性的供给冲击。假设发生的不仅仅是短期干旱,而是
灾难性的气候变化,使得美国中西部农民收获的玉米和其他作物远不及当前。由
于中西部是美国的粮食主产区,其他土地不可能弥补这一损失。由于损失了一种
生产要素(本例中即土地),长期总供给曲线将向左移动,如图 19-9a 所示。

这一变化在短期内也有影响。中西部的玉米种植对整个经济的商品生产非常
重要。从你早餐吃的谷物到汽车所加的汽油,都可能包含一些玉米或由玉米加工
而成的产品。食物和其他商品价格的上涨意味着生产成本的上升,从而短期总供
给曲线向左移动。

短期总供给曲线可能不会立即移动到新的长期均衡点;在短期内,均衡点只

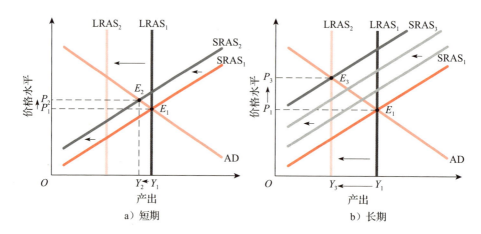

图 19-9　长期总供给减少的影响：灾难性的气候变化

会移动到 E_2。然而，只要价格高于长期均衡价格水平，短期总供给曲线将继续向左移动，如图 19-9b 所示。这一过程将持续进行，直到经济达到一个新的长期均衡状态（E_3 点）。在新的均衡点上，价格更高且潜在产出水平更低。

比较需求冲击和供给冲击

总需求－总供给模型是理解整体经济状况和制定政策以应对冲击的一种强有力的工具。然而，成功的经济政策关键在于能够区分需求和供给冲击。如果应用的政策旨在对抗某一冲击，但事实上发生的是另一种冲击，这就可能使情况变得更糟。

使用总需求－总供给模型来分析经济事件时常面临两个主要挑战，本节就来分析这两个主要挑战。第一，如果你发现一个特定的冲击，你能说出它将会影响经济的哪些方面吗？第二，如果你观察到经济的变化，你能找出是什么类型的冲击造成的吗？

首先，考虑冲击会通过哪些途径影响经济，以及它们在经济中扮演什么角色。例如，油价上涨会影响以石油为生产要素的企业。这意味着油价的上涨将形成对经济供给方面的冲击。因为冲击与价格相关，而不是与生产要素本身相关，因此它只会影响短期总供给曲线，而不影响长期总供给曲线。相比之下，如果你发现一种冲击会影响消费者和政府的支出，它很可能会影响消费，因此表现为需求方面的冲击。

表 19-4 列举了一些需求冲击和供给冲击的例子。对于每一种冲击，思考哪些人群会受到冲击的影响，是需求冲击还是供给冲击，是长期冲击还是短期冲击。

如果从另一个方向进行思考，即通过分析对经济的影响寻找原因，就可以对不同类型的冲击是如何影响价格和产出的这一问题进行明确预测；这能为"主要冲击是什么"这一问题提供线索。例如，在短期内，产量下降可能是由于总需求减少或短期总供给减少：回顾并比较显示总需求减少的图 19-7a，以及显示短期总供给减少的图 19-8a。因此，为了区分需求冲击和供给冲击，我们需要清楚价格发生了什么变化。需求冲击将使价格水平下降；供给冲击将使价格水平上升。所以，一个经济体产出减少且价格水平下降表明可能是需求冲击。而一个经济体产出减少且价格水平上升则可能是供给冲击。

有时，可能还需要厘清叠加的复杂的冲击组合。例如，2007 年美国房地产泡沫破裂时，银行和其他金融机构面临着不良贷款带来的巨额亏损。需要弥补这些损失，再加上对经济的悲观情绪的加剧使它们不愿意贷款给企业。对企业而言，借款变得越来越难，也越来越昂贵。经营成本的增加是一个短期供给冲击，它使得短期总供给曲线向左移动。房地产泡沫破裂后，消费者减少了开支，这是最重大的需求冲击。需求冲击导致经济的产出水平进一步缩减。

需求冲击和供给冲击在长期内的影响也不相同。从长期来看，需求冲击会导致价格水平的变化，因为短期内供给曲线将移动，以恢复到长期均衡产出水平，而供给冲击则不会引起长期价格水平的变化。例如，如果短期内供给曲线向左移动，价格将调整并重回长期的均衡水平。

在表 19-5 中，我们总结了需求冲击和供给冲击的区别。

表 19-4　需求冲击和供给冲击的例子

事件	何种冲击
暂时性的油价上涨	短期供给冲击
技术创新	长期供给冲击
消费者信心下降	需求冲击
移民突然增加	长期供给冲击

表 19-5　需求冲击与供给冲击的区别

需求还是供给	积极冲击	消极冲击
需求方	**短期**：产出增加，价格水平上升	**短期**：产出减少，价格水平下降
需求方	**长期**：产出不变，价格水平上升	**长期**：产出不变，价格水平下降
暂时性冲击：供给方	**短期**：产出增加，价格水平下降	**短期**：产出减少，价格水平上升
暂时性冲击：供给方	**长期**：产出不变，价格水平不变	**长期**：产出不变，价格水平不变
永久性冲击：供给方	**长期**：产出增加，价格水平下降	**长期**：产出减少，价格水平上升

阅读以下专栏，通过一个经济探索研究的例子，梳理所观察到的经济影响是供给曲线还是需求曲线的移动引起的。

神户地震和总供给

1995 年 1 月，日本的港口城市神户发生了一场大地震，许多人失去了生命，建筑和基础设施被摧毁。日本股票市场的价值大幅下跌。这是世界上最昂贵的自然灾害之一，最终日本遭受的损害相当于其 GDP 的 2.5%。

然而，令人惊讶的是，灾后只用了 15 个月，日本制造业就恢复到地震前水平的 96%。那么，总供给－总需求模型能在多大程度上解释日本经济的复苏呢？

普渡大学的一位经济学家乔治·霍里奇研究了这个问题。地震摧毁了大量的资本，所以我们预测短期总供给曲线将向左移动。这种移动将推高价格水平，减少产量，增加失业。然而，当霍里奇看到实际数据时，他惊讶地发现，价格水平相对稳定，就业保持不变。

我们如何用总供给－总需求模型的预测来匹配实际数据？在神户有两种可能：要么是总供给曲线在地震后的几个月里再次迅速移回，要么是总需求曲线向右移动了。我们有一个办法可以找出到底发生了什么。如果发生了总需求增加，价格水平将会增加。但数据显示，价格水平保持不变，甚至下降。这表明，总需求并未变化。因此，霍里奇认为，是总供给曲线再次移回了。

尽管神户的损失非常严重，但是通过重新安排可以使用的资源，日本经济似乎能够适应这种非常大的冲击。在这个调整的过程中，总供给曲线向右移动，经济回到原来的位置。日本针对神户地震的反应向我们讲述了这样的事实：宏观经济有时会以惊人的速度迅速调整，即使是在遇到巨大的供给冲击时，也是如此。

资料来源：George Horwich，"Economic lessons of the Kobe earthquake"，*Economic Development and Cultural Change* 48，no. 3（April 2000），pp. 521-542.

公共政策的作用

经济完全适应需求冲击和供给冲击需要花很长时间，对经历价格调整和失业的人们而言，等待调整往往是很不舒服的。当经济陷入衰退时，选民经常会呼吁政客们做些什么。在后面的章节中，我们将通过财政政策和货币政策更详细地分析政府在经济中的作用。现在，我们考虑政府为了使经济走出衰退可以采用的一种手段——增加政府支出。

增加政府支出以应对消极的需求冲击

想象一下，经济变得更糟糕了：报纸上充满了关于房价下跌、大规模裁员和工厂倒闭的报道。随着坏消息的持续袭来，消费者信心下降，消费减少。这些变化使得总需求曲线左移，产出和价格水平下降。

政府可以通过增加政府支出应对这些消极的需求冲击。正如我们所见，增加政府支出的影响使得总需求曲线向右移动。对决策者而言，目标是利用增加的总需求抵消负面冲击，并使需求曲线恢复到初始位置。

然而，这并不容易做到。在实践中，很难衡量政府支出在总需求中的总体效果。更何况，政府支出恰好能使总需求恢复到原来水平的完美公共政策是罕见的。

长期内会怎么样呢？我们知道，任何需求冲击都不能影响长期产出。根据总需求－总供给模型，如果政府什么都不做，价格最终将向下调整，直到产出上升到原来的水平。这是通过供给方面的变化实现的，更低的价格降低了生产成本，使总供给曲线向右移动。

如果政府通过增加支出来刺激经济，最终的结果将会略有不同。在本例中，因为公共政策只获得了部分成功，经济在达到长期均衡之前还会再调整。调整过程与以前一样，但是短期总供给曲线不会像政府没有采取行动时移动得那么多。最后，政府增加支出的长期影响是使产出水平恢复到之前的水平，但价格水平略高于政府没有行动时的价格水平，其他一切不变。结果是同样的收入或财富，人们可以购买的少了。在为应对经济衰退而制定政策时，政府需要在加快调整速度和导致更高价格之间进行权衡，这是一个巨大的挑战。

增加政府支出以应对消极的供给冲击

现在想象一个短期供给冲击：一场严重的干旱使玉米收成减少了80%。短期总供给曲线已经向左移动，如图 19-10a 所示。现在经济位于 E_2 点：产出下降，价格上涨。在这种情况下，政府决策者陷入了困境。如果他们选择什么也不做，经济将会陷入一段时间的高价格、低产出（滞胀），同时伴随大量失业的状态。这是一个非常难以摆脱的状况。记住，价格可能是"黏性"十足的，特别是当它不得不向下调整时。

政府可以不等待总供给曲线移回右边，而是选择增加政府支出以使总需求曲线移动。这一行动和效果可以在图 19-10b 中看到。随着总需求曲线的移动，经济移动到一个新的短期均衡点 E_3。这种移动在解决低产出和高失业率问题的同时，也会使实际价格变得更高。

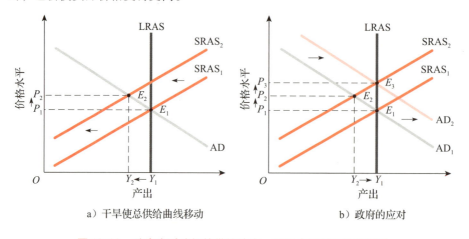

a）干旱使总供给曲线移动　　b）政府的应对

图 19-10　政府应对消极的供给冲击：美国中西部严重的干旱

在这两个例子中，政府干预的长期结果是更高的价格和相同数量的产出。那么，为什么政府还会选择干预呢？一个原因是担心经济复苏的速度太慢。没有政府支出的增加，调整可能是一个漫长而痛苦的过程。此外，较低的价格并不总是一件好事。持续的价格下跌，称为通货紧缩，也会带来另一个经济上的挑战。

底线就在于政府支出是一个旨在解决短期需求冲击的短期政策行为。在应对消极的供给冲击方面，政府支出就没那么有效了，但政治压力有时会驱使政府在没有好的方案时也要采取行动。

第 20 章

财政政策

ECONOMICS

引例　从房地产泡沫到大衰退

2008 年，警报四起：失业率在攀升，企业信心指数下降，经济进入衰退期。如果美国政府能有所作为，该如何行动以提振经济呢？

两个党派有不同的答案：民主党认为，增加政府支出能快速激活经济。为了实现这一目标，民主党提倡实施建设工程和其他公共投资计划，意图创造美国社会急需的就业机会。而共和党则认为，就像面临资金困难的个人所采取的行动一样，处于困难时期的政府应当紧缩开支。共和党偏好减少税收的解决方案。税收减少，人们便能保留更大份额的收入。共和党希望通过这种方法鼓励人们更多地去消费，从而扩大需求。

最终，两个党派的主张都得到了一定程度的实现。时任总统奥巴马签署的第一批法案中就有 2009 年的《美国复苏与再投资法案》，这一法案更多地被称为"刺激计划"。在这一轮经济刺激计划中，同时包含了减税与大幅增加政府支出。这一计划总共花费了约 8 000 亿美元，略高于美国 GDP 的 5%。

尽管花费了大量资金，但经济复苏进展缓慢。当经济学家回顾计划实施 4 年的成果时，发现截至 2012 年年底，美国的经济仍未完全恢复。与此同时，成千上万的人失去了他们的工作与家园，许多企业倒闭。2009 年，美国的失业率达到了 10% 的峰值，而后在 2013 年降至 8% 以下。但这仍比衰退前的失业率水平高出 3 个百分点。政府支出的增加和税收的减少，进一步加重了美国的债务负担。到 2012 年，以美元计算的美国负债已超过了其 GDP 的 100%。

因此，这一轮刺激计划是成功还是失败呢？我们不能仅根据法案签署前后的经济状况来做出判断。相反，我们需要这样问自己：如果没有实施刺激计划，又会出现什么样的状况呢？或者，如果政府采用了减税与增加政府支出策略以外的方案，又会发生什么呢？失业率与经济运行的状况是会变得更好或更糟，还是保持不变呢？

为了回答这些问题，我们将根据前面章节中阐述的总需求 - 总供给模型，构建一个分析税收与政府支出如何影响国民经济的框架。在本章的最后，你应该能根据不同政策对短期经济波动与诸如国债等长期经济问题的影响来讨论其利弊。自 2007 年以来，在政策制定者试图引导经济走出大衰退的努力下，这些问题引起了激烈的讨论，它们仍然对国民经济有着决定性的影响。

财政政策

每年 2 月，美国总统和国会就会开始决定联邦政府在所担负的各种不同职能方面的开支：桥梁建设、军队支持与医疗研究投资，等等。与此同时，国会也会决定应收取多少税收以支付上述费用。政府关于税负与公共支出水平的决策，被称为**财政政策**（fiscal policy）。

财政政策与总需求

财政政策不仅仅是简单的预算编制。关于支出多少、如何花费，以及如何筹集必要的资金的决策都将对经济产生重大影响。回顾第 16 章，我们知道政府支出是 GDP 的一个组成部分。在前面章节的学习中，我们也认识到在总需求 - 总供给模型中，政府支出也是我们计算的总需求的一部分：

$$总需求 = C + I + G + NX$$

　　财政政策通过增加或减少总需求来影响经济。正如我们在前述章节中所看到的，总需求曲线的移动会造成整个经济的产出和价格水平的上升或下降。

　　具体来看，财政政策可以通过两种途径来影响总需求。第一种途径是政府支出。这会直接影响上述总需求等式中的 "G"，也会间接影响总需求中的 "C"（消费）和 "I"（投资）。这些影响通过乘数效应和挤出效应这两个机制来实现。在本章的后续部分，我们会对这两种机制进行详细的讨论。在这里，政府支出的增加通常会导致总需求曲线向右移动，而政府支出的减少将会导致总需求曲线向左移动。

　　第二种途径是税收政策。税收政策不仅能直接通过消费（总需求等式中的 C）来影响总需求，也能间接影响总需求的其他组成部分，如投资。个体消费的多少与他们的收入水平息息相关。但在每个人获得薪水前，政府以税收的形式提取了一部分。因此，消费水平并不取决于总收入，而是取决于可支配收入，即收入的税后剩余部分。一方面，当税率提高时，工人获得的可支配收入将变少，我们由此也可预见他们的消费会减少。结果是，总需求曲线将会向左移动。另一方面，当税率下降时，工人获得的可支配收入将变多，从而消费会增加。因此，税率的降低推动总需求曲线向右移动。

　　从两大方面来区分不同类型的财政政策：

- 当税收与政府支出决策对经济的总体影响是使总需求增加时，我们称之为**扩张性财政政策**（expansionary fiscal policy）。增加政府支出与减税都会产生扩张性影响：它们会推动总需求曲线向右移动。
- 与此相反，我们将整体效果是减少总需求的税收与政府支出决策称为**紧缩性财政政策**（contractionary fiscal policy）。减少政府支出和增税都有紧缩效应，它们会推动总需求曲线向左移动。

经济波动的应对政策

　　政策制定者使用财政政策所要解决的最重要的问题之一就是平滑经济波动，因为经济波动可能会对消费者和企业造成损害。在这一节中，我们将利用总需

求 – 总供给模型，展示财政政策如何消除经济冲击的影响。

在第 20 章中，我们了解到类似 2007 年美国房地产市场崩溃的冲击是如何影响国民经济的。房价急剧下跌的最直接后果是房屋所有者感觉自己更加贫穷。这会导致总需求曲线向左移动。图 20-1a 显示的即是总需求曲线从 AD_1 左移至 AD_2。总需求的下降会导致经济社会的产出低于其潜在产出水平，进而导致 GDP（产出）减少和失业率上升，在图 20-1a 中表现为产出从 Y_1 减少至 Y_2。

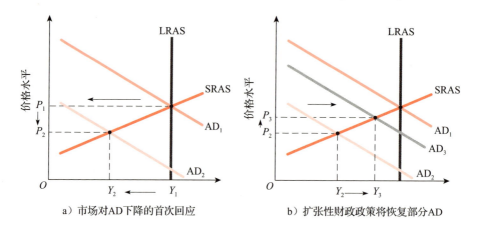

a）市场对 AD 下降的首次回应　　　　b）扩张性财政政策将恢复部分 AD

图 20-1　扩张性财政政策的影响

根据总需求 – 总供给模型，如果其他条件不变，经济最终能实现自我修复。由于失业率上升，工资水平将降低，进而生产成本的降低会拉动其他价格下降。这一系列反应会推动短期总供给曲线向右移动，直到经济恢复到其初始潜在产出水平 Y_1 为止。在长期内，产出将会恢复到之前的水平，经济社会的整体价格水平将会下降。

为什么立法者不直接等待上述自我修复过程的发生呢？因为这将是一个非常痛苦与缓慢的过程。工资水平会和其他价格一同下降，在第 18 章中，我们已经了解到这种下降不会迅速或轻易进行的原因。当企业倒闭和人们失业时，他们会期待政府能有所作为。"只要等待的时间足够长，经济就会自动解决这些问题"，他们不想只是听到类似这样的言论。正如经济学家约翰·梅纳德·凯恩斯曾说："从长远的角度来看，我们都会死去。"

在本章中，我们将会看到：即使是在短期内，财政政策也会对经济产生实际影响。理想的状况是，在不需要长期等待经济自动恢复的条件下，政府能够抵消类似房地产市场崩溃的冲击，最小化对消费者和企业的损害。然而，我们也会看到：政府并不是总能改善经济状况，有时它可能会使情况变得更糟。在凯恩斯的理论框架中，这种扩张性政策通常被称作"凯恩斯主义"，他在 20 世纪 30 年代的大萧条后便拥护这类政策。

难题在于如何确定财政政策的使用程度，以使总需求恢复到衰退前的水平。如图 20-1b 所示，一个完全有效的刺激计划能将 AD_2 曲线直接推回至初始位置，即 AD_1。如果刺激计划只是部分有效，总需求曲线将不能回到初始位置，如只能从 AD_2 移到 AD_3。但是，即使是部分有效的刺激计划，也好过无所作为。与不采取任何刺激措施的情形相比，充分调整花费的时间更短，这将会降低初始冲击带来的痛苦程度。

当经济遭受与上述问题相反的冲击，即经济增长过快时，政府又该如何行动呢？在经济繁荣时期，人们的乐观程度通常更高。但政策制定者担心大繁荣会超出控制范围，试图实施紧缩性财政政策以减缓经济增速。这就像在一场狂热的聚会上关掉音乐，因为你担心邻居可能会投诉你。这是明智之举，尽管会招致不少的抱怨。

总需求的激增（例如由 2000～2005 年美国房地产市场繁荣引致的）会推动产出和价格水平上升，如图 20-2a 所示。紧缩性财政政策通过减少政府支出或增税来减缓经济增速，这会导致总需求曲线向左移动，如图 20-2b 所示。

现实挑战

财政政策看起来是一个完美的解决方案：当可以通过采取措施以更快地恢复经济时，政府为何要等待经济以一种更缓慢、更痛苦的方式去实现自我恢复呢？不幸的是，问题并非如此简单。财政政策的选择往往以经验推测为依据，其制定并未涵盖所有的相关信息。此外，政策决定与政策执行之间的时滞也会使得政策难以产生好的效果。

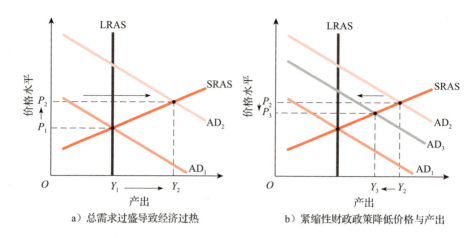

a）总需求过盛导致经济过热　　　　b）紧缩性财政政策降低价格与产出

图20-2　紧缩性财政政策的影响

为了理解财政政策实施方面的一些困难，我们将经济想象成一辆公共汽车。假设你是这辆公共汽车的司机，你的职责是：当处于上坡路时，你要防止它熄火不前；而当处于下坡路时，你要防止它失去控制。你可以踩油门加速行进（对经济而言，即采用扩张性财政政策），也可以及时刹车（实施紧缩性财政政策）。这听起来十分简单，不是吗？

现在，我们假设将公共汽车的挡风玻璃从外侧涂黑，所以你并不能看清前路，并且里程表中显示的是你在3个街区前的速度而不是你当前的行车速度。更糟糕的是，我们可以想象这辆公共汽车像一个政体那样运作，也就是说在选择刹车或踩油门前，你都需要获得大多数乘客的同意，而他们讨论这些问题花费的时间至少够公共汽车穿过4个街区。最后，当你选定好是刹车还是踩油门后，你仍将需要足以穿过6~12个街区的时间来等待这一决策生效。

这就是政府在制定财政政策时的感受。政策制定过程中的时滞主要来自三个方面：

- 了解当前的经济状况（你看不到公共汽车前方的状况，里程表显示的速度也滞后了3个街区）。

- 法案的决议与通过程序（假设总统是这辆公共汽车的司机，国会中的立法者就是争论不休的乘客）。

- 所采用的政策对经济产生影响所需的时间（一旦你踩下油门或刹车，这一行动仍然要等公共汽车再经过几个街区才会生效）。

第一个方面涉及**信息时滞**（information lag）。我们或许能清楚地看到经济正经历衰退或处于繁荣期，就像我们能从公共汽车的后窗清楚地看到我们正在爬坡或下坡一样。但是政策制定者收集 GDP、失业和通货膨胀等相关信息则需要很长的时间。以 GDP 数据为例，它们通常是 3 个月公布一次，并且公布的数据反映的是发生在三四周之前的经济活动情况。这些早期的数据并不总是准确的，我们要获得真实的数据，通常需要等待 6 个月甚至更长的时间。

3～6 个月的时间太过仓促，不足以反映整体经济的趋势。你肯定不想成为这样的人：发出"公共汽车前面有高山矗立"的警告，而最终发现那实际上不过是一个小山丘。2008 年，美国国家经济研究局利用了一整年的数据，才发表了美国经济处于衰退期的公告。而在那时，美国经济已经失去了超过 100 万个工作岗位。

与我们需要时间去了解情况的糟糕程度一样，确定经济的衰退期是否已经结束同样需要花费一定的时间。我们会看到关于企业增加雇用的新闻报道，但这是否能转化成实际的经济效益则有待时间的检验。在这两种情况中，政策制定者需要为将来做出重要决策，但他们仅了解几个月之前的经济状况。

第二个方面涉及**构想时滞**（formulation lag），即法案的决议和通过所花费的时间。首先，一项政策需要经过草拟并在国会上通过提议，才能成为一项法案。这项法案须先经过众议院的讨论，如果有一半以上的代表赞成，它就可以送交参议院。当参议院 100 位议员中的绝大多数支持这项法案时，总统就会选择签署这项法案并将之变成法律，或加以否决。如果遭到否决，整个程序需要重新再来。在这一过程中，国会的 535 名成员需要一定的时间来做出决策：2008 年 9 月，随着投资银行雷曼兄弟的倒闭，经济面临困境的事实显而易见，但刺激计划一直到奥巴马总统和新一届国会成员正式就职后的 2009 年 1 月才得以通过。

第三个方面涉及**执行时滞**（implementation lag）。即使政策通过，它真正生效仍然需要一定的时间。资金支付、工人雇用及原料采购都需要时间，甚至减税都需要一定的时间才能生效。2008 年，作为应对经济衰退的第一项举措，美国政府给予了纳税人一定的退税，但打印和邮寄 1.3 亿张支票就耗费了 3 个月的时间。即使是人们在收到支票后，他们也需要一定的时间去花费这笔（退税）收入。

政策过程中的这三种时滞，即信息时滞、构想时滞与执行时滞，使得好的财政政策的施行并非易事。事实上，时滞有可能非常长，以至于当政策生效时，经济已经实现了自我修复，从而使得政策变得没有必要。更糟糕的情况是，当政策生效时，经济已经开始面临与之前相反的问题，造成政策对经济十分不利的局面，就像在公共汽车开始爬坡时猛踩刹车，或者在公共汽车下坡时狂踩油门。

除了在制定和实施方面面临的时滞挑战外，刺激措施的有效性也取决于人们如何领取刺激资金，请阅读以下专栏。

一次性支票还是更多的薪水

当经济表现不佳时，政府通常会试图通过给公民发钱来刺激需求。因此，在 2008 年和 2009 年，美国政府发放了"刺激资金"，鼓励美国人花钱。

看起来，不管这些额外的钱是怎么得到的，它们都是钱，人们都会把它们花掉。但政府以两种截然不同的方式支付了刺激资金：

- 第一种方法是发放一次性支票或通过一次性电子转账存入人们的银行账户。接收者一次性得到一大笔钱。
- 第二种方法是小额分期付款，在每个发薪日发放。（实际上，第二种方法涉及减少从人们工资中预扣的税款。）

人们获得刺激资金的方式，在一定程度上决定了他们的支出选择。

一些专家预测，与小额分期领取刺激资金的人相比，一次性领取一大笔刺激资金的人会节省更多资金（也就是说，他们会减少支出）。理由是小额分期领取刺激资金几乎不会被大多数人注意到，他们会不假思索地把多出的钱花掉。而那些一次性领取一大笔刺激资金的人肯定会注意到，他们更有可能停下来，计划一下，并有意识地将其中一部分留作将来使用。这个推论是基于人们如何关注事物的心理学理论得出的。

事实证明，恰恰相反。经济学家克劳迪娅·萨姆、马修·夏皮罗和乔尔·斯莱姆罗德对接受刺激计划的人进行了调查。他们的调查显示，一次性领取一大笔刺激资金的人中，有25%的人表示他们会花掉大部分资金，而小额分期领取刺激资金的人中只有13%的人表示他们会花掉大部分资金，前者大约是后者的两倍。

这是为什么呢？一种可能性是，在经济困难时期，人们通常都不愿消费。因此，那些在每份工资中得到一点额外资金的人也不愿意花这些钱。但那些一次性获得了一大笔资金的人更有可能将其视为一个特殊的机会——所以他们抓住了这个机会，购买了一些有意义的东西。

萨姆和她的同事们表明，当涉及关于刺激计划支付的辩论时，政策问题不仅仅是"应该给多少钱"，还有"如何发钱"。

资料来源：Claudia R. Sahm, Matthew D. Shapiro, and Joel Slemrod, "Check in the Mail or More in the Paycheck: Does the Effectiveness of Fiscal Stimulus Depend on How It Is Delivered?" *American Economic Journat: Economic Policy* 4, no. 3 (2012), pp. 216-250.

政策工具： 相机抉择与自动稳定器

美国2009年的刺激法案是有针对性的或相机抉择的财政政策的实例。这是政府主动选择与采用的政策。即使没有任何刺激法案，由于已经存在的税收与政府支出政策，财政政策仍会对经济产生一定的影响。这些税收与政府支出被称为**自动稳定器**（automatic stabilizers），它们会对财政政策产生影响，而不需政策制定者采取特定的措施。

作为自动稳定器的税收。税收能作为自动稳定器，是因为所得税制度的设置：随着收入的增加，人们所应支付的税率也越来越高。依据所得税税法的规定，在不同的收入范围内，你需要将不同比例的收入用于纳税。例如，在2018年，当收入在0～9 525美元时，一个美国人需要将收入的10%作为税收支付；

当收入在 9 526 ~ 38 700 美元时，其所适用的税率为 12%；当收入在 38 701 ~ 82 500 美元时，税率则变成 22%。人们最终缴纳的税款占收入的比例可能不同，原因很简单，随着收入的变化，他们面临的纳税义务也不同。举个例子，假设你在 2018 年的收入为 38 000 美元，那么你所适用的最高税率将是 12%。但如果你换了一份工作（或得到了一次显著的加薪），使你在 2018 年的收入增至 44 000 美元，你将不得不在那一年支付更高比例的税款，因为超出一定额度的收入将自动适用 22% 的税率。

与相机抉择（discretionary）的财政政策不同，自动稳定器不会受到信息获取、决策制定或执行滞后的影响。此外，自动稳定器还能推动经济朝着适时和适当的相机抉择的政策的方向发展。例如：

- 在经济繁荣时期，随着人们收入增加，进入较高的收入区间，他们会自动按照较高的税率纳税，而无须政策制定者进行任何新的干预。在这种情况下，人们需要缴纳的额外税款会对总体支出产生轻微的抑制作用。这种轻微的抑制会使总需求减少，因为税收拿走了原本人们可以花掉的钱——这与政策制定者有意通过增加税收来实施紧缩性财政政策的效果相似。

- 在经济衰退时期，人们的平均收入通常会下降。随着收入水平的降低，人们往往会被归为适用较低的税级。在较低的税级上，税率也较低，人们的口袋里就会多出一些钱（与税率不变的情况下相比），从而鼓励一些额外的消费。这会轻微刺激总需求，就像政府有意减税以实施扩张性财政政策一样。

作为自动稳定器的政府支出。政府支出同样可以起到自动稳定器作用。食物救济和医疗补贴计划这类福利项目，根据低收入或失业率状况制定了申领标准。在经济繁荣时期，更少的人符合这些项目的条件，因而政府在这些项目上的支出将减少。这与主动采取的减少政府支出的紧缩性财政政策的效果是一致的，总需求的水平降低，总需求曲线会向左移动。而在经济衰退期间，更多的人符合这些项目的条件，政府在这些项目上的支出也会自动增加。由于政府支出增加，总需求曲线会向右移动。

总而言之，当美国经济陷入衰退时，由于平均税率的降低和社会福利项目支出的增加，财政政策会自动变成扩张性的。同样，在经济繁荣时期，随着平均税率的上升和福利项目支出的减少，财政政策又会自动变成紧缩性的。2009 年批准的扩张性刺激法案则是叠加在这些自动效应之上的。

财政政策的局限性：　这些资金必须有其出处

政客们常主张在经济衰退时减税。这背后的理由是：当人们手中持有更多现金时，往往会花费更多。反过来，这些支出也会提高企业利润，创造就业机会并有助于经济复苏。

但是，情况并不总是如此简单。减税并不是免费的。政府最终需要找到弥补这些税收损失的方法。这意味着未来可能会削减同等额度的政府支出，或者更通常的情形是，增加同等额度的税收。如果人们认为今天的减税即意味着将来税负的加重，情况又会如何呢？在这种情况下，人们并不会把因减税而结余的收入全部花费出去，所以刺激政策的效果将是有限的。

这一概念被称为李嘉图等价（Ricardian equivalence）。它预言，如果政府减税但不削减支出，人们将不会改变他们的行为。为什么呢？因为人们意识到，政府将不得不借款以弥补由减税造成的财政缺口。在未来的某一时点，税收将会回升以偿还额外的政府债务。换句话说，纳税人意识到维持政府支出的资金必须有其来源。

纳税人能从减税政策中获得一笔可观的收入，但他们也会意识到，最终他们或他们的子孙将不得不通过税负加重的方式来偿还。因此，这项减税措施在他们看来，更像是一笔贷款，而不是一笔实际的意外之财。根据这一理论，理性人会把他们今天获得的收入存起来，而不是花出去，以应对未来由税收增加带来的财务压力。然而，如果人们存储资金而不是花费，消费将不会增加，减税对增加总需求而言将是无效的。

当然，在现实中，人们并不会如此理性或有远见。当他们获得减税待遇时，他们可能直接将这部分额外所得用于消费。在这种情况下，李嘉图等价就不成立，相应的财政政策也将会产生扩张性效应。尽管如此，李嘉图等价定理很好地提醒我们：人们将会调整自己的行为，以对政府政策的变化做出反应，好的政策需要将这些反应及由此产生的意外后果纳入考虑之中。在有些情况下，个人的反应可能足够理性，导致意愿良好的政策失效。然而，在实践中，大多数人在打开含有退税单的信封时并不会考虑到未来税负会加重，就像下面的专栏所描述的一样。

🌐 花掉你的刺激性支票

2008 年年初，美国经济状况的恶化已显而易见。布什政府通过了《经济刺激法案》，作为解决这一问题的举措。这一法案给纳税人提供了一张"刺激性支票"：一张邮寄给个人的没有任何附加条件的支票，家庭可以按约定的方式将它用于消费。全国约有 1.3 亿个家庭获得了这种支票，总计 1 000 亿美元。个人获得 300 ~ 600 美元，夫妻获得的数额是这个数字的两倍，每个孩子还可额外获得 300 美元。

政府希望家庭能消费这些支票，从而增加需求，推动总需求曲线向右移动。但政府并没有对人们消费或存储这一支票做出要求。事实上，李嘉图等价定理预言，理性的家庭将存储这笔退税。这是政府派发刺激性支票时可能会出现的情况。

实际情形又是什么样的呢？事实是，家庭将意外所得的大部分用于消费。他们购买汽车和卡车，去商场购物。平均而言，退税额的 50% ~ 90% 被他们消费出去了。总体家庭支出的增加推动总需求曲线向右移动，并推动产出恢复到之前的更高水平。简而言之，人们并没有像李嘉图等价定理预言的那样行动，虽然他们没有将所得退税全部用于消费，但也花费了其中的一大部分。经济并未脱离险境，但作为一项应对经济衰退的紧缩效应的早期措施，刺激性支票实现了它自身的预期目标。

财政政策是一项强有力的工具。通过运用增加政府支出或减税的财政政策，政府能够抵消经济的短期波动。然而，值得注意的是，政府必须以某种方式支付所有的道路、桥梁与退税的费用。这些资金来自何处呢？它们来自纳税人。如果政府支出增加而税收没有同等幅度地增加，又或者是减税的同时，政府支出没有相应地减少，政府都会背负债务。这也是我们接下来要讨论的主题。

政府预算

通过前面的学习，我们已经了解了政府为何想要通过政府支出或税收的调整来影响经济。如果政府支出超出其收入，就会出现预算赤字（budget deficit），这种情况在美国和大多数其他国家都普遍存在。尽管这种情况较为罕见，但政府也有可能出现预算盈余（budget surplus），即政府收入超出其支出的情况。

在实际操作中，预算赤字可能需要通过借款来弥补。如果政府连续多年持续出现预算赤字，那么用于弥补赤字的借款金额就会随时间不断累积。这些累积的借款就构成了公共债务。在本章接下来的部分，我们将讨论政府预算以及公共债务可能对经济造成的影响。

收入与支出

政府预算与个人预算是相似的。在政府预算中，资金以税收收入的形式流入，以政府购买与转移支付（transfer payments），是指政府账户向个人的支付，并集中在诸如社会保障等项目上，不包括商品和服务的购买；正因为如此，这些支出并不体现在 GDP 中）的方式流出。在 2018 年，政府总支出为 4.11 万亿美元。同时，政府以税收的形式取得了约 3.33 万亿美元的收入。政府支出与收入的差额（即预算赤字）达 7 790 亿美元，这是一个令人难以置信的数字。2018 年的赤字规模实际上已有所缩小：2011 年，美国政府的预算赤字高达 1.3 万亿美元。上一次美国政府的预算赤字占 GDP 的比例如此之大还是在第二次世界大战期间，当时迫于战争需要，政府在坦克与飞机上的支出飞涨。

记住，政府在支出、收入和借贷方面的决策与经济衰退时家庭的决策有着根本的不同：

- 当家庭面临困难时，人们通常会考虑勒紧裤腰带，为不时之需积攒资源。
- 当政府面临经济衰退时，增加支出和减少税收以刺激总需求有时是明智之举。

事实上，当所有家庭都"为自己做正确的事"（削减开支）时，反而会产生负外部性，导致经济整体需求下降，而此时实际上需要更大的需求来帮助改善经济状况。政府的作用就是消除这种负外部性的影响。

预算赤字

图 20-3 展现了美国近 78 年的财政预算赤字情况。经济学家通常用占 GDP 的比重来描述预算赤字，以强调预算赤字与经济规模间的关系。在战争时期，随着政府军事开销的增大，预算赤字通常也尤为庞大。如在第二次世界大战期间，美国的预算赤字达到 GDP 的 30%。在 1990 ~ 1991 年的海湾战争期间，以及 2001 年 9 月 11 日之后的伊拉克战争和阿富汗战争期间，也出现过一些相对更低的峰值。

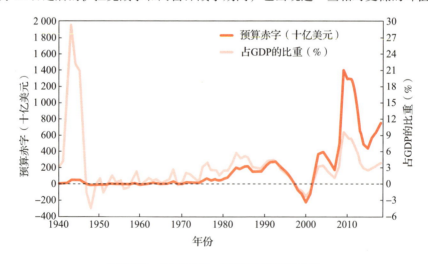

图 20-3　美国 1940 ~ 2018 年的预算赤字

预算赤字常随着支出的增加或税收的减少而增加。你可能会注意到，在 20 世纪 80 年代，一个经济增长、社会稳定的时期，美国的预算赤字却相对较高，平均约为 GDP 的 4%。这主要是由政府预算中收入的变化引起的。当时，罗纳德·里根总统降低了税率，从而政府获得的收入减少。2017 年的减税计划出台后也发生了类似的事情。

此外，从 2007 年后预算赤字的急剧增加可以看出，经济衰退也会使预算赤字增加。在经济衰退期间，作为扩张性财政政策的一部分，政府支出常常会增加；与此同时，由于人们收入与消费的减少，政府的收入也会下降。

公债

纽约时代广场满是浮华的广告牌和令人眼花缭乱的表演，在距离它只有几个街区的地方，有一台不起眼的数字计数器——国债钟，它密切关注着美国联邦政府的债务情况。当政府出现预算赤字时，其显示的负债总额就会增加。只有在很少的年份里，政府预算出现了盈余，其负债总额减少。20 世纪 90 年代末，当这一情况发生时，国债钟的创立者西摩·德斯特不得不暂时关闭了它，因为他没有为它设置倒着计数的程序。

随后，政府负债的上升趋势又迅速恢复了。后来国债钟的又一次临时关闭是由于需要添加新的数值显示位，因为政府债务已经超过了 9 999 999 999 999 美元。到 2019 年，国债钟显示的数值已超过了 22 万亿美元，并且没有表现出增速趋缓的迹象。这 22 万亿美元相当于每个市民负债 67 492 美元。西摩·德斯特说："只要债务或纽约城存在，这一债务数值就会持续增加。"随后，他补充说："如果这能让人们感到困扰，就说明它是有作用的。"然而，我们该为什么规模的负债感到困扰呢？

债务规模

1792 年，亚历山大·汉密尔顿说服了美国国内仅有的两家银行向新成立的美国政府提供 19 608. 61 美元的贷款。这是已知的美国政府公债（public debt）总账上的最早记录。明确政府债务与预算赤字间的差异是十分重要的。预算赤字是政府当年收入少于支出的额度。而政府债务是一国政府欠债的总额。换句话说，政府债务就是预算赤字与预算盈余的累积总和。

图20-4用债务规模和占GDP的比重这两种方式展示了美国在1940～2018年的政府债务情况，并展示了图20-3中呈现的各年预算赤字的累积效应。

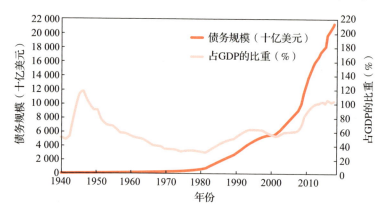

图20-4   美国1940～2018年的政府债务

为了弄清楚从占GDP的比重这一角度衡量公债的有效性，我们可以从个人财务入手。你会选择每年赚取2万美元并借款1万美元，还是赚取10万美元并负债3万美元？在第二种情形中，你的债务规模是前者的3倍，但仅占你全年收入的30%。而在第一种情形中，你的债务规模较小，但它在你全年收入中占比50%。尽管你在第二种情况下所欠债务更多，但是你并不会过于担心你的偿还能力。类似的逻辑可用于解释债务占GDP的比重的变化。1950～1980年，尽管债务规模不断增大，但其在GDP中所占的比重实际上是不断降低的。这意味着在这期间，经济快速增长，且其增速要远高于债务的增速。

世界上几乎每一个国家都有债务，从债务在GDP中所占的比重来看，有些国家的负债水平甚至远高于美国的负债水平。（根据国际货币基金组织的统计，只有文莱是没有负债的。）图20-5显示了世界上一些国家的债务规模，其中，日本、希腊、意大利和美国的债务占GDP的比重超过100%。

政府支出是如何引致负债的呢？这一过程远比用信用卡购物或向银行借款要复杂。它涉及国库券的发售。国库券是一项复杂的债务融资工具，并最终由国家在不同的期限内，按不同的利率来偿还所借的资金。

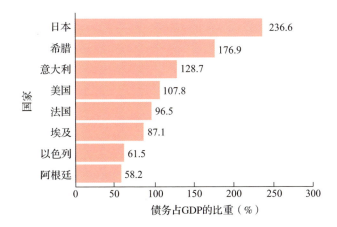

图 20-5　部分国家 2018 年的债务规模

政府债务是好还是坏呢

2011 年夏季，超过 10 万人在雅典街头游行。他们抗议政府欲推行的紧缩政策，因为这些政策希望通过缩减政府开支来减轻政府所承受的天文数字般的债务负担。希腊的债务规模相当于 GDP 的 1.5 倍，这令其债权国和推行削减开支的欧盟十分担忧。（到 2015 年，希腊的债务规模已扩大至 175%。）然而，大多数经济学家认为政府债务对于政府的正常运转是必不可少的。那么，政府债务的收益与成本各是什么呢？

政府债务的收益。政府债务主要有两个益处。第一个是它能在意料之外的状况发生时给予政府更多的弹性。2005 年，卡特里娜飓风席卷墨西哥湾岸区时，政府支出了 1 050 亿美元，占当年政府支出的将近 4%。如果要在举债以应对紧急灾害与无动于衷之间做选择的话，很多人肯定会说还是举债更好一些。

第二个是它能为投资筹措资金，而从长远来看，这些投资能促进经济的增长与繁荣（也可能带来更高的税收收入）。就像你为了未来拥有更好的工作机会，并获得更高的薪水而借钱读大学一样，政府举债以投资教育或修建道路及其他基础设施，同样会对拉动经济更快地增长大有裨益。

政府债务的成本。政府债务会产生直接成本。直接成本是政府应向贷方支付的借款利息。债务的利息支出数额很大。在过去，它曾是预算支出中的第四大支出，排在转移支付（包括社会保障和诸如联邦医疗保险等救济类转移支付，二者分别为第一大、第三大预算类别）与国防支出（第二大预算类别）之后。

直接成本取决于利率水平。当利率上升时，政府所要偿还的债务将增加。反过来，利率又取决于投资者对政府偿债能力的信心程度。这会形成一个恶性循环：当投资者怀疑政府没有能力偿还债务时，他们在将资金借给政府前会要求更高的利率。更高的利率会加重政府的债务负担，使投资者对政府的偿还能力更加没有信心。

在过去，这种恶性循环不断加剧，政府在无法偿还债务时不得不采取违约措施。尽管很少有人认为美国会发生这种严重的风险，但在 2011 年，主要的评级机构标准普尔将美国债务评级由 AAA 降为 AA＋。这意味着，对于美国能否有效地缩小像气球般膨胀起来的政府债务规模，外界是持怀疑态度的。

政府债务同样会产生间接成本。在一些情形中，政府债务会扭曲信用市场，减缓经济增速。我们已经注意到政府借贷挤出私人部门投资的可能性。当政府举债时，它增加了借贷需求，从而推动更大范围经济活动中的借贷价格（即利率）的上涨。上升的利率会增加想投资企业或想购买新房、新汽车的居民的借款成本，从而使总需求增长放缓。

最后，问题在于谁为这些政府债务负担买单。当政府借入资金以支持增加支出或减税的措施时，当下的人们是获益的，但未来的人们将要偿还这些贷款。这些成本会不断累积并成为我们子孙后代的负担。

金融体系和金融机构

ECONOMICS

第 21 章

金融学基础

▍引例 亨利·雷曼和他的兄弟们

1844 年，亨利·雷曼在亚拉巴马州蒙哥马利市开了一家干货店。最初，他卖一些食品和基本生活物资给当地的农民。很快，他的兄弟们也加入了经营，生意逐渐扩大。雷曼兄弟开始担任中间人，他们买下当地农民的棉花，然后将它们卖到更远的市场。由于生意兴隆，他们随后在纽约设立了办事处，并将公司生意扩大到咖啡和其他商品领域。由于货物来源于南方，公司在美国内战时期受到了严重的打击。战争结束后，公司迅速重组并与亚拉巴马州的政府达成合作，帮助州政府管理财政和债务偿还事务。到 19 世纪末，雷曼兄弟公司已经发展成华尔街最大、最有影响力的金融机构之一。

雷曼兄弟公司经历了内战、经济大萧条、第二次世界大战、与竞争对手命途多舛的合并，以及 2001 年 9 月 11 日总部差点被袭击（其总部就坐落在世贸中心对面）等危机，并且幸存下来。但是，在 2008 年 9 月 15 日，雷曼兄弟公司却宣告破产，一个如此大规模、历史悠久、声誉良好的公司就这样倒下了，这出乎很多人的意料。雷曼兄弟公司的倒闭引发了全球金融市场的恐慌。这样一个看似坚固的组织在不到一年前还创造利润，如今怎么会突然倒闭呢？

由房地产市场崩盘引发的雷曼兄弟公司破产、美国金融体系崩溃以及随之而来的大衰退，这些都是当今最引人注目的经济事件。要弄懂这些事件，我们必须先了解金融体系本身。

传统的商品和服务市场是相对直观的，它帮助撮合潜在买者和潜在卖者达成交易。与之相比，金融市场显得抽象而遥远。它在做些什么？华尔街的公司究竟销售什么，以及它们代表谁来销售？像雷曼兄弟公司这样的传统经纪商是如何进入华尔街的？为什么要有金融体系？

实际上，金融市场的基本目标和其他市场是相似的，它将想要把钱马上花掉的人（买者）和想要把钱存起来供以后使用的人（卖者）匹配起来，在这样做的时候，它也帮助人们在一段时间内管理他们的资金和保护自己免于风险。金融体系将储户和借款人聚在一系列相互联系的市场中，在这里人们能够交易各种金融产品。

金融市场的基本前提十分简单，但是实际的交易可能非常复杂。金融市场针对有不同投资和储蓄需求的人，提供品种繁多的金融产品。就像在农户和饥饿的消费者之间协调的批发商和杂货店一样，在金融市场中也有很多不同的公司和机构在储户和借款人之间协调。

企业、政府、非政府机构和个体依靠金融体系来实现它们的目标。金融体系帮助人们在适当的时机以尽可能小的不确定性获得他们恰好需要的资金数量。如果你有储蓄账户、支票账户、信用卡、助学贷款、住房贷款或汽车贷款，你就会从金融市场中受益。人们非常容易把这些服务当作是理所当然的。然而，雷曼兄弟公司破产及紧随其后的全球金融危机显示了一个完善的金融体系是多么有价值、多么重要。

在这一章中，我们先探讨金融体系的作用及其对于储户和借款人的价值。我们建立一个简单的市场模型，在这个市场中只有储户和借款人参与。然后，我们从三个角度探讨金融体系，即它的功能、其中的参与者以及其中交易的资产。最后，我们将探讨金融产品的一般特点，如风险和收益。

金融市场的作用

尽管我们常常将华尔街与高科技、错综复杂的交易相联系，但这其实只是近年来的印象。基本的金融市场最早可以追溯到古希腊，它基于寺庙形成的放债机构吸收存款，为旅行者兑换货币和放贷。个人的财富体现在以重量计价的贵金属和以数量计价的国家铸造硬币上。我们今天所熟知的股票市场最初出现于 17 世纪。为什么在整个人类历史的不同社会中，金融市场都是这样一个自然形成并且十分有用的机构？它有什么作用？

什么是金融市场

在**金融市场**（financial market）中，人们可以交易对现金或商品的未来权利主张。这种"权利主张"有很多不同的形式。例如，当你获得一笔贷款时，银行在当期付给你资金，同时你要同意未来返还银行本金和利息。当你购买了一个公司的股票时，你就有了分享公司未来所赚取的利润的权利。当你购买了一份保险时，你需要定期支付保费，一旦你未来发生一些不好的事情，保险公司就要按规定向你赔偿。在本章接下来的部分，我们将介绍这些以及其他类型的金融资产及其细节。现在需要注意的是，金融市场通过协议允许人们在不同时间、地点和情形下转移资金。

金融市场背后的核心观念是，在任何给定的时间内，有闲置资金的人未必是可以按最有价值的途径利用这些资金的人。金融市场可以使资金流向收益最高的地方。一个完善的金融市场，它能够通过匹配买者和卖者并使他们从交易中获利，让每一个参与者的处境都变得更好。

在金融市场中，买者是想要投资一些有价值的东西但是缺少资金的人，由买新房子的家庭、需要付学费的学生、建立新工厂的公司、开启新项目的企业家以及经常为公共开支筹集资金的政府等构成；卖者是手里有富余资金并且愿意以一个合适的价格将资金借给他人使用的人，由愿意放弃一部分当期的花销以在未来获得一些收益的个体、企业或者政府机构构成。

银行和金融市场的功能

如今，金融市场是十分复杂的，复杂到在 2008 年雷曼兄弟公司破产后，几乎没有人能够完全说清楚究竟是什么原因导致了这样的结果。但是，最开始的金融市场并没有这么复杂。在初期，系统内只有银行、储户和借款人。

想象一下世界上如果没有银行会如何。人们面临着这样的问题：你需要用钱的时刻和你挣到钱的时刻总是不能完美匹配。这个问题可以以很多不同的方式出现。一些时间差可能与你的整个生命周期有关。例如，你可能想在工作的年份里挣更多的钱，然后在退休之后靠储蓄生存；你可能想在年轻的时候去读一个更高的学位、买房或买车，但那时你还没有挣很多钱的机会。一些时间差可能发生在短期内：你可能一个月领一次工资，而在一个月内你很多时候都有消费的动机；或者，你可能经营农场生意，你的收益出现在一个季节（如收割庄稼），而大部分的开支发生在另一个季节（如播种）。

银行能够帮助人们解决这类问题，它能够从当期收入比花销多的人那里吸收存款，并且向那些花销大于收入的人发放贷款。我们为什么需要银行来做这些？为什么不把挣到的所有钱放在家里，并把富余的钱借给确实有需要的亲属和邻居？实际上，这是一种老式的理财方式。即使在今天，世界上仍有数十亿人没法将钱存放到现代银行中，他们仍然依赖于那些简单的方式。

银行具有很多功能。首先，它们充当储户和借款人的中介。如果没有银行，每当你需要贷款的时候你就不得不四处奔走，东拼西凑。如果恰巧你认识的人也没有富余的资金，那你的运气就非常不好了。如果你认识的人与你在某种程度上是相似的，你们年龄差不多，工作差不多，或者种植同样种类的农产品，那么你们极有可能同时有资金需求。银行能将你和范围更广的人联系起来，在你需要资金的时候，这些人有存款可以借给你。银行能够节省人们在管理许多小的、人与人之间的交易上所花的时间和精力。对每个人来说，无论你何时需要存款或贷款，银行都是一个便捷的、一站式的交易所。

其次，银行使现金的获得变得更容易。在过去，人们手里必须持有现金才能购买商品。人们必须随身携带非常重的金币或银币，并且时刻担心它们会被偷走或者丢失。更严重的是，把钱借给别人或者用它们进行投资是有风险的（这个风险甚至超过别人无法偿还的风险），这是因为当你急用钱的时候，你手里并没有可用的钱。例如，你把钱借给你的邻居后不久你的孩子病了需要看医生，你可能很难让邻居马上把这笔钱还给你来支付医药费。即使没有什么急用，把一些钱留在身边以防万一也是更安全的。银行让人们在没有以上风险的情况下享受流动性带来的好处，它能够使你在需要资金的时候更容易地获得可用的资金。

有了银行及其提供的一些工具，如 ATM 机、支票簿、借记卡和信用卡，你在需要用资金的时候可以简单和廉价地获得，并且无须担心安全问题。银行的实际价值就是，当你把钱存在银行时，不需要担心突然要用时取不出来。这是因为很多人都把钱存在银行，而所有储户同时有提现需要的情况几乎不可能发生。因此，银行将一小部分存款保留在手中，而把大部分存款资金贷出或进行更有效率的投资。随后借款人向银行支付贷款利息，银行向储户支付存款利息，这对个体储户来说并未失去流动性。

最后，银行帮助储户和借款人分散风险。假设在没有银行的时候，你把一大笔钱借给你的亲戚，他用这笔钱开了一个商店。如果商店经营得好，你能够收回投资，那么一切都没有问题。但是，如果商店倒闭了，正如小生意经常发生的情况，你可能会陷入财务困境。当你的存贷停留在个人对个人的层面时，即使这其中的每个人都是善意和可信的，它的风险也和把很多鸡蛋放在一个篮子里没有差别。银行就相当于把你的鸡蛋分散到不同的篮子里，因为银行有很多借款人，而所有借款人同时违约的概率是非常小的。少数借款人可能会违约，但大多数人会如期偿还，所以个体储户不必承担投资失败的全部后果。

实际上，不仅银行会提供这些好处。由银行、保险公司、投资者、股票交易市场、政府机构等构成的整个金融体系，都起着储户与借款人之间的中介、提供流动性和分散风险的作用。在本章中，我们将多次强调金融体系的这三种作用。在下一节中，我们将讨论这些买者和卖者怎样聚集到一个简化的金融市场中，我们称之为"可贷资金市场"。

可贷资金市场：一个简化的金融市场

考虑一国之内所有人的收入和消费：在任意时间点，都有人想借钱，有人想存钱。但是，有多少人想借钱又有多少人想存钱呢？如果人们想要借得资金的总量高于想要存入资金的总量，那么什么决定了哪些贷款获得批准呢？金融市场通过调节价格调节供求的力量，以此使资金达到储蓄总量等于投资总量。

现实生活中的金融市场针对不同种类的买者和卖者设计了很多不同价格的产品。你只需要浏览报纸的商业板块或者任一银行提供的账目（accounts）和贷款种类就能够得到多样的金融产品信息。在本章的后面，我们会深入挖掘这些产品的差别。现在，我们将金融市场简化为仅有储户和借款人参与的可贷资金市场。

储蓄、投资和可贷资金的价格

在**可贷资金市场**（market for loanable funds）中，有富余资金可借出的储户向有投资需求的借款人提供资金。可贷资金就好比是一笔放在桌子上的资金，在它的两侧一面是借出，一面是借入。

当提到储蓄和投资时，我们必须小心使用术语。经济学家对储蓄和投资进行了明确的定义。**储蓄**（savings）是指没有立即用于商品和服务消费的那部分收入。**投资**（investment），更准确地说是投资支出，是指厂商在厂房、设备及存货等生产性投入上的支出。

利用这些定义，我们可以建立一个简单的可贷资金市场模型。记住：可贷资金的供给来自储蓄，借贷资金的需求来自投资。和其他任何市场一样，当可贷资金的价格使供给数量等于需求数量时，储蓄和投资达到均衡。

对可贷资金市场上的卖家和买家来说，储蓄就像出售一段时间内所拥有资金的使用权，人们愿意提供的储蓄资金量由可贷资金的价格决定；借贷就像购买他人资金的使用权，人们需要的投资资金量也取决于可贷资金的价格。

可贷资金的价格被称为**利率**（interest rate）。它通常以单位时间内单位货币的百分比来表示。对储户而言，利率是银行在特定时间段内使用其资金所支付的报酬。对借款人而言，利率是在特定时间段内借款的成本，即借款人在偿还贷款之前被收取的费用。

利率决定了借款人除本金外还需偿付的金额。例如，如果你以 10% 的利率贷款 1 000 美元，期限为一年，期末你就需要还 1 000 美元的本金和 100 美元（1 000美元×10%）的利息。

和其他任何市场一样，向下倾斜的需求曲线（投资）和向上倾斜的供给曲线（储蓄）的交点，决定了均衡时的利率和贷款总量，如图 21-1 所示。

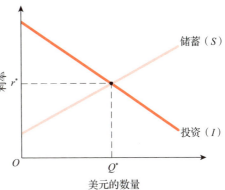

图 21-1　可贷资金市场

供给曲线为什么会向上倾斜。也就是说，为什么大多数人愿意在利率上升时储蓄更多的钱呢？在商品和服务市场上，价格越高，就会有越多的人发现它有利可图，进而增加供给。在可贷资金市场上，价格和资金供给量之间的关系基本上与商品和服务市场上是相同的。关键是要意识到储蓄是有机会成本的：储蓄意味着现在你不能消费全部收入。人们理性地在储蓄和消费之间权衡。

如果你储蓄 100 美元，这意味着你放弃了价值 100 美元的当期消费以换得未来的收益。如果利率是零，那么你期末只会得到 100 美元。但即使是零利率，也有人愿意储蓄，他们更愿意在退休后消费这 100 美元而不是现在。但是大多数人的情况是，存款利率越高，他们越愿意推迟消费计划来提高他们未来的收入。如果你在 1% 的利率下没有储蓄，那么在 10% 的利率下可能是非常愿意储蓄的。如果被承诺借出 100 美元一年后返还 200 美元，那么更多的人会愿意储蓄这 100 美元，利率更高时更是如此。

在可贷资金市场上，需求曲线是向下倾斜的。这是由于贷款利率降低导致借贷成本降低，使投资者愿意对更多的投资机会付出成本。

当决定是否借款的时候，企业和家庭被视为投资者（如企业建立厂房、家庭购买住房），它们最先做的就是估算投资收益。收益率描述了为该项目所投资的每一美元的预期回报。

如果收益率（借款的好处）低于贷款利率，那么投资者是亏损的。在这种情况下，投资是不值得的。如果收益率高于贷款利率，投资将是盈利的，那么借钱投资就是值得的。

在实际生活中，有各种收益率不同的投资机会。随着贷款利率的上升，收益率高于贷款利率的投资机会越来越少，因此借贷需求量也会下降。所以需求曲线表现为向下倾斜。

可贷资金的需求和供给的变化

决定人们储蓄和投资多少的潜在因素是随时间而变化的，且在不同的国家表现不同。这些因素能够使可贷资金市场上的需求和供给曲线移动，即在给定的利率水平下，资金需求和供给的数量会发生改变。因此，均衡利率和均衡数量将会随之改变。在本部分，我们将讨论一些储蓄和投资的重要决定因素。

储蓄的决定因素。储蓄决策反映了人们在把收入用于当期消费和用于未来消费之间的权衡。向上倾斜的供给曲线反映了随着利率的提高，储蓄相对于消费的价值增加，人们会提供更多储蓄的事实。但是，利率以外的其他因素也会影响这个选择。总体上看，这些因素都是或多或少让人们对延迟消费感兴趣的事情，例如对未来经济的预期，甚至人们对简朴和节约的文化偏好。

储蓄的决定因素的变化会使借贷市场的供给曲线移动。想象有一种使人们在利率水平不变时储蓄量减少的变化，例如人们预期经济在未来十年内会飞速发展，他们认为自己在将来会有更好的工作并赚更多的钱，于是不愿意在当前储蓄。人们预期的变化使供给曲线向左移动，如图21-2所示。可贷资金市场上

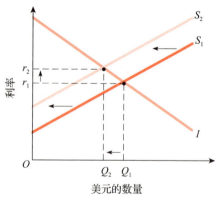

图21-2　储蓄的决定因素变化导致可贷资金供给的变化

的均衡沿着需求曲线变动，到达一个新的均衡点，结果就是利率升高，均衡资金

量减少。与之相反，当决定因素的变化使人们在利率水平不变时储蓄量增加时，供给曲线向右移动，在新的均衡点上，利率降低而均衡资金量增加。

能够决定人们在给定利率下储蓄多少的因素有很多。在这一部分，我们关注的是宏观层面的影响因素，即影响国民总体储蓄变化的因素。

总结而言，以下都是影响储蓄的重要因素：

- **财富**。研究表明，富裕家庭通常会比其他家庭储蓄更多的收入。

- **当前经济状况**。当我们考虑人们的储蓄决策如何受经济状况的影响时，区分当前经济状况和基于当前经济状况对未来经济状况的预期非常重要。如果对未来的预期不变化，那么在给定的利率下，经济衰退通常会使储蓄减少（也就是说，可贷资金的供给曲线会向左移动）。当经济不景气，人们失去工作或收入减少时，他们会不太倾向于储蓄，甚至会动用过去的储蓄来支付当前的开支。然而，在 2007～2009 年的经济衰退中，储蓄率实际上升了。为了解释这个谜题，我们必须转向……

- **对未来经济状况的预期**。经济衰退通常被视为当前及未来经济表现不佳的信号。这种对未来的预期会影响储蓄率：在其他条件不变的情况下，当人们预期自己未来的收入会减少时，他们会更倾向于储蓄，以确保未来有足够的资金。

- **不确定性**。当储蓄者对未来持不确定态度时，他们会更倾向于额外储蓄，以防万一。

- **借贷限制**。在任何给定的利率下，总会有一些家庭和企业希望以该利率借贷却无法做到。银行和其他贷款人通常只愿意贷款给有足够抵押品（在借款人无力偿还时可以扣押的资产）或预期收入足够高的潜在借款人。当借贷困难时，家庭和企业会更倾向于储蓄，以支付大额采购和投资。借贷限制会随着监管的力度、对未来收入走向的预期以及抵押品价值的变化而改变。

- **社会福利政策**。在给定的利率下，储蓄的激励可能会受到公共政策的显著影响，这些政策决定了个人在失业、患病或残疾、陷入贫困或仅仅是步入老年时能够获得的福利和支持。例如，美国公民期望通过社会保障和联邦医疗保险来满足退休后的福利需求，这在一定程度上减少了美国家庭的储蓄需求。（值得注意的是，对社会保障制度的税收贡献可以被视为一种强制性的退休储蓄——但是这种"储蓄"并不被纳入储蓄率的统计。）

- **文化**。在不同的文化和传统背景下，人们对节俭、通过物质商品展示财富、为后代留下遗产等的重视程度不同。虽然这些文化期望难以量化，但它们有时能够帮助解释不同国家之间储蓄率的差异。

当前的经济状况和未来的经济预期之间的关系有助于解释，为什么在 20 世纪八九十年代和 21 世纪初美国经济发展状况非常好的情况下，美国的个人储蓄率急剧下降，如图 21-3 所示。到 2005 年，美国的个人储蓄率不到 2%，这意味着美国人基本不储蓄。当前良好的经济状况会使人们愿意储蓄更多，同时也让他们对未来感到乐观，从而使他们的储蓄倾向降低。当经济状况变坏的时候，人们的储蓄率又会上升，正如 2008 年金融危机期间发生的事情一样。这表明人们把经济衰退看作未来的一个消极信号，为此他们将减少贷款，增加储蓄。

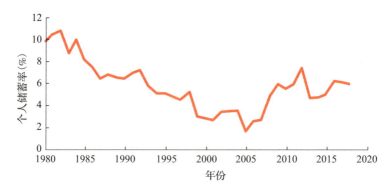

图 21-3　1980 年以来美国的个人储蓄率

资料来源：Federal Reserve Bank of St. Louis，FRED.

投资的决定因素。投资决策是基于投资能够产生的潜在利润和投资的借贷成本的权衡。可贷资金市场向下倾斜的需求曲线反映了这样一个事实：当贷款利率上升时，潜在利润将会降低，随着利率的不断升高，可能会出现投资收益无法弥补借款成本的现象。

如同影响可贷资金市场的供应端，非价格因素也会影响可贷资金市场的需求端。这些因素通常会改变经济中的投资机会，增加或减少在任何给定的利率下值得投资的数量。在整个经济中，潜在投资价值的增加将使任一给定利率水平下可贷资金的需求数量增加，使需求曲线向右移动，如图 21-4a 所示。均衡将沿着供给曲线向上变动，到达一个新的均衡点，在新均衡点上利率更高，资金量增加。

影响需求的最重要的非价格因素就是人们对未来投资收益的预期。对未来盈利能力的预期通常和对整体经济状况的预期紧密相连。2018 年，中国经济繁荣，消费需求很高。经济的繁荣会使投资者更渴望借入资金，这是因为他们预期建立新公司、从事生产、开商店、发展房地产业务会带来非常可观的利润。这种预期使得企业想要在相同的利率水平下借得更多资金，因此可贷资金需求曲线右移。

2007 年年末美国房地产市场恶化时，情况则刚好相反。由于在整个经济中，消费需求疲软，企业几乎没有动力贷款来扩大生产或开展新业务。贷款减少使需求曲线左移，如图 21-4b 所示。

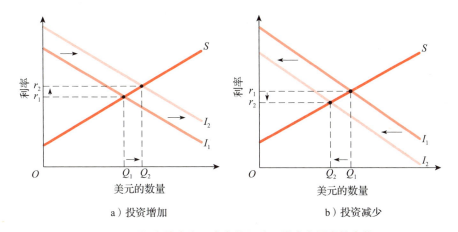

a）投资增加　　　　　　　　　b）投资减少

图 21-4　投资的决定因素变化导致可贷资金需求的变化

关于一个疲软的经济中可贷资金的需求，还有最后一点需要指出。有人认为，政府借款增加会挤出私人投资。**挤出**（crowding out）是由政府借款增加引起的私人借款减少。如图 21-4a 所示，政府的借贷需求增加使需求曲线向右移动，迫使利率上升。需求曲线的移动反过来增加了借贷成本，减少了私人投资。这种私人投资的挤出是政府干预市场时的担忧。尽管大衰退时期的证据显示挤出是微弱的，它仍然是政策制定者需要谨慎对待的问题。

面向不同借款人的价格：利率的一个更现实的视角

可贷资金市场的简化模型说明了金融市场的供给和需求之间的基本关系。然而在现实中，所有潜在的借款人并不支付同样的利率。不同借款人的贷款利率是不同的。例如，个人的贷款利率通常高于正规公司的贷款利率，美国政府的贷款利率几乎是最低的。同一借款人的贷款利率也可能会因交易类型不同而不同。例如，抵押贷款的利率低于信用卡贷款利率。每一种特定类型贷款的利率是如何决定的呢？

利率差异源于两个基本因素。首先是借款人偿还贷款的期限。其中的理由并不是那么一目了然的。在相对较长的借贷期限内，贷款人获得利息的期限也较长，所以他不是已经得到补偿了吗？是的，但是只得到了部分补偿。我们应该这样想：贷款人在贷款过程中要得到对其不能将他们贷出的钱马上收回的机会成本的补偿。当他们贷出一笔期限为20年、利率固定的资金时，贷出的钱相当于被占用了，他们不得不放弃在这20年内可能出现的所有更好的投资机会和更高的利率。由于在较长的时间内，潜在投资机会的不确定性更大，所以当贷款期限较长时，贷款人总是想要一个更高的贷款利率来补偿有可能增加的机会成本。

其次是交易风险。为了搞明白这是为什么，先问自己一个简单的问题：你更愿意借钱给一个在街上遇到的陌生人还是当地的银行？不管你的答案如何，你可能都有一个简单的标准来帮助你做决定：谁更有可能还钱给你？

当金融市场中的贷款人考虑到借款人拖欠贷款的可能性时，他们会做出相同的估算。贷款**违约**（default）发生在借款人未能按照约定的条款偿还贷款的时候。如果贷款人认为借款人可能会违约，他们将会要求一个更高的利率来补偿其所面临的高风险。

有时，贷款会以资产来进行担保，例如一套房子。如果借款人违约，未偿还抵押贷款，作为对损失的补偿，贷款人将获得房屋的所有权。这解释了为什么抵押贷款的利率总是低于信用卡贷款的利率。如果一个抵押贷款的借款人违约，那么贷款人可以将房子卖掉来收回一些资金（尽管这通常不是贷款的全部价值）。与之形成对比的是，信用卡贷款并没有有价资产做抵押，因此，如果发生违约，贷款人面临的损失更大。

借款人违约的风险被称为信用风险。它是相对于无风险利率来说的。无风险利率（risk-free rate）是指当没有违约风险时，人们愿意出借资金的利率，通常用美国的国债利率近似衡量，因为美国政府的违约概率被认为几乎为 0。其他所有借款人必须支付更高的利率来补偿贷款人，因为前者有更高的违约概率。

无风险利率和投资者需要支付的贷款利率之间的差，被称为信贷利差或风险溢价。不同的投资者，或者在不同的时间，这种差别可能非常大。例如，2007～2009 年的金融危机和经济衰退使信贷利差骤然上升，所有类型的借款人都突然变得更有可能违约。掌握了贷款期限和借款人违约概率的数据，我们就可以了解某一借款人在借贷市场上进行某一类型交易时可能面临的价格。总之，贷款期限越长、违约概率越高，信贷利差就越大。

现代金融体系

到现在为止，我们已经介绍了金融市场的基本理论，接下来我们将目光移向现代金融体系的一些关键现实。我们已经认识到一个单一的可贷资金市场过于简化。在现实中，个人和企业往往因贷款期限和风险不同而面对不同的利率。金融体系（financial system）由一系列机构构成，它们将储蓄者、借贷者、投资者以及保险机构汇聚到相互联系的金融产品交易市场中。本部分将以更微观的角度来考量金融体系在帮助人们管理资金和风险方面的作用。同时，本部分也将定义几种非常重要的金融体系中交易的产品类型，并且探讨交易它们的个人和机构。

金融体系的功能

在本章的开始，我们阐述了银行在经济中的三个基本功能：（储户与借款人之间的）中介、提供流动性和分散风险。在这一部分，我们将详述这些功能，并展示金融体系作为一个整体如何实现这些功能。

匹配买者与卖者：中介。想象你想借钱来做一点小生意。你怎样才能筹到足够的钱？你可能会去拜访每一个认识的人，并向他们借到他们能够承受的任意金额的钱款。除非你正好认识很多有闲置资金的人，否则这条路走不通。即使你成功做到了，安排和持续跟踪所有这些贷款的过程也将非常耗时且复杂。银行的存在降低了这一过程的交易成本，你只需向银行信贷员一个人借款即可。通过用一个大的专业化的交易取代很多小的非正式的交易，这节省了你以及有同样烦恼的朋友和家人的时间和金钱。

各种各样的机构承担着**金融中介**（financial intermediaries）的职能，它们是促使资金从拥有者流向需求者的机构。银行是金融中介的一种形式。还有一种金融中介是证券交易机构，它将想要买入公司所有权份额的交易者和想要卖出公司份额的交易者相匹配。这种中介通过集中有关股票价格的信息和提供广泛的、动态的交易场所的方式，降低了交易成本。

提供流动性。在这章的前面，我们粗略地讨论过人们为什么认为流动性重要。正式地说，**流动性**（liquidity）衡量的是在没有价值损失的前提下，某一特定资产快速变现的难易程度。我们说一种资产**具有流动性**，是指其能够快速且没有很多价值损失地变现，而缺乏流动性则相反。

考虑大多数人都拥有的两种资产——汽车和住房。如果你急需一笔资金，你会卖哪个？汽车能够相对快速地卖出。你可以很简单地将车开到一个汽车经销商那里，并且要求经销商付给你现金。当然，你很可能对交易价格并不满意，但是你将很快得到相当于汽车大部分价值的现金。而房子是相对难以卖出的。在大多数情况下，你走入一个房地产公司是不能马上获得现金的。房地产代理商可能会帮助你找到买者，但这十分耗时，并且即使找到了买者，仍然有很多烦琐的书面工作要做。

换句话说，汽车是比住房更具流动性的资产。为什么它们之间的流动性有这么大的差别？因为住房的价值更难以衡量并且购买住房的法律程序复杂。在决定出多少钱买房子之前，你应该对它的每一部分都做细致的检查，以确认它的房顶不漏水，或者没有在它附近建立废物处理设施的规划。而汽车更容易估值。一位有经验的经销商可以很容易地摸清车况。这就是为什么汽车经销商能够充当流动性提供者的角色，而房地产市场却不能实现。流动性提供者是指能够通过随时卖出或买入资产，使市场更具流动性的人。

金融体系中多种类的参与者确保了金融市场具有流动性。金融资产中非常重要的部分，例如股票和债券（我们将在下面给出定义并进行讨论），也可用来提高流动性。如果你想卖出一些公司股票或政府债券，在金融市场中总有人愿意来购买。通常的购买者是银行或经纪商，它也可能是共同基金，或者仅仅是一个大型的金融投资者。实际上，我们有时候也称它们为做市商，因为它们像汽车经销商那样时刻准备着卖出或买入资产，以这样的方式"创造市场"。

流动性是重要的，因为它会影响人们的储蓄意愿。一般来说，储户通常想知道，当他们需要用钱时，他们是否可以随时提取存款。如果市场缺乏流动性，你就不能指望能够快速地卖出资产收回资金，因此你在借出资金进行投资的第一步就非常谨慎。这会减少可贷资金的供给，导致利率升高，投资总量减少，经济增长速度放缓。

分散风险。设想你是一个储户，你可以把钱直接借给其他个体或公司。如果借款人违约，你可能会损失全部。但是如果你把钱借给银行，你知道银行会把你的钱和其他储蓄者的钱放在一个池子里，并将它打包成许多份贷款借给不同的借款人。其中，有些借款人可能会违约，但是银行和储户不会一下子损失所有。银行因此分散了风险。**多样化**（diversification）使风险在不同资产或个体之间进行分散，从而降低了特定风险对单一个体的影响。

多样化对经济的运行非常重要。如果不必为全盘皆输的风险而操心，人们将更愿意储蓄，企业也将更愿意投资新项目。

主要的金融资产

金融体系怎样实现它的中介、提供流动性、分散风险的功能呢？它通过创造能够在金融市场上买卖的金融资产来实现以上功能。金融资产的种类非常多，在本书中我们无法——详细地列出，只重点介绍几种主要的金融资产。

股权。当你拥有一个公司的部分所有权并且分享该公司的收益时，我们称你拥有这家公司的股权。代表拥有一个公司部分所有权的金融资产被称为股权资产。"股票"可能是你听到最多的金融资产，它是股权资产的一般称呼。

股票究竟是什么？**股票**是一种代表拥有一个公司部分所有权的金融资产。如果一个公司发行了 100 000 股股票，每一股股票的持有人（称为股东）就拥有该公司所有权的 1/100 000。

股票也是一种将非流动性资产（私人公司所有权）转化为流动性资产（可在股票市场上出售的股票）的机制。整个公司的所有权并不容易出售。就像买房子一样，潜在买家会希望事先了解各个方面的信息。

上市公司的股票是一种流动性资产，可以在股票市场上以小而标准化的单位自由买卖。新闻媒体每天都会报道股市的数据，如道琼斯工业平均指数、标准普尔 500 指数和纳斯达克指数，甚至还有电视网络媒体专门追踪这些股市指数的每一个动向。

作为公司的股权持有者，股东通常有权就公司经营的某些方面进行投票表决。例如，他们可以选举董事会。股东还有权根据公司的利润情况，获得与其持股比例相匹配的收益，这部分收益以股息的形式支付。股息是定期支付给公司所有股东的款项，通常每年或每季度支付一次

债权。股权的主要替代品是债权。最基础和最常见的债权种类是贷款。贷款是贷款人基于借款人还本付息的承诺同意借钱的协议。

一般来说，贷款的风险比股票低，潜在的收益也低。借款人可能会违约，不偿还贷款。但是借钱给公司的贷款人在公司破产的时候享有优先得到这家公司资产的合法索赔权，并将会在股东之前尽可能多地得到赔付。股票伴随着失去一切的更高风险，但股票也可能获得更高的收益。如果公司运行很好并且利润十分可观，股东通常有权享有利润分红。而对于贷款，不论公司经营得多么好，贷款人都不会得到比最初协议规定的更高的收益。

和其他金融资产一样，贷款能够买卖。设想银行将资金贷给你购买住房。你们签订了一份合同，你有法律义务在规定的日期以规定的利率还款。接着，银行可以将这一债权卖给其他人。债权的买者会按照贷款协议的条款，向银行支付款项以获得向你收款的权利。

为了使贷款更具流动性，它们可以被标准化成交易性更强的资产，即债券。债券代表发行者在约定到期日偿还票面价值并按约定利率付息的债务证明。因为利率固定，债券通常被当作固定收益证券。债券持有人享有合法地得到预定利息支付（称为息票支付）的权利。这种息票支付通常每 3~6 个月支付一次。债券持有人通常在到期日得到本金的归还（本金有时也称为债券的票面价值）。债券的发行期限类型很多。公司债券的期限一般为 10~30 年，政府债券（由美国财政部、政府机构、州和市发行）的期限一般为 1~10 年。政府和大公司通常以发行债券的方式筹集大额资金。由于债券是标准化的贷款，对债券持有人来说更容易被卖出，因此债券比普通贷款更具流动性。

由于债券本质上是贷款，因此适用于贷款的风险回报权衡也适用于债券：它通常比股票更安全，但收益更低。历史上，政府债券的年平均实际（经通胀调整后）回报率为 2%，而同时期股票指数大致表明股票年平均回报率在 7% 左右。为什么储蓄者更愿意购买收益率更低的政府债券而不是股票呢？因为股票的风险更高，而政府通常不会发生债券违约。

如果有一种方式可以将非标准化的贷款，如购房贷款，转化成像债券那样容易交易的标准化形式，不是非常有用吗？证券化就是这样的一个过程。证券化将许多贷款汇集成一份更大的资产，从而降低了任意一个借款人违约给贷款人带来的风险。证券化在 21 世纪初开始流行。从助学贷款到抵押贷款，所有类型的金融资产都能够证券化，从而形成流动资产并吸引更多的贷款人。

尽管债务会引发金融危机，但如果操控得当，它还是一个不错的工具。正如我们已经提到的，是债务融资使许多我们认为理所当然的事成为可能。当你想购买一辆新车或者企业想筹建一个新工厂时，借债可以使它们变成现实。

衍生品。股票、贷款和债券是代表性的融资合约，在这类合约中，个人或公司同意在某一情况下支付一定数额的款项。如果你富有创造力，你可以基于同样的基本思想做出更复杂的安排。例如，你可以基于特定资产或商品的未来价值创建一份合约，这些资产和商品可以是抵押贷款、股票或石油价格。

以其他资产价值为基础的融资合约代表金融资产的特殊类别，叫衍生品。**衍生品**（derivate）是一种以其他资产的价值为基础的资产，如购房贷款、股票、债券或桶装油。

这类资产最好的例子是期货合约。买方同意基于一些资产预期的未来价格向卖方付款。例如，根据期货合约，卖方能够按照约定的价格和数量出售全部或部分的农作物。如果最后农作物的价格高于合约价格，合约的买方能够卖出农作物得到收益。反之，合约的买方亏本，但是卖方仍然能得到约定价格。卖方能够将农作物未来价格或好或坏的风险转移给其合约伙伴，以这一方式来管理自己的风险。总之，衍生品意味着将风险转移给那些愿意承受的人。

金融体系的主要参与者

到现在为止，我们已经理解了金融体系的功能，以及在金融市场中交易的金融资产的主要种类。接下来我们将介绍四种主要的市场参与者，没有它们就不可能有功能完善的金融体系，它们分别是：银行和其他金融中介机构、储户及其代理人、企业家和企业、投机者。

银行和其他金融中介机构。我们已经提到过，银行起着非常重要的中介作用。更深入地分析，我们可以把银行分成两类：商业银行和投资银行。

当人们提到"银行"的时候，大多情况下指的是商业银行。当你要到银行存款，或者从银行获得抵押贷款或助学贷款时，你都是在与商业银行打交道。作为储户和借款人的中间人，商业银行帮助创造了流动性。它提供的贷款是相对缺乏流动性的，通常需要多年来偿还。

然而，很多储户不想让他们的钱被占用很多年。银行是如何做到"借短贷长"（吸收存款并随时满足储户的资金需求，同时发放长期贷款）的呢？关键是，银行假定所有储户不会一起取款，因此，银行只需将一部分存款留在金库里。一旦有很多储户同时取款，银行将会没钱可以取，这一潜在的灾难性事件被称为银行挤兑。

投资银行是大家通常认为的"华尔街"的一部分，比如高盛和已破产的雷曼兄弟这样的银行。这些银行不吸收存款，并且它们也不像传统商业银行那样发放贷款。它们通过充当做市商为市场本身提供流动性，它们帮助公司发行股票和债券，并保证购买任何没有卖出去的部分（这个过程被称作证券包销）。

大多数银行要么是商业银行，要么是投资银行，而不会既是商业银行又是投资银行。这是因为 20 世纪 30 年代颁布的《格拉斯－斯蒂格尔法案》，它禁止银行同时扮演这两种角色。然而，该法案在 1999 年就被废除了，几个最大的银行，如摩根大通和美国银行，同时承担这两种角色。

储户及其代理人。大多数储户并不直接接触金融市场。他们通过代理人进行操作。他们把钱交给他人来管理并且由其决定借款给谁。这些代理人包括银行、共同基金、养老基金和人寿保险公司。根据美联储的数据，2017 年美国共同基金持有 18.75 万亿美元的资产，养老基金和人寿保险加在一起共持有 15 万亿美元的资产（在经济术语中，购买股票和债券是一种储蓄形式而不是"投资"）。

共同基金（mutual fund）是由专业人士基于委托人的利益进行决策和管理的由股票和其他资产组成的投资组合。储户将他们的钱委托给共同基金，并让专业人士来做决定，以省去关注成千上万只股票和债券的麻烦。

共同基金有很多种类型。最受欢迎的类型有两种。一种是指数基金。这种基金购买广阔市场上具有代表性的（如标准普尔 500 涵盖的）所有股票，目标是获得该市场上的平均收益。另一种是专项基金。专项基金的管理人寻找合适的公司、挑选股票以争取获得高于市场平均水平的收益。共同基金对它们提供的服务收取费用，费用可能是管理资产总额的千分之一（例如普通的指数基金），也可能是资产的 3%~4%（通常这类基金在股票研究方面花费巨大）。

养老基金（pension fund）也是个人储蓄的主要渠道。**养老基金**通常与雇主相联系，是一种为了给退休人员提供收入而进行专业管理的资产组合。养老基金的两个主要类别如下：

- 确定收益型养老金计划（defined-benefit plan）保证了那些满足准入条件的雇员有固定收益，条件包括在公司中工作一定的年限。
- 确定供款型养老金计划（defined-contribution plan）并不能保证退休人员的养老金水平固定。该基金是根据雇主和雇员的供款总额（雇员每年缴纳固定数量的养老金并且雇主可能也会帮其缴纳一部分）以及供款的投资回报提供收益的退休计划。这类基金提供的养老金的数额依赖于股票市场的表现。最常见的确定供款型养老金计划是401（k）计划，它的好处是部分工资可以推迟到退休以后再缴税。

在过去，确定收益型养老金计划占主导，但是现在像401（k）这样的确定供款型养老金计划更常见。

人寿保险单（life insurance policy）也是储蓄的重要类型。人们储蓄在保单中的钱叫保费。与共同基金和养老基金相同的是，它也由专业人士来决定如何在金融市场上运用这些资金，不同的是，人们能随时从共同基金中赎回资金，能在退休后得到养老基金，但是人寿保险单只有等被保人去世以后才能获得理赔。

这三种代理形式绝不是个人将其贷款委托给第三方管理的所有途径。其他选择还包括对冲基金、私募股权公司和风险投资基金，等等。非常令人吃惊的是，最简单的方法也许是最好的，正如以下专栏中描述的那样。

令人难以置信的指数基金

整个电视网络都致力于报道资产价格的上涨和下跌，从股票的价格到黄金的价格。书店中随处可见关于股票市场投资建议的书籍。如果你非常幸运，有钱放进股票市场中，你如何理解这些杂乱的信息并且找到一种收益超过市场平均盈利水平的投资方式？

可能你根本什么都不应该做。很多储户选择指数基金，例如先锋指数基金（Vanguard Index Fund）。现在有很多公司都提供指数基金产品，它们试图精确地复制给定股票市场指数的每一个变动，例如由500家龙头公司股票构成的标准普尔500指数。

与传统的、主动管理型共同基金相比，指数基金的优点突出：指数基金的管理成本更低。原因之一是指数基金只需简单地模拟市场均值，不需要付高薪给资产管理人来让他们搜寻哪只股票的收益能够超过市场平均收益水平。原因之二是由于指数成分股不会变化太大，所以买卖股票的次数更少。结果就是，指数基金使股票交易过程中需要支付的资本利得税最小化。

但是，专业的基金管理人指出，由于指数基金试图精确地复制市场平均表现的变化，因此它可能会错过由特定股票市场指数基金赚得的大部分收益。例如，在 20 世纪 90 年代的互联网繁荣时期，一些专注于有前途的科技公司的共同基金的收益远超过指数基金的收益。

谁是对的呢？我们考虑一下由专业分析师积极管理的、投资范围广泛的共同基金（股票投资组合）。自 2002 年以来，只有 5% 的此类基金超过了整体市场的回报率，即指数基金的回报率。

资料来源：Richard A. Ferri, *All about Index Funds：The Easy Way to Get Started*, 2nd ed.（New York：McGraw-Hill Education, 2007）；Edwart Wyatt, "John C. Bogle, Founder of Financial Giant Vanguard, Is Dead at 89", *New York Times*, January 17, 2019, p. A23.

企业家和企业。企业家和企业也是金融市场的主要参与者，因为他们经常想融资以投资最新的项目。严格地讲，这些从事经济投资的人会经常向专业投资银行寻求帮助，这些银行会把储户的资金输送给他们。没有这些借款者，金融体系的大部分将不复存在。

投机者。金融市场的最后一种主要参与者是投机者，他们在金融体系中的作用是独特且有争议的。投机者是纯粹为了获利而买卖金融资产的人。你可能会问为什么有争议？其他三种主要参与者（银行和其他金融中介机构、储户及其代理人、企业家和企业）不也是为了获利吗？是的，但是与他们不同的是，投机者既不是自然形成的买者，也不是自然形成的卖者，但是他们愿意扮演任何一种角色以求获取利润。

关于投机者是否有利于金融市场的健康发展，争论非常激烈，正如专栏中总结的。

投机者对市场有正向影响吗

2006～2008 年，小麦和玉米等很多主要商品的价格都几乎翻了一番。在某种程度上，粮食价格的快速上涨是因为歉收引起了供给减少，或者因为人们需要更多的食物引起需求上升。

然而，一些人认为这不能很好地解释粮食价格上涨的原因。他们认为是投机者看中买入粮食然后高价卖出过程中的利润，是投机需求的增加推高了粮食价格。天主教前教皇本笃十六世代表很多批评者，责问道："当投机者把粮食作为投机标的物，在相关联的缺乏确定的准则和道德原则的金融市场上，只把利益作为唯一目标的时候，我们怎么能沉默？"

投机者会如何反击这样的批评呢？支持投机的主要论点是投机者在价格发现上起到的作用，即帮助市场找到资产的"正确"价格，且该价格反映了一切可用信息。6 个月后小麦的价格会是什么样的呢？由于投机者想要从中赚取利润，他们会花费大量的精力来研究小麦价格的每一个细小的变动。他们的目标是判断他们是否应该以当下的价格买卖小麦期货。一些人认为，正因为有这些投机者，种小麦的农民、面包店和杂货店就不用自己做类似的研究了，因而投机是一项有价值的服务。而且他们相信，市场价格已经反映了最佳的可用信息。

然而，另一些人认为，投机者实际上起的是反作用。他们认为投机者的行为会使价格更大程度地偏离"正确"的水平，放大市场的小波动，产生潜在的不稳定泡沫和衰退。想想 2000～2007 年美国房地产市场的繁荣，在某种程度上，该繁荣正是由投机者预测房价会持续上升而大量买房推动的。批评者认为，相似的事情也发生在小麦和玉米的价格变动上：投机者抬高了价格，因为他们预测价格将会持续上涨，从而创造了一个自我实现的预言。

这听起来像是个谜。如果投机者彻底地研究了市场，他们会意识不到小麦的价格已经过高了进而想要卖出小麦，使其价格回到"正确"的水平上吗？有人说，事实就是如此。另一些人认为，如果投机者相信小麦的价格在未来还会上涨，那么他们仍然想要在当期购买价格过高的小麦，并且在不可避免的价格暴跌到来之前将其卖出。"正确"的价格最终将会被发现，但是可能会经历一段时间的经济衰退并且给消费者和储蓄者带来很大的损害。

资产评估

我们已经数次提及了这个问题：金融市场上的卖者和买者怎样在正确的价格上达成协议？我们已经阐述了企业如何平衡预期收益率和借款成本。资金的供给方储户，如何决定是把钱存在银行，还是买股票或债券呢？如果他们选择买股票或债券，他们如何决定买什么呢？在本节中，我们将探索资产评估的一些基本原理，这些原理可以帮助储户做出决定。

风险和收益之间的权衡

在评估任何资产时，基本的权衡都是在风险和收益之间：如果你面对可能赔钱的高风险，那么你也希望能够得到值得高风险的高收益。图 21-5 展示了几种主要金融资产的风险和收益情况。正如你所看到的，现金和债券投资（都是固定收益类投资和经通胀调整后的投资）都属于低风险、低收益领域。股票（各种类型的股票）处于图 21-5 的上方，承担高风险的同时通常也会获得高收益。不同个体有不同的风险偏好：有些储户可能愿意把他们的钱用于购买低风险的债券，而偏好高收益的投机者同时也承担着失去一切的风险。

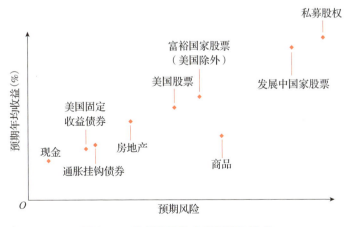

图 21-5　各种金融资产的风险和收益

多样化、市场风险和个别风险。在购买金融资产时，管理风险的一种方式就是多样化。如果你把所有的钱都用来买了同一家公司的股票，而那家公司恰好倒闭了，你将损失掉所有。如果你买了很多家公司的股票，特别是不同行业的公司的股票，这些公司一起倒闭的可能性非常小。投资组合是指一组不同资产，在相同的风险水平上，它的收益通常高于任何单一资产的收益。

为了更好地理解多样化如何起作用，我们来看看金融资产承受的两种风险。首先是**市场风险**（market risk），又称系统性风险，它是指整个市场或经济普遍承受的风险。预期外通货膨胀是市场风险的一个例子。当然，一些交易受预期外通货膨胀影响更大，但是所有交易都要面对价格升高的后果。基于这个原因，市场风险很难通过多样化投资予以消除。

其次是**特质风险**（idiosyncratic risk），又称非系统性风险，即个别公司或资产所特有的风险。例如，公司面临着因做出错误的战略选择而引起股价下跌的风险。通过多样化投资，特质风险更容易被降低甚至消除。如果你买了不同公司的股票，它们一起倒闭的可能性非常小。

由很多种股票构成的投资组合成功地分散了特质风险。组合内包含的股票种类越多，特质风险越低，同时投资组合的预期收益不会降低。指数基金是以多样化投资消除特质风险的自然机制：通过投资市场上的所有股票，指数基金实现了高水平的多样化投资，并且几乎没有特质风险。自金融市场存在以来，确定数量的市场风险就存在于所有的投资组合中，并且不能被分散。

衡量风险。怎样衡量风险呢？在金融市场中，最常见的风险衡量方法是借用统计学中的一个工具标准差。**标准差**（standard deviation）是对一组数值的分散性进行测量的指标。

在金融市场中，衡量风险最简单的方法是关注一定时间内资产收益的标准差。这意味着我们持续追踪该资产一天、一个月或一年赚多少钱，然后测量这些数值偏离平均水平的程度。例如，去除通胀后股票市场的平均收益率是7%，在特定年份的实际收益率范围是 −80% ～120%。在任意年份中，20% ～30% 的增长或下降并不是很令人吃惊。而政府债券在去除通胀后每年的平均收益率通常为

2%～3%，它很少出现超过 10% 的收益或损失。换句话说，政府债券的标准差更小，这意味着它的风险低于股票市场。这些历史数据并不能很好地预测股票价格的未来平均水平，但是它们确实显示了非常重要的一点：更高的平均收益率通常伴随着更高的风险。

预期收益：有效市场假说

设想一下，你被要求选出下一年最有可能升值的股票。你会怎样做？有三种基本方法可以供你参考。

第一种方法是基本面分析。这种方法需要预测公司未来的盈利情况，并以此为基础来计算公司当前的价值。基本面分析是一种通过仔细分析财务报表、研究公司的运营模式、了解公司所处行业及其竞争对手等，对公司进行深入研究的方法。专业的投资基金通常会雇用数百名分析师来进行此类研究。

一旦预测出未来的利润，我们就可以利用利率来进行现值与未来价值的转换。如果你计算出了公司未来利润的现值，你就可以将其转换为公司的净现值（net present value，NPV）。净现值是对未来预期现金流当前价值的衡量。它会告诉你公司股票的"正确"价格。

第二种方法是技术分析。技术分析不关心预期收益或净现值，也不在乎关于股票的任何事情。它只分析股票过去的价格变动并借此预测股票价格的未来变动，从数据中寻找未来的走势。这种方法通常需要借助高度复杂的计算机软件。

以上方法实行起来都有难度。有什么更简单的方法吗？有的。第三种方法是列一个包含所有股票的清单，把它贴在墙上，向它扔飞镖。飞镖落在哪只股票上，就买哪只股票。这听起来不是个好方法，但是在金融界，如果很多理论研究人员说它是对的，这种方法就和以上两种方法一样好，而且更便宜、更快捷、更简单。

第三种方法背后的支撑观点就是**有效市场假说**（efficient-market hypothesis，EMH）。它主张市场价格已经包含了一切可用信息，并且该价格非常准确地反映了真实价值。资产评估的基本面分析和技术分析都是试图战胜市场的方法。只有当你找到一种当前价格高于或低于市场决定的"正确"价格的股票时，这两种方法才会有效。有效市场假说意味着，找到价格不正确的股票是不可能的。如果价格已经包含关于股票真实价值的所有可用信息，所有股票的价格就都是正确的，因此没有更多的信息可以用来预测哪种股票将会赚钱。

这种假说背后的直觉很简明。设想细心观察股市的人得到消息，称一家公司明天将宣布它赚取了高额利润。这样的消息一般会使股价上涨，因此人们很可能今天买入股票，明天以更高的价格卖出。这一影响会抬高今天的股价，直到价格升到明天的预期价格。对明天的公告的预期已经在今天的价格上得到反映。

所以，明天的股价会如何变化呢？根据有效市场假说，股票的预期走势可能是任何方向，即被描述成是随机游走的。任何预测明天股价的尝试都是愚蠢的：如果有任何暗示股票价格上涨或下跌的可靠信息，那么当下股票的价格就会发生变化。这使我们回到了扔飞镖的方法：如果你不能预测股票的收益，你也可以在墙上贴一张股票的清单，然后向它扔飞镖。

一点也不意外，有效市场假说在投入大量精力寻找优质股票的华尔街经纪人和分析师中并不受欢迎。他们认为有些人比其他人更容易获得优质信息，或至少他们整合信息的能力更强。然而，几乎没有人能够一直战胜市场。

反对有效市场假说的一个论据是，相同的金融产品在不同的市场上交易价格有时候不同。这为市场并不能总是有效利用所有的信息提供了证据。如果你能够在一个市场上买进，同时在另一个市场上卖出，你将能够赚取无风险的利润。这种利用市场无效性获利的过程叫**套利**（arbitrage）。有些基金管理人专门在不同的市场上寻找套利机会。然而，寻找这样的机会需要做大量的工作，一旦时机上出一点差错，就可能会赔光所有的钱。但是考虑到风险和回报，只要时机是对的，你就能够获得非常可观的收益。

金融的国民核算方法

在本章的前面部分，我们展示了当可贷资金市场处于均衡状态时，储蓄（供给）等于投资（需求）。这是将微观市场的均衡逻辑应用于金融体系。

　　我们也可以从更宏观的角度来分析。通过从第 16 章中介绍的国民财富核算方法的视角来看储蓄和投资，我们能够在国家层面追踪资金流量，并且分离出不同的储蓄来源。

储蓄 – 投资恒等式

　　我们从一个没有政府和国际贸易的简化经济模型开始。所有的交易都发生在一国之内的居民之间。在我们的简化模型中，居民将会怎么使用他们赚来的钱呢？他们只有两种途径：消费（当期花掉）或者储蓄（存下来以后用）。换句话说，收入等于消费和储蓄之和。

$$收入 ＝ 消费 ＋ 储蓄 \tag{21-1}$$

　　在这个简化经济模型中，由于没有政府和国际贸易，所以所有的储蓄都是私人储蓄（private savings）——一国之内个人和企业的储蓄。

　　现在，我们想一想人们如何赚钱呢？因为没有与政府和国外的往来，因此人们只有在国内的其他人向他们购买商品和服务时才能有收入。所有这些购买都能算作消费（购买像肉、衣服和车这类商品）或者投资（像工厂和机器这样的生产投入）。收入等于总花费，在封闭的模型中，等于消费加投资。

$$收入 ＝ 消费 ＋ 投资 \tag{21-2}$$

　　这个结果与我们在第 16 章中介绍的国民收入核算框架几乎一致。

　　接下来，为了得出储蓄和投资的关系，我们可以将式（21-1）和式（21-2）放在一起。式（21-1）表示收入等于消费加储蓄。式（21-2）说明收入也等于消费加投资。将它们放在一起，我们可以得到：

$$消费 ＋ 储蓄 ＝ 消费 ＋ 投资$$

　　由于消费出现在等式的两端，我们可以消掉它，直接得出储蓄 – 投资恒等式：

$$储蓄 ＝ 投资 \tag{21-3}$$

　　经常被写作：

$$S = I$$

储蓄–投资恒等式告诉我们，在没有政府和国际贸易的经济中，储蓄总是等于投资。

私人储蓄、公共储蓄和资本流动

我们的简化经济模型舍去了现实中的一个重要部分：政府。如果政府的税收收入大于其政府支出，就会产生预算盈余。政府的预算盈余是另一种形式的储蓄：政府以税收的形式获得收入，并将它储蓄起来而不是直接花掉。如果政府存在预算赤字（政府支出大于税收收入），将产生负储蓄。在这种情况下，政府必须从经济的其他部分借钱来保证政府支出大于税收收入。

如果我们知道政府的税收收入，然后用它减去政府支出，我们就能得到公共储蓄（public savings）：

$$公共储蓄 = 税收 - 政府支出 \tag{21-4}$$

把私人储蓄和公共储蓄相加之后得到的国民储蓄（national savings），是家庭和企业的私人储蓄与政府的公共储蓄的总和。当政府出现预算赤字时，国民储蓄低于私人储蓄；当政府出现预算盈余时，国民储蓄高于私人储蓄。

现在，在我们的简单经济模型中，居民有三种途径来使用他们的收入，他们可以消费、进行私人储蓄和向政府缴税。我们在式（21-1）中加入税收：

$$收入 = 消费 + 私人储蓄 + 税收 \tag{21-5}$$

居民也有另一种方式来获得收入：他们可以通过把商品和服务卖给政府来获得收入。我们在式（21-2）中加入这种新收入：

$$收入 = 消费 + 投资 + 政府支出 \tag{21-6}$$

就像前文那样处理，式（21-5）和式（21-6）中的收入相等，可得：

$$消费 + 私人储蓄 + 税收 = 消费 + 投资 + 政府支出$$

消掉两边的消费可以得到：

$$私人储蓄 + 税收 = 投资 + 政府支出$$

我们重新调整等式，使投资单独在等式的一边：

$$投资 = 私人储蓄 + 税收 - 政府支出 \qquad (21\text{-}7)$$

因此，由式（21-4）可得：

$$投资 = 私人储蓄 + 公共储蓄$$

换句话说，国民储蓄等于经济中的总投资。

注意，我们仍然假定没有国际贸易。国民储蓄 - 投资恒等式只在封闭经济——一种与其他国家的经济无相互影响的经济体中成立。

我们需要向模型中加入的最后一个现实世界的复杂因素是开放的国际往来。这将被称作开放经济。

当资金被允许自由地跨境流动时，可能会发生两种类型的国际金融交易。当储蓄在本国国内的资金投资于其他国家时，我们称之为资本流出。与之相对的，当其他国家的储蓄资金投资于本国时，则被称为资本流入。资本流入与资本流出之差叫净资本流入（net capital flow）。净资本流入发生在投资高于国民储蓄的国家。与之相反，净资本流出发生在国内储蓄高于投资的时候。

对一个开放的经济体而言，国民储蓄一般不会正好等于投资。但是，当把全球经济作为一个整体时，储蓄一定等于投资。这意味着一国的任何额外储蓄一定会被其他国家当作投资吸收。在以下专栏中，我们通过一个实际例子对一种可能性进行了评估。

📍 是储蓄过量的问题吗

当我们是孩子的时候，我们总是被告知储蓄的好处。很多人都虔诚地将钱放入存钱罐，期盼着一段时间后能够用这笔钱买一个更大更好的玩具。

然而在过去10年里，美国人已经不怎么储蓄了，政府面临着巨大的财政赤字。家庭平均只储蓄他们收入中的一小部分，很多人实际上花的比挣的还多，他们用贷款和信用卡支撑超额支出。除此之外，政府长期存在巨大的经常项目赤字，这表示进口远大于出口。所有这些都表明美国居民开销过度了。

是其他国家的储蓄过量导致的吗？储蓄过量假说把最近美国经济中的弊病归结为亚洲和拉丁美洲国家的高储蓄率。

当经济开放时，资本能够跨境流动，在一国之中，储蓄不一定等于投资。这使一国的储蓄超过个人和企业想要投资的资金量成为可能。当这种可能发生时，超额的储蓄可以在世界范围内寻找收益最高的投资机会。这类资金中的大多数最后流到美国，因为投资于美国看起来更安全。经济学家肯尼斯·罗格夫曾估计，在2007年，全球2/3的超额储蓄最后投资于美国。

这是很大一笔资金。在2007年金融危机之前的几年里，美国的资本净流入大约占其GDP的6%。时任美联储主席本·伯南克认为，大规模的资金流入保证了低水平的利率，这就使美国人能够以低成本借到钱。低息借款推动了21世纪前10年房地产市场的繁荣，但是借很多钱来买房的人却不能承受一个更高的贷款利率。在某种程度上，美国的房地产泡沫真的是由亚洲和拉丁美洲国家的超额储蓄造成的吗？这好像很难让人相信，但是它们极有可能在其中起了作用。

资料来源：Kenneth Rogoff, "Betting with the house's money", *The Guardian*, February 7, 2007.

第 22 章

货币和货币体系

▎引例　香烟货币

在第二次世界大战期间，数以百万计的士兵被俘虏并送到战俘营。由于没有正式的货币，加之缺乏与外部经济的联系，营地最初的运作好比一个内部交易系统：如果某个士兵有一块额外的肥皂并且真的很想要一盒金枪鱼罐头，那么他将不得不找到另一个拥有额外一盒金枪鱼罐头且想要一块肥皂的士兵。找到这类交易的可能性是有的，但是它不仅费时而且效率低下。

随着时间的推移，一种解决方案逐渐形成：一些士兵开始用香烟作为一种通用货币。于是，一个简单的标准化价格交换系统被逐步开发出来：罐头食物可以通过一组数量的香烟换到，肥皂可以通过另一组数量的香烟换到。

为什么士兵开始用香烟作为货币？首先，它们相较于肥皂和金枪鱼罐头更易于携带：不同于食品，香烟不易变质，并且香烟的供应具有相当的稳定性。部分香烟随食物装运进入营地，其余由红十字会人道主义机构供应并分配给士兵。

但是，有时也会有香烟突然涌入，比如说，红十字会在某个星期增加出货量。拥有大量香烟的士兵，就会疯狂地消费。他们将互相竞价以得到各自想要的东西，这将导致物品价格暴涨，以至于他们需要花更多的香烟来购买一块肥皂。

　　如果因为战争，红十字会的出货量有所下降，会发生什么呢？由于士兵仍照常吸烟，流通中的香烟数量将稳步减少。由于交易放缓乃至停滞，价格将暴跌，整体经济活动也将减少。为什么会出现这种情况？如果你仔细思考就会发现，原因是显而易见的：随着流通中的香烟越来越少，并且下一批货何时到来并不确定，香烟逐渐变得越来越稀有和珍贵。这给了士兵更大的动力去囤积而非花费自己的香烟。

　　这种独特的货币及交易系统是由一个名为 R. A. 雷德福的英国军官总结的，他曾被纳粹俘虏并送到了战俘营，在那里一直待到被盟军营救。1945 年回到英国后，雷德福写了一篇当时非常著名的论文《战俘营里的经济组织》。他的论文表明，无论以何种形式存在，货币都是任何经济体系的内在组成部分。

　　这种选择货币的挑战（比如第二次世界大战战俘采用香烟作为他们的货币）是任何经济体都会面临的问题。货币是什么？它具有何种职能？解决什么问题？是什么决定某种特定物品（比如香烟）能够成为货币的理想选择？货币供给如何影响宏观经济，由谁来控制货币供给呢？

　　在本章中，我们将看到货币是如何以及为何在经济体中运作的。我们将展示如何运用经济学工具来确保你口袋中的财富保持其价值。

何为货币

　　我们对什么是货币有一个直观的认识，我们每天都使用它。但究竟是什么将现金与我们手中持有的其他有价值的东西区分开来的呢？过去，经济通常以这样的制度形式运作：一个人可以用他的母鸡下的蛋来换取邻居的奶牛产的奶。为什么文明社会很早就放弃了以小件贵重金属交换为基础的制度呢？印刷的纸张又是如何取代闪亮的金属，并最终让位于储存在银行电脑里的记录的呢？要回答这些问题，我们需要更正式地理解货币的职能，以及什么是好的货币。

货币的职能

"你拥有多少钱?"当被问及这个问题时,你可能会回答钱包里的现金金额,也许还会加上银行账户中的余额。你可能还会算上所有股票、债券、房地产,或者你可能有幸拥有的任何其他资产的总价值。但根据大多数的定义,货币只由你通常用来买东西的那部分组成,包括你钱包里的现金以及银行账户中的余额,但并不包括股票、债券、房地产或者任何其他资产。更确切地说,货币是指经常用来直接购买商品和服务的一系列资产。

货币有三个主要的职能:价值储藏、交易媒介和计价单位。

价值储藏。我们说,货币是**价值储藏的手段**(store of value),它代表了货币在随着时间推移的过程中所保持的一定量的购买力。拥有 100 美元、1 000 美元或 100 万美元,相当于拥有获得同等数量的货物的能力。货币储藏价值的意义在这个层面上显现,即当你把放在保险箱内的钞票拿出来时,你就可以买到价值 100 美元的商品。当然,价值不会绝对相同。尽管我们很快就会了解到价格的变化如何影响货币价值的变化,但持有货币几乎总是长期持有财富的最便捷的方式(相比较而言,如果你以香蕉的形式持有你的财富,随着它的腐烂,你将很快会失去大量的财富)。

交易媒介。当然,货币之外的其他物品通常也能很好地储藏价值,如股票和土地。因此,我们需要在货币职能的列表上增加一项,即作为**交易媒介**(medium of exchange)。也就是说,这体现出你可以用它来购买商品和服务的事实。即你可以用货币交换任何你所需的商品和服务。

计价单位。货币的最后一种职能也很重要,尽管它很容易被忽视:货币提供了一个共同的**计价单位**(unit of account),即一个可比较的标准单位。试想一下,你生活在一个没有货币的经济体中,现在有两个竞争性的工作机会供你选择:一个每周可以得到农场主付给你的 12 箱鸡蛋,另一个每周可以得到鞋匠提供的一双精致的皮鞋。哪一个是更好的选择?这很难说。但是在工作量相同的情况下，如果一个人每周给你 300 美元，另一个人给你 400 美元，你就可以轻松地比较这两种待遇。通过提供一个可比较的标准单位，货币可以让我们做出更明智的决策。

什么是好的货币

我们已经了解了货币所发挥的功能，现在我们问一个相关的问题：什么才是好的货币？经济学家的答案各有不同，但有两个基本思想提供了一个很好的分析起点：能够成为好的货币的东西一定要具有价值稳定性和便利性。

价值稳定性。我们在本章开篇的例子中，即战俘使用香烟作为货币，能够看到稳定的重要性。只要红十字会派发的货物可预期，香烟的价值即可保持稳定。如果有香烟突然涌入或持续短缺，营地的经济体系运作就将被打乱。

就像战俘营中的香烟一样，货币最初主要是由于其初始形式带来的价值稳定性而脱颖而出的。这些货币的最初形式一般采用的是具有耐用性和内在价值的物质材料，或者体现的是与它作为货币使用无关的价值。具有内在价值的物品有助于更为稳定地保证价值；即使它们作为货币的价值下跌，该物品仍有为人所用的其他价值。

黄金是内在价值的传统例子。在早期社会中（以及今天），黄金具有内在价值，因为它很耐用，并且人们喜欢将它作为闪亮的首饰穿戴。本章开篇例子中的香烟同样具有内在价值。毕竟，香烟被运到战俘营的首要原因是，许多士兵要抽烟。

然而并没有理由说明，为什么货币需要有内在价值。一张 1 美元的钞票几乎没有内在价值：人们通常不会吃它或抽它，抑或将它作为项链。我们接受美元钞票，是因为我们知道每个人都会认为其有价值。美元被广泛接受很大程度上是因为美元有稳定的价值。

便利性。为什么货币会从金币转变为美元纸钞？因为纸币更加方便。与纸币相比，金币较重，并且难以用于小额购买。在写作本书时，一枚坚硬的金币仅重 1 盎司，价值却约为 1 325 美元，所以很难用它支付一包口香糖或一瓶苏打水。

银行与货币创造过程

前文中，我们讨论了金币最终是如何被由黄金支撑的纸币取代的。我们思考了它的一个明显优势：携带一张价值"10 枚金币"的纸币远比携带 10 枚金币要方便。还有另一个不太明显的优势，即通过一个被称作部分存款准备金制度的机制，纸币使银行能够进行货币创造。这是现代金融体系中最为重要的一点，尽管在直觉上具有挑战性。为确保你能够理解它，我们花费一些时间介绍。

"创造"货币

要了解银行如何创造货币，最简单的方法是了解一个经济体是如何从使用金币过渡到使用纸币的。首先，想象你生活在古代，所有交易都通过金币来进行。这个经济体中存在多少货币？这是一个很容易回答的问题：它就是黄金的数量。

接下来，假设银行业出现了，现在你有机会将金币存起来而无须随身携带它。当你在银行中存入 1 枚金币时，银行将给你一张纸（即钞票），它价值"1枚金币"。你可以在任何时候去银行，用这张纸与银行交换得到 1 枚金币。而且人们发现，使用纸币比走到哪里都挑着沉重的金币更为方便。

现在，请你站在银行的角度想一想。作为一个银行家，你观察到，在任何一天里，人们只从存储了 1 000 枚金币的银行金库中提取 100 枚，其余的 900 枚就只是放在那里，什么也不做。为什么不将它们贷出并收取贷款利息，从而获利呢？于是，你决定将这 900 枚金币借给那些需要用它们购买东西的人，比如支付给建筑商让他们盖房子。当工人们以金币的形式获得他们的工资时，他们都决定将它们存放在银行。他们存储的每一枚金币，银行都将给他们一张价值"1 枚金币"的纸币。

现在经济体中有多少货币呢？如图 22-1 所示，该行仍有 1 000 枚金币（仍然是在银行中储备的 100 枚金币加上以贷款形式发放给借款者的 900 枚金币），但是现在银行已经发行了 1 900 张每张价值"1 枚金币"的纸币。由于人们对使用纸币或金币进行交易是无差异的，于是我们可以理所当然地将纸币认定为货币，我们可以说，银行在通过贷款来创造货币。准确地说，它创造出了价值 900 枚金币的货币。

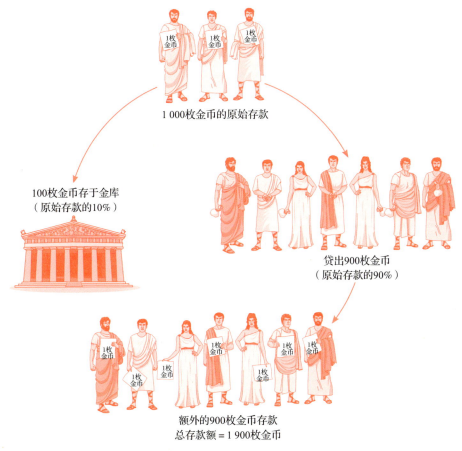

1 000枚金币的原始存款

100枚金币存于金库
（原始存款的10%）

贷出900枚金币
（原始存款的90%）

额外的900枚金币存款
总存款额＝1 900枚金币

图 22-1　简单的货币创造过程

当下经济体中的货币创造。在当今的经济体中，货币创造过程是如何进行的呢？让我们通过一个简单的例子，并借助一些基本的会计工具来分析。

比方说，你带着 1 000 美元走进一家银行并进行存款。银行拿走你的现金并将它存入保险柜中，同时在你的账户余额上增加 1 000 美元。你可以在任何需要的时间取回这 1 000 美元。因此，这种存款被称作**活期存款**（demand deposits），即银行账户中可以被存款者随时提走并无须提前通知的资金。

从会计的角度看，现在银行有1 000美元的现金。对银行来说，这1 000美元是一笔资产（一笔归银行使用的资源），但同时也是负债（即银行所欠的金额）：银行欠你1 000美元，并承诺你能够随时取回这1 000美元。

银行赚钱的主要方式是通过贷出资金收取贷款利息。因此银行希望在安全的前提下尽可能多地将这1 000美元贷出。正如我们在金币银行一例中所见，将全部活期存款都保留在手中并没有必要。所以，银行决定将一部分活期存款留在手里，并将其余部分贷出。

我们将银行保留在其保险柜中的那部分现金称为**准备金**（reserves）。在现实中，现代银行以现金形式持有准备金或将准备金存储在美联储，即美国的中央银行。和以前一样，贷出资金使银行能够"创造"货币。银行依法（由美联储规定）必须持有的最低比例的存款被称作**法定准备金**（required reserves）。银行保留的准备金超出法定准备金的部分被称作**超额准备金**（excess reserves）。与之前的金币的例子一样，银行是通过贷出准备金之外的资金来创造货币的。

美联储要求银行保留一定比例的存款作为准备金。银行留作准备金的现金金额与其活期存款总额之比被称为**准备金率**（reserve ratio）。我们在之后的讨论中都将假定准备金率为10%。

透视银行的交易流程的最简便的方法是借助一个简单的会计工具，即T形账户。我们可以使用T形账户来记录银行的资产与负债是怎样随交易发生变化的。图22-2a显示当你存入1 000美元时，T形账户中银行的资产与负债将会发生何种变化。银行T形账户的左侧显示了银行的资产，在这种情况下，有1 000美元的现金流入。账户的右侧显示银行的负债，在这种情况下，有1 000美元的活期存款。

现在，让我们看看当一个新的客户进入银行希望借出900美元时将会发生什么，比如说，他要买一台新冰箱。银行家从库存中提取出900美元的现金并将其贷给借款者。图22-2b显示了该银行的新境况：由于贷款是银行的资产，银行仍拥有1 000美元的资产：900美元的贷款加上100美元的法定准备金。资产或负债

图 22-2　银行如何创造货币

的总额仍是 1 000 美元，然而资产的内在构成发生了变化。

　　银行手头实际握有的现金（100 美元）小于其总存款数额（1 000 美元）。这对银行而言是鲁莽的行径吗？如果你仍记得我们古代的金币银行的例子的话，那就并非如此：通过观察得知，每天只有少数客户想将纸币转换成金币，因此银行只在金库中保留 10% 的金币并将其余部分贷出是一个很好的选择。同理，现代银行所依据的事实就是所有客户不会在同一时间提现。

　　到这里事情就变得有趣了：家电卖场销售冰箱并得到 900 美元的现金报酬。店主去银行将这一金额存入商店的账户。图 22-2c 显示出银行此刻的境况。银行目前拥有如下资产：一笔 900 美元的贷款，一笔新增的 900 美元的现金存款，以及 100 美元的法定准备金，总共是 1 900 美元。

　　我们假定银行将客户存储金额的 10% 作为法定准备金。经验表明，这一数额将足以满足储户日常一天的取款需求。银行拥有 1 900 美元的负债（1 000 美元来自原始存款，其余 900 美元来自商店老板的存款），银行现在应保留 190 美元的现金作为法定准备金（即 1 900 美元的 10%）。这意味着它愿意将金额高达 1 710 美元的现金贷出（1 900 美元的 90%）。

　　银行已经发行了 900 美元的贷款，现在再借给另一个客户 810 美元，使总贷款额为 1 710 美元。这一新的情况由图 22-2d 显示。

　　这个过程会持续多久？该银行将继续放贷，并收取存款。随着时间的推移，银行最终可能会从新贷款中创造出高达 9 000 美元的货币。为什么是 9 000 美元？因为你最初存入 1 000 美元，银行需要将它的 10%（100 美元）作为法定准备金，然后将其余部分贷出，并最终以存款形式收回贷款（假设现代银行是经济体中唯一的银行）。

这些存款反过来又创造了准备金需求。当银行借出了总额为 9 000 美元的贷款时，它预期能收到 9 000 美元的存款，并且应将总额的 10%（900 美元）作为法定准备金保留。于是，总的法定准备金数额就是 100 美元加上 900 美元，即 1 000 美元。由于你最初有 1 000 美元的存款，银行现在可以用它覆盖准备金。但这 1 000 美元是银行拥有的全部现金，它无法再继续放贷了。最终，银行有 9 000 美元的贷款和 1 000 美元的准备金，并且没有额外的钱用于新的贷款。不过，你原来的 1 000 美元已经发挥了相当大的作用：银行利用它创造了 9 000 美元的新货币，有效地将 1 000 美元变成了 10 000 美元。

从一家银行到整个经济体系。到目前为止，我们假设经济体中只有一家银行，所以每个人都要用它来进行借贷与储蓄。在现实中，当然会有许多银行。然而，如果我们将例子中的这家银行当成整个银行系统的代表的话，那么本例的逻辑就是站得住脚的。比如说，第一笔存款可能被存入美国银行，下一笔可能被存入大通银行，再下一笔可能被存入花旗银行。关键在于，所有被贷出的货币最终将回流到银行系统中的某一家银行。

让我们用一些专业术语来对我们的讨论进行总结。在我们的例子中，银行将存款的 10% 作为准备金。如果存款准备金率为 100%（这种情况称为全额存款准备金制度），我们的例子中将不会发生任何借贷。你最初的 1 000 美元将完整地保留在银行金库中。如果银行不贷款，人们想要获得买房或买车的钱将变得十分困难。整个金融体系就会陷入停顿。

现实中很少有银行采取全额存款准备金制度。银行大多用的是**部分存款准备金制度**（fractional-reserve banking），即银行保留的准备金数额低于全部存款总额的制度。也就是说，存款准备金率小于 100%。部分存款准备金制度允许银行贷出其存款的一部分。

我们把银行系统的贷款活动所创造的货币与政府的央行所创造的货币之比称作 **货币乘数**（money multiplier）。准备金的数额决定了货币乘数的大小：作为一个简单的近似，我们可以将货币乘数记为 $1/R$，其中 R 是准备金率。

$$货币乘数 = \frac{1}{存款准备金率} = \frac{1}{R} \tag{22-1}$$

这样一来，10%（或等价于 0.1）的准备金率就意味着货币乘数为 10：

$$货币乘数 = \frac{1}{0.10} = 10$$

有 1 900 美元负债（1 000 美元的原始存款 + 商店老板的存款 900 美元）的银行现在想要在保险柜中保留 190 美元（1 900 美元的 10%），这意味着它愿意将高达 1 710 美元的现金贷出（1 900 美元的 90%）。

银行已经发行了 900 美元的贷款，现在借给另一个客户 810 美元，使总贷款额为 1 710 美元。式（22-1）所描述的近似情况将精确地运转，只要人们在银行之外不持有现金，同时银行尽可能地将法定准备金之外的货币贷出。如果其中任何一个假定不成立，货币乘数都将小于近似值。

最终，部分存款准备金制度使得我们现在所熟知的银行得以存在。然而，你可能会思考这其中是否隐藏着巨大的风险。这将会是一场灾难吗？万一大量的客户在同一时间到银行要求提现将会怎样？一场银行挤兑将随之而来，这种情况是由于客户担心银行资金耗尽而产生的。阅读专栏，了解一些现实生活中的例子。

⊙ 银行挤兑与银行假日

2007 年，数百名惊慌失措的客户在英国北岩银行外排起长队，试图将钱从银行账户中提出。因为媒体刚刚报道了北岩银行大量投资于美国房地产泡沫期间创造的金融产品。由于这些投资损失惨重，银行濒临破产。

当时英国银行业监管规章为储户提供了一定的保护：如果北岩银行破产，政府将提供上限为 3.5 万英镑（约为 5.5 万美元）的保障。但是大多数客户仍决定立即将储蓄取回，而不愿意冒风险。据报道，短短两天内就有 20 亿英镑的现金被提走。

银行挤兑是个问题，因为在部分存款准备金制度下，银行并没有足够的货币来满足一定比例的准备金之外的现金需求。讽刺的是，银行挤兑恰恰导致了客户所担心的事情——银行倒闭，即使他们本来的担忧或许是多余的。只要有足够多的客户同时将他们的存款提现，银行就将不可避免地走向破产，无论其初始状态如何。

因此，出现银行挤兑后最重要的反应措施应该是尽量安抚储户，并留出时间等待恐慌消退。在大萧条时期，1933年3月，密歇根州最大的银行之一（底特律监护人信托公司）正处在倒闭的边缘，州长担心不已。为了不让银行倒闭，州长采取了釜底抽薪的策略，停止该州所有800家银行的交易，让人们只靠他们口袋中的现金过日子。然而，与平息恐慌背道而驰，这一举动引发了更大的关注。很多人指出，如果银行只能通过禁止交易才能保全的话，整个系统必将面临崩溃的危险。

关于银行陷入困境的言论传遍全国，银行挤兑面临失控，浇灭了人们的储蓄热情并削弱了经济。作为回应，美国国会迅速下达了后来被称为"银行假日"的政策，将所有银行关闭四天（后来被延长至一个星期）。就在银行即将重新开放之前，时任总统罗斯福通过广播跟美国人进行了"炉边谈话"，并简单地解释了事情的原委。此外，美联储承诺将为重新开业的银行提供无限量的货币供应，由此储户的存款安全基本上百分百有保障了。

神奇的是，这竟然生效了。当银行重新开张时，恐慌已经消退，美国人又将他们在银行挤兑中取出的资金的2/3存入银行。这个"银行假日"的产物是通过《格拉斯－斯蒂格尔法案》建立了联邦存款保险公司（FDIC），它向储户保证，一旦银行倒闭，政府将会对任何10万美元（之后又改为25万美元）以下的存款提供安全保护。

北岩银行究竟发生了什么？在分支银行排长队后的第二天，英国政府介入并宣布如果银行破产，政府将退还客户账户的全部储蓄。恐慌情绪减弱，北岩银行等待着新气象的到来。然而，由于它在美国房地产市场崩溃中损失了太多资金，英国政府不得不将其接手过来以保证其今后的运行。这些经历提醒我们，银行挤兑这种目前人们普遍认为已经被载入史册的现象，在今天的经济体系中仍会发生。

衡量货币

我们已经知道货币是如何通过银行系统创造的，现在我们重新审视之前提出的一个问题：经济体中有多少货币？如果你正在考虑"这取决于你问的是什么类型的货币"，那么恭喜你，你想得很对。管理**货币供给**（money supply）是美联储的职责。美联储根据流动性，即一项资产在不损失价值的情况下转化为现金的难易程度，对货币进行分类。最常见的货币分类是基础货币、M1、M2。

- **基础货币**包括流通中的货币和保存在美联储的准备金。
- **M1** 包括公众持有的货币（"现金"）加上支票账户余额（活期存款，它不完全是现金，但大多数人都可以便利地存取）。
- **M2** 更为广泛。M2 包括了 M1，再加上储蓄账户和其他可以在金融工具中锁定一定时期的货币资产。由于这些形式的储蓄无法在不损失价值的情况下迅速转化为现金，它们相比于其他形式的货币流动性较差（定期存单就是一种流动性较差的货币资产）。

这三个类别都是衡量货币供给的合法指标。我们使用哪一个取决于我们的目标。如果我们想着眼于支出（流动性），可用 M1。如果我们想着眼于储蓄，可以使用 M2。你可以将 M2 看作经过"货币乘数"放大之后的对货币量的一种测度，将其与基础货币相比可以让你了解在某一给定时点上货币乘数究竟意味着什么。

图 22-3 显示，货币乘数随着时间的推移保持相对稳定，直到 2008 年金融危机引发了巨大变化。在这一时间点上，由于美联储为抵抗金融危机采取了增加银行存款准备金的措施，基础货币飞速增加，但是由于面临危机，银行有所害怕，不愿意贷款。其结果就是，尽管准备金数量有较大幅度的增加，M1 和 M2 却并没有相应地大幅增加。

现在，你可能想知道是谁来决定应有多少货币存在。显然，银行在货币（M1 和 M2）供应量方面起了很大的作用，但是由谁来决定需要有多少基础货币

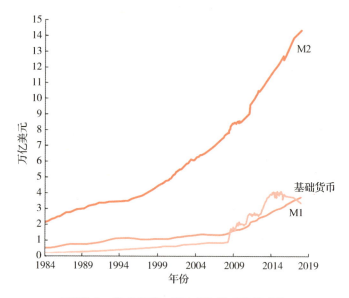

图 22-3 基础货币、M1、M2 随时间的变化

资料来源：Federal Reserve Economic Data.

来进入乘数过程？法定存款准备金率又由谁来设定？我们将在下一节讨论这些问题。

管理货币供给：美联储

1907 年 10 月 24 日，美国正深陷史上最严重的金融危机。数以万计的储户从全国各地涌向银行，大部分银行陷入挤兑困境，几乎没有哪家银行是安全的。就连几家规模最大的银行也在水深火热之中艰难度日。

在这疯狂激烈的动荡期间，一个人肩负起了激活美国金融系统的重任：约翰·皮尔庞特·摩根，他是当时 J. P. 摩根公司的总裁和最具权势的银行家。在许多银行已经濒临倒闭的情况下，在 1907 年 10 月 24 日下午 1:30，摩根得到消息称纽约证券交易所的资金即将耗尽。甚至有人愿意支付 100% 的贷款利息都无法找到贷款人。股票价格直线下跌。若不采取措施，交易中的所有股票将面临更糟糕的境遇。

由于只有短短几个小时的时间来做出行动，摩根召集了当时美国金融领域几乎所有的重要人物——所有领头的银行家及各产业领导者。就连时任财政部长乔治·科特柳（George Cortelyou）也赶来看全国最有能力的银行家能否拯救濒临崩溃的美国经济。当时整个美国金融系统需要大量的现金。面对灾难，美国政府投入了 2 500 万美元；约翰·D. 洛克菲勒直接提供了 1 000 万美元，在需要额外资金时又进一步增至 4 000 万美元；到了当天下午 2∶30，摩根已经筹到了足够的钱来拯救金融系统。

拯救一个国家于危难之中所依靠的仅仅是一个产业巨头的力量，这警示人们：在危机面前，国家是缺少准备的。6 年之后的 1913 年，美联储创建。从此以后，美联储成为负责协调美国金融系统运行的核心机构。

中央银行的角色

世界上几乎所有的主要国家都有自己的中央银行。**中央银行**（central bank）是负责管理国家的货币供给并协调银行系统以确保经济健康运行的最终机构。在美国，其中央银行就是美联储。和其他任何一家央行一样，美联储有两个主要职能：管理货币供给和充当最后贷款人角色。

在我们详细介绍上述两个职能之前，有必要先介绍一下中央银行不负责什么。它不是政府的金融部门。在美国，政府的金融活动（征税、支付账款、发行债务，以及对国家金融进行宏观调控）是由财政部来执行的。美联储负责决定应当印制多少实体货币，但是印制本身是由财政部的铸币局来完成的。简而言之，财政部负责执行财政政策，而美联储负责执行货币政策。正式来说，**货币政策**（monetary policy）是指中央银行为追求特定的宏观经济目标而采取的一系列管理货币供给的行动。因此，中央银行最重要的职能就是管理货币供给。

中央银行的另一个职能是充当最后贷款人角色。这意味着什么？回想一下 J. P. 摩根的例子，他在 1907 年几乎一手拯救了银行系统。当没有人愿意借钱给银行以帮助银行解决挤兑问题时，J. P. 摩根以最后贷款人的身份出现了，他与其他人坐在一起商榷协作。他们成了一触即发的金融崩溃前的最后一道防线。现如今，这些就是美联储的工作。我们在第 23 章中将会看到，美联储在 2008 年金融危机期间的确扮演着这个角色。

美联储是如何运作的

现在我们知道了中央银行在扮演何种角色，接下来我们将更仔细地考察美联储作为美国的中央银行实际上是怎样工作的。我们将着眼于研究两个主题：美联储是如何组织的和美联储怎样制定政策。

美联储是如何组织的。这个被我们称作美联储的机构，实际上并不是一个组织，而是一个完整的联邦储备系统。联邦储备系统由 12 家地区性联邦储备银行和一个 7 人组成的管理委员会构成，是美国的中央银行。总部设在华盛顿特区的由 7 人组成的联邦储备管理委员会以及其他职员，负责整个联邦储备系统的治理。

支持联邦储备管理委员会工作的是分散在美国各主要大城市的 12 家美联储地区分行。这 12 家地区分行传递和执行中央银行每天的事务。它们下辖的是下属成员银行，这些下属成员银行涵盖了美国的大部分银行，是美联储系统的成员并遵守美联储的相关规定。

联邦储备管理委员会由金融界、银行界及货币政策等方面的专家组成，他们由美国总统任命并通过参议院确认，任期 14 年。另外，美国总统任命联邦储备管理委员会中的一人担任美联储主席，任期为 4 年。美联储主席也许算不上全世界最重要的经济岗位之一，但确实是美国最重要的经济岗位之一。美联储主席对中央银行货币政策的执行具有重要的直接控制权。

各地的美联储分行，按其所属地区都分别有一个行长。各地的行长通常是从当地银行或商业领域中选举出来的。他们负责监督所在地区下属成员银行的日常交易活动，同时包括监管并执行货币政策。

除此之外，12 家地区分行行长中 5 人供职于美联储公开市场委员会（FOMC）。这 5 人中 4 人轮流任职，而纽约地区分行行长则一直是美联储公开市场委员会的成员，这种安排强调了纽约都市圈的金融产业对美国货币及金融政策的重要意义。5 名联储地区分行行长加上 7 名联邦储备管理委员会的委员，构成了美联储公开市场委员会（加起来总共是 12 名成员）。

美联储公开市场委员会是美联储系统中进行政策决策的最重要主体。它对设定货币政策的整体方向及引导货币供给负全部责任。

你会发现作为一个政府代理机构，美联储与政府其他部分的联系极少。虽然是由政府任命的，但联邦储备管理委员会的委员有任期较长的保障，这有助于保障他们的政治独立性。赋予美联储较大的政治独立性意味着，美联储的管理者不会受到政治压力的胁迫。举例来说，美联储的独立性降低了它仅仅为减轻政府的还债压力而扩大货币供给的可能性。另外，当人们知道美联储管理者是技术专家而非政客的时候，他们对美元的稳定性将更加有信心。

美联储怎样制定政策。调控货币政策以使其有利于整个国家，确切地讲，这究竟意味着什么？美联储具有双重职责，也就是通常所说的双重目标。**双重目标**（dual mandate）的第一重是保证物价稳定，第二重是保障充分就业。

大部分人在提到货币政策时想到的都是第一重目标。它包括维持一个满足经济体需求的稳定货币供给，同时保持价格的相对稳定。对很多中央银行而言，这就是其货币政策使命的全部。举例而言，保证物价稳定就是欧洲中央银行的唯一使命，欧洲中央银行管理着欧洲绝大部分地区的货币政策。

然而在美国，美联储还被赋予了保障充分就业的目标。货币政策会对经济体系产生重大影响。第二重目标要求美联储通过行使权力确保美国经济强健运行。在接下来的几个部分中，我们将展示美联储是如何工作以履行其使命的。在第 23 章中，我们将看到这双重目标会如何从根本上产生冲突，而美联储又将如何调节双重目标之间的紧张关系。

货币政策工具

为了完成其双重目标，美联储需要管理货币供给。美联储在调控货币供给时有多种不同的方法和选择。在这部分中，我们将了解美联储用以传导货币政策的三种传统方法。这些工具从最不常见的到最普遍的依次是准备金要求、贴现窗口以及公开市场操作。公开市场操作是货币政策中最常用的工具；其余二者是备用工具，很少使用。

准备金要求。美联储最有力的政策工具是调控**准备金要求**（reserve requirement）——对银行吸收的存款中应作为准备金留存的最小比例做出规定。你也许已经意识到了银行的存款准备金率会影响经济体中可用的货币量，以及在一定程度上决定经济体中会发生多少借贷。如果美联储愿意，它甚至可以同时取消所有银行的部分存款准备金制度，并代之以要求银行保留100%的存款作为准备金，但通常来说这并不是个好主意。

虽然调整法定存款准备金是一个有力的政策工具，但在大多数情况下它的力度过大。借助法定存款准备金来调控货币供给将引起银行法定持有货币数额的巨大变化，这一行动几乎肯定会产生重大而且难以预料的后果。银行经理们在做决定时会考虑到一定的准备金要求，因此存款准备金要求的急剧变化将加大他们管理货币的难度。准备金要求的急剧变化还会在整体经济中引起连锁反应，影响信贷的可得性以及人们对整个银行系统的信心。尽管如此，一些国家还是将调节法定准备金比率作为一项主要的货币政策工具（并且取得了一些成效）。在美国，改变法定存款准备金极少被使用，除非有危机出现。调节法定存款准备金比率被视为对货币政策的一个强劲的推力；而在大多数时候，货币政策在一个相对温和的助推下就能调整到位。

贴现窗口。美联储的第二个政策工具是贴现窗口。**贴现窗口**（discount window）是一个允许任何一家银行向美联储借用准备金的借款工具。这类贷款的利率被称为**贴现率**（discount rate）。贴现窗口是美联储用来提供市场流动性以及充当最后贷款人角色的一个主要工具之一。当银行陷入困境时（比如说发生了银行挤兑），贴现窗口能够成为应急资金的可靠来源。

从历史角度看，虽然贴现窗口是美联储作为最后贷款人的关键，然而这类贷款极少被用于货币政策。其原因在于贴现率普遍高于市场中的利率水平，所以银行将转向别处寻求贷款。正因为如此，任何利用了贴现窗口的银行的财务状况都会被公之于众，受到严格的审查。如果银行需要在困难时期借助贷款以继续营业，那么人们通常会认为，银行陷入了困境。诸如此类的污点令银行不愿使用贴现窗口。

然而有时候，银行别无选择。上述污点在 2008 年金融危机期间已微不足道了：走投无路的银行被迫放下对声誉的担忧而向唯一愿意借钱给它们的机构寻求贷款。2008 年 10 月，仅在一个星期内，银行就通过贴现窗口借到了 1 170 亿美元的应急资金。

公开市场操作。最后在美联储的传统政策工具中，最常用也是最重要的就是公开市场操作。**公开市场操作**（open-market operations）是指美联储向公开（公共的）市场中的商业银行销售政府债券或从其手中购买政府债券（实际操作过程比我们在这里所展示的更为复杂，但最终结果是相同的，美联储出售债券给银行或从银行购买债券）。这些交易将直接导致货币供应量的减少或增加。

当美联储想要增加货币供给时，它可以从与其进行交易的一个大银行手中购买债券。美联储可以用其储备支付这些购买，它还可以进行更多的贷款或购买更多债券，从而创造货币。当美联储想要减少货币供应量时，它将售出债券，接受储备支付。通过这种操作，美联储有效地收回了部分货币，从而使整个经济体系中的基础货币存量减少。

公开市场操作究竟如何对经济产生更为广泛的影响？该工具以两种方式发挥作用。首先，美联储可以向银行出售债券，该交易通常由银行将要储蓄在美联储的存款支付。于是，这一销售行为将减少银行的准备金，从而降低银行的放贷能力。通过乘数效应，该银行贷款的减少将对其他银行的贷款产生连锁影响并降低货币供给增长率。这是实行**紧缩性货币政策**（contractionary monetary policy）的重要途径——减少货币供给以减少总需求。

其次，美联储可以购买政府债券，以推行**扩张性货币政策**（expansionary monetary policy）——增加货币供给以增加总需求。当美联储从银行购买债券时，它向银行支付使银行在美联储的存款增加，从而增加银行的准备金。该银行可以借出更多的钱并引起连锁效应，进而导致其他银行的放贷增多。如此一来，美联储就可以提高货币供给增长率并实现扩张性货币政策。

公开市场操作相对于其他货币政策工具而言具有一定的优越性。首先，这类交易（即债券的买卖）每天都在发生。由于美联储通常要进行的是政策微调而不是大刀阔斧的变革，可较高频率地交易增加了该工具的灵活性。能够日复一日地采取行动有助于保持美联储政策稳定、可信的声誉。

其次，公开市场操作可以影响联邦基金利率，该利率是一家银行在极短的时间内（通常是隔夜）向另一家银行寻求贷款所要支付的利率。美联储将这一利率作为公开市场操作的一个目标，通过出售与买进债券来推动其上升或下降。

联邦基金利率与货币供给。美联储几乎不会从改变货币供给的角度来描述其政策。相反，它着重于利率。从技术上讲，美联储为**联邦基金利率**（federal funds rate）设定一个"目标"——这是银行选择将其存储在美联储的准备金贷出给另一家银行的贷款利率，通常是隔夜借贷。

银行必须保有一定水平的准备金。如果银行发现在一天结束时准备金正处于短缺状态，它会向其他拥有超额准备金的银行寻求贷款。由于两家银行都在美联储设有账户，因而以这种方式进行借贷是安全的。

美联储如何影响联邦基金利率？在紧缩的货币政策中，正如我们所见，美联储售出债券，从银行收取准备金。准备金的减少将推动联邦基金利率上行。为什么呢？通过减少准备金，借用准备金的成本上升了，这与在商品市场上对供求的分析一样。其他利率与联邦基金利率同向变动，因此利率普遍上行，抑制了在房子、汽车、新机器及其他物品上的支出。由此，联邦基金利率的提高帮助实现了紧缩性货币政策，它减缓了经济增长。类似的逻辑过程也适用于扩张性货币政策，其目标是降低利率从而刺激经济。

货币政策的经济效应

要理解为什么美联储对货币供给的控制如此强大，我们需更好地理解货币政策影响经济的内在机制。一些经济学家被称为货币主义者，他们认为从长远来看，货币政策是无关紧要的，因为价格将随货币供给的增减而进行调整，不会引起总体经济产出的任何变化（因此货币主义者说，"货币是中性的"）。然而，大多数经济学家认为，至少在短期内，美联储对货币政策的控制能够抑制经济衰退或缓解经济过热。但它的运行机制是怎样的呢？

货币政策主要通过改变利率进而影响借贷的吸引力，对经济产生重要影响。在本节中，我们将梳理这一过程的各个连接点以及实施货币政策的一系列挑战。

利率与货币政策：流动性偏好模型

当中央银行增加或减少货币供应量时，它改变了货币供求的平衡。如果"供给"与"需求"这两个字眼让你想起我们之前经常使用的供求曲线所描述的货币市场，那么你的思路是正确的。

要理解货币的供求关系是如何起作用的，我们首先用凯恩斯在 1936 年首次提出的被称为**流动性偏好模型**（liquidity-preference model）的观点来描述货币供求的特点。

货币需求。经济学家用"流动性"这一术语来描述将资产转化为现金的难易程度。根据定义，现金是流动性最高的，支票账户（活期存款账户）的流动性近似于现金。我们需要用现金以及便于存取的银行账户来满足日常的消费需求。换句话说，我们有一个流动性偏好。

相对而言，政府债券的流动性不太强。它需要被出售以转换为用于消费的现金。当然，政府债券相比现金有一个重要优势：它能赚取利息。增加的利息弥补了流动性的不足。

因此，当政府债券的利率水平较高时，大多数人都会尝试持有更多的债券和更少的现金。而当债券利率下降时，债券的优势随之下降，这将使现金更具吸引力。如果你不能通过持有债券赚得较多的利息，那么你不如将货币以现金或其他更具流动性的方式来保存。这就是流动性偏好模型的中心思想，它揭示了人们所愿意持有的货币量是利率的函数。在这个模型中，货币需求曲线（MD）向下倾斜，呈现了利率水平与货币需求之间的负相关关系（见图 22-4 货币需求曲线）。为什么呢？将这里所说的"货币"看作现金，尤其是相对于其他如生息债券的资产一类的现金（不管利率多高，你仍然必须持有现金来完成日常的交易）。

整体而言，这意味着在利率很高时人们并不需要太多货币，但随着利率的下降，货币需求将越来越大。由利率变化引起的货币需求量变化可表示为沿着货币需求曲线的变动。当利率上升时，货币需求减少，沿曲线向左变动；当利率下降时，货币需求增加，沿曲线向右变动。

并非所有因素的变化都会引起沿着需求曲线的变动。有些因素会引起需求曲线本身的移动，经济中的价格水平就是一个这样的因素。今天美国的货币需求要比50年前高得多，原因很简单，几乎所有的东西都比从前贵得多。较高的价格意味着满足日常生活所需的货币需求更高，也就意味着同样的利率水平所对应的货币需求更大。货币需求量的增加由货币需求曲线的整体右移来呈现。

实际GDP的增长对货币需求产生类似的结果：售出更多的商品和服务意味着购买它们所需的货币会更多。当然，实际GDP的下降将产生相反的效果：随着经济总体中的活动减少，对货币的需求也将减少。

除了这些经济因素，技术进步也会起到一定的作用。举例来说，信用卡的使用越发简单、ATM机的可用性更高都将减少货币需求。有了这些工具，在任何时候人们需要随身携带以满足其日常购买的现金都会变得更少。

货币供给。在简化版的流动性偏好模型中，货币供给被认为是由美联储设定的：不考虑利率，美联储会确保经济体中总货币供应量恒定。如图22-4所示，这意味着在流动性偏好模型中货币供给曲线（MS）是一条垂线。这同样表明，改变货币供给的唯一方式是美联储出于政策原因进行调整。

虽然这个简化版的模型假定美联储可以完全控制供给曲线，然而在现实中，一个经济体的货币供给具有多种来源。根据模型目前所设定的，美联储决定基础货币的供应量，银行通过货币乘数决定最终将基于基础货币创造出多少货币。正如我们之后将看到的，美联储设定货币供给与利率的能力并非如模型所示的那样精准。尽管如此，假定由美联储控制的货币供给不变，有助于对模型的介绍。

在前文中，我们讨论了美联储调节货币供应量的方式，它可以表示为货币供给曲线的移动。任何增加货币供给的举动都将使货币供给曲线向右移动。这些举动包括降低存款准备金率、降低贴现率，或在公开市场购买政府债券。与此相对，任何减少货币供给的举动将导致货币供给曲线左移。如图 22-5 所示，你可以看到，货币供给的变化会提高或降低利率。

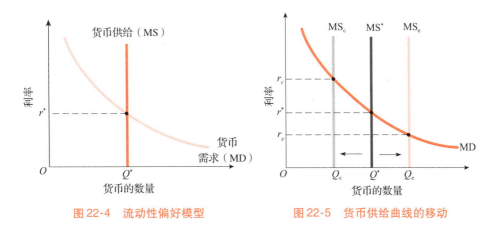

图 22-4　流动性偏好模型　　　　图 22-5　货币供给曲线的移动

　　流动性偏好模型显示了货币供给与货币需求之间的基本关系。在该模型中，我们假定货币供给完全由美联储设定。货币需求（MD）曲线向下倾斜，表明货币需求是关于利率的函数。当利率水平较高时，人们的货币需求量较小，但随着利率的下降，人们的需求将会增加。

　　了解货币需求曲线的斜率非常重要：需求曲线的斜率决定了货币供给的变化将在多大程度上改变利率。货币需求量对利率的改变越敏感（一条趋于平坦的、富有弹性的需求曲线），那么货币供给的改变对利率的影响就越小。

利率与经济

　　流动性偏好模型解释了美联储的行动将如何改变利率。美联储可以通过增加货币供给来使利率下降，或者通过减少货币供给来使利率上升。但是美联储为什么要关心利率？答案就是利率在经济中具有重要影响。我们进行的许多大型采购（买房子、汽车或昂贵的设备）都是通过贷款购买的。同样，借款进行投资的企业也必须按照由利率决定的价格来支付。

　　扩张性货币政策。利率变化会影响经济中的总需求与总供给。当利率下降时，越来越多的人会购买大件商品，消费将增加。较低的利率使借钱的成本降低，存钱的收益减少。于是人们会以消费取代存款，进一步增加总需求中的消费部分。

货币政策成为决策者应对经济健康状况变化的重要手段。举例来说，假设经济正处于衰退之中。总需求减少，经济处于以产出下降和价格低廉为标志的短期均衡中。美联储知道较低的利率将刺激借贷与消费，使需求曲线右移。美联储主席宣布，美联储将降低联邦基金利率。因此，美联储进行公开市场操作，增加经济中的货币供给。这一措施被称为扩张性货币政策，一个更低的利率是采取该行动的结果。

如上所述，低利率会刺激借贷和消费，并抑制储蓄。随着消费支出与投资的增加，总需求增加，总需求曲线右移。最终的效果与我们在第 21 章中讨论的扩张性财政政策的效果是相同的：价格与产出均增加，有助于经济走出衰退。

紧缩性货币政策。相反，当经济过热时，如 2006 年美国房地产泡沫时期，美联储应该怎样做呢？由于经济体现金充裕，总需求曲线有右移的趋势，价格水平较高，同时产出水平很高，这使得在该情况下做出合理的决定稍显困难。

一方面，强劲的经济活动显然是一件好事；另一方面，这可能意味着经济体的过度运行。当短期产出超出长期均衡时，价格水平将不可避免地上升。这样的价格上涨与央行维持稳定价格水平的使命是相矛盾的。美联储会担心价格水平的上涨对经济产生消极影响。

当美联储认为经济有些过于活跃，即经济学家所说的"过热"时，它通常倾向于提高利率，就像它在美国房地产泡沫期间所做的一样。利率水平的上升使总需求曲线左移，导致更低的价格和短期内更低的均衡产出。这一结果是紧缩性货币政策产生的影响。

你会注意到，我们是在短期内讨论这两个例子的。在长期内，经济体会调整以适应货币供给的变化，这只会导致整体价格水平上升。这一事实引出美联储所面临的挑战之一：如何在保障充分就业的同时维持稳定的价格水平。而这两个目标在根本上经常是冲突的。

货币政策的挑战与优势。上述这些使用货币政策的例子展示了政策如何在理想情况下起作用，但是世界的运行并非如此简单。当我们讨论财政政策时，我们指出决策者在制定政策时面临的实际挑战，例如时滞。当美联储试图利用货币政策来引导经济时，会面临同样的问题。

虽然货币政策通常不像财政政策那样要很长时间去落实，但美联储的行动产生预期影响可能也要几个月的时间。在这期间，经济状况可能已经改变了。例如，货币供应量的增加能够推动经济超出长期均衡产出水平，并导致经济过热。更糟的是，美联储可能会在没有预见到经济衰退的情况下无意间缩减了货币供给。这种时机不当的政策会使随之而来的经济衰退更为糟糕。

即便如此，相比传统的财政政策，货币政策确实更有优势。美联储不必等到各执己见的政客们在何为改善经济的最优政策这一点上达成共识。相反，政府的联邦储备管理委员会与公开市场委员会通常六周一聚，这样他们可以在必要时当即改变货币政策。此外，美联储由杰出的经济政策制定者组成，他们的工作职责是确保充分了解整体经济的各种细微差别，以便在正确的时间实施正确的政策。诸如此类的优势使货币政策成了应对低就业与过度通胀的一个极为重要的武器。

国际经济

ECONOMICS

第 23 章

开放市场下的宏观经济学

ECONOMICS

引例 从工厂到数字

苹果手机 iPhone 取得了巨大的成功。自 2007 年 6 月发布以来，至 2018 年 11 月，苹果在全球已经售出超过 22 亿部手机。由于苹果是一家美国公司，美国人可能会将 iPhone 视为一个完全的本土企业成功的故事。然而从技术上来说，iPhone 应该被视为一种进口产品。这是因为与许多其他消费品一样，iPhone 的零部件在中国的一家工厂完成组装后，成品被运往美国。

iPhone 被视为进口产品的事实意味着，在美国每销售一部 iPhone 都对美国对中国的贸易逆差做出了贡献。2018 年，美国消费者从中国购买了价值 4 930 亿美元的商品和服务，而美国企业只成功向中国销售了价值 1 110 亿美元的商品和服务——美国对中国的贸易逆差达 3 820 亿美元，这是一个天文数字。当两位经济学家计算这些数据时，他们发现仅 iPhone 就为美国对中国的贸易逆差做出了 19 亿美元的贡献。

要了解贸易逆差真正意味着什么，想象一下，当中国从美国购买的商品价值与其在美国出售的商品价值相等时会发生什么。美国人会把 4 930 亿美元兑换成人民币，并用它来购买中国产品。反过来，中国人也会用这 4 930 亿美元来购买美国产品。最终所有都会相抵。但实际上，中国人只用了 1 110 亿美元来购买美国产品。所以，这样就必然会有 3 820 亿美元存在于中国经济中。中国人大概并不会把钱压在床垫下，那这些钱最终会去哪里呢？

一部分会被花掉或进行国内外的投资以获得最优回报。大部分最终会被投资于美国的政府债务，这就意味着货币将用来向美国政府放贷。总体来说，截至2018年12月，美国政府通过出售美国国债直接从中国投资者那里借入了1.12万亿美元。当你再见到 iPhone 的时候，你应该想到国际金融网络。

如何解释贸易流量？美国是如何以及为什么增加对中国的负债的？为什么中国会借款给美国？什么决定了美元兑换人民币的汇率呢？本章将通过探究国际经济来回答这些问题。我们先研究商品与货币在世界各地的流动，然后再谈论与之相关的一个国家货币价值的变化。

本章通过说明如何理解国际环境下的宏观经济，重点阐释有关汇率、贸易平衡和国家间资本流动的重要政策争论。

商品与货币在世界各地的流动

国际贸易不是一件新鲜事。早在 3 000 多年以前，中国就通过丝绸之路向地中海地区和波斯帝国输出织物。1 500 多年前，香料也通过香料之路从印度流向罗马帝国。克里斯托弗·哥伦布（Christopher Columbus）远航也是渴望寻找一条能更快速地到达印度以追逐财富的路线。但是如今，现代化的通信技术和便利的交通已经使国际商品与资本的流量达到了一个前所未有的水平：欧洲的消费者可以买到肯尼亚新采摘的花卉，美国人可以享用泰国的小虾，中国公共事业公司的轮船可以使用哥伦比亚产出的煤炭。

接下来，我们就来看看当今全球经济中商品与资本的多种流通方式。

进口与出口

首先，我们来看看美国的一些贸易模式。图 23-1 显示了美国近 50 年的贸易流量。你可以看到，在这段时间里，随着经济的增长，进出口量显著增长。2018

年，商品和服务的出口额是 2.5 万亿美元，大约占 GDP 的 12.4%。同年进口额为 3.1 万亿美元，大约是 GDP 的12%。

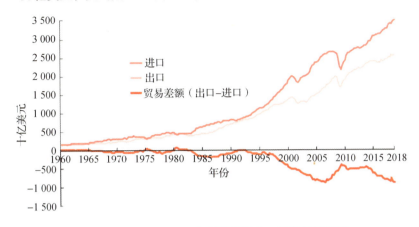

图 23-1　1960 ~2018 年美国的进出口量及贸易差额

关注流入、流出是十分有意思的，但是经济学家最关注的是这些流量的净值，即所谓的贸易差额。**贸易差额**（balance of trade）是出口值减去进口值。如果一个国家的进口多于出口，那么贸易差额为负。经济学家称之为存在**贸易逆差**（trade deficit）。自 1970 年以来，美国几乎每年都存在贸易逆差。2018 年，美国的贸易差额是 -6 210 亿美元，接近 GDP 的 2%。如果一个国家的出口多于进口，那么贸易差额为正，或者说是存在**贸易顺差**（trade surplus）。例如，日本、中国和德国等国家就有大量的贸易顺差。2018 年，德国的贸易顺差额大概是其 GDP 的 8%。

图 23-2 显示了美国与世界上其他部分国家的总贸易差额。在你看来哪个国家会是美国的主要贸易伙伴？由于贸易需要货物运输，会产生相应的成本，因而各国都会倾向于选择与其邻近的国家进行交易，美国亦是如此，其最大的两个贸易伙伴即为邻国：北边的加拿大和南边的墨西哥。除了相邻的因素以外，北美自由贸易协定（NAFTA）的达成，也消除了这些邻国之间的贸易和投资壁垒，使得贸易范围大大拓宽。

当然，正如图 23-2 所示，并非所有的贸易伙伴都是邻国。实际上美国从中国进口的东西比从其他国家进口的都要多，包括其邻国加拿大和墨西哥。正如我们所提到的，美国从中国的进口额远大于其对中国的出口额。这一差异就导致了对中国的贸易逆差，该差额约占美国总贸易逆差的66％。在本章中，我们将会研究美国与中国产生贸易逆差的原因。其中一个因素就是中国的产品往往价格较低。我们还将关注一些不那么明显的因素，例如中国的储蓄额及其汇率政策。

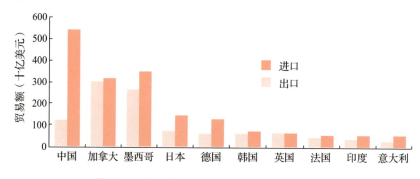

图 23-2　美国与其主要贸易伙伴的总贸易差额

资料来源：U. S. Census Bureau, Top Trading Partners, December 2018.

我们已经了解了美国的贸易额以及贸易伙伴，那么它们交易的是什么商品呢？正如我们在第 2 章中所描述的，当各个国家专门生产某种特定商品，然后与其他国家进行贸易以满足自身的某种需求时，就会产生贸易收益。根据贸易统计数据，我们可以确切地了解到美国的贸易收益都来自哪里。图 23-3 表明了美国主要进出口商品的类别，以及各个类别商品对美国贸易差额的贡献。

美国出口最多的商品类别是资本品，比如工厂机器。2018 年，美国在资本品方面出口了 5 620 亿美元。与此同时，它进口了价值 6 930 亿美元的资本品，大部分是电脑和电信设备。资本品方面的贸易差额是 −1 310 亿美元。

美国在资本品的进出口额上相对均衡，然而在日常消费品领域，进口明显占据主导，例如服装、智能手机、药品和玩具。日常消费品的贸易差额也是负的，2018 年其进口额约为 6 480 亿美元，出口额约为 2 060 亿美元，贸易差额为 −4 420亿美元。实际上，截至 2018 年 12 月，美国在六大商品类别上的贸易差额均为负。"食品、饮料和饲料"类别的贸易逆差最小，美国大豆和玉米的高价值解释了这一点。

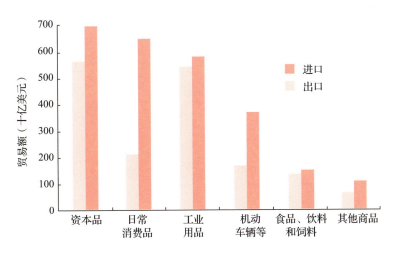

图 23-3　美国都交易什么

资料来源：U. S. Census Bureau.

国外投资

进出口是国际经济中最直观的方面。国家之间也通过其他的方式进行交流互动，包括投资。一家企业在国外经营业务或拥有其他国外企业部分或全部股份时所发生的投资，被称为**外国直接投资**（foreign direct investment，FDI）。外国直接投资对企业是有经济意义的，例如，它可以帮助企业拓宽市场，还可以降低工资成本。有些人对鼓励在国外建立"血汗工厂"的投资是持反对意见的，血汗工厂意味着工人要在比美国法定工作环境更恶劣的条件下进行长时间的工作。有关对外投资相关问题的讨论，请看以下专栏。

◉ 血汗工厂是好还是坏

2001 年，一位名叫乔纳·佩雷蒂（Jonah Peretti）的麻省理工学院的研究生通过 NIKE iD 服务订购了一双运动鞋，该服务允许消费者对他们鞋子上的文字进行个性化的设计。佩雷蒂要求在他的鞋上写上"sweatshop"（血汗工厂）字样。耐克拒绝了他的要求，声称这个词违背了 NIKE iD 的相关条款和规定，因为这是一个"不合适的俚语"。

佩雷蒂装傻地回复道：

查阅了韦氏词典以后，我发现"血汗工厂"实际上是标准英语的一部分，并非俚语。这个词语的意思是"一家商店或者工厂的工人长期在不健康的环境中工作，并且仅赚取低廉的工资"。这个词的起源时间是1892年。贵公司网站上的广告语表明NIKE iD的宗旨是"自由地选择与自由地表达自己"。我正是自由地表达了我对耐克的喜爱以及我个人的情感。我希望贵公司尊重我的言论自由，并且重新考虑驳回我要求的决定。

耐克又一次拒绝了，它不想有人穿着一双带有"血汗工厂"字样的耐克鞋，毫无疑问，这会带来负面的宣传效果。但是不管怎么样，耐克与佩雷蒂的邮件的迅速传播，引起了全球媒体的报道，这已经给耐克带来了负面的宣传。佩雷蒂有一个明确的目标，让耐克为自己用血汗工厂的劳动力来生产运动鞋的行为感到羞耻（当然就耐克本身而言，它已经采取了相应的措施来提高劳工标准以及监管工作环境）。

但具有讽刺意味的是，尽管血汗工厂对品牌宣传是不利的，但是并没有明确证据表明其存在是一件坏事。经济学家们，包括哥伦比亚大学的杰弗里·萨克斯（Jeffrey Sachs）证明了某些类型的血汗工厂对经济是有利的。毕竟，人们选择到血汗工厂工作的事实表明，这些工作相比其他工作更适合他们。除了血汗工厂，他们的唯一选择就是去从事繁重的农业劳动，其工资甚至比血汗工厂更低。血汗工厂将一部分人从农业生产中解脱出来，为其提供了一定的经济保障，并且对经济增长做出了贡献。

对那些转发佩雷蒂与耐克的电子邮件的人来说，萨克斯的观点可能是令人不舒服的。血汗工厂的批评者认为，工人每周辛勤工作80小时，却只拿到大多数美国人所认为的极少量的工资，这是不对的。通常，血汗工厂不仅仅意味着按美国标准来说的低工资，还意味着工人可能在不知情的情况下接触到了有害的化学物质及危险的机械。这些问题是由信息不对称导致的市场失灵引起的，雇员完全不知道他们所承担的风险。即使存在安全规范，工人也不可能没有后顾之忧地向地方政府上报工厂的违规行为。

你怎么认为？

1. 为什么富裕的国家会比贫穷的国家有更严格的劳工标准？你认为这些劳工标准是怎样形成的呢？

2. 如果消费者对购买国外血汗工厂的产品感到不适，他们是否应该支持在全球范围内设定最低工资标准以及设立职工安全法？为什么？

资料来源：“Making Nike Sweat”，*Village Voice*，February 13，2001.

当然，对外投资的对象并不一定是有形资产，例如工厂。通常，投资者也想要购买外国的金融资产，例如股票、政府债券。我们将这一类型的投资称为**外国间接投资**（foreign portfolio investment）。外国间接投资由外国资本投资，在本国进行资本运营。外国间接投资使投资者持有的金融资产可赚取相对本国的金融投资来说更高的利润，并且整体风险更小。

外国间接投资可以迅速地实现跨国流动，因为这主要涉及了银行账户之间的资金转移。对小国来说，跨境资金的快速流动可以轻易使一个国家的金融市场崩溃。外国直接投资则不会流动得这么快。你不能轻而易举地将一个工厂从一个国家移动到另一个国家。

最大的外国间接投资的例子之一就是中国购买美国政府债券。其发生的部分原因是，中国投资者拥有大量的美元储备，所以他们想要购买以美元计价的资产。为什么他们拥有大量的美元储备呢？正如前文所说，因为每次美国购买中国产品时，都有人需要卖出美元以兑换人民币来购买这些产品。而这些美元的用途之一就是购买美国的国债。

通过计算外国直接投资和外国间接投资，可以得到一个国家的净投资水平。**净资本流出**（net capital outflow）是指投资其他国家的资金的净流量。拥有贸易顺差的国家有正的净资本流出，拥有贸易逆差的国家有负的净资本流出或有净资本流入。

全球商品、服务和资本的贸易达上万亿美元。跟踪贸易差额与净资本流量有助于组织管理这些交易。通常而言，商品、资本的贸易账户被称为国际收支账户。

国际收支

美国的进口额远大于出口额。结果是，美国与世界其他国家的贸易逆差很大（2019 年这一差额为 8 910 亿美元）。美国是如何维持这一贸易逆差的？

要回答这个问题，我们需要看看像中国这样的贸易伙伴的资本状况。事实证明，有形商品的贸易和各种类型的资本流量必须相互平衡，即用资本盈余来平衡贸易逆差。简而言之，美国之所以能维持巨额贸易逆差，是因为它有巨额的资本盈余。

这一点可以通过国际收支恒等式（balance-of-payments identity）来体现，该等式表明净出口值等于净资本流出（NX = NCO）。这也正好回答了本节开头提出的问题。

一个出口额大于进口额的国家，比如中国，其资本流出也必然要大于资本流入。这是因为高额的净出口必须由高额的净资本流出来平衡。资本流出使各国能够在长时间内维持贸易失衡。这个观点看起来有些复杂，所以我们来看一个简单的例子。

我们假设中国和美国最开始都是封闭经济体，所以其储蓄等于投资。有一天，一家美国的企业打算购买一些中国制造的专业电池。中国企业将电池运到美国后，这家美国企业向中国企业支付了 100 美元。

这家中国企业会用这 100 美元来做什么呢？它可以做两件事：将这些钱留存在美国（例如，把资金存入美国的银行账户，或者购买美国的债券、股票或其他金融证券）；用这些钱购买美国的商品，比如一些经济学书籍，并将它们运至中国。

如果中国企业决定将这 100 美元留存在美国，那么它就对美国的经济进行了投资。换言之，从中国到美国的净资本流出是 100 美元。从中国到美国的出口价值（电池）是 100 美元。净出口值等于净资本流出值。

从美国的角度来看，会怎么样呢？中国持有 100 美元的美国货币，所以美国的净资本流出是 –100 美元（或者可以说是美国的净资本流入）。而由于美国企业花钱从中国购买了电池，所以美国有 –100 美元的净出口值。对美国而言，其净出口值与净资本流出也相等。

如果中国决定用这些钱来购买书籍并进口到中国，而非在美国投资 100 美元，会发生什么呢？中国的净出口值为 0，中国企业出口 100 美元的电池，进口 100 美元的书籍。中国的净资本流出也为 0，因为出售电池所挣的钱用来购买书籍了，而不是在美国进行投资。因此，并没有钱留在美国。所以，对中国而言，NX = NCO。

现在，从美国的视角看。最初，美国进口专业电池，其净出口为 –100 美元，然后又出口了价值 100 美元的书籍，因而净出口变为 0。由于不存在对中国或来自中国的投资，因此净资本流出也为 0。所以，对美国来说，NX = NCO 同样成立。

国际资本流动

近 30 年来，为了寻求有利可图的投资机会，大量资本从国外涌入美国。为什么资本会从一个国家流出并流入另外一个国家呢？在本节中，我们将会建立一个模型来讨论国际资本的流动问题。

国际资本流动的决定因素

可贷资金（投资）需求有两种来源，即国内投资与国际投资。当经济处于封闭状态时，国内投资与国内市场的可贷资金是相等的。国际投资有两种形式，即资本流入（国外资本投资本国）以及资本流出（本国资本对外投资）。为了构建国际资本流动模型，我们假设所有交易都通过可贷资金进行。我们用资本流出减去资本流入时，可以得到净资本流出（NCO）。NCO 加上国内投资等于开放经济中对可贷资金的需求量。

我们已经知道国内投资与利率负相关（更低的利率使公司贷款购买设备、配置厂房的成本更低）。我们可以借此思考美国利率影响资本流入和资本流出背后的机制。假设美国国内利率下降，美国人民会在国际市场上寻求利息回报更为丰厚的投资机会，最终会导致更高的资本流出量。同时，由于投资回报率低，国外的投资者将更不愿意在美国投资，所以资本流入量会更低。更高的资本流出和更低的资本流入，二者共同把净资本流出推向更高的水平。

现在假设利率升高，相反的情况将会发生。美国人民会更愿意把他们的存款留在美国，资本流出量会减少。同时，国外的投资者也会将资金投向美国以期获得高回报，资本流入量会增加。更低的资本流出量和更高的资本流入量，二者共同把净资本流出推向更低的水平。

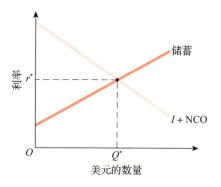

图 23-4　扩大的可贷资金市场

当我们将这些结果与国内投资结合起来时，如图 23-4 所示，我们将得到一个 I（投资）+ NCO 的组合曲线，这条曲线就是开放经济条件下可贷资金的需求量。在开放经济下，国际储蓄与 I + NCO 的组合曲线的交点对应的利率即均衡利率。

国外投资的影响

运用国际资本流动模型，我们可以开始探讨国外投资的影响，并理解为什么这通常对经济而言是有利的。简而言之，国外投资的好处包括：

- 通过提供获取资源的各种途径来提高东道国的 GDP。
- 通过提供能获得更高资金回报的多种途径来提高投资国的 GDP。
- 通过将资金从低回报率国家转移到高回报率国家来使整个世界变得更有效率。

为了了解这是如何运作的，想象一下人们对美国经济信心倍增并想在美国进行投资。图 23-5 展示了这种情况下会发生什么。投资偏好转向美国意味着在开放经济下的可贷资金需求曲线将会左移。这个变动暗示了净资本流出减少了。经济中出现了更低的利率均衡点。在一个更低的利率水平，可贷资金的需求量变少了。

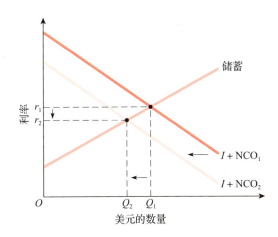

图 23-5　信心增强对美国经济的影响

　　这似乎有些令人费解。在封闭的可贷资金市场，对当地经济的信心增强会使可贷资金的需求曲线右移。在开放经济下，这种情况同样存在，但是这个作用会被资本流动抵消掉。在开放经济下，如果美国国内有更好的投资机会，意味着国内投资者会将其资金留在美国国内。因为可贷资金的需求由 I 和 NCO 构成，NCO 的减少直接导致了可贷资金需求量的减少。

　　投资是 GDP 的关键组成部分，所以当国外投资增加时，对美国经济而言是有利的。国外投资者也将从美国更好的投资机会中获利，从而使他们国家的 GDP 增加。

　　我们也可以探究国外投资与公共储蓄之间的关系。这样有利于我们更进一步地理解中美之间的贸易不平衡。

　　正如前文所述，中国购买美国的国债为美国政府的赤字财政提供了大量的资金。但是这些资金来自何处？普林斯顿大学的经济学家前美联储主席本·伯南克认为，中国只是储蓄太多了。

一个国家能过多地储蓄吗

2014 年中国的储蓄额超过了其 GDP 的 50%，相比之下，美国的储蓄仅为其总收入的18%。高储蓄会降低对当地产品的需求，因为它意味着人们消费很少。储蓄太多同样也会造成贸易失衡。

我们在第 21 章中对此有所提及，现在我们有工具来评估"全球储蓄过剩"的影响了。日益增长的储蓄倾向推动储蓄曲线向右移动，导致均衡利率下降。相对于其他国家而言，中国的利率较低，这导致了资金外流，净资本流出量增加，这解释了为什么中国在美国的投资量如此之大。

如果说储蓄过多会造成贸易失衡是正确的，那么怎样才能调整贸易失衡呢？一个解决方案是中国降低自身的储蓄水平，增加消费（从美国进口商品和服务）。这会带来进口的增加和出口的减少。另一个解决方案是美国提高自身的储蓄水平，减少消费。美国的总储蓄率为 18%，但是家庭储蓄率很低（通常低于5%），政府的储蓄率更是负的，政府处于预算赤字状态。如果家庭或政府的储蓄增加，进而使美国的总储蓄率提高，那么美国的资本流出量将会增加，贸易逆差将会缩小。

然而，还存在另一种观点。其他人，尤其是政客们认为中美之间的贸易差额源于中国的固定汇率。这个问题正是我们接下来将要讨论的。

汇率

如果你身处美国之外并且持有的是美元，那么你在当地商店和餐馆用美元是行不通的。他们会要求你用当地的货币，你可以在银行或者专门的外汇经纪人处兑换货币。兑换时的价格即为汇率。有时，汇率可以使你能够用美元兑换到更多的当地货币。而另一些时候，汇率则会令你用更多的美元来兑换与之前相同量的当地货币。货币市场是怎么运作的呢？

外汇市场

买卖外币的市场通常被称为"外汇"（forex）市场，是国际汇兑（foreign exchange）的简称。每个工作日，人们都夜以继日地进行着上万亿美元的交易，例如将美元兑换成欧元，将欧元兑换成墨西哥比索。与其他市场一样，外汇市场也有供给、需求、价格与交易量。在这里，每种不同的货币都有自己的价格，这被称为汇率。

汇率（exchange rate）是用另一种货币所表示的某一种货币的价值。例如，在 2019 年 1 月，1 美元（缩写为 USD）可以兑换 0.88 欧元、6.79 元人民币、1.33 加元或 19.17 墨西哥比索。

汇率有两种表示方式，用本国货币表示或用外币表示。当我们考察两种货币之间的汇率时，对两国而言，其汇率互为倒数。

下面，我们将从美国的角度出发来定义汇率，将美元视为本国货币。这意味着汇率可以用 1 美元兑换多少外币来表示。当然，我们也可以从其他国家的角度出发，例如从日本的角度出发。在这种情况下，日元会被视为本国货币，汇率会被表示为 1 日元可以兑换多少美元、元、欧元等。本章讨论的概念适用于从任何国家角度出发定义的汇率。

你可能会想，外汇市场是否会因为其遍布各地而出现汇率的差异。例如，一个交易者在墨西哥外汇市场将美元兑换成了墨西哥比索，在中国外汇市场将比索兑换成了元，在欧洲外汇市场将元兑换成了欧元，然后再回到美国外汇市场将欧元兑换成美元，最后这个交易者有可能会持有更多的美元吗？这种可能性被称为套利，即通过利用不同汇率之间的差异来获益。由于这些交易是可以赚钱的，外汇交易者会用复杂的软件持续地更新来自全球各地外汇市场的信息，以查看是否存在汇率差异。如果他们发现有差异，他们会在差异消失之前立即进行货币交易，直到差异消失为止。因此，任何套利机会都是转瞬即逝的。

汇率的升值和贬值。另一些投机者可能会采取的赚钱方式是，预测在未来一段时间内汇率的走势。当一种货币相比于另一种货币价值上升时，我们称前一种货币在经历**汇率升值**（exchange-rate appreciation）。当一种货币升值时，你可以用它购买到更多的外币。例如，如果美元对欧元升值，从 0.7 欧元升至 0.8 欧元，那么 1 美元可以比之前多购买 0.1 欧元。

当美元对欧元升值时，谁会从中获利呢？美元可以购买更多用欧元计价的商品，所以持有美元并且想从欧洲购买商品的人会获利。例如，在巴黎旅游的美国人将会发现，美元对欧元升值后，商品变得更便宜了。又例如，住每晚 70 欧元的法国酒店在汇率为 1 美元兑换 0.7 欧元的情况下要花费 100 美元 [€70 × ($1/€0.7) = $100]。然而，当 1 美元能兑换 0.8 欧元的时候，花费将会只有 87.5 美元 [70€ × ($1/€0.8) = $87.5]。与此同时，美元对欧元升值后，在法国销售 DVD 的美国公司会发现其顾客减少了；当 1 美元兑换 0.7 欧元时，一个价值 15 美元的 DVD 的售价是 10.5 欧元 [$15 × (€0.7/$1) = €10.50]；而当 1 美元兑换 0.8 欧元时，其售价则变为 12 欧元[$15 × (€0.8/$1) = €12]。

当一种货币相比于另一种货币价值下降时，我们称之为前一种货币正在经历**汇率贬值**（exchange-rate depreciation）。例如，当美元对欧元升值时，逻辑上可以得出，欧元对美元是贬值的。或者，我们想象一下，1 美元所能兑换的人民币从 6.5 元下降至 6 元。我们称美元贬值了，因为现在能兑换到的人民币比之前少了。如果这种情况发生了，那么谁会高兴呢？美国消费者购买中国商品时需要支付更多的美元，但是美国的出口商将商品卖给中国消费者变得更容易了。

汇率和净出口。汇率几乎影响着国际经济的所有方面。例如货物的流动：

- 当美元对外币升值时，美国商品对国外消费者而言更贵了，而外国商品对美国消费者而言更便宜了。结果是，我们预期美国的净出口会减少。
- 当美元对外币贬值时，外国商品对美国消费者而言更贵了，而美国商品对外国消费者而言更便宜了。结果是，我们预期美国的净出口会增加。

这个预期是基于经验吗？图 23-6 显示了美国的贸易逆差与其汇率指数（美元对美国的主要贸易伙伴货币的平均价值）。正如我们预期的那样，当美元对外币升值时，美国的净出口将很快随之减少。当净出口减少时，贸易逆差将增加。

类似地，当美元兑外币贬值时，美国的净出口将增加，贸易逆差将减少。这就是为什么我们看见当汇率升值时，贸易逆差会随之增加；当汇率贬值时，贸易逆差会随之减少。

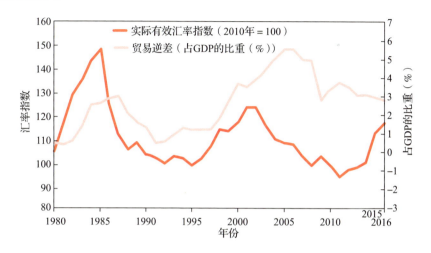

图 23-6　美国的贸易逆差及其汇率指数

数据来源：The World Bank.

一个外汇市场模型

外汇市场与其他市场一样：有需求、供给，以及均衡的价格和均衡数量（由供给与需求曲线的交点决定）。是什么决定了外汇市场的需求和供给呢？

外汇需求。为什么需要外汇呢？影响这种需求的因素有三个：消费者偏好、利率和风险感知。

外汇需求受消费者偏好的影响。例如，海外的消费者、企业和政府想要购买美国的商品和服务。一个在佛罗里达州度假的英国家庭会需要美元；一间日本的商铺在进口美国制造的家具以销售给日本消费者的时候会需要美元；中国政府在购买金融资产（如美国国债）时会需要美元。

外汇需求同样也受利率的影响。不管是在美国还是在其他国家，美国的高利率将会吸引外国资金。这些资产需要用美元支付，所以美元的需求将会上升。相反，如果外国的利率比美国的利率高，那么美元的需求就会下降，因为投资者会购买外汇进行投资。

影响一国外汇需求的最后一个关键因素是，在不同国家投资的风险感知的对比。如果投资者对在新兴经济体（例如巴西、印度或泰国）投资有信心的话，那么他们会增加其投资。如果投资者认为相对于美国在这些地方投资有风险的话，那么他们会更多地选择在美国投资，这会使美元的需求增加。

个人必须持有相应的货币才能进行投资。任何激励投资者在一个国家投资的因素，都会使对该国货币的需求增加。

外汇供给。那么影响外汇供给的因素是什么呢？消费者偏好也会起到很重要的作用。如果美国消费者偏爱外国产品，他们将会出售美元以换取外币，使得外汇市场的美元供给增加。利率和风险感知对外汇供给同样很重要。如果美国利率相对于其他国家较低，持有美国资产的金融投资者会将美国资产抛出，转而购买其他国家的资产。与此类似，如果投资者对其他国家经济的信心增强，投资者将廉价出清美国资产，这会导致美元供给增加。

均衡利率。图 23-7 表示在给定其他货币时，美元的供给和需求如何决定均衡汇率（见图 23-7a）。它同样显示了均衡汇率反过来是如何决定净出口水平的（见图 23-7b）。当美元升值时，外商将会从美国购买更少的产品，而美国人会购买更多的外国商品。结果净出口值很低，甚至为负。当美元贬值时，相反的事情将会发生：外商会购买更多的美国产品，而美国消费者则会购买更少的外国产品，所以净出口值会增加。

一个例子：进口普锐斯。我们通过一个例子来看这一模型是如何应用在现实生活中的。2003 年，当丰田普锐斯在美国市场发售时，很多人想要拥有这款首批量产的混合动力汽车。由于普锐斯由日本丰田制造，美国经销商必须将美元兑换成日元来购买和进口普锐斯。这导致了美元的供给曲线向右移动。结果是美元兑日元的汇率下跌。新的均衡点如图 23-8a 所示。

这对美国的净出口会有什么影响呢？正如我们所见，净出口曲线即为需求曲线，它表示了不同价格即汇率水平下对净出口的需求。正如标准的需求曲线一样，偏好的改变引起了净出口曲线的移动。当美国消费者决定购买普锐斯而非其

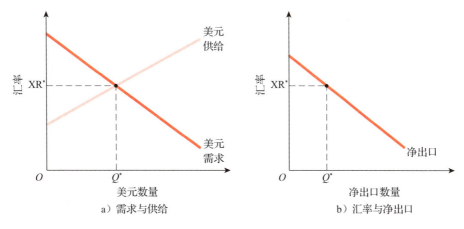

图 23-7　外汇市场上的均衡点

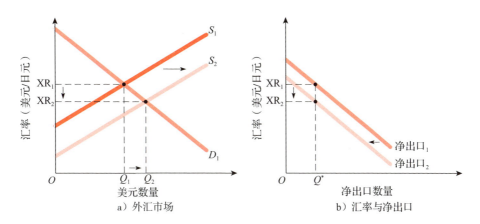

图 23-8　对普锐斯汽车需求的上涨

他美国生产的汽车时，偏好的改变会使净出口曲线向左移动（因为更多的进口意味着更少的净出口）。

　　然而，与此同时也存在一些其他情形。由于美元贬值，美国出口变得更便宜，这使美国的净出口数量增加。图 23-8b 表示了两种变化的组合效应：对日本汽车偏好增加的效应被汇率下跌的效应所抵消。至于美国的净出口数量较普锐斯引进之前是增加还是减少，这取决于哪种效应的影响更大。图 23-8b 中描绘的是两者正好相互抵消的情形（净出口数量 Q* 不变）。

　　另一个例子：提高利率。现在想象另外一种情况：美联储决定通过提高利率实行紧缩性货币政策。这次利率的升高会影响美元的需求与供给。因为美国的资金回报率较高，外国投资者想要购买美国资产，所以对美元的需求增加了。与此同时，美国投资者也会选择在本国投资而不是购买海外金融资产，这使美元的供给减少。如图 23-9a 所示，这些变化会导致汇率升值。这个例子中没有可以导致净出口曲线移动的因素，然而，图 23-9b 表示更高的汇率会直接导致净出口减少。

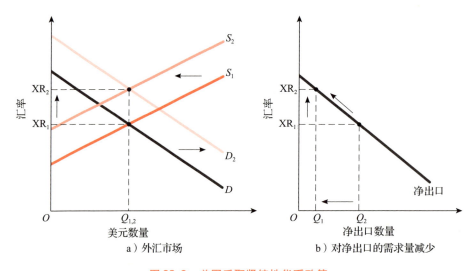

a）外汇市场   b）对净出口的需求量减少

图 23-9   美国采取紧缩性货币政策

我们还可以看到紧缩性货币政策带来的另一项改变。我们知道 NX = NCO，所以更高的汇率也会造成 NCO 减少（换言之，这会导致更多的资本流入）。我们知道，当利率上涨时，会有更多的资本流入美国，因为外国储户会利用这次机会来赚取更高的回报。

这个外汇市场模型向我们展示了货币政策以两种方式作用于总需求：减少投资和减少净出口。记住，美联储试图通过提高利率来给经济降温：提高利率使借款成本增加，从而使投资减少；提高利率会导致汇率升值，而汇率升值会导致净出口减少。由于净出口也是总需求的一部分，这将进一步地使总需求减少。

然而，这一结果仅在汇率由市场决定的开放经济体中才会出现。正如我们马上要了解到的，有些政府不允许其汇率由市场决定。

汇率制度

现在一共有大约 20 个欧洲国家使用欧元，但是它们之前都使用自己的货币。由于很多欧洲国家都是小国，这给它们的生活带来了很多不便。从德国的杜塞尔多夫到比利时的布鲁塞尔，中间在荷兰的马斯特里赫特停留，这段 150 英里的旅程就需要三种不同的货币——德国马克、荷兰盾和比利时法郎。现在，因为可以使用欧元，游客每次在跨越边境时不再受兑换货币（而且需付佣金去兑换）的困扰了，很多与其邻国交易的企业也无须担忧汇率变动对投入品和产出品价格的影响了。

然而，这也存在弊端。欧元区的成员为了与其他经济体紧密相连，放弃了其自身制定宏观经济政策的能力。我们假设德国的失业率较低：工资在上涨，同时面临着通货膨胀的危机。我们知道，为了应对通货膨胀，德国的中央银行将会采取紧缩性货币政策，这就意味着要提高利率。再假设与此同时意大利正经历着高失业率：意大利的中央银行将会采取扩张性货币政策，即更低的利率。当德国人使用马克，意大利人使用里拉时，不同的货币政策会导致其汇率发生变化：在这个例子中，马克会升值，里拉会贬值。结果是什么呢？其他国家购买意大利的产品更便宜了，这使得意大利的总需求增加进而解决了它的失业问题。同时，正如美国的例子（见图 23-9）所揭示的，马克的升值会使德国的净出口下降，从而影响总需求，抑制价格上涨的趋势。然而，一旦欧元区国家放弃使用本国的货币而统一使用欧元，它们将不能再使用自己的货币政策来解决其特殊的宏观经济问题。

你可能会想，为什么这对美国各州之间没有影响呢？如果威斯康星州面临较大的劳动需求量、上涨的工资与价格，而内布拉斯加州面临着高失业率，会发生什么？这些问题会自行得到解决，而不需借助独立的货币和汇率政策的变动。我们可以预期内布拉斯加州的失业人群会向威斯康星州转移以寻求更高的工资。威斯康星州的企业会迁至内布拉斯加州以寻求更廉价的劳动力。与州和州之间不同的是，德国与意大利有不同的语言、不同的文化。从理论上来说，意大利的劳动力可以在德国找工作，德国的企业也可以迁至意大利，但是实际上这并不简单，不会像在美国各州之间迁移那样容易。

并不是所有使用相同货币的国家都是邻国。实际上，厄瓜多尔这个南美洲的小国家唯一的货币是美元。厄瓜多尔与美国在地理上相距更远，厄瓜多尔的失业人群并没有在美国找工作的法定权利，正如意大利人没有权利在德国找工作一样。这个障碍似乎比德国与意大利之间的障碍更大。尽管如此，这并没有阻止厄瓜多尔用美元作为其流通货币，正如以下专栏所讨论的那样。

🌐 美元化：当没有处在美国时……

1998 年和 1999 年，厄瓜多尔经历了一场令人痛苦的金融危机，这导致厄瓜多尔货币苏克雷的价值在两个月内下跌了 50%。在两年内，厄瓜多尔 70% 的金融机构歇业了，给整个经济造成了巨大冲击。当危机结束时，厄瓜多尔的 GDP 为 100 亿美元，是两年前的一半。

政府选择了"美元化"（用美元替换了所有苏克雷）而非重新发行苏克雷。这一举措立即稳定了厄瓜多尔的经济。仅仅三年的时间，厄瓜多尔的年通货膨胀率就从 20% 降至 2.7%。

然而，美元化也有弊端：无论结果如何，它都将厄瓜多尔的经济与美国的经济捆绑在了一起。为了稳定的货币和较低的通货膨胀率，政府放弃了货币政策的控制权力。如果厄瓜多尔的经济处于衰退期，其政府是无法印发美元的。如果想给经济降温，也不能减少流通中的美元。只有美联储可以做这些事情，但是美联储在做决定时并不会过多地考虑厄瓜多尔的宏观经济需求。如果美国经济形势大好，而厄瓜多尔的经济处于不良状态，紧缩性货币政策会给厄瓜多尔的经济造成更大的伤害。

厄瓜多尔是少数几个决定实行美元化的国家之一，这些国家放弃了本国货币，并与美国的货币政策和汇率捆绑在一起。大多数美元化的国家都散落在整个太平洋地区（例如帕劳群岛、密克罗尼西亚）或是拉丁美洲（巴拿马、萨尔瓦多以及厄瓜多尔）。位于非洲南部的津巴布韦也实行了美元化（但不是很成功）。

即使这是一项非常戏剧化的举措，但对那些长期处于通货膨胀与金融不稳定状态的国家来说，放弃控制本国货币政策的权力以换取经济稳定是值得的。

固定汇率和浮动汇率。美元、欧元、比索和日元都是实施**浮动汇率**（floating exchange rate）的例子。它们可以进行自由交易并且其货币价值是由市场决定的，其汇率由外汇的供给曲线和需求曲线的交点得到。

然而，有些货币的汇率却是**固定汇率**（fixed exchange rate），是由政府而非由市场决定的。它们通常以美元或者其他一些全球主要货币的复合指标为参考。固定汇率可以被固定在市场汇率均衡点以上或以下。

为什么政府要实施固定汇率呢？其思路与厄瓜多尔采取美元化措施是一致的。理论依据是固定汇率可以带来较高的可预测性和稳定性，从而有助于吸引外国投资，增强依靠海外贸易的企业的投资信心。固定汇率是如何保持在市场汇率之上或之下的呢？

为了维持固定汇率，政府需要做好干预外汇市场的准备，比如买卖外币。例如，我们假设消费者对进口商品的喜好突然增强。如果汇率是浮动的，本币供给量的增加会推动汇率下跌。当汇率固定时，汇率便不会下跌。为此政府会介入外汇市场，大量买进本币以与增长的本币供给保持平衡。政府通常会利用外汇储备购买本币，来增加对本国货币的需求。

维持固定汇率是一件十分困难的事。特别是当投资者开始怀疑整体经济是否健康时。这时，投资者会出售他们的投资，从而使本币的供给增加。为了扭转这一形势，政府将不得不花费大量的外汇储备以支撑外汇需求。

有些投机者，他们会寻找这样的契机。当他们开始怀疑一个国家维持其固定汇率的能力或决心时，他们将会出售该国货币，将其兑换成其他国家的货币，比如美元。这会导致该国政府的美元储备或其他货币储备枯竭。如果出现这种情况，政府就不得不放弃继续使用固定汇率，结果就是该国的货币会迅速贬值。此时，投机者又会回归，并且大量购买该国贬值货币。在这一过程中，投机者以高价卖出、低价买回该货币，并从中获益。当这一情形发生时，我们说该国货币正经历着投机冲击。

例如，1997 年，泰铢就经历了这种投机冲击。泰国政府奉行的是固定汇率政策，所以当冲击发生时，政府需要动用外汇储备来购买泰铢。政府动用了 330 亿美元（几乎是全国外汇储备的90%），试图保护其货币。政府也采取了提高本国利率的方法来鼓励投资者将货币留在泰国。然而，冲击仍在继续，政府最终无力继续保护泰铢了。唯一的办法就是放弃固定汇率制，让泰铢价格自由浮动。更确切地说，让其沉没：当汇率自由浮动时，泰铢贬值将近50%。

宏观经济政策与汇率

了解了浮动汇率与固定汇率之间的差别之后，我们将继续探讨两种不同的汇率体制下货币政策的差异。货币政策在浮动汇率下比在固定汇率下更有效，因为有弹性的汇率可以影响两个关键变量：投资与净出口。如果汇率是固定的，那么货币政策只能影响投资。

想象在经济衰退后，美联储想要通过增加货币供给来刺激总需求。这项举措带来了更低的利率，使美国的投资吸引力下降。由于投资回报率下降，美元的需求量也会减少。同时，美元的供给会增加，因为投资者会抛出手中的美国金融资产，去购买其他国家的资产。在浮动汇率制下，汇率贬值，净出口将增加。

如果汇率固定，会发生什么？美元供给的增加会导致美元贬值。然而，政府必须保持汇率固定，于是政府便会采取在外汇市场购买本币的措施。为了维持固定汇率，政府购买的美元量必须与增加的美元供给量持平。最终的结果是整体的货币供给并没有改变。这个例子引出了一个关于固定汇率的要点：实施货币政策与维持固定汇率是不可能同时实现的。

中国货币是否被低估了？ 对货币政策和汇率的讨论，可以作为前文所述的中美之间巨大贸易逆差的第二个解释。在经济扩张期，中国坚持实施固定汇率，将人民币汇率维持在1美元兑6.5元人民币元左右。这个汇率低于市场开放下的汇率。为什么要采取这种汇率政策呢？因为在这种汇率政策下，中国商品在以其他货币计价时会显得很便宜，这有利于增加中国商品的出口需求量。

采取浮动汇率制是否会消除中美之间的贸易逆差呢？如果人民币升值了，中国的出口将会变得更贵，进口将会变得更便宜，进而中国的贸易顺差会缩小。但是，这对美国的贸易逆差的影响是间接的。美国从中国的进口将减少，但是对美国消费者而言，他们可能会选择从其他国家进口。

假设美国的观点是正确的，即中国为了推动出口而人为压低其货币价值。如果低汇率对出口是有利的，我们应该问："为什么不是每个国家或地区都打算这样做？"如果每个国家或地区都会这么做，这种情况将被称为竞争性贬值，或者说是一场货币战争，当许多国家或地区想通过降低汇率来促进经济增长时战争便会爆发。当然，由于一国的货币价值是以其他国家或地区的货币作为衡量基准的，从逻辑上来说，全球所有的货币是不可能同时贬值的。

不过，政府不想低估本国货币价值可能还有以下几种原因。首先，这意味着储蓄者倾向于将其存款投资于国外而非国内，而这也许并不是发展本国经济的最佳方式。其次，本国货币贬值意味着购买进口商品相对更贵了。

实际汇率

在第 17 章中我们已经提及，汇率并非不同国家之间商品价格差异的唯一决定因素。即使在折算汇率之后，相同的巨无霸汉堡包，在美国可能会比在瑞士便宜，在中国会比在美国便宜。

到现在为止，我们已经探讨过名义汇率（nominal exchange rate），即一国货币兑换为别国货币的比率。为了真正理解国际贸易的含义，我们还需要通过考虑实际汇率来探究两个不同国家的商品价格。实际汇率（real exchange rate）表示的是一个国家的商品相对于另一个国家相同商品的价值。

举一个简单的例子，考虑只有一件商品，比如 1 个苹果。假设你在美国购买 1 个苹果需要 1 美元，在中国需要花 3 元，且二者间的名义汇率是 1 美元兑换 6 元，那么实际汇率为 2。我们随后将会提供一个计算实际汇率的标准公式，但是现在我们把关注点放在这个答案背后更直观的现象上。由于 1 美元可以兑换 6 元，6 元可以购买 2 个苹果（6 元/（3 元/个）=2 个苹果），1 美元在美国只可以购买 1 个苹果，而在中国却可以购买 2 个苹果。注意，1 美元在中国实际可购买到的东西比在美国更多——1 美元在中国可以购买的苹果是在美国购买的两倍。

当然，人们想要买卖更多的苹果。为了更恰当地计算实际汇率，我们需要考虑美国所有商品的价格，然后与中国所有商品的价格进行比较。这样一来，我们需要查看两个国家的物价指数（衡量家庭所购买的特定的一篮子商品）。实际汇率用各个国家的物价水平将汇率转换成实物的价值。正如我们在苹果例子中所做的那样，为了计算实际汇率，用本国物价水平除以外国物价水平，然后乘上名义汇率。如式23-1所示：

$$实际汇率 = （国内物价水平 \div 国外物价水平）\times 名义汇率 \qquad (23-1)$$

注意，上式中的名义汇率用1美元兑换多少单位外币来表示，这是在本章中所通用的方式。所以，假设特定的一篮子商品在美国的价格为100美元，在中国是300元。此外，我们假设名义汇率为1美元兑换6元，在这种情况下，我们可以通过计算得出实际汇率是2：

$$实际汇率 = （国内物价水平 \div 国外物价水平）\times 名义汇率$$
$$= （\$100 / ￥300）\times ￥6 / \$1 = 2$$

影响购买力平价计算的复杂因素同样也使实际汇率的计算变得非常复杂。中国消费者和美国消费者购买的商品是不同的。例如，中国消费者会购买更多的大米、更少的汉堡包，所以利用特定的一篮子商品来比较价格并非易事。尽管如此，实际汇率仍然是衡量本国货币在其他国家能够购买多少商品的一种有效的方式。

全球金融危机

尽管国际金融体系在大多数情况下运行良好，但偶尔也会出现失控。总的来说，这些危机可分为两类：债务危机和汇率危机。在本节中，你会看到外国直接投资和国际资本流动是多么变幻莫测，一旦出现问题就会破坏经济稳定。

IMF 的作用

在探讨国际金融体系失控的案例之前，我们有必要先了解一个关键机构——国际货币基金组织（IMF）。IMF成立于第二次世界大战结束之际，它与联合国和世界银行一样，是一个重要的国际机构。IMF 的总部位于华盛顿特区，与美国联邦储备委员会的总部和美国财政部仅相隔几个街区。

最初，当许多国家实行与黄金挂钩的固定汇率制度时，IMF 的主要任务是协助这些国家维持固定汇率。在这些国家维护本国货币遇到困难时，IMF 会介入并提供贷款，以弥补其国际收支赤字。

随着大多数国家转向灵活（浮动）汇率制度，IMF 的角色也相应地发生了转变。如今，IMF 通常扮演着"最后贷款人"的角色，在私人投资者集体逃离时向各国提供贷款。这些贷款有助于稳定经济局势，并遏制恐慌情绪的扩散。正如希腊、俄罗斯和土耳其近期发生的金融危机所表明的，国际金融危机仍在发生，当出现问题时，就需要 IMF 提供帮助。

然而，IMF 并非所有求助国家的万能解药。IMF 的贷款往往附带条件，要求政府进行特定的政策调整。例如，受援国可能被要求努力减少预算赤字，以此作为其改革决心的标志。在许多情况下，IMF 因要求经济体在危机期间采取紧缩性财政政策和紧缩性货币政策而受到批评。这些政策通常会进一步抑制经济，并可能加剧危机。

IMF 与其他全球性机构的作用是一个持续争论的焦点。由于全球化带来了更大的传染性崩溃的风险，国际体系如何才能设计出能够预防危机的机构呢？

债务危机

当国家需要为其开支融资时，往往会求助于国际资本市场。其结果是，政府债务的债权很大一部分往往由外国投资者持有。如果这些投资者开始担心该国政府是否有能力偿还债务，他们就会急忙将资金撤出该国。为什么呢？如果该国政府违约，所有投资于该国债务的人都会血本无归。

投资者对政府偿还债务能力失去信心的一个典型例子发生在 2001 年的阿根廷。阿根廷债务危机的根源可以追溯到 20 世纪六七十年代，当时为了给各种工业发展项目提供资助，阿根廷政府进行了大规模的借贷。随后，在与英国争夺马尔维纳斯群岛控制权的战争中，阿根廷政府又积累了更多债务。

随着阿根廷债务负担的不断加重，债务利息在其国家预算中的比重日益攀升。然而，问题远不止于此。为了遏制通货膨胀，阿根廷实施了与美元挂钩的固定汇率制度，结果导致阿根廷本国货币价值被高估。国内工业和大量贸易流向了阿根廷的邻国，因为那里的产品更便宜。此外，1998 年俄罗斯金融危机爆发，进一步加剧了投资者对包括阿根廷在内的"新兴市场"的不信任。货币价值的高估与投资者信心的丧失，导致利率上升，借贷成本增加，借贷难度加大。

为了阻止资金外逃，阿根廷政府多次宣布削减政府开支。但正如你预料的那样，这些承诺并未得到兑现。这导致了一个恶性循环：资本外逃加剧导致利率不断攀升，而不断攀升的利率又使得债务偿还成本变得更加高昂，进而导致政府赤字进一步扩大。到了 2001 年，这一问题已经演变成了一场全面的经济危机，引发了银行挤兑和公众的广泛抗议。阿根廷失业率飙升至近20%。最终，阿根廷政府无力偿还日益增长的债务，导致了债务违约的发生。

我们可以借助本章前面构建的开放经济下可贷资金市场模型来分析这一情景。图 23-10 展示了这场债务危机的各个阶段。

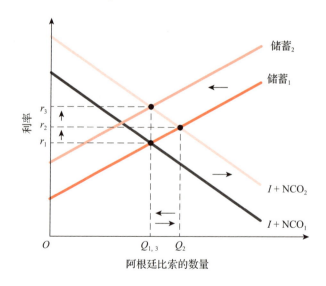

图 23-10　阿根廷债务危机

● 当外国投资者开始撤资时，净资本流出曲线向右移动。

- 接着，利率攀升至 r_2，这导致投资减少。同时，更高的利率使得政府债务成本上升，进而加剧了政府赤字。
- 随着政府赤字的扩大，国民储蓄曲线向左移动，利率进一步上升（至 r_3），投资进一步缩减。

汇率危机

对政府捍卫汇率的能力失去信心也会吓倒投资者。如果政府让汇率贬值，那么对那些在该国持有投资的人来说，这基本上意味着损失。

基于这一点，我们再来看看亚洲金融危机的故事。20 世纪 90 年代初，泰国、印度尼西亚、马来西亚、菲律宾等亚洲新兴经济体从全球投资者那里获得了大量资金。大量投资的涌入促进了经济的飞速增长。有了这些新鲜资本，银行希望将这些资金用于生产，于是开始向风险较高的企业家发放贷款。很快，好运的迹象逐渐消失。特别是在泰国，多数经济指标变得令人担忧，导致投资者开始从该国撤资。

但危机并未就此结束。由于世界是互联互通的，危机很容易通过连锁反应蔓延开来，就像病毒传染一样。当泰国陷入困境时，投资者立即对该地区的其他国家感到紧张，无论其真实经济状况如何。很快，心怀恐惧的投资者也从周边国家撤出资金，导致这些国家爆发了金融危机。换言之，危机具有传染性。

1997 年泰国金融危机爆发后，投机性攻击迅速蔓延至印度尼西亚、菲律宾、韩国和马来西亚。这些国家与泰国一样，均未能捍卫自己的固定汇率。毫不奇怪，一旦放弃固定汇率政策，转向更为灵活的汇率体系，这些国家的货币就会迅速贬值。在 1997 年至 1998 年期间，这五个国家的 GDP 下降了大约 10%。

这场危机持续了大约一年时间，给数百万人带来了苦难。亚洲金融危机最核心的教训在于，资本的快速流动与固定汇率政策的结合，可能导致灾难性的投机性攻击，其破坏力足以撼动多个经济体。

在众多减缓资本外逃的建议中，托宾税是其中之一，它将对所有外国资本交易征收小额税款，下面的"给热钱降温"专栏对此做了介绍。

给热钱降温

全球最大的金融市场当属外汇市场，其日均交易额高达约 5.1 万亿美元。在这庞大的交易额中，很大一部分来源于纯粹的投机行为，交易者们纷纷对全球各种货币的未来价格进行预测和下注。因此，货币交易的节奏非常快，短短的时间差可能意味着赚钱与血本无归之间的差别。

这些货币流动可能极具破坏性。设想一个国家遭受了金融或其他类型的冲击，这些冲击严重削弱了交易者对货币价值的信心。由于投机者迅速下注，最初的事件可能会迅速演变成一场全面的危机。

典型的模式是从交易者预测货币将贬值开始的。他们迅速抛售该货币以减少损失，这些早期行动者的行为会触发市场恐慌，导致其他人跟风认为该货币不稳定，进而纷纷抛售以该货币计价的资产。在极短的时间内，国内的投资者和企业也会急忙抛售资产，将资金转向他们认为更为安全的货币。

这一过程往往伴随着严重的后果。以亚洲金融危机为例，那些遭受资本外逃的国家，其 GDP 在短短一年内就缩减了 10%。

为了应对这一问题，两位经济学家提出了减缓外汇市场闪电般交易速度的策略。

其中，诺贝尔经济学奖得主詹姆斯·托宾提出的一项策略是实施托宾税。托宾建议对货币交易征收极小比例的税款，大约占交易总额的 0.5%。这种税收将在一定程度上遏制资本外逃。

这一税种适用于所有货币交易，无论是投机者还是投资者进行的交易。关键挑战在于如何在不影响投资者和交易员的情况下，有效遏制货币投机行为——这正是托宾税的真正目的。例如，像百思买这样的大型零售商每次从日本采购索尼电视机时都会被征税。托宾税对所有交易无差别地征收，可能会对国际贸易和投资构成阻碍。

对此，保罗·贝恩德·斯潘提出了一个补充方案：不是一直对所有货币交易统一征税，而是对一般性国际金融交易征收极低的税，在遭遇类似亚洲金融危机期间的货币投机性攻击时，加征惩罚性的高附加税。理论上，这种提高税率的措施能够阻止那些反复无常的投资者因一时冲动而进行大规模的资金转移。

托宾和斯潘提出的措施会对货币交易造成影响，这就需要决策者权衡取舍。虽然这会以货币交易放缓为代价，但市场将因此获得一定程度的稳定性。然而，迄今为止，放缓货币交易的成本显得过于高昂。托宾税最早于 1976 年开始征收，而斯潘税的征收则始于 1995 年，一些国家已经在谨慎地采取这些措施。但迄今为止，这两种措施都还没有在全球范围内引起广泛的兴趣。